Fischer Weltgeschichte

Band 26

Das Zeitalter der europäischen Revolution

1780–1848

Herausgegeben
und verfaßt von
Louis Bergeron
François Furet
Reinhart Koselleck

Fischer Taschenbuch Verlag

Kapitel 1–6 aus dem Französischen übersetzt von Sybille Cramer (Berlin)
Umschlagentwurf: Wolf D. Zimmermann
Die Abbildung auf dem Umschlag zeigt Ludwig XVI., im Begriff, der vieltausendköpfigen Menge von Aufrührern entgegenzutreten, die am 20. Juni 1792 die Tuilerien, das Pariser Schloß, belagert. Bei dem König sind einige loyale Nationalgardisten; der Legende nach drückt Ludwig die Hand eines von ihnen an seine Brust und sagt: »Mein Herz ist rein und ruhig.«
(Foto Bibliothèque Nationale, Estampes)
Harald und Ruth Bukor zeichneten die Abbildungen 12, 15, 16, 19, 21, 24, 29, 31

Illustrierte Originalausgabe
des Fischer Taschenbuch Verlages
mit 36 Abbildungen

1.– 35. Tausend: Juni 1969
36.– 42. Tausend: November 1971
43.– 47. Tausend: Februar 1973
48.– 52. Tausend: September 1973
53.– 57. Tausend: Juni 1974
58.– 62. Tausend: April 1975
63.– 67. Tausend: Oktober 1975
68.– 72. Tausend: April 1976
73.– 77. Tausend: Januar 1977
78.– 87. Tausend: August 1977
88.– 92. Tausend: Mai 1979
93.–100. Tausend: Februar 1980

Wissenschaftliche Leitung: Jean Bollack, Paris

Fischer Taschenbuch Verlag GmbH, Frankfurt am Main

Gesamtherstellung: Hanseatische Druckanstalt GmbH, Hamburg
Printed in Germany
980-ISBN-3-596-60026-x

Vorwort

Die Gliederung des vorliegenden Bandes wurde von den Autoren gemeinsam entworfen, ohne daß sie die Ausarbeitung zusammen geleistet hätten. Gemeinsam ist auch die methodische Ausgangsposition — daß der Beginn unserer Neuzeit nur im mehrseitigen Zugriff hinreichend erfaßt werden kann: langfristige Strukturen und einzelne Ereigniszusammenhänge werden abwechselnd thematisiert. Dem entspricht der Gang der Darstellung, der sich nicht an die strikte chronologische Abfolge hält.
Da die europäische Geschichte dieser krisenreichen Jahrzehnte eine schnell gleitende Skala vieler Aspekte bietet, bedurfte es strenger Auswahl. Einzelne Länder wurden besonders berücksichtigt, andere auf ihre Vergleichbarkeit hin befragt. Ferner wurde versucht, dort exemplarisch vorzugehen, wo der Blick auf die Fülle anstehender Forschungsaufgaben freigegeben werden soll — vor allem im Bereich der Sozialgeschichte. Das führte dazu, daß die einzelnen Kapitel die Züge persönlicher Handschrift und gelegentlich differierender Auffassungen tragen. Die Verfasser erblicken darin keinen Nachteil, sondern den Vorzug größerer Unmittelbarkeit solcher Fragen, deren Beantwortung noch strittig ist.

Einen besonderen Dank schulden die Verfasser Helga Keuck und Franz-Josef Keuck, die die deutsche Übersetzung überarbeitet haben und das Manuskript für den Druck vorbereiteten. Schließlich danken sie Manfred Hahl für seine Hilfen beim Lesen der Korrekturen.

Die Herausgeber

Einleitung

Am Ende des 18. und zu Beginn des 19. Jahrhunderts geriet Westeuropa in Bewegung. Von der alten Ordnung, deren Elemente aus dem Mittelalter und zum Teil aus der Antike oder der Frühzeit stammten, hat sich das moderne Europa durch eine Reihe von Brüchen gelöst. Solche Umwälzungen – man darf sie sicher als revolutionär bezeichnen – sind schwer zu datieren, da ihre Genese und Entwicklung weder simultan noch uniform verlaufen. Die Autoren des vorliegenden Bandes der Fischer Weltgeschichte haben deshalb, als sie das ›Zeitalter der europäischen Revolution‹ auf die Jahre 1780–1848 datierten, eine bestimmte Wahl getroffen, die es zu rechtfertigen gilt.

Im Jahre 1780 waren die Europäer noch längst nicht so weit, das lebenswichtige Problem der landwirtschaftlichen Produktionssteigerung generell gelöst zu haben. Die Lebensmittelproduktion stand noch auf so tiefem Niveau, daß die jährlichen Klimaschwankungen oder der Bevölkerungszuwachs jederzeit mehr oder weniger dramatische Notzeiten verursachen konnten. Gewiß, in manchen Gebieten verzeichnete man Fortschritte: in Flandern, England und in der Emilia waren die landwirtschaftlichen Produktionsweisen, die landwirtschaftlichen Geräte und die Fruchtfolgen so weit verbessert worden, daß hohe Erträge zusammen mit intensivierter Viehzucht erlauben, in diesen Fällen von einer ›Revolution in der Landwirtschaft‹ zu sprechen.

Diese Revolution war jedoch in Frankreich aufs Ganze gesehen noch kaum über das Experimentierstadium hinausgekommen, und die neue Agronomie begann wahrscheinlich erst am Ende des dargestellten Zeitabschnittes, die Praxis der Landwirte zu bestimmen. Daß der Fortschritt sich hier nur so langsam Bahn brach, verursachte den Verelendungsprozeß auf dem Lande und die Unsicherheit der materiellen Grundlagen der Stadtbevölkerung, die während dieser ganzen Jahre wie ein mächtiger Hebel für den Aufruhr wirkten. Dies gilt um so mehr – mit gewissen Einschränkungen speziell für Frankreich –, als die ›Explosion‹ der Bevölkerungen ebenfalls im 18. Jahrhundert beginnt.

Die Zuwachsraten und ihre Zeitspannen konnten von Land zu Land variieren; das Gesamtergebnis aber ist ein allgemeiner Geburtenüberschuß gemessen an den Sterbeziffern. Die schon für jene Zeit bezeugte Verbreitung – allerdings primitiver – empfängnisverhütender Praktiken in England und sicherlich auch in Frankreich hatte keineswegs so große Bedeutung, daß ihre Auswirkungen — zumal bei der gegenläufigen Tendenz zurückgehender Sterblichkeit — den Bevölkerungszuwachs ernstlich eingeschränkt hätten. Dieser bleibt — abgesehen von Frankreich — stetig oder steigt zuweilen an. Eine neue Epoche der Menschheit beginnt mit dem Zusammenbruch des alten, so empfindlichen wie auch zwingenden Gleichgewichts zwischen Lebensmittelversorgung und Bevölkerung; eine neue Epoche wirtschaftlicher Entwicklung, die zu den wichtigen Wachstumsfaktoren die Beweglichkeit des Konsumgüter- und Arbeitsmarktes im Innern hinzufügt; eine neue Epoche Europas schließlich, die dazu führt, daß Europäer über ein Jahrhundert lang an die Westküsten des Atlantik auswandern und dort neue Gesellschaften gründen.

Doch wollten die Autoren zwei andere Aspekte besonders hervorheben, als sie die achtziger Jahre des 18. Jahrhunderts als Ausgangspunkt nahmen. Zwei gewissermaßen nationale Aspekte, die jedoch außerordentlich reich an Antizipationen sind: die technologische und ökonomische Revolution in England und die politische und soziale Revolution in Frankreich.

Die erste Phase der ›Industriellen Revolution‹ in England trägt schon die Keime einer Umstrukturierung der Arbeitswelt. Die Voraussetzungen für das britische *take off* waren zwar ein in mancher Hinsicht fortgeschrittener Zustand der Landwirtschaft und des Handels und ein sehr günstiges Gleichgewicht zwischen Bevölkerung und Ressourcen; dennoch wurde die moderne Industrie — so klein sie auch blieb — zum Motor für die ganze Wirtschaft: die ›Industrielle Revolution‹ beschleunigte in den anderen Bereichen die Umwandlung, leitete den Prozeß einer schnellen Vervielfältigung des Reichtums ein, erweiterte die Bedürfnisse und setzte damit zugleich die kapitalistische Produktionsweise allgemein durch und verkehrte die Beziehungen zwischen dem Menschen und seinem natürlichen Milieu. Aus diesen Gründen sind die Jahre um 1785, in denen in England eine beträchtliche Anzahl ›technologischer Lücken‹ geschlossen wurden, tatsächlich entscheidend gewesen.

Die Französische Revolution von 1789 ist vor allem wegen des Bruchs mit der traditionellen politisch-sozialen Ordnung von ungeheurer Bedeutung. Sie zerschlägt den Aufstieg der Aristokratien und schwächt die monarchische Staatsform, die an deren Vormachtstellung gekettet ist. Soll man die Französische Revolution tatsächlich — und sei es als herausragende Epoche — in die Reihe der ›atlantischen‹ Revolutionen stellen, die etwa in die Zeit von 1770 bis 1800 fallen?

Man ist eher versucht, ihren Ausbruch als Abschluß eines Jahrhunderts von Adelstriumphen zu verstehen, denen die Revolution ein Ende setzte. Der Adel hatte vom Preisanstieg der Agrarprodukte schamlos profitiert und ständig den Druck auf den Boden und seine Produkte verstärkt, indem er das Land aufkaufte und die Einkünfte aus der Grundrente immer mehr steigerte. In Frankreich z. B. zeugen die verschiedenen Formen der adelsherrschaftlichen ›Reaktion‹ von der durchgängigen Absicht, den höchsten Profit aus der Konjunktur zu schlagen. In der Ebene um Padua lassen die großen venetianischen Familien, die 50 % der Ländereien besitzen, ihre Domänen nach kapitalistischen Methoden verwalten. Die Gewinne aus der technisch sehr fortgeschrittenen Landwirtschaft investieren sie in den Bau aufwendiger Villen oder Paläste auf der Lagune. Die polnischen Magnaten betreiben ebenfalls eine Politik der Bodenkonzentration — sehr zum Nachteil der mittleren Klassen der *Szláchta*. Sowohl in den alten Monarchien mit festgefügten Institutionen als auch in den jungen oder schlecht zentralisierten Staaten Mittel- und Osteuropas — überall kontrollieren die Adligen die Verwaltung, stärken die Privilegien des eigenen Standes und spielen mit der fundamentalen Zweideutigkeit des ›aufgeklärten Absolutismus‹. Er ist einerseits einfach eine Variante der traditionellen absolutistischen Politik, die sich auf den Adel als ihren ›natürlichen‹ Diener stützt; andererseits ist er ein philosophisch inspirierter Reformismus, für den der Adel in dem Maße einsteht, wie er ihn kontrolliert. In ganz Europa setzt sich das soziale und kulturelle Vorbild des Adels durch: sein Lebensstil beruht auf der Verschwendung der Einkünfte aus der Grundrente für einen Luxus, der in den Zierden des Geistes und dem Kosmopolitismus der Sprache, der Sitten oder der Ideen nur seine vornehme Fassade findet.

In den achtziger Jahren erringen die privilegierten Klassen eine Reihe von Erfolgen, die das Monopol ihrer sozialen und politischen Herrschaft dauerhaft zu konsolidieren scheinen: in Rußland das Statut von 1785; in den habsburgischen Staaten die Reaktion der niederländischen Stände oder der Sieg des ungarischen Partikularismus über den Josephinismus; in den Generalstaaten der Sieg der Statthalterpartei. Auch Frankreich scheint sich dieser Bewegung ohne Schwierigkeiten anzupassen: ›Notabeln‹ und Parlamentarier wenden sich mit Unterstützung des hohen Klerus gegen den König, wobei Reformen und Aufklärung für einen Augenblick zusammenfinden. Aber genau 1789 bricht Frankreich mit Eklat aus dieser einheitlichen Bewegung aus: die Revolution der Mittelklassen widersetzt sich von nun an der ebenso innerfranzösischen wie europäischen Konterrevolution.

Nichts an diesem Ereignis ist zufällig. Sein Ursprung liegt in dem spezifischen Charakter einer sehr differenzierten Gesellschaft und eines Staates, in dem die Tatsachen oft den äußeren Schein entlarven. Nur in Frankreich konnte ›1789‹ entstehen, wie nur in Großbritannien die Industrialisierung ihr Substrat finden konnte. Die französische Bourgeoisie ist die mächtigste Europas. Nicht, daß sie sich fortwährend durch große Geschäfte ausgezeichnet hätte: das ist sogar nur in sehr wenigen Zentren der Fall. Aber

in vielen mittleren und kleinen Städten ist sie zahlreich vertreten. Ihre starke Position beruht auf ihrem Land- und Ämterbesitz, ihren intellektuellen Fähigkeiten und ihrem Vermögen. Sie versucht, die Standesschranken zu beseitigen und eine breitere herrschende Klasse in Frankreich zu schaffen: dies ist für sie mit Politik im Sinne der Aufklärung identisch. Von Teilen einer Aristokratie, deren Front nicht völlig einheitlich verläuft, wird sie darin unterstützt. 1789 aber befindet sich die Bourgeoisie plötzlich in einer taktisch sehr schwierigen Situation: da sie entschlossen ist, sich den Ambitionen der Privilegierten zu widersetzen, schließen sich ihr die unteren Schichten des Dritten Standes an — die Bauern und das niedere Volk der Städte —, für deren egalitäre Forderungen und für deren Einsatz revolutionärer Gewalt sie nicht einstehen will. So ist der Verlauf der langen und stürmischen Französischen Revolution schon damals festgelegt: den ›Patrioten‹ von 1789 gelingt es nur langsam und unvollkommen, ihrem Plan einer ›Gesellschaft der Honoratioren‹ — wie sie das 19. Jahrhundert verstehen wird — Gestalt zu verleihen, was zudem nur dadurch möglich wird, daß sie ihre Aktionen im Innern mit der Hypothek eines endlosen Krieges im Ausland belasten.
Die Auswirkungen der ökonomischen Revolution in England hatten sich 1848 noch lange nicht erschöpft: man bedenke nur, daß Europa damals das Zeitalter des Stahls noch vor sich hatte. Dagegen steckt die Zeitspanne von 1789 bis 1848 sehr wohl den chronologischen Rahmen ab, innerhalb dessen die Folgen der Französischen Revolution sich in Europa entfalten. Das revolutionäre und kaiserliche Frankreich bietet Europa vor allem das Modell eines Volkes, das sich als Nation konstituierte, indem es das Ständewesen zerschlug. Es erscheint als eine Nation, die ihre Macht auf die Wirksamkeit ihrer neuen Institutionen und die Ausschöpfung der individuellen Energien gründete und die ihre Unabhängigkeit nur in der Ausbreitung der revolutionären Prinzipien über ihre Grenzen hinaus gewährleistet sah. Europa zog daraus — sei es durch bewußte Nachahmung oder in spontaner Reaktion — zwei Konsequenzen, die sich nur vordergründig widersprechen. Einmal: die unerläßliche Wiederaufnahme der Modernisierung der Staaten — das napoleonische Modell ließ fast auf dem ganzen Kontinent seine direkten oder indirekten Spuren zurück —, wovon namentlich der neue Anlauf zu Reformen in Preußen zeugt. Zum anderen: die zunehmende Empfänglichkeit für nationale Gefühle unter den verschiedenen Formen der Anhänglichkeit an eine Dynastie oder des Lokalpatriotismus. Die Französische Revolution, die lange sich hinziehenden Kriege und deren Folgen, die territoriale oder politische Expansion haben den aufkommenden Nationalismus geprägt: er entlehnt aus dem Unterbewußtsein der Massen die Haßgefühle gegen den Eroberer und seine überzogenen Forderungen, zugleich aber übernimmt er von seinem

französischen Gegner die rationalen Prinzipien der politischen Freiheit und der nationalen Einheit, die auf einer viel breiteren Basis ruht als die traditionellen politischen Einheiten. Der moderne Nationalismus wird zusätzlich gespeist von einer romantischen und historisierenden Geistesströmung, die ihrerseits die neuen nationalen Werte mystisch einfärbt.

Die europäischen Staaten werden so von den revolutionären Impulsen desselben Frankreich durchdrungen, dessen militantes Hegemonialstreben sie bekämpfen. Über den Sieg 1814/1815 hinaus wird der Konflikt Revolution – Konterrevolution innerhalb dieser Staaten in einen Konflikt zwischen restauriertem *ancien régime* und national-liberalen Bewegungen transponiert. Wiewohl Frankreich sich seit 1815 friedfertig gab, nährt es diesen Konflikt als Zufluchtsland und Strahlungszentrum einer Emanzipationsideologie. Im Jahre 1848 überstehen zwar die Staaten des *ancien régime* den Ansturm der Revolutionäre; dennoch müssen sie immer mehr den vom Fortschritt der Demokratie untrennbaren Nationalismen Rechnung tragen.

1. Die Industrielle Revolution in England am Ende des 18. Jahrhunderts

Die seit 1780 in der englischen Industrieproduktion eingetretenen Veränderungen ›Revolution‹ zu nennen, heißt, die geschichtsphilosophischen Implikationen dieses Begriffs — ganz abgesehen von den terminologischen Problemen — bewußt auszuklammern oder beiseite zu schieben. Zweifellos ist es legitim, gegen den Gebrauch des Begriffs einzuwenden, daß England zu diesem Zeitpunkt bereits seit mehreren Jahrzehnten, ja daß es sogar seit dem 17. Jahrhundert oder dem Elisabethanischen Zeitalter zumindest in bestimmten Bereichen in einem Prozeß der industriellen Entwicklung begriffen war; daß die Neuerungen des ausgehenden 18. Jahrhunderts, im ganzen gesehen, anfangs sehr bescheiden waren und daß die Industrialisierung, zu der sie den ersten Anstoß gaben, die Struktur der englischen Wirtschaft vor der Mitte des folgenden Jahrhunderts nicht entscheidend veränderte; daß schließlich diese Neuerungen nur die erste in einer Reihe industrieller Revolutionen waren, deren letzte Entwicklungsstufen die zeitgenössische Welt sicher noch nicht absieht.

Und dennoch scheint es zulässig, einen Begriff zu wählen, der den Vorgängen in der englischen Wirtschaft des 18. Jahrhunderts den Vorrang gibt und ihnen die Bedeutung eines geschichtlichen Umbruchs beimißt.

Warum sollte man die gewaltige Produktionssteigerung in der Textilindustrie, wo sich zuerst die neue technische und wirtschaftliche Organisation durchsetzte, nicht tatsächlich als revolutionär bezeichnen? Um 1775—1780 importierte das Vereinigte Königreich jährlich 6 bis 7 Millionen Pfund Rohbaumwolle; 1792 war man bei fast 35 Millionen angelangt und 1810 bei 132 Millionen. Als dynamischer Industriezweig riß die Textilindustrie die chemische Industrie und den Maschinenbau mit sich in die Modernisierung. Der allgemeine Aufschwung der Industrien löste die Revolutionierung des Transportwesens aus und führte die Vervollkommnung der Metallindustrie herbei, die ihrerseits eine treibende Kraft geworden war. Das ausgehende 18. Jahrhundert hatte also nicht nur eine relativ unelastische Handwerksproduktion durch eine industrielle Massenproduktion ersetzt, es hatte auch die vollständige Umwandlung der gewerblichen Aktivität eingeleitet, die durch ihre nahezu unbegrenzte Fähigkeit, Vermögen und Arbeitsplätze zu schaffen, sich schon bald in der ganzen Wirtschaft durchsetzte. So kann dieser Zeitabschnitt auch für die Geschichte des Kräftegleichgewichts in der Welt als entscheidend gelten: er

brachte einen neuen Wirtschafts- und (in materieller Hinsicht) Zivilisationstypus hervor und verschärfte dadurch das schon vorhandene Mißverhältnis zwischen den Ländern, die sich auf dem Wege zur Industrialisierung befanden, und jenen, in denen der Industrialisierungsprozeß noch nicht beginnen konnte, zugunsten der erstgenannten und hauptsächlich zugunsten Englands.
In Europa konnte man schon die Länder, die seit drei Jahrhunderten aus dem Aufschwung des Überseehandels Nutzen zogen, denen entgegenstellen, die unter der kontinentalen Stagnation litten; in der durch die Entdeckungsfahrten zusammengeschlossenen Welt konnte man kolonisierende und kolonisierte Länder unterscheiden. Fortan wurden diese Gegensätze durch den Kontrast zwischen den Gebieten, die industrialisiert wurden, und denen, die bei mehr oder weniger veralteter Landwirtschaft stehenblieben, verdeckt und verstärkt. Unser moderner Begriff von der Unterentwicklung geht zurück auf die Anfänge der britischen Industrie am Ende des 18. Jahrhunderts. Aber von diesem Augenblick an nehmen auch einige Beobachter in den Vereinigten Staaten und in Preußen diese Tatsache wahr und weisen mit Entschiedenheit auf die Unterdrückung hin, die der übrigen Welt vom industriellen Großbritannien droht.

I. DIE VORBEDINGUNGEN DER INDUSTRIELLEN REVOLUTION ENGLANDS

Hat man die hervorragende Bedeutung der Umwandlungen in der englischen Wirtschaft des ausgehenden 18. Jahrhunderts einmal anerkannt, wie soll man ihre Entfaltung in diesem Lande und in diesem Stadium der Industriellen Revolution erklären? Ratsamer als der Versuch, um jeden Preis eine ›Triebkraft‹ herauszulösen und direkte Kausalitätsverhältnisse festzustellen, ist eine Einordnung der verschiedenen Faktoren des Wirtschaftswachstums — soweit es der gegenwärtige Forschungsstand erlaubt. Die nichtindustriellen Bereiche bieten dafür das Untersuchungsfeld, da sich die Industrielle Revolution nur innerhalb einer schon expansiven Wirtschaft entwickeln konnte.

a) Die demographische Entwicklung

Zweifellos ist dies das Teilproblem, dessen Studium am heikelsten und dessen Zusammenhang mit der Industriellen Revolution am schwierigsten zu bestimmen ist.
Die Bevölkerungszunahme Englands im 18. Jahrhundert läßt sich offensichtlich gut ableiten aus einer sich um 1750 völlig verändernden Tendenz. In der ersten Hälfte des Jahrhunderts scheint die Zunahme gering gewesen zu sein (die Bevölkerung von England und Wales steigt von wenig mehr als fünf Millionen auf etwas

mehr als sechs Millionen), geringer jedenfalls als in der Zeit der vorangegangenen Restauration. In den Jahren 1720–1740 mußte, besonders als Auswirkung der Pockenepidemie in den Jahren 1725–1730, der Zuwachs sogar gleich Null sein.
Man hat angenommen, daß bei dieser demographischen Bewegung der Mangel an Arbeitskräften der industriellen Aktivität eine bestimmte Orientierung und den Unternehmern eine bestimmte Haltung aufzwingen konnte: die britische Industrie habe es vorgezogen, erst den zweiten Bearbeitungsprozeß zu leisten, und habe deshalb viel halbfertige Rohstoffe (Bretter und Bohlen, Stabeisen und Garn) eingeführt, deren Herstellung zuviel Arbeitskraft absorbiert hätte. Die Unternehmer aber seien bemüht gewesen, die Arbeit zu rationalisieren und Arbeitskräfte durch Mechanisierung zu sparen, während sie die durch Landarbeit entstandenen Ressourcen maximal ausbeuteten.
In jedem Falle brach aber die Industrielle Revolution sehr viel später in das Jahrhundert ein: also muß vor allem die Bevölkerungsbewegung nach 1750 analysiert werden. Von 1750 bis 1770 steigt die Kurve der Bevölkerungszunahme sichtbar. Es handelt sich um eine ausgleichende Fluktuation, die bezeichnend für die alten Wirtschaftssysteme mit überwiegender Landwirtschaft ist. Nach einer Epidemie sank die Sterblichkeitsziffer aufgrund der Verjüngung der überlebenden Bevölkerung und ihrer erhöhten Immunität; die Geburtenziffer wiederum stieg infolge der vielen und ungewöhnlich frühen Heiraten: sei es, daß sie in Krisenzeiten hinausgeschoben worden waren, sei es, daß sie durch das Antreten vorzeitiger Erbschaften erleichtert werden. Um 1770 bis 1780 tritt ein Rückgang ein, der das Ende dieser zyklischen Bewegung anzukünden scheint. Aber vom Jahr 1780 an steigt die Geburtenziffer wieder an und hält diese Tendenz bis in die Mitte des 19. Jahrhunderts beharrlich bei. Die seit 1780 sprunghaft sich vollziehende Bevölkerungszunahme ist anscheinend das wichtigste Ereignis der englischen Bevölkerungsgeschichte im 18. Jahrhundert (über neun Millionen Einwohner um 1800). Dieser Sprung nach oben um 50 % in einem Jahrhundert übertrifft in der Relation die französische Bevölkerungsvermehrung, die in den 75 Jahren vor der Französischen Revolution etwa ein Drittel ausmacht.
Diese Bevölkerungsgeschichte und ihre moderne Interpretation durch englische Historiker erfordern zwei wichtige Bemerkungen. Die *erste* betrifft den Mechanismus der ›Bevölkerungsrevolution‹ des 18. Jahrhunderts. Seit zwanzig Jahren betont die französische historische Schule mit Vorliebe die entscheidende Rolle des Sterblichkeitsrückgangs, den eine steigende Nahrungsmittelproduktion sowie eine bessere Verteilung und Zirkulation der Nahrungsmittel innerhalb kleiner oder großer Räume verursacht hätten; auf diese Weise werden die günstigeren Bevölkerungsbilanzen im 18. Jahr-

hundert in erster Linie in Verbindung gebracht mit den Fortschritten der landwirtschaftlichen Technik und der Kommerzialisierung der landwirtschaftlichen Produkte. Die englischen Historiker schließen das Schwinden des Sterblichkeitsüberschusses nicht aus der Zahl der Faktoren aus, die für die ›Ankurbelung‹ der Bevölkerungsbewegung ihres Landes am Ende des 18. Jahrhunderts verantwortlich sind. E. Hobsbawm bemerkt, daß die Landwirtschaft in ihrer alten Form so ineffektiv war, daß ganz geringfügige Verbesserungen in der Viehhaltung, der Düngung, Fruchtfolge, Pflanzenauslese ganz unverhältnismäßig gute Ergebnisse zeitigen konnten. Ohne die qualitative und quantitative Verbesserung der Nahrungsmittel im Laufe des Jahrhunderts leugnen zu wollen, führen die englischen Historiker aber hinsichtlich der Sterblichkeit auch die mögliche Rolle der ›Virulenzzyklen‹ von Krankheitserregern und von klimatischen Veränderungen an, die ebensogut im Sinn einer Verbesserung der Ernten wie einer Minderung bestimmter Krankheiten gewirkt hätten. Und vor allem messen sie mit H. J. Habakkuk der Aufwärtsentwicklung der Heirats- und Geburtenziffer eine viel entscheidendere Rolle zu als die französische Schule: Senkung des Heiratsalters um ein oder zwei Jahre, zahlreichere Heiraten, häufigere Wiederverheiratungen — alles Einzelheiten, die eine Vergrößerung der Familien, eine Erhöhung der Geburtenzahl pro Paar begünstigen.

Die *zweite* Bemerkung betrifft die kausalen Zusammenhänge zwischen der Bevölkerungsrevolution und der Industriellen Revolution. Theoretisch läßt sich sehr leicht der Mechanismus vorstellen, durch den eine sprunghafte Vermehrung der Bevölkerung, die eher einen steigenden Verbrauch als eine Zunahme der Arbeitskraft zur Folge hat (wegen des Übergewichts des jungen, das heißt nicht werktätigen Bevölkerungsteils), den Innenmarkt erweitern und nicht nur die industrielle Produktion, sondern auch den technischen Fortschritt vorantreiben kann. Aber praktisch untersagt die Chronologie der Bevölkerungszunahme eine solche Interpretation, weil sie parallel zur ersten industriellen Revolution Englands verläuft. Vielmehr muß man annehmen, daß die beschleunigte Bevölkerungszunahme in den achtziger Jahren Antwort ist auf ein Bedürfnis nach Arbeitskräften von seiten einer expansiven Wirtschaft, und zwar der sich völlig wandelnden Landwirtschaft wie auch der Industrie, die neue Arbeitsplätze anbieten kann. Die Herabsetzung des Heiratsalters im besonderen müßte in Verbindung gebracht werden mit der Milderung der sozialen Verhältnisse auf dem Land und mit der Entwicklung der Gewohnheiten und Mentalitäten in den industrialisierten Städten.

b) Die Umwandlungen in der Landwirtschaft

Es unterliegt dagegen keinem Zweifel, daß im England des 18. Jahrhunderts weitreichende Fortschritte in der Landwirtschaft der Industriellen Revolution vorausgingen und sie auch in der Folgezeit dauernd begleitet haben.

Eines der sichersten Zeichen für das Steigen der landwirtschaftlichen Produktion ist der Platz, den England auf Kosten der Ostseeländer auf dem westeuropäischen Getreidemarkt einnahm. Bis 1766 exportierte England regelmäßig; diese Exporte verdoppeln sich zwischen 1700 und 1766 und halten sich in den Jahren 1730 bis 1763 auf dem Niveau von jährlich 110000 bis 130000 t. Diese Produktionssteigerung wurde seit dem Ende des 17. Jahrhunderts durch eine Intensivierung des Ackerbaus, durch Ausdehnung der Futterpflanzung und Vergrößerung des Bestandes an Nutzvieh unterstützt, besonders im Süden Englands.

Welches waren die treibenden Kräfte dieser Entwicklung? England wurde zwischen 1650 und 1750 wie das übrige Europa vom Sinken der landwirtschaftlichen Ertragspreise besonders für Getreide betroffen. Wahrscheinlich konnte die Bedrohung des bäuerlichen Gewinns die großen Besitzer zu Neuerungen um so mehr anregen, als sie von den Verkaufsmöglichkeiten auf dem europäischen Markt abhängig waren, und vermutlich weckten die zahlreichen Beziehungen, die die *gentry* mit der Kaufmannsschicht verbanden, ihren Handelsgeist.

Die im Laufe dieser Zeit erzielten Fortschritte hatten zweifellos entscheidende Bedeutung. Sie veränderten tatsächlich das traditionell ausgeglichene und unelastische Verhältnis zwischen Bevölkerung und landwirtschaftlicher Produktionskapazität. Als um 1750 bis 1760 England in eine Phase nie dagewesener Bevölkerungszunahme eintrat, wurde dieses Wachstum nicht durch eine unzureichende Ertragsfähigkeit des britischen Bodens behindert. Allerdings wurden die Exporte eingestellt, um für einige Jahre sogar dem Import Platz zu machen; auch begannen die landwirtschaftlichen Ertragspreise wieder zu steigen, worin sich eine neue Spannung zwischen Produktion und Verbrauch auf dem englischen Markt ausdrückte. Die wachsenden Bedürfnisse der Bevölkerung aber, deren Anteil an Stadtbewohnern überdies immer größer wurde, hatten diesmal zur Folge, daß der technische Fortschritt der Landwirtschaft vorangetrieben wurde. Die Zeit zwischen 1760 und dem Ende der Napoleonischen Kriege war gekennzeichnet durch eine Förderung der *enclosures* — Einhegungen zugunsten bearbeiteter Ackerflächen — mit Hilfe weiter Verbreitung der neuen Agrartechnik, die ein halbes Jahrhundert zuvor entwickelt und empfohlen worden war: das *mixed farming* setzte sich durch, und weite Flächen wurden fruchtbar gemacht.

Diese ›landwirtschaftliche Revolution‹ wirkte sich in zahlreichen

Punkten auf die Expansion, wenn nicht sogar auf die Industrielle Revolution aus. Zunächst erscheint die eine natürlich als Bedingung der anderen, insofern, als die Landwirtschaft in der Lage sein mußte, eine wachsende Bevölkerung zu ernähren, die nicht in der Landwirtschaft tätig war. Darüber hinaus setzte die Periode der niedrigen Nahrungsmittelpreise, die sich bis in die Mitte des Jahrhunderts hinzog und während der die Löhne auf gleicher Höhe blieben bzw. nur leicht anstiegen, die Kaufkraft für zusätzliche Anschaffungen industrieller Produkte frei.

Schließlich erscheint die Industrialisierung in anderer Hinsicht noch unmittelbarer als Reflex des landwirtschaftlichen Fortschritts. Die Steigerung des landwirtschaftlichen Produktionsvolumens kurbelte die landwirtschaftliche Rohprodukte verarbeitenden Industrien an: so die Müllereien, Brauereien, Brennereien, Kerzenfabriken. Der landwirtschaftliche Fortschritt und die *enclosures* brachten große Ausgaben für Werkzeug, Ausstattung und Baumaterial (Einfriedungen, Wege, Bauernhöfe), sodann für die Unterhaltung mit sich: das unbedeutende Hüttenwesen von Sheffield und Birmingham erlebte damit einen neuen Aufschwung, den auch der erheblich gesteigerte Verbrauch an Guß- und Stabeisen hervorrief. Nicht nur der Getreideexport, der den Schiffbau hätte entwickeln und Beschäftigungen in den Häfen eröffnen können, auch die Reinvestierung der landwirtschaftlichen Gewinne konnte der Industrie in Form von ländlichen oder städtischen Bauten und der Anlage von Kanälen zugute kommen.

Dagegen hat J. D. Chambers gezeigt, daß man eine direkte Beziehung zwischen den *enclosures* und der Industrialisierung nicht feststellen kann und daß es ungenau wäre, die *enclosures* als Einrichtung darzustellen, die eine Armee proletarisierter Landbewohner genau in dem Augenblick entließ, als die Industrielle Revolution zu ihrer Entfaltung frischer Arbeitskraftreserven bedurfte. Die Verbesserung der Agrartechniken und die *enclosures* schlossen keineswegs einen hohen Beschäftigungs- und folglich Bevölkerungsstand auf dem Lande aus. Die Ersetzung des Brachlandverfahrens durch kontinuierliche Feldbestellung, die Erweiterung des Viehbestandes, das Anlegen und die Unterhaltung von Gräben und Umfassungszäunen, die Aufteilung und Rodung des Gemeindewaldes, die Urbarmachung von Heideland und Sumpfgebieten erforderten Arbeitskräfte, die häufig von weither geholt wurden, und trieben auch den Handel und das ländliche Handwerk voran. Der bäuerliche Kleinbesitz wurde nicht sonderlich schnell zerstört: in den Gebieten, in denen noch das System des *openfield* herrschte, erhielt er sich vollständig; in den Gebieten, die von den *enclosures* betroffen waren, wurden Übereignungen nötig. Besitzer kleiner Betriebe waren zum Verkauf gezwungen und glitten in die Kategorie der Pächter oder ländlichen Lohnarbeiter ab. Aber ebenso sicher ist, daß die hohen Getreidepreise, die in der Periode von etwa 1750 bis 1815 galten, es vielen Besitzern von Kleinbetrieben erlaubten, sich die hohen Umzäunungskosten zu leisten und so ihren achtbaren Platz im neuen Agrarsystem zu behalten. Wenn also die Industrielle Revolution im Laufe ihrer Entwicklung aus den Reserven der werktätigen Bevölkerung schöpfen mußte, so wurden diese, abgesehen von der irischen Einwanderung, durch die allgemeine Bevölkerungszunahme freigesetzt.

c) Der Einfluß des Marktes auf die Industrielle Revolution

Die Entwicklung des Binnenmarktes. — Die demographischen Gegebenheiten, die Entwicklung der Preise und die der landwirtschaftlichen Produktion legen es gleichermaßen nahe, daß der englische Verbraucher in der ersten Hälfte des 18. Jahrhunderts seinen Nutzen aus der bestehenden Situation zog. Adam Smith schrieb dazu ein wenig später: »*The real quantities of the necessaries and conveniences of life which are given to the labourer have considerably increased during the course of the present century.*«

Die Angaben über den Verbrauch bestätigen es. Nicht nur verbesserte sich die Ernährung der gesamten Bevölkerung in Angebot und Auswahl — und rechtfertigte somit das in dieser Zeit traditionelle Bild des von Weißbrot, Roastbeef und Bier gesättigten Engländers; die britischen Wohnungen wurden von nun an auch zunehmend mit den verschiedensten häuslichen Gebrauchsgegenständen versorgt: Möbeln, Geschirr, Tuchen, Uhren usw. In den Jahren 1720 bis 1740 ließ der Landesverbrauch an Stoffen die Baumwollindustrie von Lancashire entstehen (in Manchester wurden in zwanzig Jahren 2000 neue Häuser gebaut). Diesem gesteigerten Verbrauch entsprachen die Veränderungen des Warenabsatzes: die Märkte, auf denen die Käufe in regelmäßigen Zeitabständen, vornehmlich kurz nach der Ernte, erfolgten, wichen früh dem Wochenmarkt und dem Kramladen; die Neben- und Zwischenkäufe wurden zur Regel — Zeichen für die zunehmende Verfügbarkeit über flüssiges Geld.

So hätte England trotz einer noch niedrigen Gesamtbevölkerung der Industrieproduktion aufgrund seines lebhaften Handels und der frühzeitigen Entwicklung des Massenkonsums einen sehr günstigen Binnenmarkt geboten. Man kann sich denken, daß die erneute starke Bevölkerungszunahme in der zweiten Hälfte des 18. Jahrhunderts diesen Markt anregte; aber man muß in Rechnung stellen, daß zu dieser Zeit das Lohn-Agrarpreis-Verhältnis den Verbrauch nicht mehr so stark wie zuvor begünstigte. Viele Anzeichen deuten auf einen Aufschwung der industriellen Produktion und auf eine Gärung im Bereich der Technologie in der Zeit vor der eigentlichen Industriellen Revolution hin: steigender Import von Rohstoffen aus den baltischen Ländern; bis an die geographischen Rentabilitätsgrenzen vorangetriebene Aktivierung der ländlichen Arbeitskraftreserven mit Hilfe des *putting-out system*; zunehmende Nutzung von Kohle als Brennmaterial der Industrie; technische Neuerungen von begrenzter Tragweite, die den dadurch betroffenen Industriezweig noch nicht gänzlich verändern (man denke an die Vervollkommnung der Weberei durch John Kay und an die ersten Spinnmaschinen); erste Versuche der Arbeitsrationalisierung (die berühmte Nadelfabrik, auf die sich Adam Smith berief) oder systematischer Marktforschung (Josiah Wedgwood entdeckte das Prinzip der serienmäßigen Herstellung von Qualitätsgeschirr im klassischen Stil für die bürgerliche Kundschaft).

Der Außenmarkt. — Aber man darf nicht Aufblühen der Industrie, Steigerung der industriellen Produktion innerhalb einer allgemeinen wirtschaftlichen Expansion — und Auftakt der Industriellen Revolution, die in erster Linie eine technologische Revolution war, verwechseln. Diese trat in der mit wissenschaftlicher Methode mechanisierten Guinness-Brauerei in Dublin zum erstenmal im Bereich der Industrien auf, die landwirtschaftliche Produkte verarbeiteten. Aber die Brauerei erwies sich nicht als dynamischer Industriezweig; ihre Entwicklung gab der übrigen Industrie keinen Impuls. Letztlich entfaltete sich die technologische Revolution nicht etwa in den Messer- oder Eisenwarenfabriken, die für eine große inländische Kundschaft arbeiteten, sondern in der Baumwollindustrie. Und wenn diese Industrie als erste zu einer anderen Organisationsform in der Produktion überging, wenn die Masse der Unternehmer in der Textilbranche zur Überzeugung gelangte, daß es notwendig und nützlich sei, sich mit neuen Produktionsmitteln zu versehen, so geschah dies, wie E. Hobsbawm deutlich gezeigt hat, unter dem Druck des europäischen und atlantischen Außenmarktes, der seit der zweiten Hälfte des 17. Jahrhunderts in voller Ausdehnung begriffen war. Dieser Markt forderte die Massenherstellung von Gegenständen des allgemeinen Verbrauchs, und seine Nachfrage stieg in einem solchen Tempo, daß sie mit den traditionellen Herstellungsmethoden nicht mehr befriedigt werden konnte.

Das Vereinigte Königreich fand in den amerikanischen Kolonien einen ersten Markt, auf dem sich der Absatz im selben Tempo entwickelte wie bei den Wirtschaftszweigen, die auf Sklaverei fußten. Einen zweiten, in mancher Hinsicht dem vorigen gleichartigen Markt bot die osteuropäische Wirtschaft, die auf Leibeigenschaft gegründet war. Auf dem ersteren bemühte sich der britische Handel während des ganzen 18. Jahrhunderts um eine Monopolstellung mit Hilfe von Verträgen und notfalls durch Krieg. Dabei wurde er von einer Regierung unterstützt, die den Wirtschaftsinteressen sehr viel stärker als die französische Regierung verpflichtet war. Zum Teil im Tausch gegen Baumwollzeug wurden die Sklaven an den afrikanischen Küsten eingehandelt; sie wurden in Kattun gekleidet, das von den Pflanzern der Inseln gekauft wurde, wo man die Sklaven ausschiffte; so begründeten die Sklaven das Blühen einer Baumwollindustrie, die sich, wegen des über die *East India Company* verhängten Einfuhrverbots von Kattun, auf dem Markt des Mutterlandes gebildet hatte. Von 1750 bis 1770 verzehnfachten sich die britischen Baumwollexporte; dies ist zumindest einer der Gründe, weshalb der Beginn der technologischen Revolution in die Periode kurz nach dem Siebenjährigen Krieg fiel. Dieser Start vollzog sich gleichzeitig mit der Entstehung des Übergewichts der Außenmärkte über den Binnenmarkt — ein Übergewicht, das sich aus den größeren Gewinnaussichten ergab.

II. PROBLEME DER ERSTEN TECHNISCHEN REVOLUTIONIERUNG DER INDUSTRIE

Zwischen der Entstehung einer ungewöhnlichen Spannung von Angebot und Nachfrage und ihrer Lösung liegen zwei Entwicklungsstufen, die strenggenommen die Industrielle Revolution konstituieren: die der technischen Erfindung und die ihrer Verbreitung.

a) Die technische Erfindung

In diesem Zusammenhang stellt sich die Frage, inwieweit eine Gesellschaft fähig ist, ihre wirtschaftlichen Schwierigkeiten durch Neuerungen zu beheben.

Man kann wohl annehmen, daß auf der Ebene der Erfindung neuer Mechanismen, die beispielsweise in der Textilindustrie dazu bestimmt sind, menschliche Arbeit einzusparen, die Neuerung normalerweise von einer Gemeinschaft intelligenter, geschickter, strebsamer Handwerker geleistet wird, die aber eigentlich wissenschaftlicher Kenntnisse entbehren, so daß die Innovation, was Konzeption wie auch Ausführung betrifft, dem Empirismus schlichter Handarbeiter entspringt, die sich im Kampf mit der täglichen Praxis ihres Berufes befinden.

Aber auf der Ebene der chemischen Industrie oder der Feinmechanik, deren Erfolge in der Textilindustrie und dem Dampfmaschinenbau die Entwicklung vorantrieben, muß man unbedingt auf die Beziehungen zwischen der Wissenschaft und der in der Industrie angewandten Technik im England des 18. Jahrhunderts hinweisen. Die Industrialisierung auf dieser Ebene erscheint als das Ergebnis einer bestimmten sozialen und kulturellen Sphäre, und von hier aus stößt man wieder auf die Frage, was die englische Gesellschaft und Intelligenz befähigte, die erste der industriellen Revolutionen hervorzubringen.

Zum Beispiel entstand in der Herstellung von Weißbleiche in der Mitte des 18. Jahrhunderts infolge des Knapperwerdens der für dieses Verfahren notwendigen Rohmaterialien bei gleichzeitiger Produktionssteigerung der Tuchfabrikation ein Engpaß. Fachkräfte hätten durch Ausprobieren so lange versucht, ihn auf traditionelle Weise zu überwinden, bis Ersatz und schnelle, wirtschaftliche Verfahren entdeckt worden wären; tatsächlich aber gingen die Verbesserungen von Wissenschaftlern aus, die wissenschaftliche Experimente vornahmen und sich für die Nutzanwendungen ihrer Entdeckungen in der Industrie interessierten. Man denke nur an die Herstellung von Vitriolsäure in großer Menge, die von dem Mediziner John Roebuck aus Birmingham (das Medizinstudium war das einzige, das sich auch auf die Chemie erstreckte) in Zusammenarbeit mit dem Geschäftsmann Samuel Garnett ausgearbeitet wurde: die Herstellung in zerbrechlichen Korbflaschen aus Glas von begrenztem Fassungsvermögen ersetzte er durch die Appretierung in großen Bleikammern, da er die Widerstandsfähigkeit dieses Metalls gegen die Säure festgestellt hatte. Der Preis der Säure fiel daraufhin (1749) auf den hundertsten Teil dessen, was er zu Anfang des Jahrhunderts betragen hatte. Ein anderes Beispiel für die Zusammenarbeit von Wissenschaft und Industrie (zu einer Zeit, in der es im übrigen noch keine Forschungslaboratorien in der Industrie gab) liefern die thermodynamischen Forschungen Blacks, der im Jahr 1763 beweist, daß die Wärmemenge, die zur Umwandlung von Wasser in Dampf benötigt wird, selbst dann beträchtlich ist, wenn das Wasser schon zum Sieden gebracht worden war; auf diese Weise wird zwei Jahre später Watt dazu inspiriert, die Maschine Newcomens mittels eines vom Zylinder abgesetzten Kondensators zu verbessern, den er umgekehrt auf einer gleichmäßig erhöhten Temperatur hält, womit er den Energieverlust beträchtlich begrenzt.

Es liegt nun nahe zu fragen, wie diese Beziehungen zwischen Gelehrten und Fabrikanten entstanden, die sich so fruchtbar auf die Erfindung im industriellen Bereich auswirkten. Um die wissenschaftliche Durchdringung oder zumindest den Vorsprung der englischen Industrie auf technologischem Gebiet zu erklären, ist häufig mit Nachdruck auf die vorzügliche Ausbildung hingewiesen worden, die allerdings nicht an den traditionellen englischen Universitäten erteilt wurde, welche unter der Aufsicht der etablierten Kirche standen (Oxford und Cambridge), sondern an den calvinistischen Universitäten Schottlands (besonders Edinburgh) und den Akademien des *Dissent* in England (beispielsweise der von Northampton, an der Roebuck einen sorgfältigen naturwissenschaftlichen Unterricht erhalten hatte, bevor er die Universitäten Edinburgh und Leiden besuchte). Aber eine noch weit wichtigere Rolle spielten zweifellos die gelehrten Gesellschaften, die den Kontakt zwischen den verschiedenen Eliten herstellten: sie formten sowohl einen neuen, praktischen Beschäftigungen nachgehenden Gelehrtentyp als auch einen neuen Industriellentyp, der wissenschaftlichen Problemen aufgeschlossen gegenüberstand. London hatte seit der Restauration seine *Royal Society*, und 1754 wurde die *Society for the Encouragement of Arts, Manufacture and Commerce* ins Leben gerufen. Aber im 18. Jahrhundert dezentralisierte sich die naturwissenschaftliche Bewegung weitgehend, und vermutlich verwirklichte sich in der *Lunar Society* in Birmingham die vollkommenste Verschmelzung der reinen Forschung mit der industriellen Nutzanwendung. Ihre bedeutendsten Mitglieder waren Männer wie James Keir, ein schottischer Arzt, der mit Passion nach der Zusammensetzung von Soda suchte; Matthew Boulton, der sich eifrig der Chemie der Metalle widmete und der Gesprächspartner von Franklin, Priestley und Keir war, denen er seine Kenntnisse verdankte, aber deren Arbeiten er auch in einem Maße finanzierte, daß man der *Lunar Society* nachsagen könnte, sie habe Boulton das Laboratorium für industrielle Forschungen ersetzt. Von 1781 an hatte auch Manchester seine *Literary and Philosophical Society*, deren Ziele ebenso praktischer wie wissenschaftlicher Natur waren. Von dem Arzt Thomas Percival gegründet, vereinigte sie neben vielen seiner Kollegen und einigen Geistlichen solche Leute, die an der Anwendung ihrer wissenschaftlichen Kenntnisse in der Industrie und an der Verbindung zwischen den ›freien‹ Wissenschaften mit Handel und Industrie interessiert waren. Diese Gesellschaft gründete 1783 sogar ein *College of Arts and Sciences*, eine höhere Erziehungsanstalt für junge Menschen aus Geschäftskreisen, deren Programm den Schwerpunkt auf Chemie und Mechanik legte. Am stärksten besucht war der Kurs über die Techniken des Bleichens, Färbens und Bedruckens von Baumwollstoffen.

Es fand also ein Austausch in beiden Richtungen statt, und die Wissenschaft machte sich die Forderungen der Industrie zunutze. Es ist kein Zufall, daß sich die Chemie gerade in der Zeit entfaltete, als die Industrie ihrer bedurfte. Das Aufblühen der wissenschaftlichen Forschung seit der Mitte des 18. Jahrhunderts begann in den Industriegebieten: Birmingham, Manchester, Liverpool und den schottischen Lowlands. Die Industrielle Revolution scheint die Wissenschaft ins Leben gerufen zu haben, die sie brauchte, und diese scheint manche ihrer Forschungen an diesem oder jenem industriellen Problem ausgerichtet zu haben.

b) Die Verbreitung der neuen Techniken

Psychologie der Unternehmer. — Bei der Mehrzahl der Unternehmer hing die Entscheidung für Investitionsausgaben, die zum Erwerb neuer Produktionsmittel nötig waren, in erster Linie von ihrer Nutzerwartung und den Aussichten auf Expansion des Mark-

Abb. 1: Entwurf für eine Gußeisenbrücke über die Themse, die die London Bridge ersetzen sollte, von Thomas Telford; 1801

tes ab. Aber sie setzte auch gewisse geistige Entwicklungen voraus. Wichtig waren: der vom Newtonschen Geist hervorgebrachte Glaube an die Möglichkeit, Engpässe in der Produktion durchbrechen zu können; ein kühnerer Unternehmungsgeist, der die Wagnisse des wirtschaftlichen Abenteuers einging; und eine neue Auffassung vom Gewinn (Übergang vom traditionellen Begriff des hohen Gewinns, der mit einer kleinen Anzahl von Einzelfabrikaten erzielt wurde, zu dem modernen Begriff vom beschränkten Gewinn, der auf einer Massenherstellung beruht). Eine ganze historische Schule Englands weist, nach Max Weber und mit R. Tawney, gern auf den Anteil des protestantischen Geistes — im 18. Jahrhundert durch den Wesleyanismus belebt — an der Industriellen Revolution hin (Glaube an die heiligenden Tugenden der Arbeit, Mühe, Askese, wachsender Sinn für das Wagnis und die individuelle Verantwortung usw.).

Problem des Kapitals. — Aber der Erfolg der technischen Neuerungen rührte gleichwohl daher, daß sie nur bescheidene Erstinvestitionen erforderten. Dies ist einer seiner wesentlichen Faktoren, weil er die Bedingungen enthielt, unter denen das notwendige Kapital gefunden wurde.

Wenn man die möglichen Finanzquellen überschaut, stellt man in der Tat fest, daß der größte Teil des flüssigen Kapitals im England des 18. Jahrhunderts nicht bestimmt war, unmittelbar in Industrieunternehmen investiert zu werden. Auf seiten der Grund-

besitzer verschlangen die *enclosures* und die Verbesserungen in der Landwirtschaft viel Kapital, ganz abgesehen von den Unterhaltskosten, die der Lebensstil auf den Schlössern mit sich brachte. Wenn Investitionen außerhalb der Landwirtschaft vorgenommen wurden, so richteten sie sich auf Bergwerke, Straßen und Kanäle – das heißt auf notwendige Zurüstungen für die Entfaltung der Industriellen Revolution, die aber nicht direkt in Beziehung zu ihr standen.

Der Handel investierte kaum direkt in die Industrie, ebensowenig – von Ausnahmen abgesehen – die privaten Banken. Im großen und ganzen wurde das unbewegliche Kapital, das für den Start der neuen textil- und metallverarbeitenden Fabriken nötig war, von den Industriekreisen selbst durch Eigenfinanzierung oder den Rückgriff auf traditionelle Formen der stillen Gesellschafter bereitgestellt. Die Eigenfinanzierung wurde in den ersten Jahrzehnten der Industriellen Revolution stark begünstigt durch die hohen Zinserträge, die damals erzielt werden konnten, wie auch durch die nüchterne und fast asketische Lebensart der ersten Unternehmergenerationen, die so wenig wie möglich von ihren Gewinnen verbrauchten und sie sofort ins geschäftliche Unternehmen reinvestierten.

Kann man deshalb sagen, daß die aufgrund einer positiven Außenhandelsbilanz beträchtlichen Kapitalansammlungen, besonders in Form von Metallreserven in den Kassenschränken der Bank von

England, in keiner Weise zum Sieg der Industriellen Revolution beigetragen haben? Gewiß nicht; aber sie stellten auf andere Art das in industrielle Unternehmen fließende Kapital bereit. Im großen und ganzen bleibt das Kapital für Investitionen auf das umlaufende Geld angewiesen. Der Handel unterstützte das industrielle Unternehmertum, indem er ihm, soweit es seine Mittel erlaubten, hohe Kredite für die Ankäufe von Rohmaterialien und Vorschüsse auf hergestellte, aber noch nicht verkaufte Lagerware gewährte. Kauffahrteien, Import-Export-Gesellschaften, Großhändler des Innenhandels, kaufmännische Fabrikanten — kurz, eine ganze Gesellschaft reicher und unternehmender Geschäftsleute erscheint so als unentbehrlicher Helfer der Industriellen Revolution. Der ständige Gebrauch von Kontokorrenten und Wechseln veranschaulicht diesen weitgehenden Rückgriff auf den Handelskredit in einem System, dessen kleinen Betrieben — die anfangs nur über sehr beschränktes Kapital verfügten — es gelingt, sich dank des Umlaufs von Wertpapieren und dank des Buchungssystems, die Barzahlungen zur Ausnahme machen, auf eine umfangreiche Fabrikation zu werfen. Ausnahmsweise erhalten auch größere Unternehmen (Boulton und Watt, Carron, Cyfarthfa) hohe und langfristige Bankkredite; aber dieses Verfahren, das schon die Bankkommandite der Handelsbanken des 19. Jahrhunderts vorwegnimmt, ist nicht die Regel, eben weil es eher darauf abgestimmt ist, aus dem festen Kapital große Ausgaben zu finanzieren.

III. SOZIALE UND POLITISCHE FOLGEN DER INDUSTRIELLEN REVOLUTION

a) Probleme der Arbeit und der Arbeiterschaft

Am Ende des 18. Jahrhunderts war das Hauptproblem der mit neuen Maschinen ausgerüsteten Unternehmen nicht quantitativer, sondern qualitativer Art: es waren genug Arbeitskräfte vorhanden, aber man mußte solche finden, die fähig und bereit waren, die neuartige Arbeit auszuführen, die von der technologischen Revolution hervorgebracht worden war und der sich oft die Arbeiterschaft aktiv und passiv widersetzte, womit sie der Rentabilität des Unternehmens schadete.
Diese Probleme behalten übrigens ihre ganze Aktualität in den bäuerlichen Gesellschaften unterentwickelter Länder, die sich auf dem Weg zur Industrialisierung befinden. — Es handelte sich zunächst um die Anpassung an den regelmäßigen Arbeitsrhythmus der Fabrik. Die Arbeit auf dem Feld oder in der Werkstatt war damit verglichen sehr leicht und viel humaner; sie kannte nicht den Zwang des Zeitplanes, nicht den Zwang zur ständigen Anwesenheit bei der Maschine, was selbst zur ›Maschine‹ macht, sie

kannte nicht die das ganze Jahr umspannende Permanenz der industriellen Arbeit — entgegen dem jahreszeitlichen Rhythmus der Land- und Saisonarbeit, die sich im alten System so oft ergänzten: von daher die verschiedenartigen Abwehrreaktionen des Arbeiters gegen seine Arbeit und also des Arbeitgebers gegen den Arbeiter. Die Sonntage, noch mehr die Feiertage und die monatlichen Zahltage, wurden um einen und zuweilen mehrere Ruhetage verlängert, die die Organisation der Produktion störten. Die Arbeiter verschwanden in dem Augenblick, wo auf dem Lande viel Arbeit anfiel, oder verließen häufig einen Arbeitgeber und gingen zu einem anderen. Darauf beruhte zweifellos der Zug von Unterdrückung, den man so häufig in der Haltung des Arbeitgebers findet: die disziplinarischen Bestimmungen, dazu die internen Regelungen der Fabriken verstrickten den Arbeiter in ein Netz von Verboten und Verstößen; die Fabrik ähnelte früh dem *workhouse* oder sogar dem Gefängnis; strenge Geldstrafen beschnitten den Lohn. Jedenfalls war das patriarchalische System an der Entfaltung der Industriellen Revolution beteiligt. Die klügsten Arbeitgeber — oder die, die über die größten Mittel verfügten — kamen früh zu der Ansicht, daß es besser sei, den ›Wander‹geist der Arbeiterschaft oder ihren mangelnden Eifer bei der Arbeit durch die Gewährung von Vergünstigungen oder Förderungen zu bekämpfen, die geeignet waren, sie an Ort und Stelle festzuhalten und ihre Leistungen anzuheben. Von daher rühren Gepflogenheiten wie die Stückbezahlung, die Gratifikationen und die ganze ›soziale‹ Wohnungs- und Erziehungspolitik, für die man Beispiele schon am Ende des 18. Jahrhunderts finden kann.

b) Probleme der Arbeitsbedingungen

Einer der umstrittensten Aspekte der großen sozialen Umwälzungen, die die Industrielle Revolution auslöste, ist das Schicksal der Arbeiterklasse. Infolge der Verlagerung des Wirtschaftslebens vom Land in die Stadt und durch die neuen Arbeits-, Daseins- und sozialen Bedingungen veränderte es sich langsam. Obwohl die düstersten Einzelheiten (Lohnsenkung, Verschlimmerung der Arbeitslosigkeit) in die erste Hälfte des 19. Jahrhunderts und nicht ins ausgehende 18. Jahrhundert gehören, scheint es nahezu sicher, daß sich die Anpassung an die neue Ökologie für die Arbeiter unter den schlimmsten Umständen vollzog. In physiologischer Hinsicht gab der Übergang vom Leben auf dem Lande zu dem in der Stadt das Startzeichen für eine lang anhaltende Bewegung, in deren Verlauf die Arbeiter aufgrund schlechter materieller Lebensbedingungen depraviert wurden: Einzug in Städte, die überhaupt nicht auf die Veränderungen vorbereitet waren, die nötig gewesen wären, um einen plötzlichen Bevölkerungszuwachs aufzunehmen, und wo die Zusammenballung in Wohnkasernen einen Rückschritt gegenüber dem Leben im *cottage* bedeutete, selbst wenn hier ein oder mehrere Webstühle im Gang waren; unregelmäßigere und unhygienischere Ernährung; schlechte gesundheitliche Bedingungen der Fabrikarbeit. Auf psychologischer Ebene war die individualistische Entwicklung der aus dem Rahmen der Dorfgemeinschaft gelösten Heime begleitet von einer Zerstörung der traditionellen Grundlagen des Familienlebens aufgrund der Arbeit von Frauen und Kindern, die seit Ende des 18. Jahrhunderts in weitem Umfang beschäftigt wurden. Fabrik und Arbeitgeber schufen bis zu einem gewissen Grade einen neuen Rahmen und eine neue Hierarchie, aber in disharmonischer Atmosphäre.

c) Veränderungen der Sozialstruktur

Die soziale Bedeutung der Industriellen Revolution läßt sich auch an der Tatsache messen, daß sie die Entstehung neuer Klassen förderte. Innerhalb des Bürgertums bildete sich eine neue Kategorie von Unternehmern, die dem kleinbürgerlichen Handwerk entstammten, Gehilfen von Handelsfabrikanten, Leute aus der *yeomanry* sogar — die man nicht mit jenem reichen, kultivierten und unternehmenden Bürgertum verwechseln darf, das den Anstoß zur technischen Revolution gab; eine neue Welt, in der eine einzige Generation es zuweilen von bescheidenen Mitteln zu glänzendem Reichtum brachte. Neben ihr existierte für mehr noch als ein halbes Jahrhundert ein traditionelles Handwerk, das die Industrielle Revolution in ihrer ersten Phase noch aufblähte: so die Armee von Handwebern, die die verzehnfachte Produktion der mechanischen Spinnerei nutzen wollte.

Auf seiten der Arbeiter entstand das — im 19. Jahrhundert sich sehr viel schneller entwickelnde — Phänomen der Arbeiterkonzentration und ein neuer Proletariertyp. Bis zur Bildung einer wirklichen Arbeiterklasse der Großindustrie ist sein bezeichnendstes Merkmal die Massierung am Fuß der sozialen Leiter unter Bedingungen, die ihn in bislang unbekannter Weise herabwürdigen und absondern, weil sich die wirtschaftliche und moralische Kluft zur Klasse der Unternehmer sehr vertieft. In der Tat falten die beträchtlichen Verdienste in der Industrie den Einkommensfächer wie nie zuvor auseinander, während die Dogmen des Liberalismus, die sich mit Adam Smith durchsetzen, die Arbeit auf ihren Minimalwert reduzieren — den der Befriedigung der elementaren Lebensbedürfnisse — und als Zugangsweg zum irdischen Glück und zur Verbesserung der sozialen Verhältnisse, nicht ohne Heuchelei, lediglich die Anstrengung des einzelnen hinstellen. Tatsächlich wird der Arbeiter der *factories* zur Ware der Gesellschaft. An diese Gesellschaft fesselt ihn nur das eigene wirtschaftliche Elend, das ihn seinem Arbeitgeber unterwirft.

d) Wirtschaftliche Revolutionen und politische Entwicklung

Unter dem Gesichtspunkt der fortgeschrittenen Entwicklung der politischen Einrichtungen und dem des kommerziellen Wohlstands stellten die Philosophen der Aufklärung in den Ländern auf dem Kontinent gewöhnlich England als ein beispielhaftes Land dar. Indessen hatten die beschleunigte wirtschaftliche und soziale Entwicklung dieses Landes und sein Eintritt in die Phase der Industrialisierung weder einen lang- oder kurzfristigen Umschlag des sozialen Gleichgewichts noch die Preisgabe der traditionellen politischen Formen zur Folge. Es existiert also ein spezifisch britisches Problem der Zusammenhänge zwischen politischer und wirtschaftlicher Revolution.

W. W. Rostow hat die Hypothese aufgestellt, daß Großbritannien, das »aus dem 17. Jahrhundert mit einer Sozialstruktur hervorging [. . .] die geschmeidig war, mit einem Nationalgefühl, das die verkalkten politischen und sozialen Schichtungen verjüngte«, im 18. Jahrhundert über die günstigsten Bedingungen für den Start seiner Wirtschaft verfügte. Die Industrialisierung kräftigte die materielle Lage und folglich die politische Macht der Aristokratie gerade insoweit, als ihre Einkünfte nicht ausschließlich auf Bodenbesitz beruhten. Aber sie führte auch zur Spaltung der eng begrenzten Führungseliten, die sich herkömmlicherweise in die Ausübung der repräsentativen und der Regierungsämter teilten: in der Tat nahmen sie nach und nach neue Familien auf (die Peels beispielsweise), deren Interessen als Fabrikbesitzer bald, besonders nach 1815, mit den Interessen der Grundbesitzer zusammenprallten, wie es im Kampf um den Freihandel ersichtlich wurde.

Andererseits ist das politische Leben im England des ausgehenden 18. Jahrhunderts von dem schnellen Aufstieg einer neuen Macht gekennzeichnet, deren Konstituierung der Industrialisierung vorausging: der des Radikalismus. Seine soziale Basis sind die starken Bevölkerungsballungen, für die London mit seinen Seeleuten, seinen Hafenarbeitern, seinen Handwerkern und seinen Arbeitern der Seidenindustrie das beste Beispiel bietet; aber zu dieser Basis gehören auch die Bevölkerungsgruppe der freien Pächter und Landarbeiter im Gebiet des Londoner Beckens, die Wollwäscher von Yorkshire; es handelt sich um Teile der englischen Gesellschaft, deren Gewicht mit dem Aufschwung des Seehandels und des *putting-out system* zunimmt und deren Stellung durch die Umwälzungen in der Landwirtschaft bedroht ist. Diese Volksschichten erbittert die Unzulänglichkeit und Ungerechtigkeit des Repräsentativ- und Wahlsystems, der aristokratische und abgeschlossene Charakter des Parlaments, dessen Tätigkeit sich am Rand und ohne Wissen der übrigen Nation abzuspielen scheint. Ihre Unzufriedenheit äußert sich wiederholt in politischen oder wirtschaftlichen Krisen, die die Regierungszeit Georgs III. erschüt-

tern. Am Ende des Siebenjährigen Krieges kristallisiert sich zunächst um die Person des Abgeordneten und politischen Schriftstellers Wilkes ein Unruheherd, der sich ausweitet und in London und seiner Umgebung die Form einer Massenbewegung annimmt. Sie mündet in die Reformen von 1770/1771 betreffend das Verfahren der Gültigkeitserklärung umstrittener Wahlen und die freie Berichterstattung der Parlamentsdebatten. Danach, 1780, im verhängnisvollsten Jahr des Krieges gegen die dreizehn Kolonien, als zudem ein irischer Aufstand droht und die Regierung Lord North auf dem Gipfel der Unpopularität angelangt ist, entwickelt sich in Yorkshire die Bewegung der radikalen Vereinigungen. Die Volksmassen Londons nahmen unter Umständen, die noch im dunkeln liegen, an den Aufständen Gordons teil, deren Vorwand zumindest das Problem der katholischen Freiheiten gewesen zu sein scheint. Aber diese wirklich revolutionäre Explosion, die London für eine Woche in Brand steckt, bringt diesmal keine parlamentarische Reform hervor. Ebensowenig wird während der Französischen Revolution die ›jakobinische‹ Bewegung Englands die Regierung erschüttern können — trotz offizieller Befürchtungen und obgleich sich aufgrund der wirtschaftlichen oder internationalen Situation oder der militärischen Gefahr zuweilen günstige Gelegenheiten dazu boten.
Obwohl auch die englische Gesellschaft 1780 und 1790 ihre *sansculottes* hatte und obwohl die entstehenden Arbeiterballungen, besonders in Lancashire, die radikale Bewegung bald verstärkten, bewahrt England zur Zeit der Industriellen Revolution eine stabile oder sich nur langsam wandelnde politische Struktur. Denn der Anwendung revolutionärer Gewalt, auch bei den Volksmassen, standen das Nationalgefühl und die antifranzösische Haltung entgegen. Vor allem aber fehlte dem Radikalismus des Volkes die bürgerliche Geschäftswelt als lenkender Teil. Gegen den Radikalismus konnte die Bourgeoisie zusammen mit der hohen Gesellschaft nur deshalb Widerstand leisten, weil sie am politischen Regime nichts Wesentliches zu kritisieren hatte: ihr Vermögen erlaubte es ihr, sich ihm zuzurechnen. So ist es nur ein scheinbares Paradox, daß das England der ersten Jahre der Industriellen Revolution durch seinen Sprecher, den Liberalen Burke (*Reflections on the Revolution in France*, 1790), an die Spitze der europäischen Gegenrevolution und der Verteidigung der bestehenden Ordnung trat.

2. Das revolutionäre Frankreich (1787–1791)

Der Ausspruch Clemenceaus: »Die Revolution ist ein Block« hat in der modernen Politik lange gegolten. Man akzeptiert die Revolution oder lehnt sie ab – wie 1789, wie 1792, wie 1815. Diese einander gegenüberstehenden Meinungen bestimmten nachhaltig das politische Leben Frankreichs und weitgehend das Europas. Die Fortschritte in der Revolutionsgeschichtsschreibung aber lösten allmählich diesen ›Block‹ auf, ohne daß man jedoch seiner außerordentlichen Faszination entgangen wäre.

Man gliederte zunächst chronologisch; diese sehr anspruchslose Analyse haben die Positivisten lange Zeit für ›objektiv‹ gehalten, obwohl sie offensichtlich, durch das bloße Aussondern der Ereignisse, von vornherein ein interpretatorisches Moment einschließt. Die chronologische Gliederung ermöglichte es, einen der rätselhaftesten Aspekte des Phänomens Revolution in den Blick zu rücken: die Beschleunigung der historischen Zeit. Vom Zusammentritt der Notabeln bis zur Eröffnung der Generalstände vergehen zwei Jahre. Dann folgt in wenigen Monaten, binnen eines Sommers, von Mai bis Oktober 1789, der tiefgreifendste, ungewöhnlichste, schnellste Umsturz, den eine moderne Gesellschaft bis hin zum Rußland des Jahres 1917 erlebt hat. In weniger als zwei Jahren baut dann die Nationalversammlung ein neues Frankreich auf, doch alles deutet auf dessen Hinfälligkeit. Alles trägt dazu bei, Frankreich ins Abenteuer zu stürzen: die Weigerungen des Königs, die Feindschaft der Adligen, die Spaltung der Kirche, die Machtkämpfe. So war auch der Krieg mehr eine Folge der inneren Gegensätze als der feindseligen Haltung von seiten der europäischen Monarchen. Der Aufbruch in den Krieg identifiziert den Revolutionär mit dem Patrioten, den Pazifisten mit dem Verräter. Dies stellt einen neuen Zeiteinschnitt dar. Er beschleunigt den fast automatischen Ablauf, auf den nunmehr – über den 9. Thermidor und 18. Brumaire hinweg – der Konflikt mit Europa entschieden zurückwirkt. Deshalb ist es methodisch richtig, die Explosion Frankreichs zunächst in sich, wie sie sich vor dem Krieg darbot, von ihren inneren Gegebenheiten her zu analysieren.

Diese summarische Periodisierung aber beruht ihrerseits auf einem Einteilungskriterium anderer Art, das von den aufeinanderfolgenden Bestimmungen des soziologischen Gehaltes einer jeden Phase der Revolution abgeleitet ist: Mathiez hat als erster eine aristokratische Revolte, die den allgemeinen Vorgang auslöst, unterschieden von der 1789 siegreichen bürgerlichen Revolution und einer folgenden, mit dem 10. August einsetzenden sozialen Volksrevolution. Alles in allem deckt sich übrigens diese Auffassung, die die historische Entwicklung von den sozialen Widersprüchen her versteht — eine für die Interpretation der revolutionären Eruptionen höchst bestechende Auffassung — mit der berühmten Prognose Tocquevilles, nach der die Französische Revolution dem Sieg der Demokratie über den Liberalismus Dauer verleiht und den unvermeidlichen Aufbruch der Gesellschaften in die Gleichheit eröffnet. Aber in Frankreich ist durch das Überwiegen der marxistischen Tendenzen in der Revolutionsgeschichtsschreibung die materialistische Dialektik der Klassen bevorzugt worden. Diese fand sich schon bei Barnave, wurde von Jaurès und Mathiez wiederentdeckt und ist in letzter Zeit von Georges Lefebvre und C. E. Labrousse ausgebaut worden.

Jaurès hatte die Bedeutung des aufstrebenden Bürgertums im wirtschaftlich blühenden Frankreich des ausgehenden *ancien régime* herausgestellt. Labrousse, der diese Prosperität statistisch analysiert hat, hat gezeigt, wie ungleich ihr Gewinn verteilt war: mehr noch als dem Bürgertum der Hafenstädte, das vom ›Neger‹, von der Negerarbeit und vom Negerhandel, lebte und dessen Glanz Jaurès geblendet hatte, floß der Gewinn den Inhabern der Grundrente — ganz gleich, welcher Art — zu, jenen ›Besitzenden‹, die für die Physiokraten so große Bedeutung hatten, und dies sind vor allem Adel und Kirche.

Die Wirtschaft deckt also eines der Geheimnisse der sozialen Spannungen auf: neben dem Aufstieg des Bürgertums die Tatkraft des Adels. Im übrigen sah sich das immer zahlreicher werdende Volk der Kleinbauern, das bei der Teuerung nichts gewann, weil es ja nichts zu verkaufen hatte, stets den periodisch eintretenden schlechten Ernten preisgegeben — so 1788 und 1789. Michelet hat das Frankreich des Jahres 1789 als bettelarmes, Jaurès hat es als reiches Land beschrieben: weil, so kommentiert Labrousse, der eine die zyklische Krise der Landwirtschaft und der andere den nationalen Wohlstand, der sich seit fünfzig Jahren entwickelte, vor Augen hatte.

Diese Analyse erklärt, weshalb das Auseinanderbrechen der französischen Gesellschaft des *ancien régime* nicht als ein chronologisches Nacheinander von Revolutionen erscheint, sondern als Knotenpunkt *simultaner* Bewegungen, für deren Auslösung verschiedene Faktoren ausschlaggebend gewesen sind: die vollendete Harmonie der Bewegung, die von den Anhängern und Gegnern der Revolution aus entgegengesetzten, aber dasselbe Ziel anvisierenden Gründen im nachhinein rekonstruiert wurde, ist damit endgültig erschüttert. Parallel zum Werk von Labrousse, aber auf anderer, soziologischer und nicht ökonomischer Ebene, kann mit Hilfe des Werkes von G. Lefebvre die Autonomie der verschiedenen Bewegungen, die sich zur Französischen Revolution verknüpfen, wiederhergestellt werden: die feindliche Haltung des Adels gegenüber dem Absolutismus, die Forderungen nach Gleichheit von seiten des Bürgertums und die zwei großen Volksströmungen in der Unterschicht der Städte und in der bäuerlichen Gesellschaft. In der Zeit zwischen 1789 und 1794 hören die drei letztgenannten Kräfte nicht auf, den ungeheuerlichen Vorgang, der die Welt erschüttert, anzutreiben und vorwärtszustoßen — aber jede auf ihre Weise und in ihrer Richtung.

Demnach bleibt: Der revolutionäre Prozeß läßt sich keineswegs ganz auf eine Analyse der Klassen oder der sozialen Gruppen in ihren globalen wirtschaftlichen und sozialen Bestimmungen reduzieren. Cobban hat zu Recht daran erinnert, als er gewisse soziologische Vereinfachungen kritisierte. 1789 ist ein Teil der französischen Aristokratie nicht nur anti-absolutistisch, nicht nur liberal gesonnen, sondern schon für den Gedanken der staatsbürgerlichen Gleichheit gewonnen. Wichtiger noch: die Spaltungen innerhalb der Führungsgruppen der Revolution — zwischen Monarchisten und Patrioten, La Fayette und dem Triumvirat, Girondisten und Feuillants, später zwischen Girondisten und Montagnards — stellen fast durchweg keine wirtschaftlichen und sozialen Unterschiede heraus. Das ganze Ideologieproblem wird in diesem Zusammenhang hier zuerst aufgeworfen: die Revolution glaubte und dachte, Tochter der ›Aufklärung‹ zu sein — aber welche Revolution, was für eine ›Aufklärung‹ waren gemeint? Die Ideologen des Befreiungskrieges bezogen sich auf anderes als die Doktrinäre der Gewaltenteilung. Und im gleichen Maße, wie die Revolution sich eben nicht als Produkt der Philosophie erweist, sondern als das einer wirtschaftlichen und sozialen Krise, verlangt das Eingreifen des Volkes, das die Revolution so tief kennzeichnet, eine Untersuchung der Mentalitäten, wie sie von G. Lefebvre in *La Grande Peur* (›Die große Furcht‹) skizziert wurde. Da in der Revolution zahlreiche soziale Gruppen aufeinandertreffen, zeigen sich auf kultureller Ebene mehrere Brechungen, und es vermischen sich mehrere Kulturen — im anthropologischen Sinne des Wortes —, so in den *Cahiers* von 1789 (s. u. S. 36) oder im französischen Messianismus von 1792.

Unsere Zeit, in der die ideologische Faszination der großen Revolution zu verlöschen beginnt, kann zweifellos viele neue Fragen an diese entscheidenden Jahre der neueren Geschichte stellen; wichtig ist, daß wir aufgehört haben, deren Durchsichtigkeit vorauszusetzen, und verstanden haben, daß im Gegenteil jeder Bruch in der Zeitenfolge rätselhaft wie eine Geburt ist.

Der Mechanismus der politischen Krise, die zum Zusammentritt der Generalstände geführt hat, ist wohlbekannt: alles nimmt seinen Ausgang von der Versammlung der Notabeln, das heißt der Adligen. Calonne hat die Hauptaktionäre der Gesellschaft des *ancien régime* zusammengerufen, um von ihnen die Verminderung ihres Gewinns zu fordern; namentlich schlägt er die ›Grund- und Bodensubvention‹ vor, jene Steuer auf den Grundbesitz, an der den Physiokraten soviel liegt. Es folgen Schlag auf Schlag: die Weigerung der Notabeln, der Sturz Calonnes; die erneute Weigerung gegenüber Brienne, dem Nachfolger Calonnes, und die Entlassung der Notabeln Ende Mai 1787. An die Stelle der Adelsopposition tritt das *Parlement* (der Gerichtshof) von Paris, dem bald alle Provinzkammern folgen, und fordert seit Juli die Einberufung der Generalstände, die seiner Meinung nach allein befähigt sind, neue Steuern zu bewilligen. So erreicht 1787/1788 der alte Konflikt zwischen absolutistischer Verwaltung und den sich widersetzenden Parlamenten und Aristokraten, der sich schon nach dem Tode Ludwigs XIV. anbahnte, in vielen Tumulten in Paris und in den Provinzen seinen Höhepunkt. Das Verhalten des französischen Adels im 18. Jahrhundert stellt also ein Problem dar, das noch keineswegs befriedigend gelöst ist. Die Arbeiten von E. Labrousse, besonders *L'Esquisse* (›Der Abriß‹), erklären, auf welcher Basis wirtschaftlichen Wohlstandes (Ansteigen der Grundrente) sich die Tatkraft des Adels und das, was man die ›feudalistische Reaktion‹ genannt hat, entfaltet haben. Aber diese ›Reaktion‹, die man gemeinhin auf das Jahrhundertende datiert, den Zeitpunkt, zu dem der Adel eine sorgfältige Bestandsaufnahme seiner Seigneurialrechte vornimmt und das Monopol auf militärische Chargen für sich beansprucht (Edikt von 1781), diese ›Reaktion‹ ist wahrscheinlich in anderer Gestalt schon früher da, denn sofort nach dem Tod Ludwigs XIV. setzt sie sich in Versailles durch. Eine ganze Kollektivpsychologie, deren unvergeßlicher Zeuge Saint-Simon ist, äußert sich bereits im Haß auf den Absolutismus des Sonnenkönigs und in der historischen Suche nach den traditionellen Freiheiten und der ›Verfassung des Königreichs‹. Im übrigen ist dieser Adel vielschichtig. Aber das allen gemeinsame Privileg eint den Hofadel, der häufig mit den Töchtern der ›Finanz‹ verheiratet ist und in politische und gesellschaftliche Klans zerfällt, den hohen Amtsadel, den Wächter über die Doktrin der Freiheiten, und den Landadel, der arm ist und um so krampfhafter seinen sozialen ›Abstand‹ zu wahren sucht. Doch auch die Sorge um das Privileg bestimmt die Haltung des Adels nicht erschöpfend: denn durch seinen Liberalismus, seinen Sinn für Kultur, seinen Lebensstil, seine Salons, seine Frauen hat der gesamte Adel die Philosophie der Aufklärung gespeist und zur Entstehung einer neuen Gesellschaft beigetragen, die nicht mehr die des Adels, sondern die der Notabeln sein sollte.

Das Zwiespältige der Situation von 1787/1788 liegt darin, daß die liberale Forderung der Parlamente, die in der Regel auf die Aufrechterhaltung der Privilegien abzielt, eine Zeitlang die gesamte aufgeklärte Öffentlichkeit – den Dritten Stand einbegriffen – hinter sich hat und daß gleichzeitig die zyklische Krise, die sich mit ihrem gewöhnlichen Indikator, dem Hochschnellen der Preise infolge der Warenknappheit, anzeigt, das Volk in den Städten und auf dem Land gegen die Regierung mobilisiert. Strukturelle und konjunkturelle Schwankungen addieren ihre Auswirkungen. Ludwig XVI., der sich nie auf das ›Teile und Herrsche‹ verstand, findet sich allein dem gegenüber, was im Begriff ist, die ›Nation‹ zu werden. Als er im Mai 1788 mit einer Reihe von Verordnungen, die vom Siegelbewahrer Lamoignon inspiriert sind, den Kampf gegen die Parlamente aufnimmt, geschieht das unter den ungünstigsten politischen Voraussetzungen: die Versammlung der Provinzialstände der Dauphiné triumphiert in Vizille mühelos über die Lamoignon-Edikte.

Aber dieser Kampf zerreißt zugleich den Schleier der Einmütigkeit; er läßt die besonderen Ambitionen des Dritten Standes, der Geistlichkeit und Adel zahlenmäßig die Waage hält, klar zutage treten, und er verleitet die Privilegierten schon zum Gedanken an eine mit Entscheidungsgewalt ausgestattete nationale Versammlung. Seit Ludwig XVI. im August nachgegeben und für Mai 1789 die Generalstände einberufen hat, enthüllt die überstürzte Entwicklung, an der die anti-absolutistische Opposition teilhat, gleichzeitig die Hegemonie des Bürgertums (die die Mitwirkung gewisser Aristokraten nicht ausschließt) und die Forderung nach Gleichheit: der Dritte Stand – er hofft zu Recht, daß Teile des Adels und des niederen Klerus sich mit ihm vereinigen werden – muß durchsetzen, daß er mit der Verdoppelung seiner Repräsentanten und der Abstimmung nach Köpfen bei den bevorstehenden Generalständen die Mehrheit erlangt. Die ›nationale Partei‹ oder auch ›patriotische Partei‹ setzt sich, unterstützt von der aufgeklärten Bevölkerung in den Städten, dafür ein; ebenso Necker, das Idol der Pariser Rentiers, der soeben ins Ministerium berufen worden ist, und Ludwig XVI. genehmigt die Verdoppelung.

Während der entscheidenden Monate vor der Einberufung der Generalstände stachelt die Wirtschaftskrise das Volk gegen den traditionellen Sündenbock des Elends auf: gegen die königliche Verwaltung. Der ländliche Absatzmarkt fehlt der städtischen Industrie, die schon der anglo-französische Handelsvertrag des Jahres 1786 schwer getroffen hat, und die hochschnellenden Preise beschneiden nun ein Volkseinkommen, das bereits von der Arbeitslosigkeit beeinträchtigt worden ist. Der Winter 1788/1789 führt zu zahlreichen Gewaltakten und Unruhen im Gefolge der

Lebensmittelknappheit; auf diesem Hintergrund findet der Pariser Aprilaufstand gegen die Réveillon-Manufaktur statt. Wie häufig in solchen Fällen, sind die genauen Gründe und Modalitäten dieser Bewegungen nur mangelhaft bekannt. Doch der politische Kontext, in dem sie stehen, umgibt sie mit der Aureole der messianischen Hoffnung, daß mit dem Zusammentritt der Stände »endlich alles anders wird«. Zwar denkt die aufgeklärte Öffentlichkeit in politischen Termini, doch beherrscht das fast religiöse Gefühl einer neuen ›Inthronisation‹ das Denken des Volkes: der Inthronisation des Armen, des sozialen Glücks, das der gute König, der sich der schlechten Ratgeber entledigt hat, verwirklicht.

Um die verschiedenen Bereiche und die verschiedenen Ebenen der öffentlichen Meinung Frankreichs im Jahre 1789 gründlicher zu analysieren, verfügt der Historiker übrigens über eine außergewöhnliche Quelle: die *Cahiers de doléances* (›Beschwerdehefte‹), die nach Ständen abgefaßt wurden, und zwar für den Dritten Stand auf der niedrigsten Gesellschaftsebene der ländlichen Pfarrgemeinden und städtischen Körperschaften. Es handelt sich hier um die größte Volksbefragung in der modernen Geschichte: Nahezu 40 000 Denkschriften (*cahiers*) liegen vor. Von diesen unzähligen Stimmen hat man bis heute, einer ein wenig naiven Kausalkette zufolge, nur das festgehalten, was sie an unmittelbar Bevorstehendem verkündeten: den Ständekonflikt, die Naturrechte, steuerliche und staatsbürgerliche Gleichheit, die konstitutionelle Monarchie. Man hat in ihnen vor allem nach dem politischen Bewußtsein und der Philosophie der Aufklärung gesucht; es muß noch ihre ganze Bedeutung als Zeugnis menschlicher Vergangenheit entdeckt werden, die Sprache des Volkes und der Gebildeten des alten Frankreich. Das ist eine der anstehenden Aufgaben der Historiker, die sich mit dem Frankreich des 18. Jahrhunderts beschäftigen.

II. DIE REVOLUTIONEN DES SOMMERS 1789

In der Zeit von Mai bis Oktober 1789, in fünf Monaten, brach das *ancien régime* in Frankreich völlig zusammen. Hinter dem außerordentlich brutalen Vorgang, der das Programm des aufgeklärten Reformismus völlig umwirft, finden in Wirklichkeit mehrere Revolutionen statt, die sich ineinanderschieben oder verketten: letztlich bestimmt das Eingreifen des Volkes den Rhythmus der Geschichte.

Mai–Juni: Revolution der Deputierten. Die bürgerlichen Abgeordneten des Dritten Standes, deren führende Köpfe Juristen sind und die von zwei Überläufern aus dem Adel und dem Klerus, Mirabeau und Sieyès, angefeuert werden, bieten dem König, den Bischöfen, den Adligen geschlossen die Stirn. Sie reißen den niederen Klerus, den aufgeklärten Adel mit sich und gründen am

17. Juni die ›Nationalversammlung‹ (*Assemblée nationale*). Dies ist der erste Prüfstein für Ludwig XVI. – auf den so viele andere folgen sollten –, der erste und zugleich der entscheidende, gleichsam das Testament der Monarchie: in der feierlichen Sitzung vom 23. Juni, auf die Georges Lefebvre besonders hinwies, sagt Ludwig XVI. *einmal* – das erste und letzte Mal –, was er akzeptiert und was er ablehnt. Er sagt ja zu der Steuer und den Anleihen, die die Stände bewilligt haben; ja zur Freiheit des Individuums und der Presse; bedingt ja zur Steuergleichheit. Er sagt jedoch nein zur staatsbürgerlichen Gleichheit, zur Auflösung der Stände, nein zum Untergang der aristokratischen Gesellschaft. Die Dreiecksdebatte des vorangegangenen Jahres – Privilegierte, Dritter Stand, Monarch – ist zu einem Duell geworden, in dem der Absolutismus sich schließlich mit den Privilegierten solidarisch zeigt und umgekehrt: seine Entscheidung ist damit diskreditiert. Von diesem Zeitpunkt an und trotz der Kapitulation, die der Sitzung vom 23. Juni folgt, wird der Widerstand des Königs gegen die Revolution zu einem der wesentlichen Momente der historischen Dialektik. Eben dieser Widerstand schmiedet letztlich das Bündnis der Versailler Abgeordneten mit dem Volk von Paris. Der Aufstand im Gefolge der Lebensmittelknappheit, der latent seit dem Frühjahr vorhanden ist, vereint seine Emotionen mit der politischen Panik, die der Appell an die Truppen und die Entlassung Neckers am 11. Juli auslösen. Ein symbolisches Zusammentreffen, das E. Labrousse herausgestellt hat: am 14. ist das Brot teurer als jemals in diesem Jahrhundert. Die Erstürmung der Bastille fällt also in die Woche einer Volksrevolution, bei der es zugleich um Getreide und Politik geht, und bildet gleichsam eine Art Modell der kommenden Pariser Tage: der alte Aufstand im Gefolge von Notzeiten, ein klas-

Abb. 2: Emmanuel-Joseph Sieyès, mit seiner berühmten Schrift ›Qu'est-ce que le tiers-état?‹ der Theoretiker des Dritten Standes (Gemälde von Louis David, 1817 im Brüsseler Exil entstanden)

sischer Fall im *ancien régime*, hat ein neues Ventil gefunden in der revolutionären Leidenschaft, im Willen des Volkes, das Komplott derer, die es aushungern, das heißt der Adligen und Reichen, zu brechen. In diesem Augenblick lenkt das Bürgertum noch die Bewegung, die ihm die Kontrolle über die Städte des Königreichs erlaubt und die Versammlung in Versailles rettet. Aber diese Revolution ist nicht die des Bürgertums. Sie wird sich bald ihre eigenen Anwälte, ihre eigenen Parolen suchen. Georges Rudé hat erkannt, daß die *sans-culottes* des Jahres 1793 hier ihren Ursprung haben.

Die dritte Revolution ist die auf dem Lande. Auch sie ist seit einigen Monaten latent vorhanden im bettelarmen und elenden Frankreich, wie es Michelet beschrieb, aber auch im wilden, ungebildeten und schweigsamen Frankreich, das schlagartig die Kehrseite der Welt der Aufklärung und die Zerbrechlichkeit ihrer Zivilisation enthüllt: in der zweiten Julihälfte und im August tritt das Phänomen zutage, das die Historiker *La Grande Peur* (›Die große Furcht‹) genannt haben und dessen Doppelcharakter Georges Lefebvre aufzeigte. Es handelt sich meistens um eine Kollektivpanik der Landbevölkerung, die sich bei der Nachricht von den Ereignissen in Paris immer weiter verbreitet. Es ist Erntezeit, die wichtigste Periode im ländlichen Leben, und der Bauer glaubt den Feind überall zu sehen: hier sind es Straßenräuber, dort eine fremde Armee — sie vertreten, auf einer noch elementareren Stufe, das von der Stadtbevölkerung gefürchtete ›Aristokraten-Komplott‹. Das ganze bäuerliche Frankreich steht unter Waffen. Doch in bestimmten Gegenden marschieren die Bauern direkt zum Schloß und zum Grundherrn: in der Buschlandschaft der Normandie, im Hennegau, im Elsaß, in der Freigrafschaft Burgund, im Saônetal, ist die ›Große Furcht‹ nichts anderes als ein sozialer Kampf.

In Versailles entdeckt das Frankreich der Aufklärung das rohe Frankreich. Jaurès hat das Zögern der ›patriotischen‹ Abgeordneten angesichts der ausbrechenden Gewalttätigkeit der Bauern und der sich ihnen bietenden Alternative ausgezeichnet geschildert. Diese Alternative besteht darin, entweder die Ordnung gewaltsam wiederherzustellen — das aber heißt, die gemeinsame Front des 14. Juli zu brechen, gegen die Landbewohner die neuen Bürgermilizen mit den Söldnern des Königs zu vereinigen und sich damit der Gnade des Königs auszuliefern; oder aber das Feuer zu löschen, indem man es mitschürt, doch dann muß man jetzt schneller und umfassender als beabsichtigt handeln: Steuergleichheit und die Aufgabe dessen, was in Frankreich an persönlichen Dienstleistungen noch besteht, werden nicht genügen. Um den bürgerlichen Besitz zu retten, muß der Großgrundbesitz aufgelöst werden. Das ist der Sinn der berühmten Erlasse, die vom 4. bis 11. August bewilligt werden und die im Namen des National-

gefühls wirr durcheinander das ganze ›Feudal‹-System abschaffen — den Zehnten, die grundherrlichen Rechte, persönliche bzw. Kollektivprivilegien, die Parlamente, die Ämterkäuflichkeit. Indem die Nationalversammlung die Grundherrenrechte und richterlichen Ämter für ablösbar erklärt — nachdem die Kirchenzehnte entschädigungslos abgeschafft ist —, will sie das Privateigentum dadurch retten, daß sie es in das gemeine Recht, das zum bürgerlichen Recht wird, aufnimmt. Das Prinzip der Unverletzlichkeit des Eigentums ist nicht angetastet, selbst wenn die Bauern das Geld für diesen berühmten Kauf niemals einzahlen werden.
Wahrscheinlich haben sie aus den Erlassen nur die magischen Worte ›Abschaffung der Feudalherrschaft‹ festgehalten. Tatsache ist: am Ende des Sommers hat sich der größte Bauernaufstand in der Geschichte Frankreichs gelegt; der französische Bauer, der nunmehr an die Revolution gebunden ist und sicher auf seiner Parzelle sitzt — bald sollte er sie mit Hilfe der Nationalgüter vergrößern —, wird Wahrer der bürgerlichen Ordnung und bleibt es bis heute. Das ›Modell‹ der Vendée des Jahres 1793 ist eine Ausnahme von der Regel.
Den letzten Akt des revolutionären Zyklus von 1789 bestreitet wiederum Paris. Er ist ein genaues Abbild des Juli-Mechanismus, als ob im Gegensatz zum großen, ein wenig unorganischen Bauernaufstand das Stadtvolk und seine Führer sich ihrer Macht bewußt geworden wären: Weigerung des Königs, die Erlasse des 4. August zu unterzeichnen, Debatten in der Versammlung über das ›Veto‹, Brotmangel (die gute Ernte von 1789 ist noch nicht ›geflegelt‹), Arbeitslosigkeit, ständiges Agitieren des Volkes gegen die ›Verschwörung des Hofes‹. Wie am 11. Juli durch die Entlassung Neckers wirft das Königspaar mit dem Bankett für die Leibgarden (bei dem Offiziere sich die rot-weiß-blaue Kokarde herunterreißen und sie zertreten) selbst den Funken in dies explosive Gemisch; am 6. Oktober wird es, vom Volk wohlgeleitet, in die Tuilerien zurückgebracht: eine neue Kapitulation ist erzwungen, eine zweite Emigrationswelle ausgelöst. Neu gegenüber dem 14. Juli sind weniger die mysteriösen Intrigen Mirabeaus und des Herzogs von Orléans als zwei für die Zukunft entscheidende Momente. Zunächst die Tatsache, daß der Pariser Aufstand sich als autonome und bleibende Kraft nicht nur gegen den König, sondern auch im Hinblick auf die Nationalversammlung konstituiert hat. Dann die erste Spaltung innerhalb der patriotischen Partei — in den Debatten über das Veto und mehr noch nach den Oktobertagen verlassen Mounier und seine ›Monarchisten‹freunde das Lager der Revolutionäre. Der Mann, der auf der Ständeversammlung von Vizille tonangebend gewesen ist, möchte den Mechanismus bremsen, den er mitausgelöst hat und der sich selbständig gemacht hat: nach dem Oktober emigriert er. So hat der Einfluß der Menge seine Rolle als ›Differentiator‹ der politischen Grup-

pierungen der bürgerlichen Revolution schon zu spielen begonnen; damit wird der entscheidende Impuls deutlich, den er den Ereignissen gegeben hat.
Am Ende dieser beispiellosen Umwälzung stellt sich die Frage, ob und auf welcher Ebene die Kräfte, die am Werk sind, zu einem neuen Gleichgewicht führen können. Die aristokratische Gesellschaft ist tot, was aber soll an ihre Stelle treten?

III. DAS FRANKREICH DER AUFKLÄRUNG UND DAS BÜRGERLICHE FRANKREICH

Krank vor Heimweh ist die Aristokratie ausgewandert, wandert sie aus oder wird es tun. Die kollektive Abdankung der verschiedenen sozialen Gruppen, aus denen die Aristokratie sich zusammensetzt, ist ein erstaunliches und noch wenig bekanntes Phänomen. Wahrscheinlich stecken die Wurzeln dieser Abdankung ziemlich tief in der nationalen Geschichte, in der Demütigung, die die Aristokratie unter Ludwig XIV. hinnahm, dem Schranzentum, in das sie sich ergab, dann, zur Zeit der Aufklärung, im abgeschiedenen Dasein in der Provinz oder dem Leben ohne alle Verantwortung in Versailles. Das 18. Jahrhundert, mit seiner hohen Grundrente und seinem glanzvollen Lebensstil das große Jahrhundert des Adels, hat zugleich die Beweise für die politische Unfähigkeit der Aristokratie vermehrt — letzte Bestätigung dafür ist die Auswanderung.
Ein zusätzlicher Beweis für diese Abdankung: In der Konstituante baut ein wieder versammelter Adel im Verein mit den Nichtadligen des früheren Dritten Standes das neue Frankreich auf. Der patriotischen Partei gehören zwei La Rochefoucauld, ein Montmorency, ein Talleyrand-Périgord an. La Fayette, der sich auf dem Höhepunkt seiner Popularität befindet, steht an der Spitze der Nationalgarde, das heißt an der Spitze von Paris. Seine Rivalen, die ihm die Autorität streitig machen, sind die Männer des Triumvirats: Alexandre de Lameth, Angehöriger des Schwertadels, der frühere Parlamentarier Duport und Barnave, der Advokat aus Grenoble. Mirabeaus Talent schließlich besitzt noch immer große Ausstrahlungskraft. Mathiez hat deutlich gezeigt, daß das, was sich im Laufe des Jahres 1790 abzeichnet, so etwas wie eine Fusion ›nach englischer Art‹ einer wieder versammelten Aristokratie, die ihr Sozialprestige wahrt, und der bürgerlichen Revolution ist. Das Föderationsfest, das den gegen den entschwundenen ›Feudalismus‹ gerichteten, ›nationalen‹ Geist feiert, ist dafür das augenfälligste Zeugnis. Es ist das Jahr der provisorischen Regierung einer — dies allerdings noch nicht ahnenden — aufgeklärten Gesellschaft, die von der ganzen kulturellen Entwicklung des Jahrhunderts geformt ist und in der der aufgeklärte Adel und

das gemäßigte Bürgertum gemeinsame Sache machen: Salons, Klubs und Zeitungen sind herrlich neue Instrumente, die großen, vom Jahrhundert erörterten und endlich aktuell gewordenen Themen zu verbreiten und zu diskutieren. Selbst die ›Gesellschaft der Freunde der Verfassung‹, die sich im Dezember 1789 im früheren Kloster der Jakobiner niederläßt, trägt Sorge, die Armen auszuschließen, indem sie einen hohen Beitrag vorschreibt. Ein Frankreich kleiner und großer Notabeln entsteht auf den Trümmern des adligen Frankreich; ein Frankreich der Besitzenden tritt an die Stelle des aristokratischen Frankreich. War es *dies* Frankreich, dessen Bild die zahlreichen Reformer der ›Mißstände‹, die Philosophen und Physiokraten, unermüdlich entworfen hatten? War es *dies* Frankreich, über das die Provinz-Akademien, die gelehrten Gesellschaften und die Freimaurerlogen unermüdlich – und im übrigen zurückhaltender – diskutiert hatten? Gewiß in hohem Maße: die ungeheure kulturelle Arbeit des Jahrhunderts ist das Gemeinsame, auf das sich die Abgeordneten berufen. Aber schon lenkte der soziale Sturm von 1789, den das politische Denken der Aufklärung so gar nicht voraussehen konnte, jedenfalls nicht vorausgesehen hat, auf das gemeine Volk hin. Was die Prinzipien betrifft, so ist seit August 1789 in der *Erklärung der Menschenrechte* in einem einzigen kurzen Satz fast alles gesagt: »Die Menschen werden frei und gleich an Rechten geboren und bleiben es«; das geht viel weiter als das englische *habeas corpus* und garantiert darüber hinaus die Gleichheit, das heißt die Freigabe gleicher Chancen, auf die der ehemals Dritte Stand versessen gewesen war. Die große bürgerliche Entfesselung der Arbeit und der Fähigkeiten soll von nun an alles allen öffnen. Aber die Männer der Konstituante haben aus den Büchern ihres Jahrhunderts auch gelernt, daß die Eignung zum Regieren und zur Teilnahme am öffentlichen Leben aus Unabhängigkeit und Erziehung erwächst, also aus Besitz und Vermögen: von daher ergibt sich eine vielfältige Abstufung der politischen Rechte nach Steuerklassen, die den Reichtum wieder in seine entscheidende Rolle einsetzen. Der untere Teil der Pyramide umfaßt immer noch mehr als 4 Millionen ›aktiver Bürger‹ – eine kühne Zahl, wenn man sie mit den zweihunderttausend Wählern im Frankreich Louis Philippes fünfzig Jahre später vergleicht. Darüber die Wähler der zweiten Stufe (Wahlmänner), dann die passiv Wahlberechtigten, die den neuen Kader des Landes bilden.

Ihnen untersteht der neue Verwaltungsapparat – Gemeinde, Distrikt, Departement –, der vom verhaßten Intendanten, dem Träger der Zentralisierung, befreit ist. Ihnen untersteht die neue, von der Regierung unabhängige Gerichtsbarkeit, ihnen die neue Armee, die Nationalgarde; aus den Ereignissen von 1789 hervorgegangen, ist sie die Hüterin der neuen Ordnung. Die Gesellschaft der Aufklärung revolutioniert das Ämterwesen.

Einen anderen Aspekt der bürgerlichen Vorherrschaft hat E. Labrousse mit Recht hervorgehoben: die Freisetzung der Interessen. Die Konstituante schafft Monopole, Gewerbeordungen, Vorrechte in Handel und Industrie ab, begründet die Freiheit des Verkehrs im Innern und beseitigt 1791 sogar die Demokratie der körperschaftlichen Interessen, und zwar durch das Le Chapelier-Gesetz, das der bürgerlichen Errungenschaft des *Vertrages* nun auch in der Welt der Arbeit zur absoluten Herrschaft verhilft. Viele Historiker haben als ein Zeichen der Zeit unterstrichen, daß sogar der linke Flügel der Nationalversammlung das Koalitionsrecht der Arbeitnehmer nicht verteidigt hat. Auf dem Land stößt sich die neue liberale Orthodoxie, die von Gournay, Quesnay und A. Smith stammt, am alten Gemeinschaftssystem, dessen psychologische und wirtschaftliche Bedeutung für den Kleinbauern Georges Lefebvre gezeigt hat. Der den Physiokraten wichtige Großbauer fordert seit langem die Öffnung der Märkte und Preise, das Ende der Zwangsbestimmungen in den Dörfern, die Freiheit der Fruchtfolge, das Recht, Felder und Wiesen einzuzäunen, die Aufhebung der Gemeinschaftsweide; der ländliche Kapitalismus ist die Bedingung für eine bessere Produktivität. Schließlich gibt die Nationalversammlung nach. Sie führt die freie Preisbildung ein, billigt die Freiheit der Bewirtschaftung, duldet aber die Erhaltung der Gemeinschaftsweide und der Gemeindegüter zugunsten der Armen. In gleicher Weise beugt sich das Frankreich der Aufklärung dem Vorrang des Volkes in Sachen des internationalen Freihandels: trotz der guten Ernte von 1790 sperrt es den Getreideexport; die alte Angst vor der Hungersnot beherrscht noch die Gemüter.

Aber die wichtigste Maßnahme, die das bäuerliche Frankreich an die bürgerliche Revolution bindet, ist der Verkauf der Kirchengüter, vor allem des kirchlichen Grundbesitzes. Die Nationalversammlung nimmt einen alten Gedanken der Aufklärungsphilosophie wieder auf, um das Finanzproblem, das zu ihrer Konstituierung geführt hatte, zu lösen: die Verstaatlichung der Kirchengüter im Tausch gegen die Übernahme der öffentlichen Lasten der Kirche durch den Staat. Das ist ein doppelter Streich; er bewirkt die Regelung eines technischen Problems durch die Festigung der neuen Ordnung und zugleich die Zerstörung der wirtschaftlichen Macht des ehemals ersten Standes des Königreichs. Der Erlaß vom November 1789 ergänzt die entschädigungslose Abschaffung des Zehnten, die im August bewilligt worden war: das Eigentum der Kirche, das fortlaufend veräußert worden ist, soll als Pfand bei der Ausgabe eines Staatspapiers, der Assignate, dienen, die zu 5 % verzinsbar ist und mit deren Hilfe der Staat seine Schuld tilgen will.

Umsonst weisen Lavoisier, Condorcet und Dupont de Nemours in der Nationalversammlung auf das schnelle Abgleiten dieser

›Schatzanweisung‹ zu einem bloßen Papiergeld hin, ein Vorgang, der durch den von oben festgesetzten und durch die Ausgabe kleiner Banknoten demokratisierten Kurs begünstigt wird; umsonst sagen sie Inflation und soziales Elend voraus. Doch haben sie um so mehr recht, als das ganze frühere Steuersystem aufgegeben worden ist und die – naiverweise – *gewählten* Organen anvertraute und sehr unsichere Einziehung der neuen Steuern auf Grundvermögen, bewegliche Güter und Handelsgewinne die Revolution zwingt, ihre Ausgaben zu decken, ohne sie auf das produzierte Vermögen abwälzen zu können. Aber die drei Kritiker haben nicht verstanden, daß die hauptsächliche Existenzberechtigung der Banknote der Revolution nicht technischer, sondern politischer Natur ist und daß sie darauf abzielt, eine große Demokratie besitzender Bauern zu begründen, die an die neue Ordnung gebunden sind. Die Assignaten müssen in aller Händen sein, damit der Grundbesitz der Kirche in die Hände des Dritten Standes gelangen kann. Die ›Nationalgüter‹ werden in kleine Parzellen aufgeteilt, deren Preis bis auf 500 Livres absinken kann, und mit großen Zahlungserleichterungen von den Gemeinden zum Kauf angeboten und versteigert; so festigen die Nationalgüter das große Bündnis zwischen Bürgern und Bauern – selbst wenn die Stadt, die Grundbesitz zusammenzieht, noch mehr als das Land von dieser ungeheuren Eigentumsübertragung profitiert. Alle Nutznießer, kleine und große, sind nunmehr Komplicen. Die politische Geschichte des modernen Frankreich sollte davon grundlegend bestimmt werden. Aber auch seine Wirtschaftsgeschichte: dadurch, daß man die alten Gemeinderechte aufrechterhält und gleichzeitig die vom Grundherrn befreite bäuerliche ›Parzelle‹ vermehrt – dieser Vorgang beschleunigt und krönt eine mehrhundertjährige Entwicklung –, überlebt auf dem Lande das alte vorkapitalistische System den Umsturz der wirtschaftlichen Institutionen.
So hat der Sommer 1789 das neue Frankreich tief geprägt, nicht nur seine Gefühlswelt, sondern auch seine soziale Wirklichkeit. Als Frankreich der Aufklärung ist es in erster Linie ein Frankreich des Bürgertums. Als Frankreich des Bürgertums ist es auch ein Frankreich der Bauern.

IV. DIE ELEMENTE DER POLITISCHEN INSTABILITÄT

Zugleich mit der Herausbildung eines dauerhaften Gleichgewichtes (in der Agrarstruktur) entsteht – in derselben Epoche und als Ergebnis derselben Umwälzung – ein lang währendes Ungleichgewicht: die politische Krise Frankreichs. Während auf wirtschaftlichem und sozialem Gebiet, wie Tocqueville gezeigt hat, die bürgerliche Revolution in vieler Hinsicht das Werk der französischen Könige fortsetzt, indem sie die Erwartungen des gro-

ßen Jahrhunderts erfüllt, zerbricht in der Art, Menschen zu regieren, eine Tradition: die der legitimen Macht, die der Einmütigkeit der Franzosen.
Trotz der versteckten Angebote des Herzogs von Orléans wagt die Revolution es nicht, auf dem Thron des Königs von Frankreich eine Veränderung vorzunehmen. Aber von der Erfahrung des Juli und Oktober belehrt, organisiert die Nationalversammlung unter dem Deckmantel der Gewaltenteilung mangels einer anderen ihre eigene Herrschaft: sie tagt dauernd, sie ist unverletzlich, in ihren Händen liegt die Gesetzesinitiative und die Beschlußfassung über die Gesetze. Demgegenüber ist die alte königliche Macht ihres sakralen Charakters beraubt, sie ist zerschlagen. Ludwig XVI., seit dem 14. September 1791 »König der Franzosen von Gottes Gnaden und kraft der Verfassung des Staates«, ist von nun an eine Kreatur der nationalen Souveränität und muß den Treueid auf die Nation und die Verfassung leisten. Gegen die Entscheidungen der Nationalversammlung hat er nur ein suspensives Veto, also ein eher theoretisches denn faktisches Einspruchsrecht. Als Chef der Exekutive hat er direkte Kontrolle nur über seine Minister, die der Versammlung suspekt sind; er hat keine Machtbefugnis über die Mehrzahl der Beamten, die von nun an gewählt werden. Schließlich bestimmt er theoretisch die Richtlinien der Außenpolitik, aber die Versammlung befindet auf seinen Vorschlag hin über Krieg und Frieden, und ebenso ratifiziert sie die Verträge.
So lassen die Ereignisse vom Sommer 1789 nochmals das ganze Ausmaß ihres psychologischen Einflusses sichtbar werden: die ›Monarchisten‹, die für zwei Kammern und das englische Regierungssystem eintreten, unterliegen im September bei den entscheidenden Abstimmungen über die Organisation der Gewalten. Die allgemeine Bewunderung für Montesquieus *Esprit des Lois* (›Geist der Gesetze‹) verhindert nicht, daß einer einzigen Versammlung die Vormacht eingeräumt wird. Alles nämlich ist noch zu frisch, als daß sich schon Vertrauen eingestellt haben könnte. Bei dem neuen Regime liegt nur eines offen zutage: sein Mißtrauen. Das Tragische ist, daß die neue Regierungsform der inneren und zugleich der ausdrücklich ausgesprochenen Zustimmung des Königs bedurft hätte, um die Vergangenheit einzuholen, um den Bruch von 1789 aus dem allgemeinen Bewußtsein zu verdrängen.
Doch diese Zustimmung war bis dahin nicht gegeben worden, und die Chance, daß sie noch gegeben würde, schwand dahin. Die Nationalversammlung aber ging von der Enteignung der Kirche ganz selbstverständlich zu ihrer Reorganisation über. Von nun an ist es am Staat, die Unterhaltung des Kultes zu tragen. Die Mitglieder der Konstituante sind nicht antireligiös eingestellt; als treue Söhne ihres Jahrhunderts haben sie nur die Mönchsgelübde

untersagt. Doch diese Juristen, Erben der caesaro-papistischen Traditionen der monarchischen Verwaltung, Gallikaner zumeist, nehmen das Risiko auf sich, das ganze System der Beziehungen zwischen Kirche, Staat und Rom mit Hilfe der ›Zivilverfassung des Klerus‹ wiederaufzubauen: der Katholizismus bleibt Staatsreligion – die anderen Glaubensrichtungen werden natürlich toleriert –, aber seine Priester werden von Stund an von den ›Wählern‹ der Gemeinden und Departements bestimmt, werden wie alle Beamten besoldet und wie sie zum Treueid auf die Verfassung verpflichtet. Die dem Papst entzogene Investitur erteilt nun der Bischof seinem Pfarrer, der Erzbischof seinem Bischof. Über den gallikanischen Nationalismus hinaus findet sich hier eine Reminiszenz an die kirchliche Demokratie, von der der Jansenismus des 18. Jahrhunderts nach Art Richers träumte. Aber nichts an dieser allgemeinen Reorganisation, der der König nur widerwillig zustimmt, kann in Rom gefallen. Warum sollte Pius VI. das Werk einer Revolution segnen, die alle Traditionen und zugleich sein Territorium in Avignon bedroht? In einem geheimen Konsistorium hat der Papst die Erklärung der Menschenrechte bereits verdammt; er wartet bis zum Frühjahr 1791, bis er seinen Bannstrahl gegen die Zivilverfassung schleudert. Aber die Nationalversammlung hat den französischen Klerus schon aufgefordert, den Eid zu leisten: das bedeutet das Schisma. Die Mehrzahl der Bischöfe weigert sich zu ›schwören‹, der niedere Klerus spaltet sich, und es zeichnen sich hier bereits bestimmte Linien der Glaubenskarte des heutigen Frankreich ab: die Vendée, die Bretagne und das Elsaß verhalten sich ablehnend, das Zentralmassiv ist ›konstitutionell‹.

In vielen Fällen, vor allem in den widerspenstigen strenggläubigen Gebieten, hört der Bauer auf seinen Pfarrer, den Herrn über sein zukünftiges Leben: ein unverhofftes Glück für die Gegenrevolution, die auf diese Weise die Gottesfurcht ihrer Sehnsucht nach der Heimat dienstbar machen kann. Bis zum Schisma des Klerus finden die Emigranten in Frankreich kein Echo; der kleine Hof des Herzogs von Artois in Turin, wo Calonne wieder in Dienst und Würden getreten ist, organisiert Verschwörung um Verschwörung, sucht den Religionskrieg der Katholiken im Languedoc gegen die Söhne der Camisards wieder aufleben zu lassen: aber umsonst. Als die Bauern 1790/1791 noch einmal rebellieren, geschieht es eher, um ihre Interpretation des 4. August (s. o. S. 38 f.) durchzusetzen, um die Bezahlung der Seigneurialrechte und deren Ablösung zu verweigern: so im Quercy, so im Périgord. Aber daß der Pfarrer der dörflichen Gemeinde einflüstert, die Revolution in Paris richte sich nicht mehr gegen den Grundherrn, sondern gegen Gott, daß die Frauen rebellisch werden und den Vorsitz in der Familie einnehmen, dies und die widerspenstigen Priester führen der Gegenrevolution ihre ersten Truppen zu.

Sie ermutigen auch ihren Führer: den König. Ludwig XVI. hat

sicherlich nicht auf das Schisma des Klerus gewartet, um alles, was geschehen ist, zurückzuweisen und die schlechteste nur mögliche Politik zu betreiben, eine Politik, die die Zeitgenossen ausschließlich der Königin, der ›Österreicherin‹, zur Last legen, die indes auch die seine ist. In einem Geheimschreiben an seinen Vetter, den König von Spanien, distanziert er sich schon im Oktober 1789 feierlich von allen Handlungen, die man seit dem 15. Juli von ihm erpreßt hat.

Er hält weiterhin an seinem Programm vom 23. Juni 1789 fest, das von seinen Ministern vor den Generalständen verlesen worden ist. Im Grunde ist der König vielleicht, wie man immer hervorhebt, ein Schwächling, aber man muß sich dann über den Sinn der Worte verständigen; er besitzt keine Willenskraft, aber er leistet dem schlimmsten Druck, dem je ein französischer König ausgesetzt war, erbitterten Widerstand. Von 1790 an wurzelt sein Widerstand nicht mehr nur in der politischen Tradition, sondern auch in seinen Skrupeln als Katholik: schwach ist Ludwig XVI. im Sinne seiner ›Neigung‹ und im Verein mit seinem ›widerspenstigen‹ Beichtvater.

In diesem Frankreich ohne Exekutive, in dieser konstitutionellen Monarchie ohne konstitutionellen König antwortet ganz natürlich eine revolutionäre Dialektik auf den Widerstand des Königs: das ist die Rolle von Paris, die öfter im Zusammenhang mit dieser oder jener *journée*, mit diesem oder jenem Tag politischen Aufruhrs, beschrieben als in ihren Strukturen und Mechanismen analysiert worden ist. Drei Gewalten sind eingerichtet worden: die Stadtverwaltung, die Nationalgarde und die Distrikte. Die beiden ersten, deren Mitglieder auf zensitärer Basis gewählt bzw. ausgehoben werden, sind in den Händen der ›Patrioten‹ der Nationalversammlung, in den Händen La Fayettes und Baillys. Aber die 48 Sektionen, die 1790 die 60 Distrikte ablösen, spielen eine volkstümlichere und selbständigere Rolle: mit ihren Urversammlungen, ihren Komitees, die polizeiliche Befugnisse haben, ihren Petitionen, Denkschriften und Beschlüssen sind sie die Volkssouveränität selbst. Die Unruhen infolge der Getreideknappheit haben mit den guten Ernten von 1789 und der folgenden Jahre ihr Ende gefunden; umsichtig organisieren die Revolutionäre die Sektionen und überwachen die ›Österreicherin‹, die in den Tuilerien verborgen ihre Verschwörungen anzettelt. Im Winter 1789/1790 entsteht zwischen dem von Danton geführten Distrikt *Les Cordeliers* und dem *Châtelet* von Paris, dem Obergerichtshof für besondere Strafsachen, der Marat wegen seiner aufrührerischen Artikel verhaften will, ein heftiger Konflikt. Die Nationalversammlung macht Gesetze unter dem steten Druck dieser sie überbietenden Aktivität des Volkes.

Im Jahr 1791, als sich das politische Klima verschlechtert, tritt auch der Antiklerikalismus der Städte in Erscheinung: ein Phänomen, das älter als die Revolution ist und dessen Wurzeln namentlich in den Krisen des Pariser Jansenismus der zwanziger und dreißiger Jahre zu suchen sind. Die demokratische Bewegung organisiert sich durch die Gründung von Volksklubs und brüderlichen Gesellschaften; dort verbrüdert man sich im Kerzenschein bei der öffentlichen Lektüre wahrhaft ›patriotischer‹ Blätter. Marat und Danton begeistern den Klub der *Cordeliers* auf dem linken Seineufer, und viele Bezirksgesellschaften schließen sich 1791 in einem Zentralkomitee zusammen. So bereiten sich die revolutionären Ablösungsmannschaften, die den gemäßigten Kurs der Nationalversammlung kritisieren, durch die politische Organisation der Sektionen und der Straße auf ihre künftige Rolle vor. Aber um eine Begründung zu haben und vorwärtszukommen, brauchen sie den Verrat des Königs, wie die Nationalversammlung das Wort des Königs gebraucht hätte, um den Pariser Extremismus und die revolutionäre Leidenschaft zu zügeln. Was aber, wenn sich Paris und der König in der Ablehnung der Nationalversammlung – und sei es mit entgegengesetztem Ziel – einig sind?

Abb. 3: Jean-Paul Marat

V. DIE POLITISCHE KRISE

Wie ist es um diese Versammlung bestellt? Während ihre Kommissionen, in denen zahlreiche ernst zu nehmende und sachkundige Männer sitzen, eine riesige gesetzgeberische Arbeit leisten, ist sie aufgrund der Eifersüchteleien ihrer Führer, von denen es keinem gelungen ist, sich durchzusetzen, weiterhin gespalten. Mirabeau, der mitreißende Redner des Sommers 1789, der große, deklassierte Künstler dieser bürgerlichen Versammlung, ist den Pariser Demokraten schnell suspekt. Im Mai 1790 tritt er gegen Bezahlung in die Dienste des Königs, dem er vergeblich rät, die neuen Spielregeln anzunehmen, und verbraucht seine Gaben für eine Politik, zu der man sich nicht bekennen konnte und die keine Chancen hatte. Er stirbt im Frühjahr 1791. – Gleiches wie für Mirabeau gilt – bei geringerer Bestechlichkeit und bescheidenerem

Talent—für La Fayette: der Kommandant der Nationalgarde findet bei der königlichen Familie, die ihm die Oktobertage nicht verzeiht, kein Gehör, und doch wird Marat nicht müde, ihn bei den Patrioten als Komplicen der Aristokraten zu denunzieren. Verdächtig ist auch das Triumvirat selbst. Die ›Kolonial‹debatte vom Mai 1791 zeigt es deutlich. Auf den ›Inseln‹, diesem Schatz Frankreichs im 18. Jahrhundert, haben die Nachrichten von der Revolution das labile soziale Gleichgewicht zwischen Kolonisten, freien Mulatten und schwarzen Sklaven zerstört. Die ersteren wollen die Gelegenheit nutzen, um sich aus der Abhängigkeit vom mutterstaatlichen Monopol zu lösen und mit allen Ländern frei Handel zu treiben. Sie wollen aber nichts von ihren lokalen und ethnischen Privilegien aufgeben, als die Mulatten, um die politischen Rechte für sich zu erlangen, sich auf die Prinzipien von 1789 berufen. Jaurès hat jene langen Debatten, in denen Robespierre für die Mulatten, Lameth und Barnave für die Kolonisten eintreten, bewundernswürdig geschildert und interpretiert.

Durch die Unterstützung der Pariser Gesellschaften — eine von ihnen nennt sich ›Freunde der Schwarzen‹ — siegt schließlich die Sache der Mulatten. Niemand in der Versammlung hat gewagt, das Sklavenproblem aufzuwerfen; aber die entstandene Spaltung geht über das Problem der Mulatten hinaus, da es sich ja um die Anwendung der von der Revolution definierten Prinzipien handelt. Die Spaltung zeigt, daß es nach Mounier und Mirabeau nun an den Triumvirn Barnave, Duport und Lameth ist, die überspitzten Forderungen der Pariser und die kleine Gruppe, die sich in der Versammlung zu ihrem Sprachrohr macht, zu bekämpfen. Trumpft übrigens wirklich Paris zu stark auf, oder steckt das Triumvirat zurück? Daß das eine wie das andere stimmt, erklärt sich aus dem Wesen des revolutionären Konflikts: in der Dreiecksdebatte bringt eben die Furcht vor dem Pariser Extremismus dem König nacheinander viele ›patriotische‹ Abgeordnete näher. Auf der Rednertribüne der Versammlung erklärt Duport deutlich genug: »Die Revolution ist beendet. Jetzt gilt es, sie zu erhalten, indem man alle Exzesse bekämpft. Die Gleichheit muß eingeschränkt, die Freiheit begrenzt und die öffentliche Meinung auf einen soliden Grund gestellt werden. Die Regierung muß stark, fest, dauerhaft sein.« Dies ist das Programm des neuen, gemäßigten Kurses von 1791. Es führt die Triumvirn unfehlbar in die Tuilerien, deren Einwilligung es bedarf, um »die Revolution zu befestigen« und »eine starke, feste, dauerhafte Regierung« zu bilden. Aber das Hindernis, das die Person des Königs darstellt, besteht unverrückt weiter. Es ist 1791 sogar unüberwindlicher denn je.

Die Antwort Ludwigs XVI. ist Varennes, ein langsam gereiftes, aber schlecht vorbereitetes und schlecht durchgeführtes Unternehmen. Gefangen in Paris, einsam inmitten seines Volkes, das er nicht wiedererkennt, will der König fliehen und hinterläßt in den Tuilerien nur eine feierliche Erklärung seiner Feindschaft gegenüber der Revolution. Er rechnet damit, bei den Franzosen werde ein Sinneswandel eintreten, wenn er erst einmal außer Landes sei. In Wirklichkeit unterzeichnet er in den Augen der Öffentlichkeit die Sterbeurkunde der Monarchie des *ancien régime*. Nichts sagt vielleicht mehr über das revolutionäre Frankreich aus als jene Szene, in der ein kleines, verlorenes Dorf bei der Ankunft der fremden Kutsche vom Läuten der Sturmglocke mobilisiert wird — und als das Bild jener schweigenden Menge bei der Rückkehr, die, die Häupter bedeckt, den Konvoi überwacht. Ludwig XVI. ist am 25. Juni 1791 ein erstes Mal gestorben. Noch ist er nicht Geisel, doch ist er nur mehr ein Spielball.

Denn seine Flucht zerreißt den Schleier der konstitutionellen Monarchie, der als Erbschaft ein absoluter Monarch mitgegeben worden ist, und bürdet das Problem der Zukunft der Revolution von neuem der ›patriotischen Partei‹ auf. Das Losungswort ›Republik‹ wird von kleinen aufklärerischen Zirkeln um Condorcet ausgegeben. Aber Robespierre mißtraut einer Republik, die zur Oligarchie führen kann. Zusammen mit dem linken Flügel der Nationalversammlung, den Klubs und den Volksgesellschaften begnügt er sich damit, die Aburteilung und Bestrafung des Königs zu fordern: er ist das Sprachrohr der Reaktion des Volkes, das angesichts dieses neuen Beweises der Adelsverschwörung Bestrafung verlangt. Der König ist nicht mehr der Geweihte, doch nur, weil er schuldig ist; der Vater ist zum Henker geworden.

Wie jetzt die Revolution ›festigen‹? Die gemäßigten ›Patrioten‹ in der Nationalversammlung arbeiten hartnäckig daran, freilich um den Preis einer Fiktion, die schwer auf ihrer Zukunft lasten wird: La Fayette, Bailly und die Triumvirn lassen die Deputierten beschließen, daß der König ›entführt‹ worden sei. Von der Furcht vor einem erneuten Eingreifen des Volkes beherrscht, sind sie dazu verurteilt, gegen alle Evidenz die These zu verfechten, daß Ludwig XVI. der konstitutionelle König nach ihrem Herzen sei. Aber sie entgehen der Reaktion von Paris nicht. Eine ganze Petitionskampagne für die Bestrafung des Königs endet in einer zentralen Kundgebung am 17. Juli auf dem Marsfeld. Genau ein Jahr nach dem großen, trügerischen Fest nationaler Einmütigkeit und eben dort, wo ihm Beifall geklatscht worden war, gibt La Fayette der Nationalgarde Befehl, auf die Menge zu schießen. Ein wichtiges Datum: Zum erstenmal tun die aus der Revolution hervorgegangenen öffentlichen Gewalten das, was sie gegenüber den Bauern im August und gegenüber Paris im Oktober 1789 zu tun nicht gewagt hatten. Sie wenden sich gegen das Volk und stellen sich auf die Seite des Königs. Vorläufig sind sie Sieger, aber sie bezahlen es mit einer neuen und folgenreichen Spaltung innerhalb der ›Patrioten‹: die Gemäßigten verlassen den Jakobinerklub und

lassen sich im Kloster der Feuillants nieder, wohin ihnen nahezu alle Abgeordneten folgen.
Robespierre dagegen bleibt im alten Haus und versucht, die Tochtergesellschaften in der Provinz – ein furchtbares Instrument für die Zukunft – in jakobinischer Treue zu halten.
Für diesmal scheinen die *Feuillants* zu siegen: sie lassen einige Pariser Agitatoren verhaften, halten die Ordnung auf der Straße aufrecht und beschließen verschiedene konservative Änderungen der Verfassung. Am 14. September 1791 leistet Ludwig XVI. den Treueid auf ein Regime, das er weniger denn je billigt, und stolz verkündet die Konstituante, bevor sie auseinandergeht: »Die Revolution ist zum Abschluß gelangt.« In Wirklichkeit verkettet sie die Legislative mit einem System, das nicht funktionieren kann.

3. Die Französische Revolution und der Krieg 1792—1799

Zwischen 1787 und Herbst 1791 erklärt sich das ungewöhnliche Tempo der Umwälzung in Frankreich aus Gegebenheiten im Innern: dem Widerstand des Königs und dem Aufruhr im Volk. Der Empfang, den Europa der Revolution bereitete — er wird an anderer Stelle untersucht werden —, ließ die Revolution nicht nach Europa gelangen. Und die Internationale der Könige ihrerseits sah die Leiden Ludwigs XVI. ganz munter mit an: die kontinentalen Mächte spekulierten darauf, freiere Hand in ihrem Begehren nach polnischer oder türkischer Beute zu bekommen, und England hoffte auf Handelsvorteile.

Verschiedene Ereignisse haben diese feindselige, aber friedliche und behutsame Koexistenz gestört: alle sind sie sekundäre Folgen der Umwandlungen im Innern. Das Wort ›Patriotismus‹ bezeichnet vorerst nur das Zugehörigkeitsgefühl zum neuen Frankreich. Nur zögernd und besorgt, Konflikte zu vermeiden, kam die Konstituante dahin, ein neues Völkerrecht zu proklamieren: den deutschen Fürsten mit Besitz im Elsaß, die auf ihre Feudalrechte Anspruch erhoben, antwortete sie — wobei sie ihnen allerdings eine Entschädigung anbot —, das Elsaß sei nicht aufgrund des Siegerrechtes und des Westfälischen Friedens französisch, sondern kraft seiner freiwilligen Zugehörigkeit zur Föderation. In Avignon wartet die Konstituante bis zum September 1791 mit der Erklärung einer Annexion, die von der Bevölkerung im voraus ratifiziert worden ist: eben der Konflikt mit dem Papst im Zusammenhang mit der Zivilverfassung des Klerus bewog die Deputierten, das Selbstbestimmungsrecht der Völker durchzusetzen. Das ist eine klare, indirekt das ganze dynastische Europa treffende, aber noch theoretische Drohung. Praktisch stiftet Ludwig XVI. die unauflösbare Verwirrung zwischen der Revolution und dem Krieg, zwischen Frankreich und Europa; in ihm verkörpert sich der Konflikt, er wird zu seinem Symbol. Unablässig schreibt er an seinen Vetter, den König von Spanien, an seinen Schwager in Wien und hält sie über seine Fluchtpläne auf dem laufenden. Und wenn die Pariser Presse diese Pläne so häufig anprangert, wenn die Sektionen um die Tuilerien Wachen aufstellen, so geschieht das in dem unklaren Gefühl, Ludwig XVI. sei schon eine Geisel gegenüber Europa. Tatsächlich wird der Zwischenfall von Varennes vom Volk zunächst als ein Vorspiel zur Invasion empfunden und die Festnahme des Königs, seine Rückkehr unter schwerer Bewachung als ein Sieg über das Ausland. Das ist eine ebenso bezeichnende

wie übertriebene Reaktion: denn nach Varennes beschränken sich Kaiser Leopold und der König von Preußen darauf, die Erklärung von Pillnitz zu unterschreiben, die jede Intervention von einer allgemeinen Übereinkunft der europäischen Herrscher abhängig macht. Mögen die Pariser sich auch über die diplomatische Realität täuschen, so rühren sie dennoch an die geheimsten Wünsche des Königs, weil sie – wie Ludwig XVI. – schon wissen, was die Kanzleien Europas noch nicht verstehen können: daß der Krieg, wenn er stattfindet, ein ideologischer Krieg sein wird. Dieses gemeinsame Geheimnis begründet fast eine Komplicenschaft, einen zugleich gemeinsamen und konträren Wunsch.
Auf französischer Seite haftet dem Aufbruch in den Krieg also kein technisches Kalkül, kein Territorialstreben an: nichts von jenem machiavellistischen Vernunftdenken der Fürsten, von jenen Kanzleikalkulationen, die den Krieg unter dem *ancien régime* charakterisierten. Kein Abschätzen der Kräfte und Einsätze: ohnedies haben die Auswanderung vieler Offiziere und die Zerstörung der traditionellen Disziplin die französische Armee zerrüttet; die nach Varennes rekrutierten Freiwilligen sind noch nicht sehr zahlreich. Tatsächlich ist der Krieg das Relais; von ihm gehen die neuen Impulse aus, die den revolutionären Prozeß Frankreichs und seine Widersprüche vorantreiben.
Welche Rolle spielen dabei das Anwachsen der Bevölkerung und das bevölkerungsstatistische Übergewicht Frankreichs in Europa? Eine wichtige Frage, die noch nie Gegenstand einer systematischen Untersuchung war. Aber nach den zuverlässigen Schätzungen des Ausschusses der Konstituante für das Bettelwesen – die freilich kurz nach der zyklischen Krise von 1789 gemacht wurden – muß man auf eine starke Übervölkerung auf dem Lande und in den Städten schließen: die Krisen zerstören nicht mehr wie ehedem das fragile Gleichgewicht zwischen dem Angebot an Lebensmitteln, der Beschäftigung und einer erhöhten Nachfrage, sondern sie heben es hervor. Der Sturm von 1789 hat es gezeigt. Mögen nur wieder schwierige Zeiten kommen, dann wird der Revolutionskrieg der Übervölkerung Frankreichs ein ungeheures Ventil schaffen: denn er gibt dem Bauern und dem Sansculotten, der an die Grenzen zieht, die Möglichkeit, seine Leidenschaften dorthin zu tragen, und macht ihm Hoffnung auf einen Marschallstab.
Durch den Krieg exportiert die Revolution vor allem ihre politischen Probleme und ihre innere Dialektik. Nach Varennes wünscht das Königspaar einen Konflikt, auf den, als letzte Chance für seine Wiedereinsetzung, schnell eine französische Niederlage folgen soll; ganz selbstverständlich denkt es sich Frankreich geschwächt, infolge der Revolution zerfallen, unfähig, den verbündeten Armeen der Vettern und Schwäger Widerstand zu leisten. In Wirklichkeit wird der Konflikt der Revolution ihre ganze Stärke und Einheit verleihen. Angesichts des königlichen und aristokratischen

Defätismus demokratisiert der revolutionäre Patriotismus den Krieg, und gleichzeitig umgibt er ihn mit der Aureole einer universalen Mission. Das Nationalgefühl definiert nicht mehr nur das neue Frankreich, sondern wird zu einem ideologischen Modell, einem Kreuzzugsbanner. Zugleich ist es immer mehr das einigende Element der *grande nation*, das die aufgeklärten und die niederen Schichten in einem gemeinsamen leidenschaftlichen Empfinden aneinanderkettet. Die weitgehend kosmopolitische und europäische Philosophie der Aufklärung hatte nur einen Teil der Öffentlichkeit erobert, die Aristokratie und das Bürgertum, und dies fast nur in den Städten. Nun dringt sie auf dem Land und in den Städten durch einen unerwarteten Vermittler in die Volksmassen ein: durch das Nationalgefühl. Sie wird dadurch so sehr umgewandelt und vereinfacht, daß das aufgeklärte Europa darin ›seine‹ Philosophie bald nicht mehr wiedererkennt; aber was kümmert das die Franzosen? Durch diese ungewöhnlich frühe – und zukunftsträchtige – Synthese von ideologischem Messianismus und nationaler Leidenschaft haben sie als erste die Massen in den Staat integriert, haben sie eine moderne Nation gebildet. In diesem Sinn ist ihr Versuch die Umkehrung des aufgeklärten Absolutismus; ein demokratischer Nationalismus nimmt sich gegen alle europäischen Könige der Verwirklichung der ›Aufklärung‹ an.

Von nun an erhalten die Ziele der Revolution eine neue Dimension, und ihr Rhythmus beschleunigt sich zusätzlich – der Krieg mit Europa hat kein vorhersehbares Ende. Die natürlichen Grenzen? Das schöne, so gescheite und so unkritische (wie A. Dupront formuliert) Buch Albert Sorels hat sie für Frankreich zum Endzweck des Konfliktes machen wollen: die Girondisten und Danton und noch Reubell in der Zeit des Direktoriums haben es gesagt. Aber Brissot spricht in einem Brief an Servan auch davon, ganz Europa »in Brand zu stecken«. Und der Montagnard Chaumette faßt den Gefühlsrausch des revolutionären Kreuzzugs in noch kräftigere Worte: »Das Gebiet zwischen St. Petersburg und Paris wird bald französiert, munizipalisiert, jakobinisiert sein.« In Wirklichkeit hat der Revolutionskrieg kein bestimmtes Ziel, weil er zutiefst in der Revolution selbst wurzelt und nur mit ihr enden kann. Eben darum führen die französischen Siege bestenfalls nur zu Waffenruhen. Das Trachten nach Frieden ist ebenso suspekt wie die Niederlage, beide bedeuten Verrat am revolutionären Patriotismus. So ermißt man den außergewöhnlichen Einfluß, den der Krieg in allen seinen Phasen – Niederlagen und Siegen – auf die innere Instabilität haben sollte. Er wird alle Exzesse rechtfertigen, die politischen Kämpfe zum Äußersten führen und nacheinander drei Gruppen an die Macht bringen: die Girondisten, die Montagnards und die Thermidorianer. Wie die Niederlagen ihre Folgerichtigkeit hatten: Republik und Terror, so werden die Siege die ihre haben: den 9. Thermidor, den 18. Fructidor, den 18. Brumaire.

Diese chronologische Zerlegung des Geschehens im Inneren geht über die Periodisierung nach Nationalversammlungen und Institutionen der Revolution hinaus und bevorzugt die nach führenden politischen Gruppen; eine alte Gepflogenheit, die auf das 19. Jahrhundert zurückgeht und legitim ist: es ist ganz klar, daß der 2. Juni 1793 (Verhaftung der Girondisten) und der 27. Juli 1794 (9. Thermidor, Sturz Robespierres) wichtigere Einschnitte sind als das Ende des Konvents, der in den Thermidorianern des Direktoriums fortlebt. Aber der Krieg bleibt das gemeinsame Element, das den ganzen politischen Prozeß beherrscht. Insofern bricht unsere allgemeine Periodisierung der Revolution mit einer Tradition der französischen Geschichtsschreibung, die darin besteht, die Zäsur des 9. Thermidor stärker zu unterstreichen: mit dem Sturz Robespierres endet die ›demokratische‹ Periode, und es beginnt mit der rückläufigen Bewegung im Volk die Herrschaft des Bürgertums. Unter diesem Aspekt, der das Gewicht einer gewissen jakobinischen Romantik und letztlich das des sozialistischen Ideals verrät, bleibt natürlich der Einschnitt des 9. Thermidor wesentlich, wiewohl die Arbeiten Albert Sobouls die Grenzen seiner Bedeutung gezeigt haben: die rückläufige Bewegung im Volk von Paris setzt mehrere Monate vor dem 9. Thermidor ein. Die Frage aber ist, ob dieser Gesichtspunkt nicht ein wenig willkürlich die Analyse des gesamten Phänomens ›Französische Revolution‹ sprengt. Der Sturz Robespierres wird von den Thermidorianern als Ende des Terrors, nicht als Ende der Revolution empfunden. Ebenso reagiert der Gegner, die französischen Royalisten bzw. das monarchische Europa. Und wenn es zutrifft, daß der Krieg weitgehend die innere Lage Frankreichs bestimmt – vom Tod des Königs bis zur Ankunft eines neuen Retters –, so haben die Thermidorianer und die Aristokraten recht: dieser Krieg hat seinen Charakter, eine Mischung aus wirtschaftlicher Ausbeutung und sozialer Befreiung, nicht geändert. Weder Danton noch Robespierre, Carnot oder Barras haben es vermocht oder gewagt, sein Ende herbeizuführen; denn der revolutionäre Patriotismus hat zwar aufgehört, in Paris die Straße zu mobilisieren, nichts aber hat er von seiner fundamentalen Kraft eingebüßt, da er im militärischen Ruhm aufgegangen ist.
Die Revolutionshistoriographie, die häufig vom Studium der großen Führer besessen war, betont übrigens zu wenig, daß diese politische Kontinuität spontan von der Mehrheit des Parlaments wahrgenommen wurde. Nacheinander unterstützte die Parlamentsmehrheit Girondisten, Montagnards (Bergpartei) und Thermidorianer oder ließ sie gewähren, und sie bestand unter dem Direktorium fort infolge des ›Zweidritteldekrets‹, nach welchem zwei Drittel der Sitze im neuen ›Rat der Fünfhundert‹ und ›Rat der Alten‹ mit Konventsabgeordneten zu besetzen waren. Die Konventsmitglieder der *Plaine* (›Ebene‹), deren Musterbeispiel Sieyès ist, verkörpern eine grundsätzliche Treue durch die Ungewißheiten

der politischen Lage hindurch: sie wollen gegen Europa eine große Republik ohne Adlige und ohne Könige errichten. Sie sind bereit, dafür zuerst den Terror, dann den permanenten Staatsstreich in Kauf zu nehmen. Einem Frieden, der Royalismus und Restauration bedeutet, ziehen sie ohne Zögern den Revolutionskrieg vor, der sie im Namen ihrer Jugendträume an der Macht hält.

Und tatsächlich hält und erfüllt die Regierung der Thermidorianer – das im Direktorium herrschende Syndikat der Königsmörder – die Versprechen der Girondisten in ihrer ursprünglichen Ambivalenz: der Befreiungskrieg ist auch ein Eroberungskrieg. Gegenüber den Girondisten haben die Nachfolger Robespierres nur eine zusätzliche Chance gehabt: als Sieger konnten sie die Aktivität im Innern durch den Messianismus nach außen ersetzen und ihre oligarchische Herrschaft befreien von den Exzessen des Volkes. Aber indem sie einen Krieg, den sie nicht zum Stillstand bringen konnten, fortführten und ausdehnten, haben sie wie Brissot, wie Danton, wie Robespierre die Bedingungen für ihren eigenen Sturz geschaffen. Zusätzlicher Beweis dafür, daß dieser Krieg mit der Revolution wesensgleich und sozusagen ihre zweite Natur geworden ist; bräche sie ihn ab, würde sich die Revolution selbst verleugnen. Sie führt ihn fort und spricht sich damit ihr eigenes Urteil.

1. Die Girondisten 1792/1793

Seit Varennes und seit Pillnitz werden die inneren Probleme der Revolution auf Europa ausgedehnt. Ludwig XVI. liefert dafür das Beispiel, als er bis an die Grenzen Deutschlands flüchtet, hin zu dem Land der Fürsten und seines Schwagers, des Kaisers, wo – an den Ufern des Rheins – schon die meisten französischen Emigranten versammelt sind. Die neuen Deputierten, die die Gesetzgebende Versammlung bilden – Robespierre ließ ja die Konstituante beschließen, daß ihre Mitglieder nicht wiederwählbar seien –, erklären sich gleich im ersten Wahlgang damit einverstanden, die Herausforderung des Königs auf seinem eigenen Feld anzunehmen: den Krieg mit Europa. Das ist schon der Sinn des Ultimatums vom November 1791 an die Kurfürsten von Trier und Mainz.

Zwar sind die Wünsche Ludwigs XVI. klar, doch welcher Art die patriotische Einmütigkeit ist, die sich im Hinblick auf den Krieg bildet, ist weniger deutlich. Die Feuillants – die neuen Bewerber um die Rolle als Berater des Fürsten – schleusen ihre Männer in die Ministerien ein und stacheln, von einigen Ausnahmen (darunter Barnave) abgesehen, zum Kriege an: La Fayette erhofft sich ein Heereskommando, und die ganze Gruppe erwartet von einem kurzen und begrenzten Krieg und von der Autorität, die ein solcher den Generälen verleihen wird, die Stabilisierung im Innern.

Aber diese vagen Erwartungen sind sekundär; wesentlich ist: der Krieg ist populär, wird von der Linken der Versammlung gepredigt, wird bei den Jakobinern wie eine Fahne geschwenkt. Die Argumentation der großen Reden Brissots ist wohlbekannt: die Zerstörung von Koblenz, dem Emigrantenherd, bedeutet, daß Ludwig XVI. zur Entscheidung gezwungen wird, bedeutet das Ende seines doppelten Spiels; der Krieg gegen die Könige ist im voraus gewonnen, weil die französische Armee als Befreierin der Völker gefeiert werden wird. Wohlbekannt ist auch der vergebliche Widerstand Robespierres und seine hellsichtige (wiewohl verfrühte) Furcht vor einer Militärdiktatur. Seltener untersucht wurden die erstaunliche soziale Resonanz, die die gefühlvolle Predigt Brissots im revolutionären Frankreich findet, und der Übergang vom ›Patriotismus‹ des Jahres 1789 zu dem von 1792. Als Interpret dieser grundlegenden Wandlung der revolutionären Mentalität verleiht die Gruppe um Brissot — die *Girondisten* — der unbeständigen Mischung aus Universalismus und Nation eine fast schon moderne Faszinationskraft.
Durch die Bildung eines Ministeriums aus Freunden Brissots und die Thronbesteigung des ebenfalls zum Konflikt entschlossenen Franz II. von Österreich im Frühjahr war der Krieg möglich geworden. Er wurde auf Vorschlag Ludwigs XVI. am 20. April 1792 gegen den ›König von Böhmen und Ungarn‹ fast einmütig von der Versammlung beschlossen. Aber niemand sah die Konsequenzen des Krieges voraus — weder der König, dem er zum Verderben werden sollte, noch Brissot, den er vernichten, oder Robespierre, den er an die Macht bringen sollte, bevor er ihn wie die beiden anderen zum Schafott führte.

a) Die Niederlage und die Republik

Von diesem Zeitpunkt an findet der Volksaufstand in Paris und überhaupt in den Städten einen neuen Katalysator: die Niederlage. Nicht etwa, daß die früheren Katalysatoren verschwunden wären; im Gegenteil, die unvermeidliche Entwertung der Assignaten (die schon auf 60 % ihres Nennwertes gesunken sind) und das Steigen der Preise verleihen den Klagen über die ›Teuerung‹ der Lebensmittel neue Kraft. Die ›Verschwörung des Adels‹ wird heftiger denn je angegriffen. Aber was beweist den Verrat besser als die Niederlage? Wenn die Revolutionsarmee vor dem Feind zurückweicht, so geschieht das, weil der König, die Adligen, die Generäle und die Reichen die Nation verraten; man muß also, will man siegen, strafen, wie man strafen muß, um essen zu können. Der Krieg radikalisiert den latenten Manichäismus im Volksbewußtsein, versieht ihn mit der Aureole des Wohls für das Vaterland und gibt damit der terroristischen Übersteigerung einen ungeheuren Antrieb.

Abb. 4: »Das Vaterland ist in Gefahr« – Proklamation der Nationalversammlung vom 11. Juli 1792

Die schlimmen Nachrichten über die ersten Gefechtsberührungen bei Lille lösen von neuem den schon klassischen Mechanismus aus: Mobilisierung der Sektionen, der Klubs und Volksgesellschaften, die das ›österreichische Komitee‹ der Tuilerien anprangern. Unruhe in der Nationalversammlung, die die Einberufung von 20 000 ›Föderierten‹ beschließt, um Paris zu verteidigen, gleichzeitig mit einem Dekret gegen die eidverweigernden Priester. Und Weigerung Ludwigs XVI., der zudem seine girondistischen Minister entläßt und die Feuillants zurückberuft. Im Unterschied zu 1791, aber wie 1789 wird der Schiedsspruch von der Straße gefällt: Das ist ein Zeichen der Zeit, der Versuch, die Revolution neu in Gang zu bringen.

Beim erstenmal, am 20. Juni, gelingt es den Aufständischen zwar, in die Tuilerien einzudringen, nicht aber, den Widerstand des Königs zu brechen. Aber was am 20. Juni scheitert, glückt mit Hilfe der Provinz am 10. August. Mathiez hat zu Recht unterstrichen, daß am 10. August 1792 zum erstenmal die ›Föderierten‹ aus der Provinz und besonders die von Marseille einen entscheidenden Beitrag zu einer Pariser *journée* leisten. Denn die städtische Revolutionsbewegung beschränkte sich nicht auf Paris, wenn auch die Pariser Bewegung besser bekannt ist als die anderer Städte. (Hier liegt – nebenbei gesagt – eine der notwendigen Aufgaben der Zukunft: die Revolutionshistoriographie zu dezentralisieren.) Der 10. August ist somit das Ergebnis einer ganzen patriotischen Bewegung wider den Verrat. Frankreich droht die Invasion (die Preußen treten im Juli in den Krieg ein), und die Nationalversammlung hat »das Vaterland in Gefahr« erklärt. Auf diesem Hintergrund kommt der Ruf nach der Republik auf, und Robespierre, der die Bewegung insgeheim unterstützt, bewirkt, daß ihm die Forderung nach einer neuen Versammlung, die nach allgemeinem Wahlrecht gewählt werden soll, hinzugefügt wird. Der Herzog von Braunschweig, der Oberbefehlshaber der feindlichen Truppen, braucht mit seinem Manifest, in dem er von den Franzosen bedingungslose Unterwerfung fordert, nur mehr den zündenden Funken zu werfen, um den 10. August herbeizuführen.

Aber der Tag endete nur deshalb mit dem Sturz des Königs, weil die Versammlung schwach wurde. Die Girondisten, verfangen in dem Dilemma zwischen der Logik ihrer eigenen Politik und der Verteidigung des Throns, wichen aus; die Deputierten enthoben Ludwig XVI. nur unter dem Druck der Piken seines Amtes und sahen sich genötigt, die Wahl eines Konvents nach allgemeinem Wahlrecht zu beschließen. Darin besteht der große Unterschied zum Juli 1789: die Straße, die die Konstituante gerettet hatte, verurteilte die Legislative zur Selbstaufgabe.

Heißt das, daß am 10. August eine neue Revolution einsetzt? Nein. Der Tag krönt eine Entwicklung, deren Zeichen schon die Flucht nach Varennes trug und die der Krieg beschleunigte. Symbol für das Scheitern der konstitutionellen Monarchie der Feuillants sind La Fayettes Fahnenflucht und eine neue Emigrationswelle. Weil die gemäßigten Bürger und liberalen Adligen einen Dynastiewechsel, anders als die Engländer 1688, nicht gewagt – oder nicht vermocht – hatten, provozierten sie ihren eigenen Untergang, dessen Herannahen sie durch schlechte Kriegspolitik noch beschleunigten. Aber im Gegensatz zur Interpretation von Mathiez zeigt der Sturz des Königs keine neue *soziale* Revolution an: von diesem Gesichtspunkt her bleibt der Sommer 1789 die grundlegende Episode der neueren Geschichte Frankreichs. Was sich mit dem 10. August ändert, ist die politische Beschaffenheit des Regimes, die nun gekennzeichnet ist durch den Bruch mit einer mehrhundertjährigen Regierungsform, durch den Beginn des republikanischen Abenteuers. Auch die tonangebenden Gruppen der Revolution haben sich geändert: die Adligen haben sich abgesondert. Die führenden Köpfe kommen meist aus den intellektuellen Kreisen des Bürgertums; diese Journalisten und demokratischen Advokaten, die gleichfalls durch die Schule der Aufklärung gegangen sind, erben von ihr auch den Respekt vor dem Besitz; aber ebenso sind sie die Söhne der Revolutionsjahre, Aktivisten der Sektionen und Klubs in Paris und der Provinz. Sie warten seit 1789 auf ihre Stunde, sind gewöhnt an die Übersteigerung der Gegensätze, stehen dem Volk näher als ihre Vorgänger: der Patriotismus ist genau die Ideologie jener Brüderlichkeit, die die Gesellschaft der Eliten, die soeben von der Bühne abgetreten ist, überhaupt nicht gekannt hatte. Was diese Männer von ihren Vorgängern unterscheidet, ist also vor allem diese offenere Haltung gegenüber einem Bündnis mit dem Volk, das sie zum Sieg benötigen; gerade das aber wird sie spalten.

b) Gironde, Berg und Ebene

Die Periode, die auf den 10. August 1792 folgt und dem Zusammentritt des Konvents (22. September) vorausgeht, ist gekennzeichnet durch ein dualistisches Machtverhältnis: das zwischen Paris und der Versammlung. Die legale Macht der Legislative, die nur noch einen Monat zu leben hat, erhält ihr Gegengewicht in der städtischen Diktatur einer aufrührerischen *Commune*, die aus dem 10. August hervorgegangen ist. Die Bewegung der Pariser Sektionen hat ihren Interpreten gefunden, und ihr steter Druck zwingt die Versammlung, für eine Politik zu bürgen, die den Terror präfiguriert: die Überwachungskomitees der Sektionen nehmen immer häufiger Haussuchungen, Requisitionen von Getreide, Verhaftungen von Verdächtigen vor. Die Deputierten ernennen anstelle des inhaftierten Königs einen Exekutivrat von sechs Mitgliedern, darunter Danton, setzen ein Sondergericht ein, verschärfen die Strafen gegen die eidverweigernde Geistlichkeit. Die gesetzgeberische Arbeit wird auf längere Sicht ebenfalls von den Verhältnissen gesteuert: Einführung des Standesamtes, der bürgerlichen Ehe und der Scheidung und neue Konzessionen an die bäuerliche Welt. Das Eigentum der Emigranten wird in kleinen Parzellen verkauft und die Verpflichtung, die grundherrlichen Rechte abzulösen, aufgehoben, ausgenommen bei Fällen, in denen ein Erbanspruch angemeldet wird. Der 10. August 1792 ergänzt auf diese Weise die umfangreichen Maßnahmen von 1789 und treibt die Enteignung der Grundherren voran: das ist eines der Geheimnisse der Treue, die die ländlichen Gebiete der Revolution in Paris wahren.

Aber weder der Versammlung noch dem Exekutivrat oder auch Danton, der der große Redner des Sommers ist, gelingt es, die Volksbewegung zu bändigen, die im Gegenteil durch die schlimmen Nachrichten von den Grenzen (Fall Longwys und Verduns) wieder angetrieben wird. Die organisierten Gemetzel, die in den Gefängnissen von Paris zwischen dem 2. und 6. September stattfinden, zeugen erneut von der Verkettung, der die Terroristen nicht entraten können: Niederlage – Verrat – Bestrafung. Aber durch ihre Brutalität – tausend bis fünfzehnhundert Opfer, die meisten Kriminelle – erweist sich zugleich, wie hoch der Blutzoll seit dem Frühjahr gestiegen ist. Danton hat geschwiegen; die Girondisten lähmt die Angst; Robespierre hat Brissot schon des Verrats angeklagt. Die Männer und Gruppen, die um die Macht kämpfen, sprechen von nun an die dem niederen Volk entlehnte Sprache des Terrors.

An eben dem Tag, als der Konvent zusammentritt (20. September), rettet Valmy Frankreich vor der Invasion: ein psychologischer und politischer Triumph, weil ja die Armee der Freiwilligen den besten Soldaten der Zeit standhielt, militärisch aber nur ein halber Sieg, dem Verhandlungen folgen, aufgrund derer Dumouriez die Preußen sich ruhig in ihre Winterquartiere zurückziehen läßt. Das berühmte Artilleriegefecht hat also auf längere Sicht nichts entschieden. Nach dem 10. August werden kurz nacheinander die diplomatischen Beziehungen zu den europäischen Staaten abgebrochen. Die vom Konvent feierlich proklamierte Republik kommt dem girondistischen Modell, Bekehrerin und Befreierin zu sein, immer näher.

Tatsächlich wird sie von Brissot und seinen Freunden mitgerissen, deren Stärke in ihrer allgemeinen Bekanntheit liegt und in ihren Positionen im Ministerium wie bei den Jakobinern. Die Gruppe ist schwer zu bestimmen, und Georges Lefebvre hat ihre Verschiedenartigkeit hervorgehoben. Die ganze unmittelbare Vergangenheit aber stellt sie gegen die Demokratie der Pariser Sektionen. Gegen Robespierre und Marat, die von den Pariser Aktivisten gewählt worden sind (sie konnten als einzige wählen), bilden die Girondisten einen festen Block. Nicht daß er eine soziale Sondergruppe innerhalb der Versammlung darstellte, die ganz im Gegenteil durchgängig bürgerlich ist; vielmehr versteht er sich weniger von den besonderen Überzeugungen derer her, die ihm angehören, als von ihren gemeinsamen Feinden, das heißt vom ›Berg‹. Gegen Paris, gegen den berechnenden und terroristischen Fanatismus der Sansculotten treibt er fast unwissentlich zu den Feinden der Revolution hin und schreckt vor den politischen Folgen eines Krieges zurück, den auszulösen er soviel beitrug. Die Romantik hat durch den Mund Lamartines diese ein wenig oberflächlichen Lyriker des Befreiungskrieges, diese Väter des linken Nationalismus besungen. Seit Mathiez zieht ihnen die französische Geschichtsschreibung im allgemeinen die Montagnards, die ›Leute vom Berg‹, vor – die Vorläufer der Revolutionsdiktatur. Aber dieser ausgedehnte nachträgliche Kampf, in dem sich wie immer Vergangenheit und Gegenwart verflechten, darf nicht vergessen machen, daß der Konvent in seiner kompakten Mehrheit, im ganzen genommen, von der *Plaine*, der ›Ebene‹, repräsentiert wird: denn die Revolution verbraucht zwar schnell ihre Führer, aber sie profitiert weiterhin von der überaus großen Treue ihres bürgerlichen Stammes. Von diesem Standpunkt aus verkörpern Männer wie Sieyès, Cambacérès, Barère, Cambon und so viele andere eine historische Kontinuität und gleichzeitig eine parlamentarische Entscheidungsgewalt. Daß sie gegen das aristokratische Europa nacheinander verschiedene Regierungsmannschaften unterstützen, zeugt nur von der Unsicherheit der politischen Konstellation, niemals aber von Verrat. Auf dieser Ebene zeigt die Französische Revolution ihre Klassenstruktur.

Abb. 5: Der Sieg der Franzosen in der Schlacht von Jemmapes

c) Das Ende der Girondisten

Die Machtkämpfe werden in diesem Moment von der politischen und ideologischen Dialektik des Krieges beherrscht, die die Girondisten weder voraussehen noch ganz zu der ihrigen machen können. Auf Valmy und den Rückzug der österreichisch-preußischen Armeen folgt die französische Expansion in Savoyen, in Nizza und auf dem linken Rheinufer. Nach seinem Sieg bei Jemmapes (6. November 1792) besetzt Dumouriez Belgien, und zwar eben so viele Gebiete, wie im Krieg alten Stils als Einsatz für vorteilhafte Verhandlungen hätten dienen können. Aber der Konvent geht mit der neuen Zeit, wenn er Savoyen annektiert, »allen Völkern, die sich der Freiheit erfreuen wollen, Brüderlichkeit und Hilfe« zubilligt und in den eroberten Ländern die französische Gesetzgebung einführt — Freiheit, Gleichheit, aber auch die Assignaten und die Steuer. Er tut es auch noch, als er den Tod Ludwigs XVI. beschließt, der die Stunde des Konfliktes mit ganz Europa beschleunigt herbeiführt. Aber schon widersetzen sich dem viele Girondisten, nicht um die Chancen für einen späteren Frieden zu retten — das ist anscheinend die anfängliche Rechnung Dantons, der schließlich doch für den Tod stimmen wird —, sondern weil sie im Innern eine gemäßigte Haltung einnehmen: daß dieser gewaltsame Tod des Königs, der die Bande des Landes mit seiner Vergangenheit und mit Europa zerreißt, in *ihren* Krieg eingezeichnet war, verstehen sie nicht.

Da beschwört dieser Krieg, der sich im Frühjahr (mit dem Kriegseintritt Englands, des Papstes, der italienischen und deutschen Fürsten und Spaniens) zu einem allgemeinen Krieg ausweitet, wieder Niederlage und drohende Invasion herauf und erneuert die Situation des vorangegangenen Jahres. Die Preußen erobern das linke Rheinufer, und Dumouriez, der in Belgien geschlagen worden ist, verliert sich in Intrigen und läuft schließlich wie La Fayette im Jahr 1792 zu den Österreichern über. Dieser hatte seine Freunde, die Feuillants, entehrt, jener diskreditiert seine girondistischen Gönner. Aber der Krieg liefert der revolutionären Agitation einen massiven Beweis für den Verrat im Innern: den Aufstand in der Vendée. Er bricht im März los, und die äußeren Umstände seines Ausbruchs sind es, die uns von ihm heute noch am besten bekannt sind. Spontan lehnt sich der Bauer in der Vendée auf gegen die Werber des Konvents, die auf die im Vormonat beschlossene Aushebung von 300 000 Mann hin einige tausend Soldaten anmustern wollen. Er weigert sich, an den Grenzen Krieg zu führen, geht aber darauf ein, sich für seinen Herrn, seinen Priester, seinen König innerhalb seines vertrauten Gesichtskreises zu schlagen. Diese Umkehrung des bürgerlich-bäuerlichen Bündnisses, das seinerseits die Französische Revolution zustande gebracht hatte, wurde meistens lokalen Faktoren geographischer Art zugeschrieben (wald- und buschreiche, von Hecken durchschnittene Landschaft, regionale Abgeschiedenheit, Fehlen von Straßen usw.) und solchen religiöser Art (besonders starker Einfluß der eidverweigernden Priester auf die sehr frommen Bauern). Heute ist man bemüht, ihre wirtschaftlichen und sozialen Gegebenheiten mit Hilfe statistischer Dokumente des ausgehenden *ancien régime* und der Revolutionszeit herauszuarbeiten: Massenelend, Dahinsiechen der lokalen Industrien, Verkauf der Staatsgüter zum ausschließlichen Nutzen der Stadtbürger (M. Faucheux). Ein amerikanischer Soziologe, Charles Tilly, hat kürzlich die geographische Deutung wieder aufgegriffen und vergleicht die rückständigen bäuerlichen Gesellschaften von Mauges, die sich auflehnen, mit den offeneren der revolutionstreuen Bewohner von Saumur.

Die nationale Krise des Frühjahres 1793 findet die zwischen Generälen, dem Exekutivrat und dem Konvent hin und her gerissene Revolution wieder einmal ohne wirkliche Regierung. Daher wird den Pariser Parolen gegen den Verrat der Gironde, den Forderungen nach Terror und Gemeinwohl, nach festen Höchstpreisen und Requirierung immer stärkere Resonanz zuteil. Der ›Berg‹ schmiedet sich eine Waffe daraus, und der Konvent beschließt daraufhin den Zwangskurs der Assignaten, einen Höchstpreis (*maximum*) für Getreide, die Einsetzung eines Revolutionstribunals und eines Wohlfahrtsausschusses (*Comité de Salut public*). Im April besetzt er ihn zunächst nur mit Deputierten des Zentrums; sie werden von Danton beherrscht, der bis dahin gehofft hatte, den Bruch

zwischen Gironde und ›Berg‹ vermeiden zu können. Die Gironde aber eröffnet den Kampf im Innern dadurch, daß sie die Provinz — Marseille, Lyon — gegen Paris aufstachelt; die Gironde »wird royalisiert«, wie Michelet später schrieb.
Robespierre scheint geglaubt zu haben, den Konvent für ihre Beseitigung gewinnen zu können — aber vergeblich. Und schließlich wird die Versammlung am 2. Juni zu ihrer eigenen Amputation gezwungen durch einen Aufstand von Paris, den die *enragés*, Führer der Sektionen und Volksviertel, sorgfältig organisiert haben. Eingekreist von der bewaffneten Menge, verfügt der Konvent die Verhaftung von neunundzwanzig seiner Mitglieder, der Führer der Gironde. Der ›Berg‹ hat seinen Sieg mit einem Staatsstreich des Volkes gegen die Volksvertretung bezahlt.

II. DIE MONTAGNARDS

Der Abschnitt, der mit dem 2. Juni 1793 beginnt, ist also gekennzeichnet durch eine Regierung der vollendeten Tatsachen, nicht des Rechts: ein wichtiges Datum, weil es für die Zeit des Krieges die Unfähigkeit der Republik, sich bestimmte und stabile Institutionen, eine legale Spielregel zu schaffen, aktenkundig macht. Der Konvent der Montagnards verschiebt die Inkraftsetzung der demokratischen Verfassung, die nach dem 2. Juni zur Beruhigung der Öffentlichkeit verabschiedet worden ist, auf bessere Zeiten und verfügt ein wenig später: »Die provisorische Regierung Frankreichs bleibt bis zum Friedensschluß eine Revolutionsregierung«; der Konvent macht damit ein Geständnis, das in Vergessenheit zu bringen die Thermidorianer zwischen Thermidor und Brumaire vergebens sich bemühen werden. Er erkennt klar den Druck, den die Verhältnisse, der Krieg gegen das Ausland und der Bürgerkrieg ausüben: die Vendée beherrscht das Gebiet zwischen Sèvre und Loire, die normannischen und bretonischen Departements sind in Caen im girondistischen Widerstand vereint, Lyon und die Städte des Südwestens befinden sich in den Händen der Royalisten, Toulon in denen der Engländer, Condé und Valenciennes an der nördlichen Grenze sind gefallen, und die Preußen stehen im Elsaß. Seit 1789 hatte die Revolution niemals eine wirkliche Exekutive; der Konvent stimmt im Sommer 1793 gezwungenermaßen einer echten Übertragung seiner Amtsgewalt zu. Aber er weiß, daß das Regierungssystem, das eingeführt wird, nur sinnvoll ist im Hinblick auf die Lage und das provisorische Gleichgewicht der Kräfte. Die Revolutionsregierung ist ein widerrufbarer Vertrag, kein Blankoscheck.
In gewisser Weise offiziell wird die Revolutionsregierung erst Ende 1793 mit dem großen Gesetz vom Frimaire. Wie ihre soziale Grundlage, ihre innere Kohärenz und die allgemeine Situation

sich verändern, so verändert auch sie sich fortwährend. Aber eben weil sie eine Regierung der vollendeten Tatsachen ist, ein System der Krise, eine Kriegsdiktatur, hat ihre Analyse mit dem Beginn des Sommers 1793, inmitten der nationalen Tragödie, bei der Entstehung des ›großen Komitees‹ (*grand Comité*) einzusetzen.

a) Revolutionsregierung und Sansculotten

Im Laufe des Sommers 1793 erreicht der Aufruhr in den Pariser Sektionen gleichzeitig mit der nationalen Krise seinen Höhepunkt; das ist kein Zufall. Ihr Sieg vom 2. Juni läßt die Pariser Sektionen in dieser Lage vorübergehend eine entscheidende Rolle spielen: weder können sie auf die parlamentarische Vermittlung des ›Berges‹ verzichten noch können die Abgeordneten der Montagne, die ihnen die Ausschaltung der Girondisten verdanken, ihre Forderungen ignorieren. Die Revolutionsregierung erscheint also heute nicht mehr als ›vorderste‹ Spitze der Revolution, sondern eher als Schiedsrichter einer Allianz, die von den Parlamentariern der *Plaine*, der ›Ebene‹, und zugleich vom niederen städtischen Volk gebildet wird. Daniel Guérin hat unterstrichen, daß diejenigen, die er die *bras-nus* (›Nacktarme‹) nennt, ein Graben trennt vom revolutionären Bürgertum und selbst von der Mannschaft Robespierres. G. Lefebvre – ihm folgt Albert Soboul – hat die Diktatur der Montagne als ›Volksfront‹ bezeichnet, womit er die Heterogenität ihrer sozialen Zusammensetzung und die Einheit ihrer Politik hervorhebt.

Die sowjetischen Historiker der Französischen Revolution nennen dieses niedere Volk ›Präproletariat‹, Daniel Guérin bezeichnet es mit dem Ausdruck *bras-nus*, und A. Soboul gibt ihm den zeitgenössischen Namen: die *sans-culottes*, ›Sansculotten‹. Diese terminologische Unsicherheit spiegelt den Mischcharakter dieser Bevölkerungsgruppe wider: die weitgehend präkapitalistische Stadt des *ancien régime* versammelte noch nicht jene homogene Arbeiterklasse, die Ricardo und Marx beschreiben. Aus Armen – deren Zahl wohl seit der Krise von 1789 durch die Abwanderung vom Land nach Paris gestiegen ist –, Arbeitern der Manufakturen, Heimarbeitern, Handwerksgesellen, Handwerkern oder Krämern sich zusammensetzend, bezeichnen die Sansculotten eher eine Mentalität als einen wirtschaftlichen Status. Soboul hat betont, wieviel sie der Verehrung Rousseaus verdanken. Aber auch den alten Chiliasmus der Armen färben sie den erregenden und grausamen Zeiten ein, die sie gerade erleben und die mit der feierlichen Einsetzung der *fraternité*, der ›Brüderlichkeit‹, überhöht worden sind. Eine jahrhundertealte Religiosität investierte ihre Kräfte – oder verkehrte sie – in eine Rückkehr zu den Quellen und in das Bild vom *sans-culotte Jésus*; im Gegensatz zur Kirche, die ihren Auftrag verrät, nährt sie eine neue, durch

Heiligen- und Märtyrerkult der Revolution verweltlichte Eschatologie. Aber hieran sind auch die psychologischen Spuren der jüngsten Vergangenheit zu erkennen: mit seiner roten Mütze, der Pike in der Hand, dem brüderlichen Du und seiner Tugendhaftigkeit ist der Sansculotte die Umkehrung der aristokratischen Gesellschaft. Er ist die Gleichheit. Seine Feinde sind die Feinde der Gleichheit und die Feinde jener tugendhaften und armen Gemeinschaft, von der er träumt. Nicht nur die Adligen und Reichen, auch die, die die Macht innehaben, müssen beständig der Drohung durch die Guillotine, dieser ›Sense der Gleichheit‹, ausgesetzt werden. Die Leidenschaft des Strafens und des Terrors, die durch ein tiefes Verlangen nach Vergeltung und Umkehrung des sozialen Status genährt wird, ist somit die Ergänzung der direkten Demokratie, die in den Sektionen praktiziert wird und die die Sansculotten durch die permanente Kontrolle der Deputierten auf den Konvent ausdehnen möchten.

Abb. 6: Ein »Sansculotte vom 10. August 1792« in zeitgenössischer Darstellung. Statt des Hutes trägt er eine rote Mütze, statt der culotte, der ›feudalistischen‹ Kniehose, eine blau-weiß-rot gestreifte lange Hose

Auf wirtschaftlichem und sozialem Gebiet glauben sie gleichermaßen an den Interventionismus und die Überwachung; das ist vom *ancien régime* ererbt und steht in direktem Gegensatz zu den Prinzipien des bürgerlichen Liberalismus. Die Regierung muß die Preise steuern, die Versorgung überwachen und den Armen geben, was sie den Reichen nimmt. Der Aufstand in der Stadt bleibt von der egalitären Umverteilung der Not bestimmt, nicht

von der Solidarität der Erzeuger. Es fehlt ihm 1792/1793 sogar die traditionelle Figur nicht, die die Geschichte der europäischen Volksaufstände durchzieht, die des revolutionären Pfarrers, des Priesters, der im Gegensatz zur Kirche ein Freund der Armen ist und Jesus treu bleibt: Jacques Roux, ein abgesprungener Priester, Führer der *enragés* (der ›wilden Männer‹), Apostel der Sektion Gravilliers. Wie Albert Soboul in seiner Diskussion mit Daniel Guérin vermerkt hat, ist die Bewegung der Sansculotten präkapitalistischer Natur. Als folgten sie einem konstanten Paradox in der Geschichte der Revolutionen, öffnen auch hier für das wirtschaftliche System des *ancien régime* charakteristische soziale Gruppen durch ihren politischen Extremismus den Weg zu einer neuen Ordnung, von der sie selbst zerrieben werden.
Aber im Laufe des Jahres 1793 – und vor allem bis zum halben Scheitern der Demonstration vom 5. September und bis zum Ende der Dauerversammlungen der Sektionen – trägt der ›Berg‹ diesen Forderungen des Volkes Rechnung und verleiht der Revolutionsregierung viele seiner Züge. Es bestehen im übrigen Verbindungen zwischen der Sektionsbewegung und den zentralen Institutionen: Collot d'Herbois und Billaud-Varenne, die im Wohlfahrtsausschuß sitzen, stehen dem Pariser Extremismus nahe. In der Pariser *Commune* und im Kriegsministerium sind die Sansculotten stark vertreten, werden protegiert von Männern wie Hébert oder dem Bürgermeister von Paris, Pache, die den armen Führern der ›Enragierten‹ die radikale Anhängerschaft abspenstig machen wollen. Aber wenn die Bergpartei auf den Druck der Straße und den ihrer eigenen ›Linken‹ reagiert, wenn sie den Terror und die gelenkte Wirtschaft einführt, so muß sie sich doch auch die weitere Unterstützung des Konvents erhalten, der ihr schon, ohne daß er es auszusprechen wagt, ihre Kapitulation vom 2. Juni vorwirft. Als Herrin der Jakobiner und bald auch des Wohlfahrtsausschusses denkt die Bergpartei dennoch nicht daran, allen Forderungen der Straße nachzugeben; ihre Stärke erhält sie aus ihrer Stellung als provisorischer Schiedsrichter.

b) Die Institutionen und die Menschen

Die Konstituante hatte die Gesetzesarbeit in ihren Kommissionen geleistet. Der Konvent regierte durch seine Ausschüsse. Zwei von ihnen hatten wesentliche Bedeutung: der Wohlfahrtsausschuß (*Comité de Salut public*) und der allgemeine Sicherheitsausschuß (*Comité de Sûreté générale*). Der zweite, der die schrecklichen Polizeibefugnisse besaß, ist weniger bekannt als der erste, der die tatsächliche Exekutivgewalt ausübte und mit übergeordneten Vollmachten ausgestattet war. Er entstand im April, aber seine Zusammensetzung wurde während des Sommers tiefgreifend verändert: Danton legte sein Amt am 10. Juli nieder, und Robespierre trat am 24. in ihn ein. Dieses Namenspaar ruft den langen Kampf ins Gedächtnis, der in der französischen Geschichtsschreibung die Anhänger Dantons und diejenigen Robespierres einander gegenübergestellt, namentlich Aulard und Mathiez. In dem Maße, wie die Namen dieser beiden Akteure den Wert von Symbolen haben, handelt es sich im Juli 1793 allerdings weniger um einen Gegensatz zwischen Korruption und Integrität als um den Konflikt zweier politischer Richtungen: Georges Lefebvre hat das einmal mehr auf sehr überzeugende Weise richtiggestellt. Die Beweise für die Bestechlichkeit Dantons sind von den Historikern erbracht worden, ohne daß man übrigens die Dienste sieht, die er dafür der Gegenrevolution leistete. Wichtiger ist seine Politik im Frühjahr 1793, als er den eben ins Leben gerufenen Wohlfahrtsausschuß beherrscht: der Gemäßigte der Bergpartei erkundet unterderhand die Möglichkeiten für einen Friedenskompromiß und ist wohl bereit, die Königin gegen die Anerkennung der Revolution in Frankreich durch Europa einzutauschen. Aber Dantons Bemühungen kollidieren mit der militärischen Lage, die für die französischen Armeen ungünstig ist, und er kann das innere Räderwerk des Revolutionskrieges nicht mehr halten. Sein Ausscheiden aus dem Ausschuß zeigt das Scheitern seiner Politik an. Paradoxerweise ist Robespierre, weil er das Symbol der Prinzipientreue und des revolutionären Radikalismus war, zum Mann eines messianischen Krieges geworden, den er gleichwohl bekämpft hatte.

Insofern ist Robespierre sicher von Anfang an die Schlüsselfigur des ›großen‹ Wohlfahrts-

Abb. 7: Georges Danton

Abb. 8: Maximilien Robespierre

ausschusses: er bringt seine Überzeugung mit, daß allein das Bündnis des Bürgertums mit dem Volk die Revolution retten kann, und den Traum eines intellektuellen Rousseauisten, der ihn zum Anhänger egalitärer Utopien macht. Von seinen Anhängern Couthon und Saint-Just umgeben, ist er die notwendige ›Brücke‹ zwischen Paris und dem Konvent, und er läßt es die Versammlung als vollendeter parlamentarischer Taktiker spüren; das fällt ihm nicht schwer, denn der Ausschuß wird jeden Monat erneuert. Doch die Gruppe um Robespierre bestimmt den ›großen Ausschuß‹ nicht hinreichend, dessen kollegiale Leitung trotz der spezifischen Aufgaben der einzelnen bestehenbleibt. Die Einteilung seiner Mitglieder in ›Politiker‹ und ›Techniker‹ ist eine Erfindung der Thermidorianer, um Robespierre und seinen Leuten allein die Opfer des Terrors anzulasten. Viele Dinge machen indes die zwölf Kommissare einander zu Gegnern: Barère ist »der Mann des Konvents« (Jaurès) viel eher als der des Ausschusses. Lindet lehnt den Terror ab, den Collot d'Herbois und Billaud-Varenne aus der Gruppe der Cordeliers hingegen predigen. Im Gegensatz zu Robespierre und seinen Freunden billigt Carnot nur vorübergehend und aus Gründen der Staatsraison eine Politik, die dem Volk Konzessionen macht. Aber die Lage, die sie im Sommer 1793 zusammenbringt, ist stärker als diese Meinungsverschiedenheiten. Der Zerfall der Bergpartei – der zur Diktatur Robespierres und seiner Leute führt (April–Juli 1794) – erfolgt erst nach der relativen Besserung der inneren und äußeren Lage im Winter 1793/1794.

Dennoch ist diese Kriegsdiktatur weniger zentralisiert, als lange Zeit behauptet wurde, wobei man sich auf das Zeugnis ihrer Opfer und ihrer Anhänger und auf die Ansicht Tocquevilles berief, der die Kriegsdiktatur als Erben der Intendanten des *ancien régime* und als Vorläuferin der napoleonischen Verwaltung beschrieben hat. Der Wohlfahrtsausschuß stößt häufig mit den Vorrechten der anderen Ausschüsse zusammen, und namentlich der Sicherheitsausschuß widersetzt sich unablässig seinen Übergriffen und bahnt einen folgenschweren Konflikt an. Darüber hinaus hat Georges Lefebvre gezeigt, daß neben dem Widerstand der Gemäßigten und Girondisten ein revolutionärer ›Föderalismus‹ existiert: die langsame Nachrichtenübermittlung und die regionalen Bürgerkriege sind die Erklärung dafür, daß das spontane Handeln der lokalen Volksgesellschaften und Jakobiner nur zu häufig den Direktiven der Regierung zuvorkommt, sie verfälscht oder einfach ignoriert. Oft ersetzen lokale Volksausschüsse (die es freilich in den meisten Dörfern nicht gibt) die Verwaltungsapparate, die 1792 gewählt worden sind und die in den Verdacht geraten, mit den Girondisten zu sympathisieren. Die Herrschaft der handelnden Minderheiten ist deshalb alles andere als einheitlich. Die Mitglieder des Konvents, die vom großen Ausschuß als *représentants en mission* ausgesandt und mit Vollmachten versehen sind, verhalten sich gemäß den lokalen Zuständen und entsprechend ihren eigenen Neigungen. Lindet befriedet den girondistischen Westen ohne ein Todesurteil, Carrier läßt in Nantes fast 3000 Bewohner der Vendée ertränken. Die berühmte jakobinische Zentralisierung ist eine Forderung des Wohlfahrtsausschusses, eher eine große Strömung des sich einigenden Patriotismus als administrative Realität; tatsächlich wird Frankreich von ihr nur sehr ungleichmäßig erreicht. — Es ist übrigens eine dringende Aufgabe, das Funktionieren der revolutionären Regierung in den Departements und Regionen besser zu erforschen. Diese komplexe Mischung aus staatlicher Macht und lokalen Initiativen wurde im großen Gesetz vom 14. Frimaire des Jahres II (4. Dezember 1793) erst im nachhinein definiert, und das von oben.

c) Die Bilanz des Jahres II

Die Bilanz des Systems ist viel zu umfassend, als daß sie detailliert vorgetragen werden könnte; aber sie beschränkt sich nicht auf die Verbesserung der offensichtlich verzweifelten Lage. Sie berührt zutiefst, wiewohl ungleich, alle Bereiche des nationalen Lebens. Für die Zeitgenossen und im Kollektivgedächtnis der Franzosen hat der Terror ihr ein erschütterndes Kolorit gegeben: 17 000 Todesurteile nach der Statistik von D. Greer, insgesamt annähernd 35 000 bis 40 000 Tote. Eine relativ beträchtliche Zahl, die aber zeitliche und räumliche Unterschiede verdeckt: in Paris schlägt das Revolutionstribunal, kraft des Gesetzes vom 22. Prairial (10. Juni) 1794, ganz besonders in der Phase zu, die dem Sturz Robespierres vorausgeht. In der Provinz wird das Gesetz gegen die Verdächtigen (17. September 1793) verschieden ausgeführt, je nach lokaler Situation, der Haltung der Überwachungskomitees und dem Vorgehen des *représentant en mission.* 71 % der Todesurteile werden in den beiden Bürgerkriegsgebieten im Westen und Südosten ausgesprochen.
Diese Politik des Schreckens, die den Wunsch der Sansculotten erfüllt, bietet der Regierung sichere Mittel, das Land zu mobilisieren. Denn es reicht nicht aus, daß den Bauern nach dem 2. Juni einfach nur die Abschaffung der noch übriggebliebenen grundherrlichen Rechte und der Kauf der Emigrantengüter zu kleinen Parzellen zugebilligt wurde. Dieses ganze Bauernvolk, das an die Grenzen gerufen wird — es mögen nach der Aushebung vom 23. August etwa eine Million Männer sein —, muß gekleidet, ernährt und bewaffnet werden. Die Revolutionsregierung hat weniger eine Sozialpolitik (Saint-Justs berühmte ›Ventôse-Dekrete‹ [26. Februar, 3. und 13. März 1794] scheinen nur eine Gelegenheitsmaßnahme gewesen zu sein) als eine Wirtschaftspolitik betrieben, die besonders von der Lebensmittelkommission angeregt wurde, auf die Georges Lefebvre häufig aufmerksam gemacht hat.

Dies ist die erste ›Antizipation‹ (E. Labrousse) einer gelenkten Wirtschaft — unter außergewöhnlichen Notverhältnissen, über die vermutlich die Einzelinitiative in begrenzter Zeit nicht hätte Herr werden können. Einheitliche Höchstpreise und -löhne, Besteuerung, Requirierungen, Produktionskontrolle, Gründung von staatlichen Unternehmen — diese ›Nationalisierung‹ (G. Lefebvre) der Wirtschaft erfüllt den alten Wunsch der unteren Stadtbevölkerung nach ›Reglementierung‹ und berücksichtigt die durch den Krieg geschaffene Zwangslage. Aber einerseits zeigt es sich, daß sie — wie immer — schwierig in die Tat umzusetzen ist und daß sie dauernd Gefahr läuft, die widerwilligen Bauern mit der städtischen Front der Geschäftsleute und Lohnempfänger gegen den Staat zu verbinden. Der Terror beugt dem in gewissem Maße vor, ebenso die ›Revolutionsarmee‹ Ronsins, die R. Cobb kürzlich untersucht hat; damit aber wird die Zukunft mit einer Hypothek belastet. Andererseits bleiben die bürgerlichen Montagnards des Wohlfahrtsausschusses im Grunde dem Liberalismus verhaftet und betrachten diese gelenkte Wirtschaft nur als einen Notbehelf. Daniel Guérin hat nachdrücklich darauf hingewiesen, wie schonend sie sich dem Handel großen Stils und dem Bankwesen gegenüber verhalten; und wenn die Liquidierung des Hébertismus (s. u. S. 72) im Frühjahr 1794 eine Lockerung der Zwangswirtschaft herbeiführt, dann ist das kein Zufall.

So macht die Revolutionsregierung durchaus den Eindruck einer Kriegsdiktatur, die von den Verhältnissen hervorgebracht wurde, und gleichzeitig scheint es sich bei ihr um einen zweiten Umsturz der staatlichen Strukturen der Nation nach dem von 1789/1790 zu handeln. Wenn die Revolutionsregierung im modernen politischen Bewußtsein sowohl als Objekt des Hasses wie als gültiges Modell so tiefe Spuren hinterlassen hat, dann nicht nur, weil der Terror zwischen ihren Anhängern und ihren Gegnern einen blutigen Graben zog, sondern auch, weil sie die egalitäre Dialektik der bürgerlichen Revolution bis zur letzten Konsequenz trieb und dadurch die Teilhabe der Volksminderheiten an der Regierung des Staates akzeptierte und ein ebenso demokratisches wie totalitäres Nationalbewußtsein schuf, dessen Beispiel noch heute in der Welt lebendig ist.

Die Legende über sie entstand gerade wegen ihres Erfolges. Doch spielt dabei auch die Zerrissenheit der gegnerischen Seite eine Rolle. Man hat den Hang des girondistischen ›Föderalismus‹ zur Nachgiebigkeit hervorgehoben, die Isolierung der royalistischen Erhebungen durch das revolutionstreue Zentralmassiv, den lokalen Charakter des Vendée-Aufstandes, die Verblendung und die Gegensätze auf seiten der europäischen Koalition, die den Krieg von gestern führt und ihre verschiedenartigen Anstrengungen nicht in Einklang zu bringen vermag. Auch die Revolution hat die Regeln der veralteten Strategie noch nicht umgeworfen und

hält ängstlich an Belagerung und Linientruppen fest; aber sie besitzt eine neue, mit der alten vermischte Armee, und alles hat sich mit der nunmehr unbestrittenen Autorität der Zivilmacht und dem Impuls, der von ihren ›Repräsentanten‹ bei den Armeen ausgeht, geändert. Nach einer strengen Säuberung werden die Führungspositionen mit jungen Befehlshabern besetzt, Söhnen der Revolution wie Hoche und Jourdan. Die militärische Karriere, letztes Lehen des *ancien régime*, steht den Söhnen des Volkes noch weiter offen als die Politik. Und wie die Politik hat der erste ideologische Krieg der neueren Zeit seine Helden gefunden. Im Herbst ist die militärische Lage an der Nordgrenze (Wattignies) und der Ostgrenze (Straßburg und Landau) vor dem Einzug in die Winterquartiere gefestigt. Gleichzeitig werden die konterrevolutionären Herde im Innern eingegrenzt, Lyon wird im Oktober wiedereingenommen, Toulon im Dezember, die Vendée wird von Kléber zunächst bei Cholet, dann bei Le Mans geschlagen: der organisierte Aufstand lockert sich zur *chouannerie*, zur Guerilla der aus dem Hinterhalt kämpfenden ›Käuzchen‹ (*chouans*).
Gerade die Erfolge der Revolutionsregierung aber machen ihre Einheit mehr vom Zufall abhängig.

d) Widersprüche und Zerfall der Revolutionsregierung

Die eigentlich politische Geschichte der Revolutionsregierung von Juli 1793 bis Juli 1794 – in der Zeit zwischen dem Eintritt Robespierres in den Wohlfahrtsausschuß und seinem Sturz – ist besser bekannt als ihre sozialen Grundlagen, ihr tatsächliches Funktionieren oder ihre lokalen Modalitäten. Dieses Gebiet der Revolutionsgeschichte ist das bevorzugte Feld sehr ausgedehnter Polemiken, und man kennt etwa den riesigen Umfang allein der Literatur, die sich mit Robespierre, Danton und ihren Beziehungen beschäftigt.
Nach Daniel Guérin ist die vor kurzem erschienene Arbeit Albert Sobouls, der Georges Lefebvre verpflichtet ist, die präzise chronologische Analyse der politischen Entwicklung, die die Volksbewegung der ›Sansculotten‹ und ihre aufeinanderfolgenden Führer während dieser Zeit durchgemacht haben. Den ganzen Sommer 1793 über hält die Agitation der Sektionen permanent an; sie wird durch die äußersten Gefahren des Augenblicks und durch die schwierige Lebensmittelversorgung noch stimuliert. Die *Commune* versäumt nicht etwa, den Brotpreis zu steuern, er steigt langsamer als in der Provinz, indes die Zufuhr wird spärlicher, bestimmte Waren wie Fleisch und Seife sind unerreichbar. Die Führer der *enragés*, Jacques Roux und Varlet, fordern die Todesstrafe für Börsenschwindel und Wucherei, den Prozeß gegen die Girondisten und gegen die Königin. Aber die Anhängerschaft der Sektionen wird ihnen vom linken Flügel der Bergpartei, von

Hébert und seinem Blatt *Père Duchesne*, streitig gemacht, die das Erbe des im Juli ermordeten Marat an sich reißen. Am 4. September 1793 beginnt eine neue *journée* mit Demonstrationen, in deren Verlauf Brot gefordert wird. Am folgenden Tag kreisen die bewaffneten Sektionen wie am 10. August 1792 und wie am 2. Juni 1793 den Konvent ein und stoßen den Bürgermeister von Paris auf die Tribüne. Die Versammlung gesteht ihnen die Aufstellung einer Revolutionsarmee im Innern zu, setzt den Terror auf die ›Tagesordnung‹, bewilligt die Verhaftung Verdächtiger und die Säuberung der Ausschüsse. Aber der Konvent nutzt das aus, um die permanent tagenden Sektionsversammlungen aufzuheben, und der Wohlfahrtsausschuß läßt Jacques Roux und Varlet verhaften. Das bedeutet gleichzeitig Sieg und Ende der *enragés*. Die Regierung enthauptet die Bewegung, während sie noch einen Teil ihres Programms aufnimmt. Von nun an ist die Bergpartei einziges Forum der politischen Debatte.

Der Hébertismus, der sich auf die Cordeliers und dic *Commune* stützt, wird zum alleinigen Interpreten des Pariser Extremismus: ein Interpret, der weniger spontan und authentisch, aber einflußreicher und besser placiert ist als die *enragés*. Der Konflikt, den er im Herbst mit der Mehrheit des Konvents und des Wohlfahrtsausschusses herbeiführt, betrifft nicht mehr den Terror – der begonnen hat –, auch nicht den Höchstpreis – der beschlossen ist –, sondern die Entchristianisierung. Das Beispiel der Aktion Fouchés in Nevers vor Augen, organisiert die *Commune* sie in Paris systematisch durch antireligiöse Maskenzüge, dann durch die Schließung der Kirchen. Der Antiklerikalismus des Volkes und der Stadt, dessen Ursprünge mangelhafter bekannt sind als seine Zukunft, findet in der Revolution vorübergehend einen Ersatzkult. Die Mehrheit des Konvents, die den republikanischen Kalender gebilligt hat, ist ebenfalls antireligiös. Aber sie ist realistischer und sieht in der Übersteigerung des Hébertismus einen zusätzlichen und willkürlichen Anlaß zu bürgerlicher Zwietracht. Darüber hinaus verabscheut Robespierre den Atheismus, jenes Vermächtnis der Aristokratie und der Reichen. Deshalb nähert er sich im Herbst der gemäßigten Richtung der Bergpartei, der die verbesserte Lage und Dantons Rückkehr nach Paris wieder Stärke verleihen. Robespierre läßt also zu, daß eine anti-hébertistische Kampagne eingeleitet wird, für die im *Vieux Cordelier* von Camille Desmoulins brillant Propaganda gemacht wird und die über die Entchristianisierung hinaus den Terror selbst aufs Korn nimmt. Auch Danton bleibt seinem Traum von einem Kompromiß mit Europa treu; der *grand Comité*, der ›große Ausschuß‹, ist übrigens auf diesem Gebiet besonnener als die Girondisten. Robespierre selbst beginnt in seinen Reden im November und Dezember zwischen den gegen die Revolution verbündeten Nationen zu differenzieren.

Aber zu dieser Politik, der zumindest Danton zustimmt, kann man sich nicht offen bekennen. Im Frankreich des Jahres 1793 prallt die Bemühung um Frieden nicht nur bei den Pariser Sektionen, sondern bei dem ganzen, soeben erst beförderten Personal der Revolution, das auf Terror und Krieg eingeschworen ist, auf Widerstand. Außerdem wird Danton durch einige seiner Freunde kompromittiert, die der Veruntreuung bei der Liquidierung der alten *Compagnie des Indes* verdächtigt werden. Im Januar 1794 macht Robespierre eine Kehrtwendung und spielt ›zwei Cliquen‹ (*deux factions*), die die Revolution bedrohen, zum zentralen Thema hoch. Um die hébertistische Offensive zu zerschlagen, die sich im späten Winter von den Cordeliers aus entwickelt, reißt er den Wohlfahrtsausschuß mit, zunächst die *exagérés*, Hébert und seine Freunde, zu vernichten; dafür aber läßt er Danton und Desmoulins vor dem Sicherheitsausschuß im Stich. Geschickt werden sie mit den der Veruntreuung angeklagten Deputierten in Zusammenhang gebracht und, kaum zwei Wochen nach ihren Gegnern, am 16. Germinal (5. April) 1794 guillotiniert. Zögernd ist schließlich der Konvent gefolgt.

Die zum Schafott fahrenden Karren des Germinal bezeichnen somit den Beginn der eigentlichen Diktatur Robespierres. Von nun an gehorcht die *Commune*, verstummen oder verschwinden die Gesellschaften und Klubs: »die Revolution ist eingefroren« (Saint-Just). Doch, wie A. Soboul vermerkt, kündigt die rückläufige Volksbewegung für bald auch das Ende der Gruppe Robespierres an und liefert sie der Gnade des Konvents aus. Die Revolutionsregierung erreicht so ihre volle Macht, ihr Höchstmaß an Zentralisation in dem Augenblick, als sie ihre soziale Basis verliert. Als Minderheitsregierung, die gleichsam ihr eigenes Prinzip guillotiniert hat, gewinnt sie auf der Rechten nicht zurück, was sie auf der Linken verloren hat; denn sie hat die Ultras auf dem Schafott vernichtet, ohne die Gemäßigten zufriedenzustellen. Der zweite Karren des Germinal verkündet die Verschärfung der Diktatur und der Schreckensherrschaft. Der sich überstürzende Terror (Gesetz vom 22. Prairial, d. i. 10. Juni 1794) und Robespierres Flucht in die kompensierende Ideologie verraten für diese Zeit, allerdings auf verschiedenen Ebenen, eine fast schon pathetische Isolierung. Mit der Feier für das Höchste Wesen identifiziert dieser Mann, der an die sittlichen Ideen glaubt, seine Vormachtstellung in aller Form mit der natürlichen Ordnung.

Der Frühjahrsfeldzug, der sorgfältig vorbereitet und ziemlich schlecht durchgeführt wird, profitiert wie im Jahr zuvor von der Unbeweglichkeit der Preußen. Er endet schließlich mit dem Durchbrechen der Nordgrenze auf beiden Flügeln, und der Sieg von Fleurus gibt Belgien an Frankreich zurück. Die Expansion der Revolution setzt ein – weshalb jetzt noch Guillotine, Diktatur? Robespierre wird stürzen, weil er hartnäckig zwei gegensätzlich

Abb. 9: Lazare Carnot

gewordene Lagen, Terror und Sieg, vereinigen will. Das ›Komplott‹ vom Thermidor erhält seine Kraft aus dem ungeheuren Überdruß der Öffentlichkeit und einigt alle Unzufriedenen des Konvents und der Ausschüsse: die ehemaligen terroristischen ›Prokonsuln‹, die sich bedroht fühlen; die *Plaine,* die ›Ebene‹, die ihre Stärke wiederentdeckt; die alten Rivalen des Sicherheitsausschusses; im Wohlfahrtsausschuß die Freunde Héberts, Billaud und Collot; und die Rechte, Gemäßigte um Carnot. A. Ollivier glaubte sogar Anzeichen für eine Spaltung innerhalb der Gruppe um Robespierre, zwischen Saint-Just und Robespierre, zu entdecken.

Logik des Sieges, Druck der Öffentlichkeit, Rache des Konvents — dies alles ist also der 9. Thermidor (27. Juli 1794). Das bedeutet: Wenn man dem Programm Dantons, Freiheit durch Frieden, nicht zustimmen kann und wenn das Programm Robespierres, Freiheit durch Terror, nur ein Notbehelf gewesen ist, dann wird die Revolution sie durch ein drittes ersetzen, das den Träumen der Girondisten schließlich sehr nahekommt: Freiheit durch Sieg und Eroberung.

III. DIE THERMIDORIANER 1794—1799

Das ist die Stunde der *Plaine*, der ›Ebene‹, die durch ihre Vergangenheit, durch Patriotismus und Interessen an die Revolution gekettet ist. Sie hat der Revolutionsregierung nur angesichts der von der Invasion und von Paris ausgehenden doppelten Drohung beigestanden. Die parlamentarische Mehrheit des Konvents setzt sich aus reuevollen Terroristen und begnadigten Girondisten zusammen. Rückblickend streicht sie ihre Kapitulation vom 2. Juni 1793 aus: in Übereinstimmung mit den Lehren der Philosophie möchte sie die Herrschaft der vollendeten Tatsachen mit der des Gesetzes vertauschen. Weil sie aber treu zum Expansionsdrang der Revolution steht, gelingt es ihr sowenig wie 1793, den Folgen, die der Krieg auf der innerfranzösischen Szene hervorruft, zu entgehen. Für diese Königsmörder sind der Kampf gegen Europa und die royalistische Restauration in Frankreich ein und dasselbe — ganz einfach ein Kampf ums Leben. Die Thermidorianer geben 1795 Frankreich eine neue Verfassung, die der bürgerlichen Öffentlichkeit wieder das Wort erteilt, handeln aber sofort ihrem Geist und Wortlaut zuwider mit dem Zweidritteldekret (s. o. S. 54), durch das sie die neuen Kammern zwangsweise besetzen, und sie wählen fünf Königsmörder ins Direktorium. Sie sind verurteilt weiterzumachen, tun es auch — ohne Eleganz zwar, aber nicht ohne Energie — und suchen vergeblich, durch mehrere Staatsstreiche ein stabiles Regime zu errichten. Die Unterstützung der siegreichen Armeen hat den Druck des Volkes ersetzt: die Inversionslogik der Gegensätze von Niederlage und Sieg war selten klarer.

Abb. 10: Paul Barras in der Kleidung eines Mitglieds des Direktoriums

Diese Thermidorianer, die die *perpétuels*, die ›Immerwährenden‹ des Direktoriums werden und deren symbolische Figur Barras ist, waren weniger oft als ihre Vorgänger Gegenstand von Untersuchungen. Es existiert keine gründliche allgemeine Geschichte der Direktorialzeit, außer der Zusammenfassung Georges Lefebvres, der dies Thema übrigens in einer — leider nie veröffentlichten — Vorlesung vollständiger dargestellt hat. Während die Geschichte der Diplomatie dank Sorel und Guyot besser bekannt ist, wurde die innerfranzösische, selbst rein politische Geschichte vergleichsweise vernachlässigt. Denn die Thermidorianer geben der Chronik des nationalen Ruhms im Innern kaum Stoff: als Nachfolger von Helden und Vorläufer eines legendären Genies figurieren sie als provisorische Stellvertreter, die korrumpiert und skrupellos in den Mitteln sich an die Macht klammern. Die Linke liebt diese Männer nicht, die dem Geld und Vergnügen nachjagten, und die Rechte hält noch am bonapartistischen Mythos von der Unordnung und dem Retter fest. Das ist schade, denn diese bürgerliche Regierung verkörpert die Revolution getreuer als ihre Vorgänger und Nachfolger, und sie läßt viele Ursprünge des modernen Frankreich deutlich werden. Parlamentarier, die den König ermordet haben, ehemalige Beamte der Revolutionsregierung, Generäle, die von der Pike auf gedient, Geschäftsleute, die sich mit allen Mitteln bereichert haben: aus dem Umsturz des Terrors geht nicht die Herrschaft der Tugend hervor, die Robespierre am Herzen lag, sondern eine herrschende Klasse. Sie verteidigt noch immer eine bedrohte Revolution; doch ist sie schon Tochter einer ›gemachten‹ Revolution.

a) Das nachrevolutionäre Frankreich

Die Kenntnisse, die wir über dieses ›gemachte‹ Frankreich haben, sind mangelhaft. In die Quellen der Wirtschafts- und Sozialgeschichte hat das Phänomen ›Revolution‹ eine Unordnung getragen, die die Herstellung der unerläßlichen Entwicklungsreihen besonders erschwert; die bewundernswerte statistische Arbeit der Intendanten Ludwigs XVI. findet häufig genug erst im Kaiserreich oder sogar noch später Fortsetzer. Ein erschwerender Umstand tritt hinzu: die Inflation kompliziert den Umgang mit der Währungseinheit der Zeit zwischen 1789 und 1800 erheblich. Diese technischen Gründe – in Verbindung mit dem traditionellen Überwiegen der Politik und Diplomatie in der Geschichtsschreibung – erklären die Schwierigkeiten, die damit verbunden sind, jetzt, da der Versuch zu einer ersten Bilanz der revolutionären Periode wohl unternommen werden muß, ein auch nur summarisches Bild vom Frankreich der Direktorialzeit zu entwerfen.
Dank den Gelehrten M. Reinhard, P. Goubert und besonders L. Henry, die die französische Bevölkerungsgeschichte erforscht haben, ist das Gebiet der bevölkerungsstatistischen Entwicklung am besten bekannt. Vor dem 12. Internationalen Kongreß für Geschichtswissenschaft (Wien 1965) hat M. Reinhard, ausgehend vom gesamten Quellenmaterial, das rapide Abrutschen der Geburtenziffer in Frankreich in der Zeit zwischen dem *ancien régime* und dem Kaiserreich dargestellt. Die Monographien über einzelne Orte erlauben eine genauere Datierung des Phänomens. In einem normannischen Dorf und drei Dörfern der Ile de France ist der Geburten›sturz‹ besonders deutlich in den neunziger Jahren und fällt so mit dem revolutionären Jahrzehnt zusammen. Die französische Bevölkerung wird davon noch nicht in Mitleidenschaft gezogen, es kommt ihr im Gegenteil der umwälzende Rückgang der Sterblichkeitsziffer zugute, der das Jahrhundert kennzeichnete; sie bleibt in Europa die zahlreichste und kann also die Armeen der Revolution und später die des Kaiserreichs speisen.

Aber das Absinken der Geburtenziffer, das zu heftig und zu stetig ist, als daß es mit der Abwesenheit der im Krieg stehenden Männer hinreichend erklärt werden könnte, zeigt eine tiefe Wandlung der Mentalität an. Er verrät die allgemeine Verbreitung der ehelichen Kontrazeption, die schon die Statistiker und Moralisten des *ancien régime* öffentlich angeprangert hatten. Der revolutionäre Prozeß der Laizisierung erfaßt die Gewissen; mit der Absage an Gott eignen sich zahllose Franzosen, die nicht mehr nur wie zur Zeit der Aufklärung Aristokraten und ›Aufgeklärte‹ sind, ›malthusianisches‹ Verhalten an — und das mit einem halben Jahrhundert Vorsprung vor allen europäischen Ländern. Dieses vorzeitige Kollektivverhalten (das sich erst in der Mitte des 20. Jahrhunderts ändern wird) verweist wohl auf andere, tiefe kulturelle Evolutionen: eine neue Einstellung zum Leben, zum Glück, zur Ehe und zur Familie, die Integration der Masse der Franzosen in ein System bürgerlicher Werte. Das Gebiet ist noch zu wenig erforscht, als daß man diese allzu allgemeinen Behauptungen präzisieren könnte.

›Malthusianisches‹ Verhalten verrät auch das Frankreich der unteren Klasse der Besitzenden, die auf den sozialen Aufstieg einer kleineren Kinderschar bedacht sind: eine Nation von Eignern, ein Land der Kleinbürger und Bauern, die der Verkauf der Nationalgüter konsolidiert und vermehrt hat. Ein Anstieg der Grundsteuerquote wird von den Präfekten Bonapartes aus den meisten Departements gemeldet werden. Der wechselseitige Anteil des städtischen Bürgers und des Bauern an der Enteignung des Adels und Klerus kann unmöglich abgeschätzt werden, aber die Verkäufe in kleinen Parzellen gaben dem Bauern die Möglichkeit, bei der Aufteilung als Empfänger berücksichtigt zu werden. Im Departement Nord, das Georges Lefebvre untersucht hat, hatte ein Drittel der 30000 Bauern, die Nationalgüter erwarben, im Jahr 1789 nichts besessen. Daran sind die sozialen Folgen einer demokratischen Revolution, deren Träger die Volksmassen sind, zu ermessen: nicht der kapitalistische ›große Hof‹, an dem den Physiokraten soviel lag, geht siegreich aus ihr hervor, sondern die bäuerliche Parzelle, die hier um ein Vielfaches vermehrt, dort ein wenig vergrößert wird.

Die Kenntnisse über die soziale Entwicklung der Städte in diesen Jahren sind noch lückenhaft, aber ihre Tendenz, die vom Drama der Inflation und der Knappheit bestimmt wird, steht fest: während der Rentier ruiniert ist, kommen die Kaufleute und Handwerker einigermaßen ungeschoren davon, indem sie die Gesetze über die Höchstpreise verdrehen und die Teuerung vorwegnehmen. Zu gleicher Zeit heben die Erklärung der Menschenrechte und das Ende der erblichen und käuflichen Ämter die Ständegesellschaft auf und machen den öffentlichen Dienst allen zugänglich. Besonders in der jakobinischen Phase vermehrt die Revolution die Zahl der Behörden und Beamten und bietet damit den Kindern der Stadt neue Aufstiegschancen. Häufig genug hinterläßt sie in der Topographie der Stadt ihre Spuren: die großen herrschaftlichen Häuser des Adels sind verlassen, werden oft verkauft oder umgebaut, und was gestern noch das schöne Viertel war, ist heute völlig ausgestorben. Die Chaussée d'Autin übernahm in Paris die Rolle, die der Faubourg St.-Germain früher gespielt hatte. So gewann die bürgerliche Stadt, die vom Geld und der Macht, dem Geschäftsmann und dem Abgeordneten bestimmt wurde, allmählich ihre modernen Züge. Sie bietet das Bild einer glanzvollen und nunmehr offenen Gesellschaft, gibt den mittellosen jungen Leuten Stoff für ihre Träume und Möglichkeiten vorwärtszukommen.

Dies ist die Stunde, da Paris triumphiert. Die Revolution entthront Versailles und besiegelt von 1789 an den Sieg der Stadt über den Hof. Der jakobinische Zentralisierungsversuch bekräftigt den Pariser Imperialismus im nationalen Leben, und mit dem Aufstieg der Thermidorianer entfaltet er seinen ganzen Glanz: die Anekdotenschreiber haben vielfach das Pariser ›Fest‹ geschildert, die Reaktion einer ganzen Gesellschaft gegen den Terror und gegen die von den Sansculotten geheiligte Strenge, die Revanche des mondänen Lebens und der Frauen, die Herrschaft der Madame Tallien. Diese neue Welt, die offen dem Geld, der Macht und dem Vergnügen nachjagt, ist schon ganz modern; aber sie bleibt — mehr als sie glaubte, mehr als man gemeint hat — grundlegend von der so frischen Erinnerung an die aristokratische Gesellschaft gezeichnet. Wie die Generalpächter Ludwigs XVI. bereichert sie sich am Defizit des Staates und nicht durch Investitionen in der Industrie; wie die Aristokraten treibt sie lieber Verschwendung, als daß sie Reichtum ansammelt. In einem völlig veränderten Protokoll, das die Verbeugung vor dem König durch das Diner in der Stadt ersetzt — bei unverändertem Dekor allerdings, in dem sich der *Louis-Seize*-Stil zu voller Blüte entfaltet —, erobern die Frauen die überlegene gesellschaftliche Stellung zurück, die ihnen das Jahrhundert verliehen hat. So ist es nicht verwunderlich, daß die zurückkehrenden Emigranten, wie etwa Madame de Staël oder Talleyrand, so schnell zu ihren Gewohnheiten zurückfinden. Ihr Kreis ist einfach zur Halbwelt geworden; die bürgerliche Gesellschaft, die der Terror gebiert, hat, ohne es zu wissen, ein Erbe gefunden, das älter ist als ihre Revolution.

b) Die Sackgassen des bürgerlichen Parlamentarismus

Durch den Konvent und später durch die Kammern des Direktoriums versteht es diese Gesellschaft, Gesetze für die Zukunft zu machen und ihr Übergewicht zu sichern. Sie führt die liberale Wirtschaft wieder ein, begründet das französische Oberschul- und

Hochschulwesen und unterbindet schließlich das von den Assignaten angerichtete Durcheinander in der Geldwirtschaft, aber erst, nachdem sie über die Territorialmandate (*mandats territoriaux*) den größtmöglichen Gewinn daraus gezogen hat. Doch ihr Hauptplan scheitert: das bürgerliche Frankreich durch neue und dauerhafte Institutionen zu stabilisieren.

Den Feuillants des Jahres 1791, mit denen man sie in dieser Hinsicht gelegentlich vergleicht, haben die Thermidorianer mehrere Vorteile voraus: die royalistische Hypothek ist abgetragen, die Volksbewegung ist im Rückgang begriffen, und die seit 1789 gesammelte Erfahrung kann bei der Herstellung eines besseren Gleichgewichts der Kräfte genutzt werden. Welch schreckliches Erbe aber ist dagegen das politische Frankreich nach dem Terror. Die Republik ist noch zu jung, als daß sie von der bürgerlichen Meinung nicht doch mit der blutigen Diktatur der Revolutionsausschüsse identifiziert würde: schon der 9. Thermidor gab das Zeichen zu anarchischer Abrechnung und royalistischem Weißen Terror in den Departements des Südostens. Robespierres Besieger, von denen die meisten für den Tod des Königs gestimmt und sich an der Revolutionsregierung beteiligt haben, versuchen ihre Vergangenheit zu bannen, indem sie die Jakobiner einsperren lassen und Carrier dem Henker übergeben. Aber sie werden niemals das Vertrauen der Öffentlichkeit erwerben, und der von Anfang an bestehende Zwiespalt zwischen den Gruppen an der Macht und ihren Mandanten wird sich nur noch verschärfen. Kurz: Es existiert schon ein bürgerliches Frankreich, aber noch besteht keine Übereinstimmung über den bürgerlichen Parlamentarismus. Die politische Zuflucht der Gemäßigten bleibt zumeist der König, diejenige des städtischen Extremismus wird schnell wieder die Sehnsucht nach dem Jahre II. Ein Unglück tritt hinzu: die schlechten Ernten von 1794 und 1795, deren Auswirkungen zur Inflation dazukommen und erneut Elend und Unruhe ins Volk tragen. Der Konvent schlägt gegenüber der Linken zu, entwaffnet systematisch die Vorstädte und schafft so für 35 Jahre – bis 1830 – die Pariser Aufstände aus der Welt. Der Prairial des Jahres III bedeutet die endgültige »Niederlage der Sansculotten« (K. Tønnesson). Aber das Jakobinertum bleibt als grundsätzliche politische Vorstellung erhalten und vereint schließlich die ›Cliquen‹ des Jahres II: fanatisch gehaßt von der Rechten, bleiben ihm insgeheim alle diejenigen treu, die der Terror an ihren Platz gebracht hat – von Barras bis zum schlichten Kommissar, von Hoche bis zum einfachen Soldaten. Bei der ›Landung‹ einer kleinen Emigrantenarmee auf der Halbinsel Quiberon (21. Juli 1795) reagiert der Konvent wie ein Mann: daran läßt sich auch ermessen, in welchem Maße der Krieg immer noch das politische Leben im Innern bestimmt.

Die Institutionen des Jahres III versuchen dennoch, die Innenpolitik auf eine gesetzliche Grundlage zu stellen: Gewaltenteilung, Exekutivkollegium, Zweikammersystem, Zensuswahlrecht — diese Republik der Besitzenden verdankt viele ihrer Züge dem politischen Denken des Jahrhunderts. Aber sie überläßt allzuviel den Wahlentscheidungen, die sie auch noch unklug häuft. Keine davon akzeptiert sie den Regeln gemäß. Schon im Herbst 1795 ergeht das Zweidritteldekret, wogegen sich der vergebliche Aufstand des 13. Vendémiaire (5. Oktober) richtet: die Thermidorianer kommen in ihrer Mehrheit in die neuen Kammern, und fünf von ihnen, fünf Königsmörder, werden Direktoren. Alle Mitglieder der neuen Exekutive haben, nach dem Wort eines Zeitgenossen, »ihre Schiffe verbrannt«, und das Personal der Ministerien und Departements ist meist den gleichen Weg gegangen. Kurz, die Revolution setzt sich im politischen Personal fort, das sie an die Macht gebracht hat; aber das geht schon auf Kosten der neuen Institutionen.

Dieses Versagen von Anfang an und diese Treue gegenüber der revolutionären Vergangenheit, die miteinander zusammenhängen, lasten auf der ganzen Geschichte des Direktoriums. Das Erbe des Terrors und des Krieges ist zu schwer für eine parlamentarische Oligarchie, die überdies von den politischen Kämpfen und dem Druck der öffentlichen Meinung bald gespalten wird. Aber der jakobinische Stamm und der patriotische Soldat halten stand. Das Regime dauert vier Jahre. Denn so schwach es ist, es hat noch schwächere Gegner: entwaffnete Vorstädte und einen von der *chouannerie* geprägten Royalismus, der vom reaktionären Starrsinn der Brüder Ludwigs XVI. geknebelt ist. Und es hält sich besonders aus dem Grunde so lange, weil es aus dem Krieg ohne Ende seine Wirtschaft und seine Propaganda, aus dem siegreichen Heer seine Stütze macht. Kurz, es will bestehenbleiben und greift zu entsprechenden Mitteln: Barras und Reubell halten energisch den Kurs.

Man hat ihre Politik eine ›Schaukelpolitik‹ genannt; dieser Ausdruck ist klassisch geworden, bezeichnet er doch die wechselnden Schläge der Exekutive gegen die Linke Babeufs (1796), dann gegen die royalistische Rechte (1797) und erneut gegen allzu ›jakobinische‹ Abgeordnete (1798). Aber ihre einfache Symmetrie täuscht. In Wirklichkeit ist seit der Niederwerfung im Prairial des Jahres III (20. Mai 1795) die Pariser Volksbewegung gebrochen und bedroht die bestehenden Einrichtungen nicht mehr ernsthaft. Im Frühjahr 1796 erlaubt allerdings die furchtbare Wirtschafts- und Finanzkrise — die deutlich an der Sterblichkeitskurve des Winters abzulesen ist — Babeuf, die Reste des Hébertismus und Robespierrismus um sich zu versammeln. Aber der erste Kommunist unserer Geschichte hat damals nicht die Bedeutung gehabt, die ihm die marxistische Geschichtsschreibung des 20. Jahrhunderts beimißt. Er vermischt mit dem alten agrarischen Gleichheitsdenken die modernere Idee des politischen ›Putsches‹ und bewegt damit nur einige Hundert alter Terroristen — eher ein letztes Aufbegehren der Sansculotten als ein erstes Erwachen des Bolschewismus. Die Verschwörung Babeufs, von Carnot, der sich mit diesem Sieg als Konservativer entpuppt, mühelos zerschlagen, hat außer ihrem ideologischen Vermächtnis im wesentlichen negative Bedeutung. Sie verhindert vorübergehend die Vereinigungspolitik der Jakobiner, die Barras herbeiwünscht, und erlaubt es Carnot, die erste große Furcht des Bürgertums für eine Sammlungspolitik der gemäßigten Kräfte zu nutzen.

Aber diese gemäßigten Kräfte sind nicht republikanisch. Sie sind, wie die erste Wahl des Regimes im Frühjahr 1797 zeigt, royalistisch. Die parlamentarische Mehrheit der ›Immerwährenden‹ wird davon betroffen, und die eigentliche und einzige Gefahr, die das Syndikat der Thermidorianer bedroht, wird deutlich: nämlich ganz einfach die royalistische Restauration. Gewiß, es existieren zwei Royalismen, ein konstitutioneller, gemäßigter, der den Traum der Feuillants weiterträumt, und ein anderer, sehnsüchtiger, fanatischer, der den unglücklichen Fürsten treu bleibt. Aber in einem Frankreich, dessen Westen Hoche soeben erst durch unerbittliche systematische Einzingelung und Entwaffnung ›befriedet‹ hat, ist der Royalismus zu sehr Gefangener seiner Vergangenheit, seiner Kämpfe, des eidverweigernden Klerus und seines legitimen Königs, als daß *chouannerie* (s. o. S. 71) und Revanche nicht den Ton angäben. Wo übrigens ist der ›konstitutionelle‹ König der Gemäßigten? Das alte Drama jenes Royalismus ohne König dauert fort. Er ließ schon Mirabeau, La Fayette und Barnave scheitern; und er zwingt auch ihre Nachfolger, Mitglieder des Klubs von Clichy, die Restauration des früheren Frankreich zu betreiben.

Barras, Reubell und La Revellière-Lépeaux sammeln gegen die royalistische Gefahr erneut die Republikaner, Zivil- und vor allem Militärpersonen: diesem Ziel dient der 18. Fructidor (4. September 1797), dieses Modell eines bürokratischen Staatsstreiches, der die Rückkehr zur Herrschaft des Ausnahmezustandes und zum Terror bedeutet, einen neuen 2. Juni gegen die Volksvertretung darstellt und das Scheitern des Versuchs, die Revolution mittels des Gesetzes zu stabilisieren, unwiderruflich besiegelt. Das, was im Juni 1793 die Bergpartei unter dem Druck der Sansculotten getan hat, tun die Thermidorianer im September 1797 mit Unterstützung der Armee. Noch sind sie nicht, wie man oft behauptet, ›Gefangene‹ dieser Armee; vielmehr zeigen der Terror des Fructidor gegen Adel und Priester und die ›Korrektur‹ der Wahlen von 1798 in ihr Gegenteil die Vormachtstellung der exekutiven Gewalt. Doch wem die Thermidorianer bereits ausgeliefert sind, das ist jener empfindliche Mechanismus, der ihre Vorherrschaft an die Expansion Frankreichs und die Siege der Republik bindet.

c) Die Republik, der Krieg und Bonaparte

So hat diese französische Expansion in Europa eine komplexe Geschichte, die wesensmäßig mit der Instabilität im Innern zusammenhängt. Nach dem 9. Thermidor haben die Nachfolger Robespierres zunächst das Erbe des großen Wohlfahrtsausschusses angetreten. Sie nutzen die französischen Eroberungen in Belgien und Holland, um mit Preußen in Verhandlungen einzutreten, das freie Hand in Polen haben möchte und mit einer eventuellen Annexion des linken Rheinufers einverstanden ist; sie gliedern Holland als Satelliten an, das zur verbündeten ›Batavischen Republik‹ wird, und verhandeln mit dem Spanien Godoys um den spanischen Teil San Domingos.
Es bleiben England und Österreich, die Hauptpartner der Koalition; da man England nicht treffen kann, bereitet Carnot den Feldzug gegen Österreich von 1796 vor. Sein berühmter Plan, die in Deutschland stehenden Armeen bevorzugt einzusetzen, wird an der Ernennung Bonapartes zum Befehlshaber der Armee in Italien scheitern. Man muß jedoch versuchen herauszufinden, welches die Kriegsziele des Direktoriums waren, bevor sie durch das entscheidende Auftreten des siegreichen Helden anders bestimmt wurden. In Wirklichkeit sind die Ziele nicht so einfach, wie die Theorie der natürlichen Grenzen glauben macht, in denen A. Sorel und J. Bainville ein wenig vorschnell das große gemeinsame Ziel des ganzen revolutionären Abenteuers sehen wollen. Das hartnäckige Festhalten des Elsässers Reubell an den natürlichen Grenzen — Rhein und Schelde — und der nichts endgültig entscheidende Frieden von Basel mit den Preußen haben die öffentliche Meinung in diese Richtung gelenkt. Aber die Vereinbarung von Den Haag mit der Batavischen Republik weist auf eine andere Politik hin, die nicht unbedingt entgegengesetzt, aber noch ehrgeiziger ist: die der ›Schwesterrepubliken‹, die wie ein Schutzwall um die ›große Nation‹ angeordnet sind. Männer wie La Revellière-Lépeaux oder Sieyès, die der girondistischen Idee vom revolutionären Kreuzzug treu geblieben sind, befürworten sie mehr oder weniger eindeutig. Dagegen sucht Carnot, der schon zur Zeit des Wohlfahrtsausschusses zu den Besonnenen gehörte, von jetzt an einen Kompromißfrieden als Vorbedingung für die innere ›Wiedervereinigung‹: die Eroberungen können als Tauschobjekte für ein vergrößertes Frankreich dienen, das natürlich Nizza und Savoyen und das zur Landesverteidigung notwendige Territorium zwischen Sambre und Maas einschließt. Es sind also deutlicher als in der Periode zuvor mehrere Richtungen revolutionärer Außenpolitik zu erkennen. In dieses Mosaik verschiedener Bestrebungen wird Bonaparte zusätzlich seine übersteigerte Italienpolitik einfügen, für die Paris schließlich bürgt.
Was die Bedingungen für diese Bürgschaft und die Beziehungen

zwischen dem General und dem Direktorium betrifft, so steht fest, daß die Exekutive um so eher den italienischen Improvisationen zugestimmt hat, als sie zur Aufrechterhaltung ihrer Macht in Paris Bonaparte und seine Siege brauchte. Aber man muß das im engeren *und* weiteren Sinne verstehen: die Armee ist nicht nur notwendig zur praktischen Durchführung des Staatsstreichs vom Fructidor; sie ist nicht nur nützlich bei finanziellen Verpflichtungen, die mit Hilfe der Plünderung Italiens erfüllt werden können; sie ist das Instrument und Symbol einer siegreichen Republik, deren Ruhm die Unsicherheit der Lage im Innern kompensiert. Im übrigen werden die Direktoren kurz nach der Abreise Bonapartes nach Ägypten die Politik der Schwesterrepubliken auf eigene Faust wiederaufnehmen. So etwas wie eine innere Verkettung also führt zur Fortsetzung eines Krieges, der immer unbestimmtere Ziele, wenn nicht den totalen Sieg anstrebt; denn in Frankreich stützt sich dieser Krieg auf das eigentliche Wesen der Revolution und auf die tief in der öffentlichen Meinung verankerte Verbindung zwischen Eroberung und Republik, Frieden und Königtum. Das Syndikat der in Paris regierenden Königsmörder fürchtet nicht den Frieden, sondern die in ihm steckende Drohung einer Restauration. Indem es Krieg führt, sichert es sich nach rechts hin ab; aber auch nach links hin: denn die Revolution wird von einem Volkspatriotismus gespeist, der die Leidenschaft des Terrors und die des Krieges miteinander verschmolzen hat. Darf man in dem Augenblick, da man das Schafott zerbrochen und die Vorstädte entwaffnet hat, die Sansculotten, die seit dem Jahr II die Armeen füllen, noch durch einen Friedenskompromiß mit den Königen beleidigen? Ohne Zweifel ist im Bewußtsein vieler ›Patrioten‹ das militärische Abenteuer nur eine neue Form revolutionärer Aktivität, die obendrein Geld, Positionen und Ehren in Aussicht stellt. Die Armee, dieses Reservat des *ancien régime*, ist nun das eigentliche Feld für den Aufstieg der Talente. Sie bindet ihre Zukunft an den revolutionären Kreuzzug und an die Republik.

In diesem Sinne trifft es zu, wenn man Bonaparte in Italien als einen vom Glück außerordentlich Begünstigten bezeichnet. Er kommt gerade im rechten Augenblick, um diese Armee, diesen Kreuzzug, diesen Ruhm zu verkörpern. Aber um dies zu verkörpern, um die letzte Zuflucht der Revolution zu werden, ist auch sein militärisches und politisches Genie nötig, das im italienischen Feldzug zum Durchbruch kommt. G. Ferrero hat Bonaparte als Schüler von Guibert beschrieben, dem (was zutrifft) unentschlossene Gegner zu Hilfe kamen; er ist aber vor allem der Erfinder der revolutionären Strategie der neuen Armee, die weder Carnot noch Saint-Just entwickelten. Und seit seinem Einrücken in Mailand im Mai 1796 hat er seine politische Zukunft erkannt und handelt Paris eine Machtposition nach der anderen ab. Das Jahr

Abb. 11: »Der Triumph der französischen Armeen«, eine Darstellung aus dem Jahre 1797. Von rechts nach links die Generäle Bonaparte (der Sieger über Italien), Pichegru und Moreau (die Eroberer Hollands und des Rheinlandes) und Hoche (der den Bürgerkriegssieg von Quiberon erfocht)

BOHEME
ESCLAVONIE
TURQUIE
Observation
L'EMPIRE
J.B. Poirson
MÉDITERRANÉE

nach dem Sieg macht er zur Lehrzeit für sein künftiges Konsulat, indem er vor Frankreich über Italien entscheidet, ein Land von Notabeln entwirft: die ›Cisalpinische Republik‹, in der er selbst die Exekutive und den Rat ernennt. Als siegreicher Soldat, Held von Rivoli, Leoben und Campo Formio, ist er, gemessen an den Politikern von Paris, schon der Inbegriff der siegreichen Republik; er läßt Hoche und Augereau im Dienste von Barras den 18. Fructidor (4. September 1797) durchführen — mit seiner Unterstützung, aber ohne seine Teilnahme. Denn wenn er auch wie seine Soldaten vor allem Feind einer monarchistischen Restauration ist, denkt er doch nicht daran, sich der republikanischen Partei auszuliefern. Er spekuliert im Gegenteil auf ihren Zusammenbruch, um eines Tages als letzter Retter der Revolution zu erscheinen.

Er hat den Fructidor nicht mitgemacht und beteiligt sich auch nicht an dessen Terror. In Ägypten vergeudet er sein italienisches Kapital, das in Paris seine Brüder verwalten. In Frankreich macht die provisorische Diktatur der Exekutive, die erneut Priester und Adlige deportiert, die anglo-royalistische Verschwörung zunichte und trägt sogar zu einer gewissen Verbesserung der Administration und der Finanzen bei. Aber sie ist viel zu schwach, zu sehr in Mißkredit gebracht, um das gewaltige Erbe zu sichern, das sie beansprucht, um ein ganz neues bürgerliches Frankreich zu errichten, das von Kirche und ›Aberglauben‹ befreit ist, das durch den Dekadenkult und die Professoren des *Institut* aufgeklärt und Erzieherin Europas ist. Denn die Logik des Kampfes im Innern zwingt das Direktorium erneut, den girondistischen Traum und die Politik der Schwesterrepubliken — Schweiz, Rom und sogar Neapel — aufzunehmen.

Aber noch einmal — zum letztenmal — verknüpft der europäische Krieg seine entscheidenden Auswirkungen mit der Machtkrise im Innern: die Kammern haben sich im Prairial 1799 am Direktorium gerächt, und die Schicht der Pariser Politiker, die die Revolution hervorgebracht hat, sucht erneut nach einer Verfassung. Das ist die Stunde Sieyès', der vielleicht — und wer tut das seit 1789 nicht — an eine neue ›konstitutionelle‹ Dynastie denkt. Die Niederlagen im Sommer, der Verlust Italiens und die Bedrohung Frankreichs lassen in der Öffentlichkeit Erinnerungen wach werden; ein ganzer linker Flügel von Rednern und Generälen beschwört wieder das jakobinische Schreckgespenst herauf, Zwangsanleihen, Geiseln, *levée en masse* — aber das dem Jakobinismus Wesentliche fehlt: die Unterstützung und Mobilisierung des Volkes. Im Gegenteil, man sehnt sich nach Ordnung und Frieden, und die gemäßigte Öffentlichkeit wünscht den legitimen König wie eine uralte Gewohnheit herbei. Der Gedanke, das Wohl aller einem einzelnen anzuvertrauen, existiert noch — für sehr kurze Zeit — als monarchische Tradition. In dieser Situation kann sich das Unterfangen von Sieyès ohne weiteres anti-jakobinisch tarnen. In Wirklichkeit zielt es ungeduldig gegen die drohende Restauration. 1793 hatte die Niederlage die Sansculotten mobilisiert; 1799 bringt sie die *chouans* wieder auf die Beine.

Bonaparte, der Ägypten entkommen ist, ist für Sieyès der unvermeidliche Verbündete. Es spielt keine Rolle, daß er zurückkehrt, nachdem Masséna und Brune die militärische Lage wieder zum Besseren gewendet haben; er ist Sieg und Frieden in Person, und Sieyès hat bis auf das Wesentliche alles vorausgesehen: die Popularität des Helden, die demokratische Verkleidung der monarchischen Idee in der Person eines kleinen korsischen Adligen, der seit zwei Jahren seine Rolle als Schiedsrichter lernt. Wenn es auch am Abend des 18. Brumaire noch niemand weiß: Nach zehn Jahren hat das revolutionäre Frankreich unter dem Eindruck dessen, der die Legitimität für sich beansprucht, schließlich seinen König gefunden.

4. Das Frankreich der Revolution und die europäischen Staaten (1789–1799)

Die Geschichte der Beziehungen zwischen Frankreich und Europa im Zeitalter der Revolution kann aus zwei wesentlichen Feststellungen entwickelt werden. Zum ersten haben diese Beziehungen rasch zu einem allseitigen und langwierigen Krieg geführt. Dieser Krieg zeigt ein vieldeutiges Gesicht. Er muß ebenso als Ausstrahlung der inneren Konflikte Frankreichs verstanden werden wie als Folge der tiefen Erschütterung, die die Revolution den europäischen Gemeinschaften übermittelte, wie auch schließlich als Wiederaufnahme traditioneller Konflikte, allerdings unter Verwendung neuer Rechtfertigungen und zuweilen mit neuen Mitteln. Zum zweiten hat die Französische Revolution die Ausformung geistiger Strömungen beschleunigt und die gesellschaftlich-politischen Kräfte des *ancien régime* verhärtet. Diese beherrschten als Reaktion auf die Revolution und die Philosophie der Aufklärung das anbrechende 19. Jahrhundert und verschärften schließlich die Spaltungen und Gegensätze im Herzen Europas, weil sie gewisse Entwicklungen hemmen wollten, die sich am Ende des vorausgehenden Jahrhunderts angebahnt hatten.

I. DAS FRANKREICH DER REVOLUTION, EINE KRIEGERISCHE NATION

»Schaut dies weite Land, das von Spießen und Bajonetten starrt« (*Le Père Duchesne*, 3. Juli 1791). »Wir werden die Welt von diesen Schurken befreien, die die Völker so lange schon unterdrükken [. . .] Wir haben geschworen, alle Tyrannen, auch den letzten, zu morden – gleich wie« (*a. a. O.*, 12. Juli 1791).
Die Revolution beschleunigte das Reifen des Nationalgefühls in Frankreich und trieb zu einem militanten Nationalismus. Das Ideengut der Revolution, das trotz seiner universalistischen Ausrichtung ursprünglich pazifistisch war, ließ seine Verfechter infolge der Bedrohung von außen sehr schnell eine offensive Richtung einschlagen: fast nahtlos vollzieht sich der Übergang von der Vaterlandsverteidigung zum Kreuzzug für die Freiheit der Völker, dann zum Eroberungskrieg, und somit der Umschlag von Brüderlichkeit in Verachtung, von Idealismus in Zynismus. Der Revolutionskrieg konnte sich auf den tiefen Haß gegen das Ausland im allgemeinen Bewußtsein stützen, der in Chauvinismus, in gefühlsbetonten, elementaren Nationalismus überging. Frankreich war schon seit langem ein politisch und territorial gefestigtes Gebilde. Die Revolu-

Abb. 12: Die Expansion des revolutionären Frankreich

tion machte es zur Nation im soziologischen Sinn des Wortes und fügte es zu einem geschlossenen Ganzen, das zu dieser Zeit seinesgleichen in Europa suchte. Dies Europa empfand sehr wohl die Bedrohung, die dieses international neue Phänomen in sich barg.

Im Laufe des 18. Jahrhunderts wurden die Begriffe ›Vaterland‹ und ›Nation‹, die damals nahezu gleiche Bedeutung hatten, von der Philosophie her vielfach angereichert. Noch gegen Ende der Regierungszeit Ludwigs XIV. verschmolz der Begriff der Nation in der Regel mit dem des Staates, meinte also die Einheit von Regierung, Gesetz und Verwaltung, allenfalls die geographische und sprachliche Einheit. Allerdings erlaubte schon die fortschrittliche Entwicklung des Absolutismus hin zum ›aufgeklärten Absolutismus‹ die Behauptung, daß der Herrscher der Verteidiger viel eher der nationalen denn der dynastischen Interessen sei. Seit 1750 werden die Begriffe Nation und Vaterland mit einem neuen politischen und sozialen Inhalt, ja sogar mit einem neuen Gefühlsmoment versehen und zugleich belastet: Vaterland, das meint in erster Linie Freiheit. In seiner Schrift *Esprit de la République* formuliert Saint-Just im Jahre 1791: »Die Völker, die unter Gewaltherrschaft leben, haben kein Vaterland.« Ebenso meint Vaterland das Glück; d'Holbach (*Ethocratie*, 1776) schreibt: »Vaterland ist dort, wo die Bürger frei sind, nach dem Prinzip der Gleichheit regiert werden und also glücklich sind.« Damit stimmt Rousseau überein: »Die wahre Nation wird alles andere als Ruhm erlangen, aber sie wird glücklich sein. Sie wird nicht in aller Munde sein; sie wird draußen wenig Beachtung finden; aber in ihrem Herzen werden Reichtum, Friede und Freiheit wohnen.« Indessen sind zwei andere Auffassungen für die Doktrin, die die Deputierten der Konstituante ausarbeiteten, wichtiger geworden. Die eine, von seiten der Nationalökonomen vorgetragene, versteht die Nation als Gemeinschaft von Besitzenden und Erzeugenden. Die andere, besonders von Rousseau vertretene, verbindet die Begriffe Nation und Volkssouveränität. Darüber hinaus ist der Patriotismus der achtziger Jahre das Werk derer, die den Reformen Bahn brechen, die Gegner der absoluten Monarchie und der Aristokratie sind. Der patriotische Bürger lehnt sich auf gegen den kosmopolitischen Aristokraten, der einer sozialen Schicht angehört, deren Existenz allein schon die nationale Einheit verneint, der also, wie Tocqueville sagt, »inmitten der Nation isoliert ist«. »Patriot, dieses ehrenwerte Wort wird schon verhaßt«, schreibt im Jahr 1788 der Prinz von Ligne an Kaiser Joseph II. In den Jahren zwischen 1789 und 1791 liegt das Verfassungswerk der ersten Revolutionäre ganz auf der Linie der staatstheoretischen und patriotischen Lehren der Aufklärung. Das Bürgertum verallgemeinert seine spezifische Lage und identifiziert die Nation mit den besitzenden Ständen, mit den Zensuswählern, die von nun an mit der Monarchie das Privileg der Herrschaft teilen.

Vaterlandsliebe als höchste Tugend – ist nicht dieser Gedanke der Philosophen ein erster, zwar noch leiser, aber deutlicher Appell an alle Auswüchse des Nationalismus, nämlich an Expansionsstreben und Totalitarismus? Wenn Rousseau schreibt: »Ein Kind, das die Augen aufschlägt, muß das Vaterland erblicken und darf bis zu seinem Tode nichts anderes vor Augen haben«, so scheint er aus dem Vaterland eine ungeheuerlich fordernde Gottheit zu machen. Tatsächlich ist man, als das 18. Jahrhundert zur Neige geht, so weit noch nicht. Patriotismus wird immer noch als ein Schritt hin zur Menschheitsliebe verstanden. Noch ist er nicht, weder bei Rousseau noch bei Herder, die Antithese zum Kosmopolitismus. Aber diese Zweideutigkeit ist voller Gefahren, wenn sie in der enthusiastischen Sprache der Revolutionäre zum Vorschein kommt. Die Deputierten der Konstituante versprachen, niemals die Freiheit eines anderen Volkes anzutasten: ihr gesamtes Denken, das sich fortwährend Allgemeingültigkeit zuspricht, läßt sie dieses Versprechen brechen. Findet dieses Denken nicht die Zustimmung der anderen Völker, so stellt sich auf seiten der Musternation alsbald die Versuchung ein, in einen Kreuzzug zur Befreiung der geknechteten Nachbarn zu ziehen. Die 1789 proklamierten Rechte gelten für *jeden* Menschen und *jeden* Bürger. Nationale Selbstbestimmung ist das Recht einer *jeden* Nation. Die Männer von 1789 jagen dem Phantom des Menschen schlechthin nach und haben somit das Bewußtsein und Bedürfnis, für die gesamte Menschheit zu wirken. Madame de Staël, die in der Zeit der Annexionen und Tochterrepubliken schreibt, sagt später: »Eine sonderbare Manie der französischen Revolutionäre, alle Länder zu einer politischen Organisation nach dem Modell Frankreichs zwingen zu wollen.« Vom Geist der Föderation schließen die Revolutionäre einfach auf das Recht der Völker, sich nach dem Prinzip des freien Zusammenschlusses zu Nationen zu verbinden.

Die Krise in den internationalen Beziehungen aber wird weder von den Bedrohungen ausgelöst, die der spontane Expansionsdrang dieser Ideologie in sich schließt, noch von den Befürchtungen des Auslandes, von der Revolution angesteckt zu werden, auch nicht, wie sich zeigen wird, aufgrund eines entschlossenen Willens der anderen Länder, die Bourbonen Frankreichs in ihre alten Rechte wieder einzusetzen. Vielmehr gelangt die Französische Revolution selbst dahin, den Krieg mit dem Ausland zu suchen, in einer Art Flucht nach vorn, als beste Lösung ihrer inneren Schwierigkeiten. Zum Angriff gegen den König, Österreich und die Emigranten überzugehen: das ist Ende 1791 die politische Linie, um deren Billigung durch die Gesetzgebende Versammlung, die Legislative, die Girondisten eifrig bemüht sind. Krieg als innerpolitische Maßnahme, als Mittel zur Stabilisierung der Kräfte: so propagiert ihn Brissot am 16. Dezember vor den Jakobinern. »Ein Volk, das seine Freiheit nach zehn Jahrhunderten Sklaverei errungen hat, braucht den Krieg. Der Krieg ist notwendig, um die Freiheit zu festigen.« Andere Gründe für den Krieg hat der konservative Flügel der Nationalversammlung, aber auch er tritt dafür ein unter dem Gesichtspunkt, dadurch der inneren Konflikte Herr zu werden. Der demokratische Flügel des revolutionären Bürgertums — Marat, Danton, Desmoulins — fällt in den Chor der Girondisten ein. Robespierre war nicht grundsätzlich gegen den Krieg, nicht aus der Überzeugung heraus, daß er vermeidbar und nicht notwendig sei, sondern aus Gründen der Opportunität. So läßt die Legislative am 20. April 1792 eine kollektive Herausforderung an Europa ergehen.

Wenn eine solche Herausforderung auch nicht für die politische Weitsicht ihrer Urheber spricht, so kommt sie doch einer durchaus kriegerischen Stimmung im Volke entgegen. Der Krieg wird in allgemeiner Begeisterung begonnen, einer nationalistischen Begeisterung, die bis zu den Siegen im Sommer des Jahres 1794 andauert und die auch noch später aufflammen sollte. Das 18. Jahrhundert war gekennzeichnet durch ein Erstarken des Nationalgefühls und des Militarismus in der Bevölkerung des Königreichs. Im Spanischen Erbfolgekrieg waren ungefähr 300000 Franzosen zu den Waffen gerufen worden; im Siebenjährigen Krieg mindestens eine halbe Million. Unterstützt von einem beharrlichen Haß auf das Ausland, hatte sich der Provinzial- oder Lokalpartikularismus zu einem Nationalpartikularismus entwickelt. Trotz fortdauernder Scheu vor jeder Art allgemeinen Wehrdienstes sahen jetzt die niederen Schichten die Notwendigkeit ein, im Augenblick nationaler Gefahr ihre Pflicht zu tun. Der Soldat spielte nun eine anerkannte Rolle in der Gesellschaft. Die Revolution gab dem allgemeinen Patriotismus neue Züge: Stolz, Unrast, Aggressivität. Das selbstgefällige Bewußtsein, einem Volk von außergewöhnlicher politischer Begabung zuzugehören, läßt ein mit Herablassung vermischtes Mitleid gegenüber Völkern entstehen, die es zu einer eigenen Revolution noch nicht gebracht haben. Verachtung löst die Feststellung aus, daß die anderen Hauptstädte nicht sofort dem Beispiel von Paris folgen; die uralte Furcht vor einer Invasion namentlich in den Grenz- und Küstengebieten lebt zugleich mit der *Grande Peur* wieder auf und verbindet sich mit der Überzeugung von einer Verschwörung des Adels. Obwohl das Ausland zunächst kaum Drohungen ausspricht, geht man doch nur allzu bereitwillig zu dem Gedanken über, den Kontinent zu säubern. Dieser Ton verschärft sich nach dem Fluchtversuch des Königs, beispielsweise im *Père Duchesne*:

»Zum Henker ja, dem ganzen Europa zum Trotze werden wir sie fertig ausarbeiten, diese unsterbliche Verfassung, die über 24 Millionen arme Teufel gebietet, welche bewaffnet und entschlossen sind, entweder frei zu leben oder zu sterben.« (3. Juli 1791)

Den Sieg dieser Verfassung, »die das Glück der ganzen Welt herbeiführen soll«, betrachtet der Journalist Hébert als gesichert durch die Masse der französischen Bevölkerung, in einem Krieg, den er als eine Art patriotisches Volksfest auffaßt (das Volk verbindet mit der Vorstellung von der Armee zunächst die Uniform und die Parade – und jetzt auch die Nation unter Waffen, die Karriere, die sich dem Mutigen öffnet und Qualifikationen anderer Art nicht erfordert). Die Öffentlichkeit, die die mittelmäßigen Tragödien nationalen Inhalts liebt, sofern sie von großen Männern berichten, und die in den Versammlungen der Sektionen Kosmopolitismus und Anglomanie ächtet, berauscht sich bald an der Lektüre der Siegesberichte.

Nach den widerstreitenden Gemütsbewegungen, die die Besetzung des eigenen Landes (August 1792) und der Sieg (September bis November) auslösten, überbieten sich die Girondisten, die Montagnards (Bergpartei) und Sansculotten in Proklamationen und Dreistigkeiten, in denen sich internationalistische und imperialistische Bestrebungen vermischen und die unter dem Deckmantel der Verteidigung hoher Grundsätze eine Machtpolitik ankündigen. Dem Befreiungskreuzzug wird leidenschaftlicher Expansionsdrang aufgepfropft. Aus innerpolitischen Gründen lassen die Girondisten im November die Gelegenheit vorübergehen, einen allgemeinen Frieden zu schließen, über den durch Vermittlung Englands und Hollands verhandelt worden war: wie soll man von Frieden sprechen, ohne sich der Konterrevolution verdächtig zu machen? Die Girondisten, die den kleinen Flüchtlingsgruppen aus Lüttich, Belgien und der Schweiz sehr nahestehen, veranlassen den Konvent, das Versprechen vom 19. November zu geben: Zusicherung brüderlicher Verbundenheit und Hilfe all den Völkern, die ihre Freiheit erlangen wollen. Eine Zusage oder eine Drohung? Spricht doch Brissot zu gleicher Zeit davon, »ganz Europa in Brand« zu setzen; Chaumette prophezeit: »Das Gebiet zwischen Paris, Petersburg und Moskau wird bald französiert, munizipalisiert und jakobinisiert sein«; Grégoire verspricht einer Delegation radikaler englischer Clubs, bald werde an den Ufern der Themse die Republik ausgerufen werden. Ende November und Anfang Dezember drücken sich in der Annexion Savoyens und der Einführung der revolutionären Gesetze in den eroberten Ländern die Absichten Frankreichs deutlich aus. Aber die europäischen Mächte, besonders England, nehmen mit Recht an, daß der gefährliche Expansionsdrang der Revolution fortan nicht mehr die einzige Triebfeder der französischen Außenpolitik ist, sondern nur unter neuen Vorwänden die Verteidigung traditioneller Interessen wiederaufnimmt. Die Besetzung Belgiens geht Hand in Hand mit Maßnahmen, die Scheldemündung dem internationalen Handel wiederaufzuschließen, und schon schlägt Dumouriez vor, sich Amsterdams, der Hochburg der Finanzen, zu bemächtigen. Im Nordwesten Frankreichs, besonders in Rouen, sehnt die Bevölkerung den Krieg mit England herbei, um die einheimische Industrie zu retten, die sich seit dem Vertrag von 1786 in einer Krise befindet. Im Januar 1793 läßt Danton vom Konvent die Politik der natürlichen Grenzen billigen: sie verhöhnt die traditionellen Grundsätze vom territorialen Gleichgewicht in Europa ebenso wie das Selbstbestimmungsrecht der Völker. Dies alles geschieht, als ob die französische Regierung beabsichtige, den Revolutionskrieg als unverhoffte Gelegenheit zu nutzen, um sich strategisch günstige Grenzen zu sichern, von alters her schwache Positionen zu liquidieren und Machtstellungen einzunehmen, von denen selbst Ludwig XIV. nicht zu träumen gewagt hätte.

In der Phase, in der die Kriegführung in Händen der Bergpartei und Robespierres liegt, ist die französische Politik endgültig eine Machtpolitik, allerdings in Reaktion gegen eine breite Koalition und wiederholte Invasion. Gewiß, im Hintergrund bleibt die Vorstellung vom französischen Volk als dem Freund aller Völker, von einem Frankreich, das Träger der Freiheit und des Glücks der ganzen Welt ist. Aber in Wirklichkeit hatten die ungeheuren militärischen Anstrengungen in den Jahren 1793/1794 die psychologische Folge, daß in der Zivilbevölkerung ebenso wie bei den Soldaten des Jahres II der Republik Ruhmsucht und Sinn für militärische Stärke und nationale Macht entwickelt wurden. Barère, der für die öffentliche Propaganda verantwortlich war, nahm in neuem Stil die Themen des hébertistischen Chauvinismus wieder auf, und seine Berichte, die überfließen von ebenso banaler wie sentimentaler Beredsamkeit, entzückten die Konventsmitglieder, bevor sie die im Felde befindlichen Truppen begeisterten. Andererseits brachte nach einmal errungenem Sieg das Gefühl, sich der Gefahr ausgesetzt und gewaltige Anstrengungen auf sich genommen zu haben, die Revolutionsregierung dahin, die Grundsätze einer ihres Realismus wegen brutalen Politik zu festigen. Schon während der Diktatur Robespierres war der Gedanke an eine Wirtschaftspolitik der Ausbeutung ins Auge gefaßt worden, die sich ausschließlich am Interesse der Französischen Republik orientierte, und ihre Organisation wurde einer *Commission d'extraction* anvertraut (Floréal des Jahres II). Es handelte sich darum, aus Ländern, die nun als *investis* (›vereinnahmt‹) bezeichnet werden (von Befreiung ist nicht mehr die Rede), Korn, Vieh, Rohstoffe, Ausrüstungen der Industrie – kurz, Reichtümer aller Art zu ziehen, um Frankreich für die Opfer zu entschädigen, die es um der revolutionären Sache willen eingegangen war. Die Belgier, ein rückständiges, fanatisches und an Privilegien festhaltendes Volk, das sich der Freiheit nicht würdig erwiesen hat, müssen sie ihrerseits bezahlen. Von hier aus ist der Übergang zur Politik der Thermidorianer und des Direktoriums leicht: Expansion durch Annexion oder Gründung von Satellitenstaaten nach den Grundsätzen, die Merlin de Douai am 31. Oktober 1795 dem Konvent darlegte:

»Um sich für die Schäden und Unkosten des gerechtesten der Kriege zu entlohnen sowie um neuen Kriegen mit neuen Mitteln der Verteidigung vorbeugen zu können, kann und muß die Republik Länder, die ihr nützen können, entweder als Eroberungen zurückbehalten oder durch Verträge erwerben, ohne die Einwohner zu befragen.«

Tatsächlich verändert der Krieg zur Zeit der *Grande Nation* teilweise sein Gesicht; in der Zeit des Wohlfahrtsausschusses ist er ein nationaler Volkskrieg – nach 1795 wird er wieder Angelegenheit der Regierung, der Armee und der großen Wirtschaftsinteressen. Wenn sich die französische Außenpolitik auch immer mehr der traditionellen Machtpolitik der großen Staaten von vor 1789 annähert, so bleibt sie gleichwohl nicht weniger doppeldeutig. Weil sie Tochterrepubliken zu gründen sucht, die ebenso den Charakter von Nutzkolonien tragen, wie sie getreue Nachahmungen der französischen Institutionen sind, gilt sie in den Augen des übrigen Europa weiterhin als Agent einer unannehmbaren Ideologie. Auch dient der Krieg nach dem 9. Thermidor als Ersatz für die politische Aktivität der Sansculotten, die von nun an in Frankreich selbst ohne Beschäftigung sind. Diese Doppeldeutigkeit liegt den Beziehungen zwischen Frankreich und dem übrigen Europa bis zu den Verträgen von 1814/1815 stets zugrunde.

II. DAS VORFELD DES REVOLUTIONÄREN FRANKREICH AUF DEM KONTINENT

Frankreich hat sich in den Jahren 1794—1799 von Amsterdam über Brüssel, Mainz, Genf bis Mailand ein Gebiet geschaffen, auf das es direkten Einfluß hatte. Nicht nur die Nachbarschaft ist dafür verantwortlich. Gewiß, läßt man die wichtigsten Staaten Europas im Zeitalter der Revolution Revue passieren, so zeigt sich in der Mehrzahl der Fälle eine stets zweifache Reaktion auf die Ereignisse in Frankreich: die Reaktion des Adels, der mit all den Kräften sympathisiert, die zu einem erfolgreichen Kampf gegen den Absolutismus der Monarchen fähig sind; und die Reaktion der Bauern, die die Ankündigung, der Feudalismus werde abgeschafft, aufrüttelt. Aber weder die eine noch die andere Reaktion ruft eine der Französischen vergleichbare Revolution hervor. Die erste ist eine vorübergehende Erscheinung, und an ihre Stelle tritt Feindseligkeit, sobald man sich über die sozialen Umwälzungen Rechenschaft ablegt, die der Zusammentritt der Generalstände zur Folge hat; die zweite verfügt nicht über die Mittel, durch geeintes und wirksames Handeln auf die politische Bühne übertragen zu werden. Dagegen konnten sich manchmal schon vor 1789 Bewegungen revolutionärer Art überall dort organisieren, die Intervention Frankreichs in die Wege leiten und die Errichtung seiner direkten oder indirekten Herrschaft ermöglichen, wo die Entwicklung des sozialen Gefüges weit genug fortgeschritten war, das heißt einem schon einigermaßen starken Bürgertum Raum gegeben hatte. Eben dies ist der Fall an der nördlichen und östlichen Peripherie Frankreichs, in Holland, Belgien, der Schweiz, sogar in Norditalien. In diesen Ländern hatte der Kapitalismus im Bereich von Handel und Gewerbe im 18. Jahrhundert einen großen Aufschwung genommen, und sie waren wirtschaftlich und kulturell in einer wahrhaften Symbiose an Frankreich gebunden, die, den Partikularismen zum Trotz, der politischen Solidarität den Weg bereitete. Länder, in denen französisch gesprochen wurde oder

deren Verstädterung schon stark fortgeschritten war, waren der geeignete Boden für die bürgerlichen Revolutionen.
In Holland behauptete sich seit 1778 eine patriotische Partei. In ihr sammelten sich Elemente, die sich gegen die Oligarchie der Regierenden, gegen die Statthalterei und gegen die offizielle Kirche richteten. Sie kamen aus dem bürgerlichen Gewerbe, dem Handel und der Finanzwelt und waren Glieder religiöser Minderheiten, Drucker, Verleger, Professoren. Diese Partei forderte die Einsetzung beziehungsweise Wiedereinsetzung einer wirklich repräsentativen und durch Wahl bestätigten Regierung und, untrennbar damit verbunden, die Unabhängigkeit Hollands gegenüber England, d. h. sie forderte für die holländischen Kapitalisten die Freiheit, ihren Handel und ihre Niederlassungen auf den jungen amerikanischen Staat und auf Frankreich auszudehnen (wo sich ein besonders verlockender Zinssatz anbot). Dieser patriotischen Partei gelang es teilweise, im Laufe der Krise in den achtziger Jahren die Stadtbevölkerungen in Milizen und Freikorps zu mobilisieren. Aber im Jahre 1788 wurde sie durch die preußische Intervention des Herzogs von Braunschweig zerschlagen — erste Äußerung der konterrevolutionären Bewegung, bevor sie sich eigentlich organisiert hatte. Die Emigranten lassen sich zu Tausenden in Frankreich nieder, von dem sie eine militärische Intervention erwarten, die ihre Hoffnungen erfüllen soll. In Holland selbst wird nach 1789 langsam und vorsichtig die patriotische Partei wieder ins Leben gerufen und wahrt unter dem Einfluß von Handelskreisen, die für ihre Geschäfte und die Sicherheit ihres Besitzes fürchten, eine sehr gemäßigte Richtung. So kommt es hier vor der französischen Invasion im Jahr 1795 zu keiner Revolution.
In Belgien, wo die Entwicklung der Wirtschaft seit 1648 stagniert, bleibt der Einfluß der privilegierten Schichten beträchtlich. In Brabant beispielsweise werden die Provinzialstände vom Klerus beherrscht — besonders von den großen Abteien — und von der dünnen Schicht des ältesten und sehr begüterten Adels, während der Dritte Stand lediglich von den drei Städten Brüssel, Löwen und Antwerpen repräsentiert wird. In Lüttich behauptet sich eine hochadlige und konservative Regierung: die sechzig Domherren des Kapitels von St. Lambert üben mit dem Bischof — den sie wählen — gemeinsam die Herrschaft aus und gebieten über die Stände, in denen einige Mitglieder des Hochadels und zwei Dutzend Bürgermeister sitzen. So ist es nicht verwunderlich, daß der zentralisierende und autoritäre Josephinismus in den österreichischen Niederlanden einen Aufstand der Aristokratie hervorruft, dessen Führer Van der Noot ist und dessen einziges Ziel in der Erhaltung der Autonomie und der Privilegien einer Oligarchie besteht, die die städtischen und provinziellen Institutionen beherrscht. Doch der Dritte Stand Belgiens ist eine erwachende

Macht. Während das Bürgertum der Städte im Landesinnern meistens auf seinen Besitz an Grund und Renten beschränkt bleibt, gründen einige Familien Dynastien von Kapitalisten. In Brüssel steht in den achtziger Jahren der Vicomte Edouard de Walckiers an der Spitze einer Bank, deren Macht aufgrund geschäftlicher und familiärer Verbindungen bis nach Frankreich und England reicht. Antwerpen und Ostende setzen für kurze Zeit einige Hoffnung auf die unter Joseph II. angestrengten Versuche, den Seehandel in großem Stil wiederzubeleben. Ein Bauwens, Gerber und Spinnereibesitzer in Gent, ein Gosuin, Waffenfabrikant in Lüttich, vertreten den Willen des Bürgertums, liberalere und demokratischere Institutionen zu erzwingen. Das Staatsdenken der französischen Philosophen findet dank einer gewissen Pressefreiheit in Belgien und Lüttich große Verbreitung. Es gewinnt eine Anhängerschaft in den mittleren Schichten der Städte – bei Richtern, freiberuflich Schaffenden und zuweilen beim Klerus. An der Spitze der Vonckschen Partei, die den Aufstand gegen Österreich nutzen will, um die Wahl einer Nationalversammlung und die Abschaffung der Privilegien zu veranlassen, stehen der Advokat Vonck und der Bankier Walckiers, der ›Lafayette der Niederlande‹, welcher Kompanien bewaffneter Freiwilliger, die in Lüttich ausgebildet werden, anwirbt und bezahlt. In Lüttich wie in Brüssel bleibt am Ende des Jahres 1790 beziehungsweise Anfang des Jahres 1791, als die österreichischen Truppen in genügender Stärke zurückkehren, die Macht letztlich in den Händen des Adels und des Klerus. Aber nach dem Beispiel der Demokraten aus den Generalstaaten emigrieren die belgischen und Lütticher Demokraten nach Frankreich und erwarten von der Revolutionsregierung eine militärische Lösung ihrer Probleme. Sie treten im Jahre 1792 mit Lebrun sogar in diese Regierung ein und tragen dazu bei, die Annexionsbestrebungen der französischen Politik voranzutreiben.

Trotz einer erheblich abweichenden Sozialstruktur ist das Rheinland für die neuen Ideen und die revolutionäre Erregung relativ aufnahmefähig. Die Städte sind Organismen mittlerer Größe (mit weniger als 30 000 Einwohnern, Frankfurt ausgenommen), ihre Wirtschaft ist schwach. Das Bürgertum ernährt sich von einem Handwerk und Handel, die durch den örtlichen Markt und von einem starren Zunftwesen eingeengt sind; oder aber es lebt von der Anstellung und Gunst eines Fürsten, besonders der drei geistlichen Kurfürsten. Doch scheint seit 1770 unter den Friedensverhältnissen und der Teuerung, die dem Siebenjährigen Krieg folgt, der Unternehmungsgeist wiederzuerwachen. Die Städte blühen erneut auf. Zudem herrscht in diesen rheinischen Städten ein reges geistiges Leben; literarische und wissenschaftliche Begabungen, Zeitungen sind im Überfluß vorhanden; die Herrscher stehen nicht abseits, denn sie leiten in Nachahmung Josephs II. die Erneuerung der Lehre an den Universitäten Köln, Bonn, Mainz und Trier in die Wege, die zu Zentren des Rationalismus werden. Die Intellektuellen des Rheinlands, Initiatoren zahlreicher Leihbüchereien, Denksozietäten und Freimaurerlogen, bilden den Kern derer, die mit der Französischen Revolution heftig sympathisieren. Keiner ist für sie so eingenommen wie Georg Forster, der Bibliothekar der Mainzer Universität, der aus Enttäuschung über die konservative Entwicklung seines Fürsten, von Erthal, die Vereinigung des linken Rheinufers mit Frankreich wünscht. Das Vaterland ist dort, wo Freiheit herrscht: auch ein Offizier der kurbischöflichen Armee, Eickmeyer, zögert nicht, Custine 1792 die Festung Mainz auszuliefern. Aber solches Verhalten konnte nur eine begrenzte Tragweite haben. Sogar ein Forster bewundert wie die Mehrzahl der deutschen Intellektuellen die Französische Revolution als Ideenrevolution, als geistige Befreiung, die äußerlich als politische Freiheit in Erscheinung tritt. Sie wird nicht als das verstanden und aufgenommen, was sie eigentlich ist: eine soziale, egalitäre und antifeudalistische Revolution. Der aufgeklärte Teil des Bürgertums der rheinischen Städte ist der Toleranz, den Freiheiten, der gemäßigten Monarchie zugeneigt und bewundert in diesen Punkten das Werk der Konstituante. Aber dieses Bürgertum ist sehr viel klüger und gemäßigter, was die hierarchische Ordnung der Gesellschaft und natürlich die Verteidigung des Eigentums betrifft. Es würde sich ohne weiteres mit der gleichmäßigen Verteilung der Steuerlasten zufriedengeben. Es lehnt einen Kreuzzug gegen Frankreich ab, wird aber nicht weniger beunruhigt von dem Gedanken an die Ankunft französischer Truppen. Wie die ganze deutsche Bevölkerung zur Zeit der Kleinstaaterei fürchtete es aufgrund seiner partikularistischen Einstellung in erster Linie die Einmischung in innere Angelegenheiten von seiten eines größeren Staatskörpers, der *a priori* für tyrannisch gehalten wird. Abgesehen von den Intellektuellen, die von furchtsamen Herrschern mehr und mehr verfolgt werden, ist der Bauernstand die soziale Schicht, die von der Französischen Revolution noch am stärksten berührt wird. Zwischen dem aufständischen Fürstentum Lüttich und dem revolutionären Elsaß werden vom Sommer des Jahres 1789 an die Saar und die Kurpfalz von antifeudalistischen Unruhen erschüttert – aber es handelt sich hier auch um Gebiete, wo die Abgabepflichten sehr viel höher sind als im übrigen Nordwesteuropa.

In der Schweiz dagegen bildet sich ein Klassenbündnis, das dem ähnelt, das der Revolution in Frankreich zum Erfolg verhalf. Sein erster Träger ist das aufstrebende Bürgertum der großen Städte – Genf, Basel, Zürich –, wo Pastoren, Intellektuelle, Juristen und die Gruppe der wohlhabenden Tuchfabrikanten sich gegen die oligarchische Regierung oder die bischöfliche Tyrannei verbünden, unterstützt von der Volkspartei der kleinen Handwerker und Händler. Den zweiten bilden die demokratisch gesinnten ländlichen Kantone. Diese beiden Kräfte verbindet die Propaganda der städtischen Klubs. Die Kontakte mit Paris sind schon vor der Revolution von 1789 besonders eng, und die Genfer Emigranten des Jahres 1782, Opfer einer mißglückten Kommunalrevolution, sind Vorläufer der Flüchtlinge aus Holland und Belgien. Sie bilden um Brissot und Mirabeau eine sehr einflußreiche Gruppe, die Annexionen befürwortet. Tatsächlich wird eine Annexion beispielsweise in Genf nicht nötig sein, um dort schließlich gegen Ende des Jahres 1792 die demokratischen Forderungen durchzusetzen.

Und endlich Italien. Am Ausgang des 18. Jahrhunderts hat es sechs Städte von mehr als 100000 Einwohnern. In der Toskana erlebt es unter dem Großherzog Leopold den kühnsten Versuch, eine Monarchie nach dem Muster des *ancien régime* in eine konstitutionelle Monarchie umzuwandeln – mag dieser Versuch auch nicht zum Abschluß geführt worden sein. In allen italienischen Staaten gibt es Kreise von Intellektuellen und hohen Beamten, die zwar Techniker des aufgeklärten Absolutismus sind, gleichzeitig aber eine Gesellschaftsschicht bilden, die darauf brennt, ihre Rechte zu festigen. Aber außerhalb des Hörerkreises der Universitäten und Akademien finden sie in der Gesellschaft nur begrenztes oder gar kein Echo. Als Diener der monarchischen Gewalt werden sie von dem Augenblick an verstoßen oder verfolgt, wo ihre Sympathien hinsichtlich der Revolution von 1789 den möglichen Zusammenhang zwischen Reformen und Umsturz offenkundig werden lassen; dieser Tatsache wegen müssen sie entweder ins Exil gehen – so Buonarroti – oder sich heimlich organisieren und durch eine radikale Entwicklung zur Verschwörung gelangen. Die Emigranten finden in Turin Zuflucht, ein französischer Gesandter wird in Rom ermordet... Dennoch breitet sich die revolutionäre Epidemie im Königreich Sardinien sogar unter der Landbevölkerung aus, die nach dem Beispiel der Savoyer die Abschaffung der grundherrlichen Rechte herbeiführen will. Aber die Jakobiner der Städte und die Massen der Bauern verbinden sich nicht. Die Parteigänger der Französischen Revolution in Italien sind eine Minderheit, die wegen ihrer Aufnahmefähigkeit und zugleich vollkommenen Ohnmacht bemerkenswert ist.

So erlebten Bewegungen revolutionären Charakters in Brüssel, Lüttich, Genf – und zuvor in Amsterdam und Utrecht – eine spontane Ausbreitung. Sie zeigen zweifellos Verwandtschaft mit der Französischen Revolution: ihre Beteiligten sind bürgerlicher und manchmal einfacher Herkunft, die zyklische Krise von 1789 löst die revolutionären Bewegungen aus; sie sind von liberalem, konstitutionellem und gelegentlich demokratisch-egalitärem Geist getragen, und sie fallen zeitlich mit der Französischen Revolution zusammen. Aber es sind auch Unterschiede vorhanden, und wäre es nur der abweichende provinzielle, städtische und partikularistische Rahmen, dessen Enge ein Grund für ihr Scheitern war. Im ganzen kannten sie dieses zufällige, aber unwiderstehliche Bündnis des

Bürgertums und der bäuerlichen Welt nicht, das in Frankreich schließlich das Feudalsystem hinwegfegte. Die letzten Jahre des 18. Jahrhunderts zeigen also nicht eine Flut von Revolutionen gleichen Typs in Westeuropa; sondern die militärisch exportierte Französische Revolution trifft an der Peripherie Frankreichs auf revolutionäre Zellen. Die Ausstrahlungskraft der Französischen Revolution von 1792 bis 1796 beruht auf einer Verbindung der Intervention der französischen Armee – einer Eroberungs-, dann Besatzungsarmee – mit der Zusammenarbeit kleiner, örtlicher Gruppen Gleichgesinnter, die als Jakobiner bezeichnet werden. Genau da liegt das Problem der Schwäche der revolutionären Expansion. Diese Schwäche hätte nur durch die Zustimmung des Volkes, vor allem der Bauern, und durch die Organisation autonomer Revolutionsstaaten überwunden werden können. Diese Ziele wurden damals nicht oder nur teilweise erreicht. Gewiß beseitigte Frankreich entschädigungslos – wie 1792/1793 bei sich – das Feudalsystem in Belgien, dem Rheinland und Norditalien. Aber in der Batavischen Republik werden nur die Reminiszenzen der Leibeigenschaft und des Frondienstes in den Agrargebieten des Südens und Ostens abgeschafft; die Bodenzinsen und der Zehnte bestehen bis 1811 fort. In Mittel- und Süditalien reicht die kurze Dauer der französischen Anwesenheit nicht aus, um zu Reformen überzugehen. Die französischen Behörden oder ihre politischen Verbündeten wiesen andererseits den Gedanken einer echten Agrarreform zurück, die sich bei den Bauern großer Beliebtheit erfreut hätte. Als in Belgien und Norditalien Nationalgüter ziemlich verspätet zum Verkauf angeboten werden, geschieht es im Geist der Direktorialzeit, das heißt: die Käufer waren im wesentlichen Bürger, möglicherweise Spekulanten. Verglichen mit den Vorteilen schienen die Unannehmlichkeiten der französischen Anwesenheit oft sehr groß zu sein: Gegenwart der Truppen; sehr hohe Steuern; Teuerung, die mit der Einführung des Papiergeldes verbunden ist; Beutepolitik; Aushebung von Wehrfähigen in den annektierten Gebieten; Angriffe gegen Geistlichkeit und Religion. So war die Feindseligkeit gegenüber Frankreich nicht allein die leicht erklärliche Haltung der Privilegierten (man denke beispielsweise an die 80 000 belgischen Emigranten), sondern auch die der niederen städtischen Volksschichten und der Bauern. Sie äußerte sich natürlich immer, wenn die Franzosen eine Niederlage erlitten (zum Beispiel beim großen Rückzug 1799 in Italien, in das die Österreicher und Russen eingefallen waren; oder schon am 2. Dezember 1792, als die Preußen einen Überraschungsangriff auf Frankfurt machten und die Bevölkerung tausend französische Soldaten niedermetzelte), aber auch in Zeiten der Stabilität (1798 der Bauernkrieg in Belgien; mehrfache Zwischenfälle in Italien im Laufe des *Triennio*). In Kalabrien zeichnen sich im Jahre 1799 schon die Umrisse des spanischen Volkskrieges gegen Napoleon

ab, als der Kardinal Ruffo und die Sanfedisten mit Demagogie die bäuerlichen Massen, die sich leicht fanatisieren lassen, unter ihren Einfluß bringen.
Vom politischen Standpunkt aus entsprach der neue Status der annektierten Gebiete oder Satellitenstaaten nicht einem frei geäußerten Mehrheitswillen der Bevölkerungen, von einigen Ausnahmen (Savoyen, Montbéliard) abgesehen. Die Annexionen wurden im Hinblick auf französische Nationalinteressen oder innerpolitische Erwägungen, besonders die der Beziehung zwischen Regierung und Armee, beschlossen. Die Verfassungen zwang das Direktorium den Tochterrepubliken auf, oder es änderte sie ab; auf diese Weise wurde die Verbreitung des verfassungsmäßigen Regierungssystems in Europa gesichert, wie die Thermidorianer es entworfen hatten. Die neuen Institutionen funktionierten damals dank dem jakobinischen Personal. Dieses wurde vom Direktorium, das nur die Mitarbeit der ganz Gemäßigten annahm, ausgewählt. So muß festgestellt werden, daß die neuen Staaten in Wirklichkeit keineswegs souverän waren, weder im Inneren noch nach außen hin. Das Direktorium verhinderte in der Batavischen Republik die Annahme einer demokratischen Verfassung (mit allgemeinem Wahlrecht und einer einzigen Kammer), versetzte die Cisalpinische Republik durch einen militärischen Bündnis- und Handelsvertrag, den die dortige Legislative nicht ratifizieren wollte, in Abhängigkeit, und sprach den unitarischen Bestrebungen der italienischen Jakobiner hohn, als es mit Österreich in Campo Formio im reinsten Stil der Diplomatie des *ancien régime* über das Schicksal Venetiens entschied und sich formell einer Vereinigung der Republiken widersetzte. Weshalb gaben sich unter diesen Bedingungen die Jakobiner zur Zusammenarbeit mit dem allmächtigen Nachbarn her, obwohl sie Gefahr liefen, sich unpopulär zu machen und, wenn die militärische Anwesenheit Frankreichs einmal wegfiele, einen dramatischen Sturz zu erleben? Weil diese Männer, die einer bürgerlichen Elite angehörten, die Masse der Bevölkerung nicht in den Griff bekamen und also nicht hoffen konnten, anders als unter dem Schutz Frankreichs die Macht zu ergreifen, welche Unannehmlichkeiten auch immer damit verbunden sein mochten. Auch erkannten sie trotz des fortan imperialistischen Gebarens der französischen Politik in Frankreich weiterhin – nicht ohne Grund – die wesentlichen Züge einer revolutionären Nation, und trotz seiner brutalen oder vom Interesse diktierten Interventionen hielten sie den Schatten, den es über seine Grenzen warf, für durchaus wohltuend. So kamen sie den Gefühlen einer Regierung und eines siegreichen Volkes entgegen, in deren Augen es vollkommen legitim war, Völkern, die sich an die Knechtschaft zu sehr gewöhnt hatten, nach einem Wort Georg Forsters »den Befehl zur Freiheit zu geben« und das Nationalinteresse mit dem Fortschritt der Revolution zu identifizieren.

Jenseits der militärischen und politischen Kontrollzone, die sich das revolutionäre Frankreich gesichert hat, erweist sich das Problem der Beziehung zwischen der Revolution und Europa zugleich als ähnlich und verschieden. Ähnlich insofern, als sich dort die Ausbreitung des französischen Einflusses auf sozialer und ideologischer Ebene gleichartig vollzieht. Verschieden, weil dort keine militärische Intervention Frankreichs den mächtigen konservativen Gegenkräften Einhalt gebietet.

III. GROSSBRITANNIEN, DIE WIEGE DER GEGENREVOLUTION

An anderer Stelle dieses Bandes (s. o. S. 29f.) wird das Problem aufgeworfen, warum in Großbritannien die politische Revolution nicht auf die wirtschaftliche und die fortgeschrittene soziale Entwicklung folgte. Hier genügt also eine ganz kurze Bestandsaufnahme.

Der Einfluß derer, die zu einer günstigen Aufnahme der Ideale der Französischen Revolution bereit sind, kann zweifellos nach dem Erfolg von Thomas Paines Werk *The Rights of Man* veranschlagt werden, dessen erster Band eine Widerlegung Burkes ist, dessen zweiter direkt zum Angriff gegen die englische Monarchie und die bestehende Kirche übergeht: eine Million Exemplare wurden verkauft. Die *dissenters*, reformatorisch und demokratisch gesinnte Teile der Mittelschicht, Londoner Handwerker und Krämer, und Facharbeiter der Fabriken Nordenglands sympathisierten aus Unzufriedenheit oder aufgrund eines schon geschärften politischen Bewußtseins mit den Vorgängen im revolutionären Frankreich und konnten sich, die Pressefreiheit und die Koalitionsfreiheit ausnützend, bis 1793 mit einer gewissen Wirksamkeit organisieren. Und dennoch ist es das andere England, das England der Leser von Burkes *Reflections on the Revolution in France*, das der adligen Grundbesitzer und Geschäftsleute, welches letzten Endes mühelos das erste überwindet, dessen Führer es verhaften, aburteilen und deportieren läßt. Denn die Insellage Englands ist gleichsam ein Symbol der Einzigartigkeit seiner Strukturen und Mentalitäten. Seine soziale Entwicklung hatte ihm erlaubt, die Antagonismen von Klassen und Ständen, die in der Französischen Revolution eine entscheidende Rolle spielten, hinter sich zu lassen: die scharfe Rivalität zwischen Bürgertum und Adel und die Auflehnung der Bauern gegen das Feudalsystem. Gewiß, in der englischen Gesellschaft keimten andere Konflikte: der einer von der Industriellen Revolution schon betroffenen Gesellschaft; die Unzufriedenheit des kleinen und mittleren Bürgertums über den aristokratischen Zuschnitt des politischen Lebens. Aber die Unzufriedenen hatten weder Führer, die zur politischen Elite gehörten, noch Truppen vom ländlichen Volk. Zudem verfügten die Konservativen über wirksame Mittel, eine moralische Einheit um den Herrscher wiederherzustellen, die bei der Wiederbelebung der radikalen Bewegung, zu der das französische Beispiel den Anstoß gab, oder bei bestimmten Schwierigkeiten konjunktureller Art kompromittiert worden war. Das eine dieser Mittel war das Nationalgefühl, der Appell an den britischen Stolz, den die Politik der französischen Nationalversammlung selbst hervorrief. Das andere war die Entwicklung des methodistischen *revival*, das den politischen Gehalt des traditionellen *Dissent* spürbar veränderte und die Volksmassen zum Gehorsam gegenüber der Obrigkeit bestimmte. »Um der Liebe zu Gott willen, laßt uns unser Land lieben und bereit sein, dem Aufruf der Regierung zu gehorchen«, schreibt im Jahr 1798 ein methodistischer Pamphletschreiber aus Wales: ein erstes Beispiel für jene Annäherung zwischen Kirche und Monarchie, die für die Gegenrevolution von grundlegender Bedeutung war.

Dagegen bot Irland dem revolutionären Beispiel Frankreichs einen viel empfänglicheren Boden. Die bäuerlichen Massen dort begeisterten sich am Gedanken von der Freigabe des Bodens, während zumindest ein Teil der Iren sich zur Forderung nach politischer, nationaler und religiöser Freiheit erhob. Allgemein identifizierten die Iren ihre Sache mit der aller Revolutionen: der der amerikanischen Kolonien, der Frankreichs und der Polens. Indessen waren Beschaffenheit und Intensität dieser Zustimmung nach Zeitpunkt und Bevölkerungsschicht sehr verschieden. Der katholische Adel und die katholische Geistlichkeit zögerten nicht, die Revolution zu verdammen und sich mit der Regierung zu verbünden; bei der Masse des Volkes ermutigten die Ereignisse in Frankreich alles in allem nur die traditionelle Feindschaft gegenüber dem Besitzenden und dem Engländer, und schließlich gleicht das Ausmaß ihrer Empörung mehr dem des einfachen Bauernaufstandes denn einer revolutionären Haltung. Sogar Teile der anglikanischen *Whigs* mißbilligten die Französische Revolution. Dagegen entwickelte sich ein richtiges Jakobinertum in den Kreisen des presbyterianischen *Dissent* von Ulster und in der Geheimverbindung der *United Irishmen*, die ihren Prinzipien nach Iren aller Konfessionen vereinigen sollte. Der Beweis dafür liegt in der Haltung der ›Vereinigten Iren‹, die nicht zögerten, zum offenen Aufstand gegen die britische Herrschaft überzugehen und ihre Unternehmungen mit der Intervention der französischen Truppen im Jahr 1798 zu verbinden. Nach dem Scheitern der Landung und des Aufstandes bekräftigten sie ihre republikanische und demokratische Gesinnung im ›Katechismus der Iren‹: »Ich glaube an die Einheit der Iren, die höchste Majestät des Volkes, die Gleichheit der Menschen, die Rechtmäßigkeit der Auflehnung und des Widerstandes gegen Unterdrückung. Ich glaube an eine Revolution, die auf die Menschenrechte gegründet ist; an das natürliche und unantastbare Recht aller irischen Bürger auf den Boden ihres Landes [...] Ich glaube, daß unsere gegenwärtige Vereinigung mit England sofort aufgelöst werden muß [...] Ich glaube, daß die religiöse Hierarchie einzig unter dem Schutz der Tyrannen steht [...] In diesem Glauben will ich leben oder tapfer sterben.«

Zwischen den sozialen Unruhen auf der großen Insel, dem revolutionären und nationalen Kampf der Iren und der französischen Intervention hätte in den Jahren 1797/1798 eine bedrohliche Vereinigung entstehen können. Aber Frankreich war ebenso unfähig, den Iren wirksam zu helfen, wie es die Engländer waren, den Vendée-Zwist auszunutzen. Und die Irische See, die das englische Mutterland von der irischen Kolonie trennt, verhinderte einen wirklichen Zusammenschluß der Volksbewegungen beider Länder, deren Ähnlichkeit mit der Französischen Revolution im großen und ganzen ziemlich äußerlich war. Dies sind die Umstände, die es dem britischen Großbürgertum und Adel erlaubten, ihre Position zu behaupten, indem sie sie verhärteten.

Das aristokratische England hat als erstes — durch das Werk Burkes und die Ereignisse der achtziger Jahre — eine Doktrin des politischen und sozialen Konservativismus formuliert. Sie gab der europäischen Konterrevolution die wesentlichen ideologischen Elemente und trug so dazu bei, den Widerstand der Kontinentalstaaten gegen Frankreich ebenso fest zu vereinigen, wie das Pfund Sterling bald die Koalitionen zementieren sollte. Obwohl die feindselige Haltung Englands gegenüber dem revolutionären Frankreich von seinen nationalökonomischen Interessen bestimmt war und auch von der Furcht der herrschenden Schichten um ihre soziale Stellung, war Britannien doch sehr darum bemüht, der Gegenrevolution einen internationalen Charakter zu verleihen, der den universalistischen Prätentionen der Französischen Revolution entsprach.

Grundlage des Burkeschen Denkens ist die Ablehnung des auf die Organisation der Staaten und Gesellschaften angewandten Rationalismus der Aufklärung. So greift er dessen Vokabular auf, um es mit einem ganz anderen Sinngehalt zu versehen. Das Naturgesetz ist für ihn nicht ein rationales, sondern ein göttliches Gesetz, das seine mehr oder weniger unvollkommene Entsprechung in den menschlichen Gesetzen findet. In Wirklichkeit ist die Gesellschaft nach einem Plan der Vorsehung organisiert, und der göttliche Wille drückt sich in den Institutionen und Gewohnheiten der menschlichen Gemeinschaften aus. Der Vertrag, der jede Gesellschaft lenkt, ist nur Abbild eines ewigen Vertrages. Von daher rührt der Gedanke, daß die augenblicklich in einem Volk existierenden Institutionen heilig sind, weil sie das Ergebnis einer geschichtlichen Entwicklung darstellen. Im unmerklichen Reifungsprozeß der menschlichen Gesellschaften, der Auslese der aufeinanderfolgenden Generationen werden die Pläne der Vorsehung offenkundig. Das Werkzeug dieser sozialen Offenbarung ist die nationale Gemeinschaft, in der der einzelne nicht mehr ist als ein Korn im Sand: sie ist ein undefinierbares Wesen, eine geographische, zahlenmäßige und uralte Kontinuität. Das Vermächtnis der Vergangenheit kann nur behutsam abgeändert werden; es wäre sinnlos, damit reinen Tisch machen zu wollen:

»It is with infinite caution that any man should venture upon pulling down an edifice which has answered in any tolerable degree for ages the common purposes of society, or building it up again without having models and patterns of approved utility before his eyes.«

Vortrefflichkeit der Tradition, frevelhafter Wahnwitz der Revolution, religiöse Ehrfurcht vor der sozialen Rangordnung: so viele theoretische Rechtfertigungen, die ihre Entstehung der Notwendigkeit verdanken, die Ungleichheit und Privilegien zu verteidigen und das, was sein soll, mit dem, was ist, zu beweisen. Das — zumindest für den Adel, dessen Widerstand Burke stärkt — Gute und Natürliche ist das politische System Englands, in dem die monarchische Macht, weiterhin frei von den Fesseln eines konstitutionellen Systems, die besonderen Freiheiten einer Minderheit respektiert und ihr soziales Übergewicht gewährleistet. Burke besteht auf der Interessengemeinschaft, die — so meint er — alle europäischen Staaten verbinden soll, und predigt damit den Krieg gegen ein bestimmtes Frankreich, das nicht das wahre ist: das der Menschenrechte, des Aufstandes des Individuums, des Jakobinertums, das alle ›Prinzipien‹ vernichtet.

IV. Die deutschen Staaten: ein Pandämonium der europäischen Philosophie

Die Gedanken Burkes finden in Deutschland gleichsam einen Resonanzkörper. Dieser mittlere Gürtel Europas, der seit drei Jahrhunderten Begegnungsort und Schlachtfeld gegensätzlicher Einflüsse ist, war Umschlagplatz für die Verbreitung der ideologischen Konterrevolution auf dem Kontinent und war darüber hinaus das Zentrum, aus dem die verschiedenartigsten Reaktionen auf die Philosophie der Aufklärung und ihre politische und soziale Ausfaltung hervorgingen. Als Jean Paul in einem berühmten Aperçu die Deutschen zu den Herren des »Reichs der Lüfte« machte — im Gegensatz zu den Engländern als Herren der Meere und den Franzosen als Herren der Erde —, betonte er nur jenes Aufblühen des deutschen Denkens am Ende des 18. Jahrhunderts, auf das sich notwendigerweise die Aufmerksamkeit konzentriert: denn er unterschlägt alle geistigen Kräfte, die das Vordringen der revolutionären französischen Ideen ins Innere Europas am kräftigsten hemmten, noch ehe die politische Romantik zu Beginn des folgenden Jahrhunderts diesem Denken eine gewisse Einheit verlieh. Das politische *Vakuum* in Deutschland und seine Durchlässigkeit gegenüber den französischen Armeen verdecken tatsächlich einen tiefsitzenden Widerstand.

Heißt das, daß die Französische Revolution in der kulturellen Heimat der Aufklärung, östlich des Rheins, keinerlei Echo finden konnte? Zweifellos nicht. Doch empfiehlt es sich, deutlich zu machen, daß diese Aufklärung besonders unter dem Aspekt des politischen Rationalismus eine Geistesströmung war, die sich nur auf sehr kleine und örtlich ganz begrenzte Minderheiten inmitten einer Gesellschaft stützte, deren Gros weiterhin geneigt war, einem Irrationalismus anzuhängen, der zuweilen militante Formen annahm. Und daß diese Strömung folglich vom Staat sehr stark abhängig und ihm gegenüber äußerst respektvoll blieb, da ja die Anhänger der Französischen Revolution nicht unbedingt gewillt waren, sich selbst in einen revolutionären Prozeß zu verwickeln.

Lediglich einige Territorialstaaten, Städte oder Institutionen wiesen Strukturen auf, die sich für die neuen Ideen empfänglich zeigten. In erster Linie die Universitäten, an denen sich am Jahrhundertende die Kantische Philosophie von Königsberg bis Kiel und Jena verbreitet – wo Reinhold, Hufeland und Fichte der Französischen Revolution einen Platz in ihrer Lehre einräumen. Für Kant und seine Schüler ist diese Revolution ein Versuch, den Staat auf Vernunft, Recht und Gerechtigkeit zu gründen, einen ›Rechtsstaat‹ aufzubauen: 1798 sagt Kant, daß sie »in ihrem Wesen moralisch« sei. Das protestantische Deutschland ist nicht der alleinige Vertreter dieser rationalistischen Lehre; die katholischen Universitäten ihrerseits verschaffen ihr bis in die theologischen Fakultäten hinein Eingang, wie es in Bonn zur Zeit des Erzbischofs Max-Franz von Köln und Münster, des jüngeren Bruders Josephs II., ein Eulogius Schneider bezeugt. Aus diesen Universitäten, die mindestens seit dem 16. Jahrhundert traditionell unter dem Schutz und der Kontrolle der weltlichen Macht standen, ging die Schicht der gebildeten Administratoren hervor, Söhne aus guter Familie, denen eine kleine Zahl verhältnismäßig mächtiger und modernisierter Staaten gesicherte Karrieren bot – in erster Linie das friderizianische Preußen, das allerdings seit 1786 unter Friedrich Wilhelm II. in eine rückschrittliche Phase eintrat. So existierte in den neunziger Jahren in Berlin eine Elite aufgeklärter Beamter, die die Revolution der Männer der Konstituante als Triumph des vernunftgemäßen Staates begrüßten. Die preußischen Beamten und Intellektuellen waren stolz darauf, daß sie selbst in einem solchen Staat schon leben durften; diese Gefühle entsprachen im großen und ganzen denen, die Mirabeau am Vorabend der Revolution für den gut verwalteten und toleranten preußischen Staat hegte. Es darf also nicht verwundern, daß eine Partei, die für den Frieden mit Frankreich eintrat, sich in den letzten Jahren des 18. Jahrhunderts standhaft behauptet hat. Diese Partei verurteilte übrigens ebenso die

Politik der Teilung Polens wie einen Krieg an der Seite Österreichs und fühlte sich ideologisch mit einem Kollontay ebenso wie mit einem Sieyès solidarisch. Einige zeigen sogar eine zugleich egalitäre und liberale Gesinnung, wenn sie das Wunschbild der gemäßigten, aber autoritären Monarchie und der Zensus-Gesellschaft hinter sich lassen und die Frage der Leibeigenschaft aufwerfen. Von 1792 an ist in Schlesien die Entstehung einer wahrhaft revolutionären Situation, im französischen Sinn des Wortes, zu beobachten, wobei eine Gärung im Bürgertum — die die Elemente der örtlichen Aufklärung in den geheimen Gesellschaften neu gruppiert — und eine Volksbewegung nebeneinander hergehen: Breslauer Handwerksburschen, Weber, die gegen die Tyrannei der lächerlich niedrigen Preise aufstehen, leibeigene Bauern, die die Pflichtleistung an die Grundherren verweigern und eine Emanzipation anstreben, die ihnen das *Landrecht* von 1794 weiterhin verweigern wird... Außerhalb Preußens findet man einen günstigen Boden für die Verbreitung der revolutionären französischen Ideen noch in einem Staat wie dem Herzogtum Braunschweig, in dem das von Herzog Karl I. ins Leben gerufene *Carolinum* Eliten aufgeklärter Geister herangebildet hat. In Städten wie Bremen und vor allem Hamburg verbindet eine Schicht von Kaufleuten und Bankiers mit der Geschäftsinitiative eine sehr europäische Kultur und das Bewußtsein ihrer sozialen Berufung. Unter dem Einfluß Lessings, des rationalistischen und deistischen Protestantismus, Klopstocks und der französischen Kolonie strebte diese Schicht eine Gesellschaft an, in der eine reiche und aufgeklärte Elite herrschen und die sich als konstitutionelle und liberale Monarchie organisieren sollte. Wie sollte man da nicht einen Girondismus des nördlichen Europa in dieser Elbstadt von über hunderttausend Einwohnern finden?

Aber man kann die sehr engen Grenzen dieser Kreise und die geringe Kraft dieser Strömungen nicht nachdrücklich genug betonen. Alle Zentren des Liberalismus erscheinen vereinzelt. Ihre Ideologie durchdringt nicht die deutsche Gesellschaft in ihrer Gesamtheit: »Es gibt zu viele neue Ideen in Deutschland und nicht genug gemeinsame Ideen«, wird Madame de Staël schreiben, was letztlich besagt, daß die »neuen Ideen« weder die Unterstützung der Aristokratie finden, die in der Mehrzahl obskurantistisch und reaktionär ist, noch die des Mittelstandes, der nicht breit genug ist. Jedenfalls bleibt das deutsche Denken im Grunde von der Französischen Revolution weit entfernt, auch wenn es mit ihr sympathisiert. Von Ausnahmen abgesehen, bewegt es sich im Rahmen der Ständegesellschaft und wird erst 1806 die Notwendigkeit ihrer Reformierung begreifen. Es neigt dazu, mit den revolutionären französischen Ideen wie mit einem verführerischen, aber abstrakten System zu spielen, dessen praktische Anwendung für Deutschland nicht ernsthaft ins Auge gefaßt wird. Und vor allem lassen die Vorgänge in Frankreich, die zu Unsicherheit und Gewaltsam-

keit treiben, bald einen tiefen und wesentlichen Gegensatz zwischen zwei geistigen Welten und zwei Gesellschaften sichtbar werden. Die deutsche Reformbewegung und ihre Verfechter, die dem Staat alles verdanken, begreifen sich nicht als des Respekts vor der bestehenden Ordnung ledig und glauben nicht, daß der Fortschritt von anderswo als von oben kommen könne; sie ziehen es spontan vor, sich auf eine aufgeklärte Regierung zu verlassen, und mißtrauen einer Volkssouveränität, die zur Unordnung des Repräsentativsystems führt. Bei Kant und seinen Schülern, bei den rheinischen Jakobinern vom Typ Forsters und Görres' hält sich die Überzeugung — die dem Geist des Pietismus sehr naheliegt —, daß dem kollektiven Genuß der Freiheit, besonders der politischen, ein langes geistiges und sittliches Erziehungswerk an jedem einzelnen vorausgehen müsse und daß die Französische Revolution, vom Prinzip her etwas Ausgezeichnetes, nur in blutigen Enttäuschungen enden könne, weil jedem Bürger die notwendige sittliche Reife fehle.
Tatsächlich ist der deutsche Humanismus dieser Zeit anderswo zu suchen. Die Bedingungen seiner Entwicklung und seine Wesenszüge müssen in den intellektuellen Kreisen der kleinen Staaten und kleinen Hauptstädte des ›Dritten Deutschland‹ gesucht werden. Sie bieten dem individualistischen und aristokratischen Humanismus traditionellen Stils eine Zuflucht, die in ihrer Enge das ideale Asyl zum Meditieren wie auch das Gefängnis für alle Energien sein kann. Man denke etwa an Weimar, eine Stadt mit 6000 Einwohnern an der Spitze eines Herzogtums mit wenig über 100 000 Einwohnern, dessen Fürst das liberalste Mäzenatentum ausübte. Die *literati* bürgerlicher oder adliger Herkunft konnten hoffen, unter seiner Ägide materiellen Wohlstand zu finden, der aus einer Beamtenkarriere erwuchs, und auch die Möglichkeit zu erhalten, in der ruhigsten nur denkbaren Umgebung und im Umgang mit einem kleinen, auserlesenen Kreis ihre Gaben zu pflegen oder sich ihren Betrachtungen hinzugeben. Dieser Elite fehlte aber auch jede Öffentlichkeit. In dieser provinziellen Gesellschaft stand eine Handvoll Hoffähiger einer Mehrheit subalterner Beamter, Bediensteter, Handwerker und Händler gegenüber — eine Gesellschaft ohne Mittelschichten. An der Universität oder am Hofe ist der deutsche Intellektuelle von der Obrigkeit sehr abhängig und zugleich einer überaus starren Gesellschaft in sehr geringem Maße integriert. Daraus erwächst auf politischer und sozialer Ebene ein Gefühl der Ohnmacht: selbst wenn die aufgeklärte Minderheit den Ernst der Probleme erfaßt hätte, würde sie es für unmöglich erachtet haben, über eine rein literarische Kritik hinauszugehen, für die bestimmte Stücke des *Sturm und Drang* Beispiele geben — eine Kritik, die auf hypothetische, utopistische Art und Weise formuliert wird. Das Unbehagen wird schließlich auf zweierlei Art überwunden, für die großenteils die Vormundschaft zeugt, die das

Luthertum und der Pietismus — selbst im Gewand der Naturreligion und eines verschwommenen Spiritualismus — über das deutsche Denken immer noch ausüben. Zunächst durch das Haften an einer politischen Philosophie, die autoritär und konservativ ist. Dann durch die Flucht ins Reich der Innerlichkeit, das dasjenige der Freiheit bleibt: hier tauchen die Hauptbegriffe ›Humanität‹ und ›Bildung‹ auf. Der staatlichen Gewalt, die aus Neigung gebilligt oder aus Resignation ertragen wird, entgeht die Elite, indem sie der Reform der Institutionen den Aufstieg zur individuellen Vollkommenheit, dem irdischen Substitut des persönlichen Heils, vorzieht. Die deutlichen Stimmen eines Goethe, Schiller und Wilhelm von Humboldt verteidigen in den neunziger Jahren stolz den Primat der Innerlichkeit, den Rückzug auf das Schlachtfeld der Ideen; übrigens schließen sie sich darin der traditionellen Haltung des aristokratischen Humanismus an. »Auch in der sittlichen Welt ist ein Adel.«

Die Französische Revolution änderte an dieser Haltung nur wenig. Sie weckte zweifellos einen ganz theoretischen und vorübergehenden Enthusiasmus, ein Bedauern auch, daß sich den deutschen Intellektuellen nicht die gleiche Chance geboten habe, die Vernunft und das Handeln in Übereinstimmung zu bringen. Aber jene trösteten sich, indem sie sich einredeten, daß Deutschland das Privileg einer höheren Kultur und eines überlegenen sittlichen Empfindens wahre, daß es ihm zukommen werde, die Welt zu erleuchten. So bildet sich die Vorstellung von Deutschland als der Kulturnation heraus, die vor allem Schiller in seinem Gedicht *Deutsche Größe* entwickelte, das er kurz nach dem Frieden von Lunéville schrieb. Es ist die Vorstellung von einer Nation, die vom Weltgeist ausersehen sei, an der Vervollkommnung der menschlichen Kultur zu arbeiten. Die Deutschen, sagt später noch Wilhelm von Humboldt, müssen der reinste Spiegel der menschlichen Möglichkeiten sein, die Griechen der Neuzeit, »das eigentliche Menschheitsvolk«. Es wird ganz anderer Erschütterungen bedürfen — der Zerstörung des Reiches, der militärischen Vernichtung Preußens — und einer merklichen Wandlung der um die Jahrhundertwende vorherrschenden Ideen, damit sich zwischen den Intellektuellen und der Politik wieder eine organische und wirksame Einheit herstellt.

Wenn sich diese Ereignisse später vollziehen, zeugen sie zumindest von einem noch indirekt geltenden Einfluß Frankreichs und werden noch einmal eine Würdigung seiner Leistung als soziale und politische Nation sein. Gegen die Ideologie der Aufklärung und die der Revolution — die außerhalb Frankreichs deutlicher als in Frankreich selbst identifiziert werden — bildet sich jedoch am Ende des 18. Jahrhunderts ein Ensemble geistiger und sozialer Kräfte, die konservativ und vor allem deutsch sind.

Die Anti-Aufklärung ist zunächst religiösen Geistes. Das 18. Jahr-

hundert in Deutschland ist die Zeit des weitverbreiteten Pietismus. Vom Luthertum wie vom Calvinismus herkommend, dringt diese geistige Reformbewegung innerhalb der Reformation in alle sozialen Schichten ein und bestimmt die allgemeine Geisteshaltung grundlegend. Religiosität eher denn Religion, betont sie Gefühl und Mysterium, schöpft aus den Quellen des französischen Quietismus und lehnt sich von daher gegen die Vorherrschaft der Vernunft auf, der Kraft im Menschen, die Gott feindlich sei. Die Universität Halle hat im Laufe des Jahrhunderts die Lehre der Rationalisten und die der Pietisten kraß gegeneinandergestellt. Der Pietismus, dessen Verbreitung von den Fürsten gefördert wird, formt ihnen gehorsame und fleißige Untertanen; da er in der Tat glaubt, daß der Mensch den Auftrag, den Gott ihm gegeben hat, auf jeder beliebigen Leitersprosse der Gesellschaft erfüllen könne, leugnet er die Notwendigkeit der sozialen Gleichheit, stützt die Ständegesellschaft und die Auffassung vom Staat als Organismus. Er findet sich bereit, die Entwicklung eines konservativen Nationalismus zu unterstützen und die historischen Hierarchien Deutschlands zu verteidigen. Eben dies ist Sinn der Tätigkeit des pietistischen Kreises von Emkendorf beispielsweise, wo die Reventlows den Kampf gegen die Aufklärung und die Schwärmerei für die monarchische und aristokratische Ordnung miteinander verbinden. Der Appell des Pietismus an alle Konfessionen, gegen die religiöse Gleichgültigkeit und die Aufklärung eine gemeinsame Front, eine transzendentale Religion, eine Universalkirche zu bilden, ist nicht der wirkungsloseste Aspekt seiner antirevolutionären Tätigkeit. Er beeinflußt besonders den Kreis von Münster, ein Milieu von Konvertiten, die einem mystischen Katholizismus zuneigen, berühmt durch den Grafen Stolberg und die Fürstin Gallitzin. Milieu eines militanten Irrationalismus, das mit einer westfälischen Geistlichkeit in Berührung steht, welche mit Hilfe ihrer Schulen die Rechristianisierung Deutschlands durch Unterweisung vorbereitet; in Berührung auch mit den katholischen Emigranten aus Frankreich, bei denen man davon spricht, ein neues Bündnis zwischen Königtum, Adel und Glauben zu schmieden.
Das ganze aufblühende theosophische und okkulte Denken, an das die gegenrevolutionäre Ideologie ihrerseits anknüpft, liegt auf einer Ebene der Religiosität, die sehr viel verschwommener, unreiner und jedenfalls von den konfessionellen Orthodoxien losgelöst ist. Dieses Denken speist sich aus alten Quellen wie Jakob Böhme oder, außerhalb Deutschlands, Swedenborg, Lavater und Claude de Saint-Martin. Man findet bei diesen Männern, über das Besessensein von der Kommunikation zwischen sinnlicher und übersinnlicher Welt hinaus, die Hoffnung auf einen Zusammenschluß der Konfessionen auf der Basis des Glaubens an Christus. Für Lavater ist die Religion die einzig wirksame Arznei gegen die

Revolution — ein Gedanke, den sich Geister wie Jung-Stilling oder Eckartshausen ganz aneignen.
»Freiheit, Gleichheit, nichts Unsinnigeres kann erdacht werden; dieser Geist ist wohl der mächtigste und schädlichste, den Satan auf die Erde schicken kann, um die Menschen zu verderben.«
So verbreitet Jung-Stilling diesen Gemeinplatz der Gegenrevolution, nach dem die Revolution die Inkarnation des Bösen ist und die Strafe, die Gott den schwachgläubigen Christen schickt. Dieser Gedanke ähnelt dem einer internationalen Verschwörung des Atheismus, der von so vielen lutherischen oder auch katholischen Apologeten Deutschlands und Österreichs dienstfertig erörtert wird — ganz abgesehen von den Polemiken der französischen Emigranten. Diese Thesen mußten ein günstiges Echo in den Adelskreisen finden, die sich bedroht fühlten oder denen der Verlust ihrer Güter und Privilegien zum Trauma geworden war. Sie sollten das Erwachen des religiösen Gefühls in eben diesen Kreisen unterstützen, das in den ersten Jahren des 19. Jahrhunderts so unverkennbar ist.
Der Erfolg des parareligiösen Mystizismus in den gehobenen Gesellschaftsschichten der deutschen Staaten ist übrigens vorbereitet worden durch eine weite Verbreitung extrem okkulter Ausprägungen der Freimaurerei und verwandter Geheimgesellschaften. Im Unterschied zu den österreichischen Logen, aufklärerischen Logen, die von Herzog Albert von Sachsen-Teschen gefördert wurden, waren die deutschen Logen seit ungefähr 1760 überwiegend dem ›rektifizierten schottischen Ritus‹ gewonnen, den die Hochgrade und sein esoterischer Geist kennzeichneten. In den Jahren, die der Revolution vorausgingen, stellte ein Konflikt von wirklich politischer Tragweite zwei Randobödienzen der Freimaurerei gegeneinander: die Illuminaten Bayerns und die Rosenkreuzler. Die Illuminaten Adam Weishaupts verkörperten die in der Minderheit befindliche rationalistische Strömung — einen tätigen Rationalismus, der bestrebt war, die Aufklärung durch Buch und Unterweisung zu fördern und wenn möglich dahin zu gelangen, in liberaler Richtung einen Einfluß auf die Politik der Regierungen auszuüben. Die Rosenkreuzler stellten sich an die Spitze der okkultistischen Richtung der Freimaurerei und liebäugelten mit dem Plan, sich mit Hilfe ihrer Mitglieder direkt der öffentlichen Angelegenheiten zu bemächtigen. Die Rosenkreuzler errangen zwei wichtige Erfolge: den einen in Bayern, wo sie veranlassen konnten, daß die Illuminaten unter Anklage des Atheismus, revolutionärer Umtriebe und des Verrats an Österreich (dessen Josephinismus ihre ehrliche Bewunderung erregte) verboten und ausgewiesen wurden; den anderen in Preußen, wo das Berliner Konventikel schon 1781 den künftigen König Friedrich Wilhelm II. unter seine Mitglieder aufnahm. Der unbedeutende Nachfolger Friedrichs des Großen, der nach seiner Thron-

besteigung von Rosenkreuz-Ratgebern umgeben war, setzte 1791 eine Zensur für die philosophischen, religiösen und politischen Schriften ein, die die großen Zeitschriften der Aufklärung zwang, Berlin zu verlassen. Im Frühjahr 1792 tritt die preußische Regierung in den Krieg gegen Frankreich ein und verbietet die Veröffentlichung des zweiten Teils von Kants Werk *Die Religion innerhalb der Grenzen der bloßen Vernunft*.

Aber die eigentlich historische und europäische Bedeutung des deutschen Denkens in seiner gegenrevolutionären Wendung ist anderswo zu suchen: bei *den* Schriftstellern, die der antiphilosophischen Reaktion eine geistige Waffe in die Hand geben. Und in erster Linie bei Herder, der während der fünfzehn Jahre, die der Französischen Revolution vorausgehen, eine Philosophie der Menschheitsgeschichte ausarbeitet, die dem universalistischen Gedanken von der individuellen Aufwärtsentwicklung entgegengesetzt ist: nach ihm gibt es außerhalb der organischen Zugehörigkeit zu einer nationalen Gemeinschaft kein Fortschreiten hin zur Vervollkommnung der Menschheit. So werden die *Ideen zur Philosophie der Geschichte der Menschheit*, losgelöst sogar von ihrem Autor, zur eigentlichen Substanz des volkssprachlich orientierten Nationalismus, den die politische Romantik Deutschlands aufnehmen wird: ein Nationalismus, der den ›Volksgeist‹, das ›Volkstum‹ preist als eine geheimnisvolle schöpferische Kraft, die sich nun ins Arsenal des deutschen Irrationalismus einreiht. Dann ist es der Historismus oder der politische Vergangenheitskult, mit dem Justus Möser, ein deutscher Burke, die Erhaltung der traditionellen Institutionen rechtfertigt — noch bevor die Deutschen Burke übersetzen. Ein von Gentz beispielsweise schließt sich diesem letzteren an in der Verurteilung des französischen Versuchs, die Gesellschaft nach rationalistischen Vorstellungen umzugestalten, und nimmt seinerseits das Thema vom Wert und der Weisheit der politischen und sozialen Erfahrung, des nationalen Brauchs auf. Die Universität Göttingen wird zum Zentrum für die Verbreitung der Ideen Burkes. Doch zweifellos muß man auf das Werk des Novalis als glänzendste Synthese aller hier kurz genannten Strömungen hinweisen. Pietistisch erzogen, im Okkultismus und der deutschen Geschichte zu Hause und Leser Burkes, legt er 1798/1799 eine neue politische Philosophie vor, die die absolute Autorität des Staates, den hierarchischen Aufbau der Gesellschaft, die Kraft der religiösen Bindung und die kulturelle Sendung Deutschlands rühmt. Um 1800 ist der ganze Ideenvorrat vorhanden, aus dem wenig später die Doktrinäre und Poeten des konservativen und romantischen Nationalismus schöpfen. Diesem Deutschland, dessen ideologische Entwicklung durch die Ereignisse in Frankreich schnell vorangetrieben wurde, fehlen lediglich Philosophen der Tat und Staatsmänner.

V. VON DER AUFKLÄRUNG ZUR GEGENREVOLUTION: DIE LAGE IN DEN HABSBURGISCHEN STAATEN

Es läßt sich beobachten, daß innerhalb der europäischen Gegenrevolution – in einer Art Arbeitsteilung – die deutschen Staaten die Fackel der Ideen hochhielten, während die österreichische Monarchie ständig die politische und militärische Initiative ergriff. Daß sie diese Rolle übernahm, hängt zweifellos in erster Linie mit ihrer inneren Lage zusammen. Am Ende der Regierungszeit Josephs II. zeigen sich in Österreich die ersten Symptome einer Revolution. Ihre Ursache ist nicht nur in der Politik Josephs II. zu suchen, denn diese war Reformpolitik von oben, die beispielhaft konsequent, energisch und vor allem ungeschickt versucht wurde. Man findet sie eher in der Reaktion der Privilegierten auf diese Politik und in den spontanen und unvoraussehbaren Folgen des Josephinismus. Die Krise Österreichs offenbart sich am deutlichsten in der Reaktion des Adels in Ungarn und den Niederlanden und am Wiener Hof. Doch die Gefahr verschärft sich durch eine wahre Welle der Unzufriedenheit im Volke, die bei den ›Sansculotten‹ der Hauptstadt wie in den ländlichen Gegenden spürbar ist: die Ursachen dafür sind die mannigfachen Nachwirkungen des österreichisch-türkischen Krieges, die Wirtschaftskrise von 1788/1789 und die Enttäuschung über die Aufrechterhaltung des Feudalsystems. Schließlich treibt ein Teil des Dritten Standes, die josephinischen Beamten, zur Radikalisierung der politischen, sozialen und religiösen Reformen.
Im Laufe seiner sehr kurzen Regierungszeit versuchte Leopold II. trotz einer weiterhin gespannten Situation im Innern und einer Lage nach außen, die immer dringender ein Engagement von seiner Seite forderte, Österreich auf dem reformerischen und neutralen Kurs zu halten, und schob auf diese Weise den Augenblick, in dem der habsburgische Staat sich mit der Gegenrevolution identifizieren sollte, um zwei Jahre hinaus.
Gewiß, zu Beginn dieser Regierungszeit konnte es scheinen, als habe die Reaktion einen ersten Sieg davongetragen. Die Bedingungen, unter denen der Großherzog von Toskana die Nachfolge seines Bruders antrat, zwangen ihn, Konzessionen an den Aufstand des Adels zu machen – der in Ungarn und den Niederlanden offen, in allen übrigen Provinzen latent war – und zugleich Sicherheitsmaßnahmen gegen die Agitation im Volke zu treffen. Neben dem Nachgeben scheint in der Aufhebung der Grundsteuer am 10. Februar 1789 die dramatischste Konzession enthalten zu sein – selbst wenn sie zu diesem Zeitpunkt nicht ohne Hintergedanken gemacht wurde. Ihre direkte Wirkung: sie beraubte die Monarchie wichtiger Steuerquellen. Weiterhin setzte sie Österreich außerstande, den Krieg gegen Frankreich zu gewinnen, einmal weil das Geld fehlte und dann, weil diese Konzession verhinderte, daß die

Bauern sich an die nationale Sache banden. Auf lange Sicht scheint die Aufhebung der Grundsteuer für die Verzögerung des wirtschaftlichen und sozialen Fortschritts des Landes verantwortlich zu sein. Daneben breitete sich in den Regierungskreisen Angst aus, und man begann, der Legende Glauben zu schenken, daß französische Agenten von Paris nach ganz Europa verschickt worden seien, um die Revolution zu organisieren – daran läßt sich der Grad der Befürchtungen messen, die die öffentliche Meinung bei ihnen hervorrief. Auch das polizeiliche Verhalten der Regierung nahm schärfere Formen an: Franzosen, Italiener und Polen wurden ausgewiesen oder an den Grenzen zurückgehalten; Lorenzo da Ponte, Direktor des Italienischen Theaters, aber als Librettist zu kühn, mußte Wien, das bis dahin der liberale Zufluchtsort für die Ausländer gewesen war, verlassen; Pergen und Sauer (der letztere war Regierungspräsident von Niederösterreich) zwangen die so lebendige österreichische Presse, neben den Nachrichten über Frankreich revolutionsfeindliche Kommentare zu drucken. Schließlich schien Leopold II. sich ernsthaft den französischen Bourbonen und dem in der Emigration lebenden französischen Adel anzunähern. Beunruhigt über die Entwicklung der demokratischen Bewegung in Paris (wie über den Vonckismus in den Niederlanden), erst recht nach dem Fluchtversuch Ludwigs XVI., willigte er im Sommer 1791 ein, in Pillnitz mit dem preußischen König Friedrich Wilhelm II., der bis dahin der größte Eiferer gegen Frankreich war, und den Emigranten Calonne und d'Artois zusammenzutreffen und mit ihnen eine virtuelle Kriegserklärung gegen die Revolution zu verfassen.

Und dennoch beeilte sich Leopold, nachdem Ludwig XVI. einmal den Eid auf die neue Verfassung geleistet hatte, festzustellen, daß es ein Motiv zum Eingreifen nicht mehr gäbe, und schlug Preußen vor, sich auf eine »gemeinschaftliche Beobachtung« zu beschränken. Obwohl im Winter 1791/1792 die Kriegskampagne der Gruppe um Brissot anlief und Kaunitz das Verteidigungsbündnis mit Preußen vom Februar 1792 unterzeichnet hatte, wies Leopold weiterhin den Gedanken an ein aktives Eingreifen außerhalb eines allgemeinen Engagements aller großen Mächte von sich. Auch schloß es die politische Praxis der Staaten des 18. Jahrhunderts aus, daß der Krieg aus ideologischen Gründen unternommen werden konnte; er konnte sich nur ergeben aus der Verteidigung spezifisch nationaler Interessen und aus deutlichen Bedrohungen eines Territoriums oder der Krone selbst. Das war übrigens bis einschließlich 1814 die Schwäche der Koalitionen, denen zwangsläufig die Einheit der Zielsetzung fehlte.

Jedenfalls war Leopold II. durchaus entschlossen, das Ansehen des Staates zu verteidigen oder es wiederherzustellen, sobald die aristokratische Opposition durch die ersten Konzessionen beschwichtigt wäre; auch war er weit davon entfernt, mit den Wortführern der Gegenrevolution zu glauben, daß die aufklärerischen Reformen zwangsläufig wie in Frankreich zu Ausschreitungen und Wirren führen müßten. Er wollte den Beweis erbringen, daß die Autorität des Monarchen imstande sei, einem Land den politischen und sozialen Fortschritt ohne jede Revolution zugute kommen zu lassen. Mit der Entscheidung, das Polizeiministerium zu beseitigen, Pergen zu entlassen und der Polizei ihren geheimpolitischen Inquisitionscharakter zu nehmen, erweist er sich als Mann der Aufklärung. Bedeutungsvoller noch ist der Versuch des Souveräns, durch angemessene Konzessionen die Unzufriedenheit des Vierten Standes zu nutzen, um ihn sich — in den Grenzen des Gehorsams — gegen die Privilegierten zum Verbündeten zu machen. Tatsächlich hielt sich die Agitation in allen habsburgischen Staaten. Die Bauern vor allem in Böhmen, Ungarn und Oberösterreich sträubten sich, wieder Verpflichtungen auf sich zu nehmen, die abgeschafft worden waren. An zahlreichen Orten bildeten sie Dorfversammlungen, drangen in die Wohnsitze der Grundherren ein und versuchten, der Feudallasten entbunden zu werden. Nachdem die Armee die Aufstände niedergeworfen hatte, lebte die Unruhe in Form von Beschwerden und Petitionen wieder auf, die bäuerliche Delegationen bis in die Hauptstadt vortrugen. Sehr wichtig ist, daß sich das gebildete Bürgertum — die josephinischen Beamten, Akademiker, Juristen und Journalisten — der Forderung der Bauern anschloß. Ratgeber wie Sonnenfels und Riedel, die auch von Leopold II. gehört wurden, waren über die neuerlichen Forderungen der Landtage und der von Mingazzi geführten Offensive des Klerus beunruhigt. Deshalb planten sie, Provinzstände zu gründen mit Vertretern aller Klassen: der Geistlichkeit, des Adels, der Kaufleute, Manufakturisten und besitzenden Bauern, und außerdem einen zentralen ›Volksrat‹ zu schaffen, der in allgemeiner Wahl gewählt werden sollte. Mit einem mehr oder minder scharfen Bewußtsein, je nachdem, ob es sich um hohe Angestellte mit Universitätsausbildung oder um bescheidene Bauern handelte, fühlte sich der Vierte Stand Österreichs, der zumindest über die Grundlinien der Lage in Frankreich auf dem laufenden war, mit den Deputierten der Konstituante solidarisch, stellte Analogien zwischen ihrem Werk und den Reformen Josephs II. her und wies den Gedanken eines Interventionskrieges gegen Frankreich zurück. Leopold II. schien entschlossen, diese Strömung in der öffentlichen Meinung auszunützen. Als der Städtemarschall der steirischen Stände 1790 dagegen protestierte, daß er der einzige Vertreter der Städte sei und eine von Haas, einem Grazer Gastwirt, lancierte Petition einbrachte, bewilligte Leopold in einem Beschluß vom 25. Mai 1791 den Städten weitere zehn Vertreter. Sogleich griff die Bewegung auf die ländlichen Gebiete über, während der Kaiser eine am Modell der böhmischen Stände orientierte Reform plante und in seiner Verwaltung eine Untersuchung

über die Verantwortlichen einer etwaigen Obstruktion des Adels anstellen ließ. Österreich schlug so, wenn schon nicht den Weg zu einer konstitutionellen, so doch wenigstens zu einer Monarchie ein, die sich auf relativ egalitäre Repräsentativinstitutionen stützte, deren bloße Existenz die Wiederaufnahme der Sozialreform hätte erlauben können. Der Tod Leopolds am 1. März 1792 ließ dem Experiment keine Zeit, zu gedeihen.
Außerhalb der Stammlande bot *Ungarn* der Taktik des Souveräns ein sehr viel schwierigeres Terrain, denn dort verfügte er nicht über eine folgsame Beamtenschaft. Nichtsdestoweniger bemühte er sich, die Spaltungen auszunützen, die sich sogleich nach dem Scheitern des Anlaufs zur nationalen Einigung zwischen dem Hochadel, der das Zurückweichen des Josephinismus zur Konsolidierung seiner Privilegien ausnutzen wollte, und dem niederen Adel der Komitate ergaben — oder mehr noch der kleinen Gruppe bürgerlicher Intellektueller, für die Hajnoczy einer der hervorragendsten Vertreter ist: diese hielten die nationale Forderung für untrennbar verbunden mit sozialen Reformen, die sogar das Leibeigenenstatut einschließen sollten. In eben dieser Gruppe konnte Leopold II. bezahlte Agitatoren anwerben, die in Ungarn eine Kampagne für die Begründung einer Volksvertretung und die Abschaffung des Frondienstes führen sollten. Unter ihnen befand sich der spätere Führer der ungarischen Jakobinerbewegung: Ignaz Martinovics. Er war Sohn eines Hauptmanns und stammte aus einer Familie, die noch serbokroatisch sprach, also in sehr geringem Maße eingegliedert war. Er war dem Klosterleben und der Universität entflohen und wollte durch die Gunst des Souveräns eine politische Karriere machen.
So begrenzt die neue Reformtätigkeit Leopolds II. auch erscheinen mag, sie begünstigte dennoch weiterhin die Entstehung eines politischen Bewußtseins. Das jedenfalls scheint die Radikalisierung dieses Bewußtseins unter dem Schock der Reaktion, in die sich die Monarchie mit der Regierung Franz' II. endgültig begibt, anzuzeigen. Der junge Kaiser wählte in der Tat den Krieg mit Frankreich, gab damit dem Druck der preußischen Diplomatie nach und veranlaßte die Verabschiedung des alten Kanzlers Kaunitz. Infolge der Aufgabe der Politik des aufgeklärten Absolutismus zwingt diese Annäherung an die in der Emigration lebende französische Aristokratie auch zur Aussöhnung des habsburgischen Staates mit dem Adel seiner Gebiete und mit der katholischen Kirche: wie sollte der Krieg ohne die Subsidien der Staaten und die notwendige moralische Unterstützung der Kirche geführt werden? Innerhalb einiger Monate steht fest, daß die steirischen Bauern keine politische Vertretung erhalten werden, daß die Umwandlung des Frondienstes in Geldzahlungen sich nur aus besonderen Übereinkünften der Grundherren und ihrer Bauern ergeben kann (was darauf hinausläuft, die Herrschaft dauernd

zu sichern); die Presse wird der Zensur unterworfen, die Verwaltung von den eifrigsten Josephinisten gesäubert, die politische Geheimpolizei und Pergen werden wieder eingesetzt, die Freimaurerlogen gezwungen, ihre Zusammenkünfte einzustellen, die Kaffeehäuser und selbst die privaten Salons unter Bewachung gestellt.

Deshalb organisiert der Kreis der Intellektuellen und Beamten aus Enttäuschung über die Unfähigkeit der Wiener Führung, eine Revolution von oben durchzuführen, und angefeuert vom französischen Beispiel eine Verschwörung gegen die Regierung, die die Privilegien festigt. Vor allem in Ungarn, aber auch in Wien, Innsbruck und Graz bereiten die demokratischen Bürgerkreise nun die Revolution vor. Martinovics bemüht sich vom Frühjahr 1794 an, sie in zwei unabhängige Geheimgesellschaften umzugruppieren: in die *Gesellschaft der Reformierten* mit nationalistischer und sozial gemäßigter Tendenz, in die er Angehörige des niederen Adels zu ziehen versucht; vor allem aber in die radikale und bürgerliche *Gesellschaft für Freiheit und Gleichheit,* deren Ziel — neben der Errichtung eines ungarischen Nationalstaates (paradox, daß Martinovics sich zu seinem Verteidiger macht) — die soziale und politische Revolution sein soll, in direkter Nachahmung Frankreichs. Die Verschwörer standen möglicherweise mit dem Wohlfahrtsausschuß, wahrscheinlicher mit dem Aufstand Kosciuszkos in Verbindung. Stellte diese Verschwörung der ungarischen und, untergeordnet, österreichischen Jakobiner eine ernsthafte Gefahr für die Habsburger dar? Gewiß nicht — in Anbetracht der Unbeständigkeit, wenn nicht sogar Korruption, ihres Führers wie auch der geringen Mitgliederzahl der Geheimbünde und geheimen Zirkel, die sich nur auf eine sehr schmale Basis innerhalb der Gesellschaft stützen konnten. Aber die Episode ist nicht unwichtig. Daß die Regierung der Entdeckung, dem Prozeß und der Hinrichtung der Verschwörer eine solche Publizität verschaffte, zeigt, daß sie es nötig hatte, die ihr nun überaus feindlich gesinnte Öffentlichkeit mit einem brutalen Exempel zu schrecken. 1794 wandte sich der Krieg zu Österreichs Ungunsten; auf die Niederlage in Fleurus und die Räumung Brüssels folgte die Wendung gegen den polnischen Aufstand, die ebenso unpopulär wie der Krieg gegen Frankreich war. Die Bauern, die durch die wachsenden Steuerlasten und die Rekrutierung (die den Grundherren überlassen wurde und nur das Familienoberhaupt und den ältesten Sohn schonte) am Ende ihrer Kraft waren, schlugen sich schlecht, freuten sich über jede Rückzugsbewegung, verbrüderten sich manchmal mit den französischen Soldaten und desertierten sogar. In Böhmen feiern Pamphlete die ›französische Freiheit‹ und verurteilen den Krieg gegen die ›französischen Brüder‹; 1796 wird sich die törichte Hoffnung auf den Schlachtfeldern ausbreiten, daß die in Süddeutschland und Norditalien einmarschierten französischen Truppen auf dem Wege seien, um den Bauern zu helfen, sich aus der Feudalherrschaft zu befreien.

Das Verbot, nach Frankreich und Polen zu exportieren, stürzt die Leineweber des Riesengebirges in eine Krise. Die außerordentliche Trockenheit des Sommers 1794 verschärft die Teuerung besonders in der ungarischen ›Kornkammer‹. Zu der schlechten wirtschaftlichen Lage kam also die Furcht vor einer jakobinischen Verschwörung hinzu, die die Regierung mit starken, frischen Garnisonen während des Krieges innerhalb der eigenen Grenzen abzuwenden sich anschickt. Andererseits scheint dieser ganze Aufruhr deutlich zu zeigen, daß der größte Teil der mitteleuropäischen Gesellschaft für die Nachrichten über die Französische Revolution empfänglich war und geneigt, gegebenenfalls dasselbe zu tun.

Die öffentliche Hinrichtung von fünf Führern der ungarischen Jakobinerbewegung am 20. Mai 1795, die mit einem großen Aufwand an militärischen Vorsichtsmaßnahmen durchgeführt wurde, war der Auftakt zu einer Periode noch schärferer Reaktion. Die Politik des Kanzlers Thugut (den die Wiener schließlich zur Zeit des Friedens von Lunéville ›Thunichtgut‹ nennen) hielt Österreich ununterbrochen im Krieg – mit relativem Erfolg übrigens, da es ja zweifellos ohne den entscheidenden Schlag, den ihm Bonaparte 1796/1797 in Italien versetzte, die Franzosen an der deutschen Grenze zurückgehalten hätte. Im Innern bemüht man sich, die zunehmenden Kräfte des Vierten Standes zu hemmen, indem man das Städtewachstum eindämmt; man schreckt von Manufakturgründungen ab, die Zahl der Gewerbetreibenden wird streng kontrolliert, die Landflüchtigen werden abgedrängt. Die Kirche erreicht die Lockerung der Vorschriften über die öffentlichen Feste und übernimmt wieder eine gewisse Kontrolle über den Unterricht. Mit der Besetzung des linken Rheinufers durch Frankreich beginnen Emigranten eines neuen Typs Wien als Zufluchtsort zu nehmen: die abgesetzten rheinischen Fürsten, die nacheinander alle ihre Hoffnungen in eine Rückeroberung, dann in eine Entschädigungsverhandlung setzen und schließlich versuchen, sich innerhalb der theoretischen Schutzmacht des Reiches eine neue Karriere und eine neue Heimat zu schaffen. So Franz Georg von Metternich, dessen Sohn Klemens Lothar schon 1795 einen glänzenden persönlichen und gesellschaftlichen Erfolg erzielt, als er gegen die Konkurrenz eines Palffy die Enkeltochter von Kaunitz heiratet. Damals schreibt der junge Metternich seine ersten politischen Betrachtungen nieder; für ihn ist der Revolutionskrieg kein klassischer, sondern ein Klassenkrieg: ein Krieg der Armen gegen die Reichen. Seiner Meinung nach ist es Aufgabe Österreichs, über die eigensüchtigen Nationalinteressen hinaus die ganze Gegenrevolution zu verteidigen.

1795, das Jahr, in dem die schwachen Ansätze eines Jakobinismus in den habsburgischen Staaten zerschlagen werden, ist noch viel mehr das Jahr, in dem Polen von der politischen Landkarte Europas gestrichen wird. Diese nationale Katastrophe verdeckt das Scheitern einer großen politischen und sozialen Umwälzung, die 1788 begonnen hat: ausgehend von den Versuchen Stanislaus-August Poniatowskis, in Polen eine gefestigte konstitutionelle Monarchie zu begründen, hätte sie beinahe zur Emanzipierung der Bauern und der Errichtung einer bürgerlichen Republik wie in Frankreich geführt – wie man auch sonst sich nirgendwo besser als in Warschau die Methoden der Pariser Revolution zu eigen machte.

Als sich 1788 der Reichstag, der später der Vierjährige genannt werden sollte, versammelt, läßt Polen eine fünfzehnjährige nationale Demütigung unter der Kondominatsregierung (mit dem russischen Botschafter und dem Ständigen Rat) hinter sich, die Katharina II. seinem König aufgezwungen hatte. Mehr noch als in Ungarn ist dies in Polen ein wesentliches Moment: die Heftigkeit der antirussischen Stimmung und das lebhafte Bewußtsein eines Nationalinteresses, das zur Geltung gebracht werden muß, sind bei den privilegierten Schichten erster Ausdruck des Aufbruchs in den politischen Fortschritt und helfen, über die divergierenden Sozialinteressen und Ideologien hinweg, eine relative Einheit der Front der ›Patrioten‹ zu erhalten. Der Reichstag von 1788, der versammelt ist, um sich um eine modernere Organisation des polnischen Staates zu bemühen, behauptet sich zunächst dank der Kriege Rußlands mit der Türkei und Schweden, die seit dem Sommer 1788 alle militärischen Kräfte des mächtigen Nachbarn in Anspruch nehmen, und bleibt eine Herausforderung an die russische Vormundschaft.

Andererseits tritt dieser Reichstag in einem Augenblick zusammen, in dem die Herausbildung einer überaus fähigen Elite von Intellektuellen und Politikern eine Tatsache ist in jenem Polen, in dem Provinzen, die in der Entwicklung zurückgeblieben sind, mit fortschrittlichen städtischen Zentren stark kontrastieren: Warschau mit seinen Bürgern und Volksmassen, das schon eine Großstadt von 120000 Einwohnern ist; Krakau und Wilna, die Universitätszentren. Im Reichstag oder auch draußen im Kreis der politischen Schriftsteller sind junge oder im besten Alter stehende Männer bereit – mit großer Begeisterung für die Prinzipien, aber noch viel größerer Unsicherheit, was die praktischen Mittel belangt –, der Aufklärung und damit den Reformen in ihrem Land zum Sieg zu verhelfen, deren Verspätung gegenüber den großen westlichen Monarchien sie genau ermessen. Für ihre

Schulbildung haben jene polnischen Gymnasien gesorgt, die von der sächsischen Ära bis zur Zeit der Nationalen Erziehungskommission der sozialen Oberschicht einen so vorzüglichen Unterricht erteilten und von dieser Oberschicht so rege besucht wurden, daß Polen Rußland weit überlegen ist, was die Fähigkeit betrifft, den Staat möglicherweise mit begabten Dienern zu versorgen. In Polen sind die Männer der Aufklärung ganz unmittelbar — ohne Vermittlung der deutschen Universitäten oder der deutschen Denker — Schüler der Physiokraten, aber auch Rousseaus, Beccarias und Filangieris sowie Adam Smiths. Kollontay und Ossowski — die Ideologen des Reichstags — haben sich ihre Lehren in bewundernswürdiger Weise zu eigen gemacht und träumen davon, sie zum Gebrauch und Nutzen ihrer Landsleute zu kodifizieren.

Eine weitere Eigentümlichkeit Polens ist die Tatsache, daß diese fortschrittlich denkenden Männer gesellschaftlich eher dem Adel als dem Bürgertum angehören — einem Adel, der in Polen faktisch die Stelle eines Bürgertums vertritt. Es handelt sich um Angehörige der mittleren und niederen Schichten der *Szláchta*. Ihre Verarmung im Laufe des 18. Jahrhunderts trieb sie in die Städte zur Ausübung intellektueller, freier und verwaltungstechnischer Berufe. Gleichwohl stützt sich in einer Stadt wie Warschau das polnische Jakobinertum auch auf Nichtadlige: Advokaten, Ärzte, niedere Offiziere, Angehörige des niederen Klerus und Angestellte. Und vor allem im Jahr 1794 tritt bei ihnen zugleich mit den Demonstrationen und Aufständen der Volksschichten eine wahre Revolutionswelle in Erscheinung. Die bäuerlichen Massen bilden ohne jeden Zweifel eine potentielle revolutionäre Kraft eben aufgrund der beständigen Kämpfe mit den Großgrundbesitzern: die Grundherren hindern die Bauern, Brachland sowie Gemeinschaftswiesen und -weiden in Besitz zu nehmen; sie bestehen auf der Fortdauer der Dienstpflicht — lediglich durch Kauf garantieren die Grundherren den Bauern ein unverletzliches Besitzrecht. Aber der Kauf wird nicht ins Register eingetragen; auch wird das Besitzrecht nicht respektiert: weiterhin werden Bauern verjagt oder wird ihnen minderwertiges Land übereignet. Die Probleme der Leibeigenschaft und des Besitzes beschäftigen alle großen adligen oder auch bürgerlichen Reformer und sind zweifellos der Hauptgegenstand des Streites zwischen den so heterogenen Elementen der patriotischen Partei. Die nationale Erhebung des Jahres 1794 vermag nicht, dem französischen Massenaufstand gleichzukommen, was seinen Grund auf jeden Fall darin hat, daß sie nicht gewillt waren, diese Probleme geradewegs in Angriff zu nehmen.

Die erste Phase der Tätigkeit des Vierjährigen Reichstags besteht darin, die russische Vormundschaft abzuschütteln: Wiederaufbau einer Armee von 60 000 Mann, die mit Hilfe neubewilligter Steuern finanziert wird; Abschaffung des Ständigen Rats, der durch parlamentarische Kommissionen ersetzt wird; Forderung nach

Abb. 13: Kampf zwischen russischen Soldaten und polnischen Aufständischen in Warschau (17. April 1794)

Räumung Polens von den russischen Truppen — der Katharina II. aus Furcht vor einem Eingreifen Preußens nachgibt.

Diese ersten Erfolge erlaubten, in einer zweiten Phase die Suche nach einer neuen Regierungsform aufzunehmen. In diesem Augenblick ging im Reichstag wie in der Öffentlichkeit die nationale Einhelligkeit in eine leidenschaftliche Schlacht über. Die Mehrheit der Abgeordneten war konservativ, ›republikanisch‹ gesinnt; ein Mann wie Ignaz Potocki, dessen Einfluß im Reichstag dominierte, wünschte die Wiederherstellung der Vormachtstellung der — von den Magnaten beherrschten — Versammlung über den König. Aber außerhalb des Reichstags ist die reiche Literatur an politischen Pamphleten hauptsächlich von fortschrittlich denkenden Männern beeinflußt: von Kollontay, Staszic und Pawlikowski. Von Nuancen abgesehen, empfahlen alle eine stärkere Monarchie; sie sollte von einer Versammlung kontrolliert werden, die auf der Basis des Besitzes und des Steuerbeitrags gewählt würde und folglich das Bürgertum in die politische Vertretung mit einbezöge. Alle waren sich über die Abschaffung der Leibeigenschaft einig. Ein neues Element wurde dem politischen Leben dadurch zugeführt, daß 269 Abgeordnete der königlichen Städte, von Kollontay ermutigt, im November 1789 in Warschau ein Bündnis schlossen und die Bestätigung und zugleich Erweiterung ihrer lokalen Autonomien und ihre Teilnahme an der Volksvertretung forderten. Der König, den das russische Protektorat, dann die allgemeinen Vollmachten, die der Reichstag an sich gerissen hatte, lange zu einer bescheidenen Rolle gezwungen hatten, übernahm schließlich durch Vermittlung seines Sekretärs Piattoli wieder eine aktive Rolle in der politischen Kontroverse. Seine Absicht war, endlich einer starken Monarchie zum Sieg zu verhelfen, die fähig wäre, die notwendigen Sozialreformen durchzusetzen. Mit den führenden Reformern als Verbündeten und unter dem Druck der Armee und der ungeduldigen Bevölkerung Warschaus konnte er einen Reichstag, in dem viele traditionelle Gegner nicht anwesend waren, bewegen, die Verfassung vom 3. Mai 1791 anzunehmen.

Schon im September 1790 hatte der Reichstag das Territorium der ›Republik‹ für unteilbar und den Schutz Rußlands für hinfällig erklärt. Der Paragraph VII der Verfassung wandelte die polnische Monarchie nach dem Tod des regierenden Königs in eine Erbmonarchie der Dynastie der Kurfürsten von Sachsen um. Der Paragraph VI schaffte die Praxis des *liberum veto* und der Konföderationen ab. Die Gesamtheit dieser Entscheidungen verlieh Polen, indem sie es dem Bürgerkrieg und fremder Einmischung entzog, jenes Minimum an territorialem und nationalem Zusammenhalt, das ihm bis dahin gefehlt hatte, jene Einheit in der Person eines starken Souveräns, den alle anderen europäischen Staaten schon besaßen. Seitdem die inneren Angelegenheiten Polens nicht mehr durch fremde Einmischung durchkreuzt wurden, war der veraltete

Typ der Adelsdemokratie beseitigt. Im Gegensatz zur Abgeordnetenkammer, die von den Besitzenden gewählt wurde und die Gesetze mit einfacher Mehrheit beschloß, berief und leitete der König den Senat, der ein suspensives Veto besaß, und wählte frei seine Minister, die von parlamentarischen Kommissionen kontrolliert wurden.

Auf sozialem Gebiet blieb die Verfassung äußerst gemäßigt: durch einen Staatsstreich des Monarchen erzwungen, enthielt sie keinerlei Element revolutionären Charakters. Das Bürgertum der Städte erwirkte jedoch für sich die Entsendung einiger gewählter Vertreter in die Abgeordnetenkammer, das Recht auf Grundbesitz, auf den Zugang zu militärischen Funktionen und hohen kirchlichen Ämtern und auf eine mögliche Erhebung in den Adelsstand. Obwohl die Verfassung durch den Paragraphen II feierlich die »Immunitäten, Freiheiten und Vorrechte des gesamten Adels« garantierte, schlug sie somit eine Bresche in das System der Privilegien. Vage brachte sie das Statut der Leibeigenen in Erinnerung und stellte »diese wertvolle Menschenklasse unter den unmittelbaren Schutz des Gesetzes und der Regierung«, vermied es übrigens, dabei das Wort Leibeigene auszusprechen. So kann also die polnische Verfassung von 1791, die der Proklamation der französischen Verfassung des gleichen Jahres vorausgeht, mit jener nicht verglichen werden. Dennoch ist ihre Vorbereitung und Abfassung von den französischen Ideen und Ereignissen deutlich beeinflußt: die Bezüge auf die individuellen Freiheiten und auf die Souveränität der Nation, von der allein sich Rechte und Stellung des Königs, der Minister und der Versammlungen herleiten, legen davon ebenso Zeugnis ab wie die Rolle, die das Bürgertum der Städte seit dem Sommer 1789 spielt. Wie dem auch sei, sie ist als ein einfacher Kompromiß entstanden, bestimmt, als Rahmen für die Entfaltung einer kühneren Reformtätigkeit zu dienen; so gesehen, stellte sie einen gemeinsamen Erfolg des aufgeklärten Absolutismus und der fortschrittlichen Elemente der Gesellschaft dar.

Daß sie lediglich ein Ausgangspunkt war, läßt sich am Gepräge des politischen Lebens in Polen im Laufe des kurzen, einjährigen Bestehens der konstitutionellen Monarchie ermessen. Von Mai 1791 bis Mai 1792 steht sie unter dem Einfluß Kollontays, in dem die liberalsten und klügsten Eigenschaften des adligen Reformertums Gestalt annehmen. Er ist innerhalb der Abgeordnetenkammer und zugleich in der Gesellschaft der Freunde der Verfassung tätig. Die Diskussionen der letzteren unterstützen die Gesetzesarbeit der ersteren. Das Ziel der Reformer ist es, eine Summe von Gesetzen zu schaffen, die den Geist der bürgerlichen Ordnung des Frankreichs der Konstituante atmen und vor allem die verschiedenen Arten des Eigentums und die Rechte der Bauern definieren. Diese Richtung des neuen Systems ließ übrigens ein Phänomen entstehen, das dem der französischen Gegenrevolution ganz und gar vergleichbar ist: eine Gruppe von Flüchtlingen in St. Petersburg, Großgrundbesitzer, die mit dem, was sie eine ›monarchisch-demokratische Regierung‹ nannten, unzufrieden waren, konstituierte sich als Rebellenbund. Diese Gegenrevolutionäre dienten Katharina II., die seit Januar 1792 von der Hypothek des Krieges befreit war, sogleich als Werkzeug. Die bloße Tatsache, daß sich in Polen die Monarchie plötzlich konsolidierte, hätte allein schon genügt, das russische Eingreifen herauszufordern. Aber die besondere Natur dieser Konsolidierung erlaubte es Katharina, eine besondere Interessenpolitik mit dem Tugendmantel des Kampfes gegen die revolutionäre Seuche zu bedecken, die sich plötzlich von den Ufern der Seine bis an die Ufer der Weichsel ausgebreitet hatte. Die neue, von Joseph Poniatowski und Thaddäusz Kosciuszko kommandierte polnische Armee vermochte den hunderttausend russischen Soldaten nur einige Wochen lang Widerstand zu leisten. Der Kapitulation Stanislaus-Augusts (Juli 1792) folgte die Wiedereinsetzung des Regimes von vor 1788, dann die ungeheure territoriale Amputation durch die zweite Teilung, die zwischen Preußen und Rußland ausgehandelt wurde (Januar 1793).

Tatsächlich verdankt es die Reformbewegung der nationalen Demütigung und fremden Unterdrückung, daß sie eine revolutionäre Bewegung und zuzeiten eine Bewegung der Revolution des Volkes geworden ist. Bei der Vorbereitung des nationalen Aufstandes vom März 1794 im Kreis der Emigranten in Dresden und Leipzig findet man zunächst die Vertreter aller Richtungen der patriotischen Partei: Potocki, Kollontay und Kosciuszko. Ihrer Meinung nach muß die geschlagene, aber nicht vernichtete polnische Armee, soweit sie existiert, den Kampf wiederaufnehmen. Der Aufstand wird auch in Warschau vorbereitet, wo die Gemüter in Aufruhr sind infolge des Verrats des Königs, der durch die Teilung ausgelösten Krise des Handwerks und Handels und der Nachrichten aus Frankreich und seiner beispielhaften Massenerhebung. Zuvor verweigert der Wohlfahrtsausschuß Kosciuszko, der französischer Ehrenbürger, aber Offizier eines noch monarchischen und aristokratischen Staates ist, das Hilfeversprechen; dennoch ist Warschau Ort einer Radikalisierung der Patrioten, von denen nunmehr einige — wie im Frankreich des Jahres 1792 — die Rückeroberung der Unabhängigkeit und den Übergang zu einer egalitären Republik miteinander verbinden.

Als Kosciuszko im März 1794 nach Polen zurückkehrte, um das Signal zum Aufstand zu geben und eine provisorische Diktatur einzurichten, waren seine ersten Parolen die Befreiung des Landes und die Rückeroberung der nationalen Unabhängigkeit (Proklamation vom 24. März). Aber er erkannte klar die Notwendigkeit, die 30 000 aus der regulären Armee verbliebenen Mann gegen die Russen und Preußen mit Hilfe bäuerlicher Milizen zu ergänzen; auch ordnete er gleichzeitig die allgemeine Aushebung aller Bürger zwischen 18 und 40 Jahren an. Der Wille zu einem nationalen Krieg setzte voraus, daß man sich entschloß, die Bauern der Nation einzugliedern: deswegen befreite sie das Manifest von Polaniec (7. Mai) von jeglicher Abhängigkeit vom Grundherrn und Boden und verkürzte die Zeit der Frondienste. Eine halbe Maßnahme in zweifacher Hinsicht, da ja die Feudalrechte nicht wirklich beseitigt wurden und das Problem des Bodenbesitzes nicht angegriffen wurde. Am Ende des Sommers ging die Regierung vom Prinzip der allgemeinen Aushebung ab und berief nur noch einen Mann auf zehn Familien ein, weil sie fürchtete, die Landarbeiten zu behindern, und weil es ihr unmöglich war, jedermann zu bewaffnen, aber sicherlich auch, weil der Appell an die bäuerlichen Massen die klare Abschaffung des Frondienstes und die Anerkennung des Besitzes des bewirtschafteten Bodens vorausgesetzt hätte. Die militärischen Anstrengungen der Regierung (der ›Oberste Nationalrat‹ genannt) wurden dadurch gelähmt, daß in ihr die Mitglieder des Adels und des hohen Klerus ein Übergewicht besaßen, und gleichermaßen blieb sie Gefangene ihrer Weigerung, in Warschau die Energien des Volkes zu mobilisieren. Im Mai/Juni 1794 war Warschau Schauplatz von Aufständen im Pariser Stil gewesen. Während ein Karmeliter in der Heiligkreuzkirche das Lob Robespierres singen konnte, hielten die polnischen Sansculotten ein Standgericht, indem sie die Gefängnisse säuberten, Mitglieder der alten, von den Russen aufgezwungenen Regierung oder Konservative, die Gegner des Aufstandes waren, hängten und das Königtum und die Aristokratie angriffen.

Zwischen der aristokratischen und militärischen Kriegsleitung und den Volksmassen, deren Beistand durch die Minderung der Privilegien hätte belohnt werden müssen, konnte die kleine Elite der polnischen Jakobiner, deren Reorganisation in Warschau, Krakau und Wilna offen zutage lag, nicht die politische Vermittlerrolle spielen, die sie bis dahin gehabt hatte. Viele von ihnen zeigten deutlich den einzuschlagenden Weg: so Pawlikowski, der die Abschaffung des Feudalwesens forderte, oder Jasinski, der den Aufstand in Wilna, dann die Endverteidigung Warschaus organisierte. Aber die außerordentlich geringe Zahl ihrer Mitglieder und die Überzeugung, daß es notwendig sei, die Einheit aller Gesinnungen aufrechtzuerhalten, brachten sie davon ab, je den Versuch einer Machtergreifung durch Organisierung der Volksbewegung zu wagen.

Sechs Monate später nahmen die Truppen Suworows schließlich Warschau wieder ein. Zwischen Januar und Oktober 1795 setzte die dritte Teilung Polens den Schlußstrich unter die Hoffnungen Stanislaus' auf eine Wiederherstellung des polnischen Staates. Die ruhmvolle Episode von 1794 hat dennoch eine entscheidende Bedeutung. Innerhalb der polnischen Geschichte dient sie von jetzt an beständig als Zeuge für die nationale und liberale Bewegung.

In den Beziehungen zwischen dem revolutionären Frankreich und dem monarchisch-aristokratischen Europa spielte sie eine ablenkende Rolle von großer Wirksamkeit. »Auf Kosten seiner Unabhängigkeit«, schreibt G. Lefebvre, »trug Polen zum Heil der Revolution bei.« Indem Kosciuszko die Revolution nach Warschau trug, lieferte er den gegenrevolutionären Unternehmungen der Russen, Preußen und Österreicher einen Angriffspunkt, der ihnen viel wichtiger als Frankreich selbst war. Der polnische Aufstand ersparte es Frankreich, den erschöpfenden militärischen Einsatz des Jahres II hinausziehen zu müssen, indem er Österreich von der Rückeroberung Belgiens und des Rheinlands abbrachte und die Friedensverhandlungen mit Preußen auslöste.

VII. DIE GEGENREVOLUTION IM OSTEN

Auf den ersten Blick könnte das kaiserliche Rußland im Jahr 1789 aufgrund seiner geographischen Lage wie auch seiner undifferenzierten Sozialstrukturen und seines kulturellen Rückstandes als das Land gelten, das am wenigsten vorbereitet ist, auf die revolutionären Ereignisse in Frankreich zu antworten. Dennoch weckten diese Ereignisse das Interesse und die Sympathie bestimmter gesellschaftlicher Minderheiten, bestimmter gebildeter Kreise. Die verschärfte Überwachung und Unterdrückung am Ende der Regierungszeit Katharinas II. und unter Paul I. zeigen deutlich, daß die Herrscher die möglichen Folgen eines nach Rußland eindringenden revolutionären Geistes fürchteten: Rußland blieb also von der Schockwelle nicht verschont, und eben von dieser östlichen Grenzscheide Europas nahm zwanzig Jahre später unter der Regierung Alexanders I. und auf seine persönliche Initiative hin der heilige Krieg seinen Ausgang, dem Alexander das Ziel zuweist, Europa von der Gefahr zu erlösen, der die Freiheit und die Kultur seiner Meinung nach durch das Monster Napoleon ausgesetzt sind.
Die ideologische und politische Sensibilität, die Offenheit gegenüber der Aufklärung verdankt das Rußland des ausgehenden 18. Jahrhunderts in erster Linie einigen außergewöhnlichen Persönlichkeiten, die dem Adel entstammen. Im ganzen ist dieser Adel gewiß keine dynamische Schicht. Ungefähr drei Fünftel der russischen Gutsherren sitzen auf Erbgütern, die ständig geteilt werden, und verkommen in Elend und Analphabetentum; das sind diejenigen, die bestenfalls etwa zwanzig männliche Leibeigene, sehr häufig weniger als zehn besitzen und faktisch also wie diese an ihren Boden gefesselt und gezwungen sind, dasselbe Leben zu führen wie sie. Die eigentliche Aristokratie bilden die fünfzehn Prozent Gutsherren, die über hundert männliche Leibeigene besitzen und in der Stadt leben – in einer der beiden Hauptstädte oder irgendeiner Gouvernementshauptstadt –, in all dem Luxus,

den ihnen ihre Mittel erlauben oder den die zur Gewohnheit gewordene Verschuldung, die ein Prestigebeweis ist, mehr und mehr gestattet. Diese Aristokratie macht es sich voll Stolz auf Privilegien jeglicher Art bequem und festigt und erweitert sie von 1762 bis 1785 beständig – unter einer Kaiserin, die die zweifelhafte Herkunft ihrer Autorität verpflichtet hatte, sich dem Adel gefällig zu zeigen. In dem Augenblick, als in Frankreich der Druck des Bürgertums und der Bauern die Privilegien niederzwingt, ist es in Rußland umgekehrt den Adligen soeben gelungen, sich ein Höchstmaß an Rechten gegen ein Mindestmaß an Pflichten zuerkennen zu lassen. Der Taumel gesellschaftlicher Überlegenheit scheint sich des glänzendsten Verteidigers der aristokratischen Interessen, des 1790 verstorbenen Fürsten Schtscherbatow, zu bemächtigen. Seine *Gedanken über das für Rußland Unzuträgliche, die Bauern und Leibeigenen zu befreien oder ihnen den Besitz von Land zu überlassen* und seine *Reise ins Land Ophir von Herrn S . . ., schwedischer Adliger* entwickeln eine reaktionäre Interpretation des Naturgesetzes, freilich in Form einer Utopie: sie beschreibt eine Gesellschaft, die in einer strengen Schichtung erstarrt, indem jede Klasse ihre Bestimmung hat und ihren Stand nicht zu überschreiten versucht. Ihr Fundament bilden Leibeigene, die aller Rechte ledig sind und in einer völlig untergeordneten Stellung gehalten werden. Nur wenig über ihnen steht eine Klasse von Kaufleuten, die in ihrer technischen Funktion festgehalten, die zu Sparsamkeit und Fleiß angespornt und von der kapitalistischen Beschäftigung des Anhäufens von Reichtum ferngehalten werden müssen. An der Spitze »die oberste Schicht des Staates, der renommierte Stamm derer aus gutem Hause« (*blagorodnij*). Ihre Herrschaft gründet der Autor auf unerhörte wirtschaftliche Privilegien: der Adlige ist zunächst ein *pomeščik*, ein Besitzender, der ausschließliche Rechte über das Land, die Produkte des Landes, die natürlichen Hilfsquellen und die Leibeigenen hat. Es wäre wünschenswert, daß er das Monopol bei der Industrialisierung und über den Handel mit landwirtschaftlichen Produkten hätte. Schließlich bezeichnet er ihn in den *Gedanken über den Adel* und in *Über die Verderbnis der Sitten in Rußland* als Mitglied einer *leisure-class*, als einen reichen Rentier, dessen Funktion innerhalb der Gesellschaft darin besteht, sein Einkommen für luxuriöse Genüsse zu verschwenden. Natürlich bekannte sich nicht die ganze gebildete Aristokratie Rußlands zu dieser ultrakonservativen Gesellschaftsphilosophie. Besonders über die Leibeigenschaft äußert sich eine breite literarische Strömung in satirischen Zeitschriften und Theaterstücken, in Gedichten oder auch Romanen und betont nachdrücklich die Immoralität dieser Einrichtung, wenn ihr nicht in der Praxis gerechte und gute Grundherren menschliche Züge verleihen; so stellt schon 1770 Nowikow zur Zeit seines versteckten Federstreits mit der Kaiserin den Bauern als den Ernährern Rußlands den Grundherrn und Intendanten gegenüber, die Parasiten sind und ihre Macht mißbrauchen. So bejaht Karamsin in seinem 1791 im *Moskauer Journal* erschienenen Feuilletonroman *Die arme Lisa*, der Geschichte einer unglücklichen Liebschaft eines Adligen, die Ebenbürtigkeit der Menschen aller Stände in ihren Gefühlen: auch die Leibeigenen sind menschliche Wesen, auch die Bäuerinnen sind fähig zu lieben... Aber diese humanitären, moralisierenden und sentimentalen Reaktionen bleiben ohne Einfluß auf die soziale Wirklichkeit; und die sehr verspäteten, nach dem Aufstand des Pugatschew und den Anfängen der Französischen Revolution einsetzenden Reaktionen leiden unter den Nachwirkungen einer dumpfen Angst und unter dem Bestreben, sich die soziale Beruhigung möglichst wenig kosten zu lassen. Eine andere geistige Strömung, die in den hohen Verwaltungskreisen oder auch denen der Intellektuellen kursiert, glaubt an die Notwendigkeit, die Leibeigenen durch eine gesetzliche und genaue Definition ihres Status gegen die Besitzer schützen und ihnen ein Nutz- und Erbrecht an dem von ihnen bearbeiteten Boden zuerkennen zu müssen; aber diese Anregungen bereiten keineswegs die Beseitigung des Feudalsystems vor. Sie sind bestimmt vom Interesse des Staates und der herrschenden Klassen und von der Sorge, die Ordnung zu schützen und das Einkommen des einzelnen wie des Staates zu heben. Ein sehr verwandter Geist findet sich in den Untersuchungen und Arbeiten der ›Freien ökonomischen Gesellschaft‹, die, vom Staat ermutigt, die großen Besitzer zu überzeugen versucht, daß das System der Leibeigenschaft vom Standpunkt der Rentabilität und der menschlichen Beziehungen her zu handhaben sei. Innerhalb des ökonomischen Denkens Rußlands am Ende des 18. Jahrhunderts bleibt Fürst D. A. Golizyn ein Einzelfall: er ist der einzige russische Physiokrat und folglich der einzige Theoretiker, der zumindest abstrakt die Abschaffung der Leibeigenschaft ins Auge gefaßt hat.

So war also die russische Aristokratie in keinerlei Hinsicht für die *Egalité* durchlässig, die im Denken der Aufklärung oder der bürgerlichen Revolution von 1789 und mehr noch in deren späterer demokratischer Entfaltung enthalten war. Dagegen fand sie im Problem der politischen Freiheiten einen Berührungspunkt mit den revolutionären Bewegungen Westeuropas beziehungsweise Amerikas. In der Tat genügten die Reformen Katharinas II. dem russischen Adel in einem Punkt, der weiterhin auf dem Programm seiner Forderungen stand, nicht: dem der Teilhabe am politischen und administrativen Leben des Kaiserreiches. Schtscherbatow hätte eine Monarchie gewünscht, der durch einen Rat der ›Weisen‹, die aus den großen Familien kamen, Grenzen gesetzt sein sollten. Der reichste Teil des Adels hielt sich für das Äquivalent der britischen *gentry* und wünschte, im Rahmen der ständischen Gliederung, die ihm die Charta von 1785 zugestanden hatte, in wirksamerer Weise die Verwaltung der Provinzen übertragen zu bekommen. Von diesem *self-government* auf örtlicher Ebene wollte nun aber die autokratische Regierung nichts wissen. Von daher rührt das Interesse, das die russische Aristokratie den Nachrichten aus Nordamerika, dann aus Frankreich entgegenbrachte, sofern sie Niederlagen des Absolutismus meldeten. Dieses Interesse wurde natürlich durch die Furcht eingeschränkt, die Französische Revolution könnte die ganze Sozialstruktur der europäischen Länder bedrohen.

Die russische Aristokratie war also selbst bei autokratischem Regime über die Ereignisse draußen gut informiert. Dies ist nur ein Aspekt ihrer zahlreichen Entlehnungen bei der westlichen und besonders französischen Kultur. Eine Art, ihr Prestige herauszustreichen, war die Nachahmung der französischen Erziehungsweise: der französische Erzieher war wie der Koch in jedem guten Hause eine wichtige Person unter der Dienerschaft; dank ihm wurden der fließende Gebrauch des Französischen und die Vertrautheit mit literarischen und philosophischen Texten wie auch mit dem Tanz und der Reitkunst zum Zeichen echter gesellschaftlicher Vornehmheit. Diese Art der Erziehung erteilten auch Privatinstitute; abgesehen von den Militärakademien, deren Besuch den Fortgang der militärischen Karriere erleichterte, waren sie die einzigen Anstalten, die die adligen Familien als für ihre Kinder passend erachteten. Die Unterlagen der Pariser Buchhändler bescheinigen, daß von der Regierungszeit Ludwigs XVI. bis zum Konsulat die Käufe an französischen Büchern von seiten der St. Petersburger Kundschaft beträchtlich sind. Natürlich konnten die philosophischen Gedanken dem Geist nur ein exotisches Ornament sein und der Umgang mit ihnen nur eine gesellschaftliche Zerstreuung. Allerdings gab es Ausnahmefälle, in denen hochherzige Geister versuchten, die Ideen und die soziale Wirklichkeit Rußlands miteinander in Einklang zu bringen, und in allgemeinen Maximen die Prinzipien der Freiheit aufstellten, deren Privileg sich die russische Aristokratie eigentlich vorbehalten wollte; aber dann ›entnationalisierten‹ sich diese wagemutigen Geister und setzten sich jeder Gefahr aus. Dies war das Los Nowikows und vor allem Radischtschews.

Nach Anfängen als Zeitungssatiriker stand Nowikow in den siebziger Jahren durch Vermittlung seines Freundes Schwartz, der Freimaurer war, unter dem Einfluß des deutschen Pietismus. Während der Beitritt der russischen Aristokratie zur Freimaurerei in der Mehrzahl der Fälle nichts als eine Schwärmerei für konservativ denkende mondäne Kreise und stark theosophisch gefärbt war, entsprang er bei Nowikow dem Enthusiasmus für die philanthropische und humanitäre Rolle des Intellektuellen: so muß sein Handeln an der Spitze des Gelehrtenvereins verstanden werden, den er 1782 gründete und mit dessen Hilfe er versuchte, das Buch jedermann zugänglich zu machen und den Unterricht in den Volksschichten Moskaus und anderer Provinzstädte zu verbreiten. Bei manchen seiner Schüler, wie etwa Kretchetow, mündete dieser Enthusiasmus in egalitäre und demokratische Forderungen. Als Chefredakteur des *Moskauer Journals* trat Nowikow bei der Informierung seiner Zeitgenossen über die Anfänge der Französischen Revolution selbst in den Vordergrund. Aber bemerkenswerter noch ist der Fall Radischtschew. Einer reichen Gutsbesitzerfamilie aus der Gegend von Saratow entstammend, an der Universität Leipzig ausgebildet (wie es für die glänzendsten jungen Aristokraten gebräuchlich war), stellte dieser hohe kaiserliche Beamte, der Fachmann für Wirtschafts- und Sozialprobleme war, eine organische Verbindung zwischen der Lektüre Rousseaus oder Raynals und dem Studium der sozialen und politischen Verhältnisse seines Landes her. Die *Reise von Petersburg nach Moskau* (1790) ruft die russischen Bauern zur sofortigen Beseitigung der Leibeigenschaft, der Autokratie und der geistlichen Macht der orthodoxen Kirche auf revolutionärem Wege auf und denkt sie sich durch eine Republik ersetzt, deren Führer den ländlichen Massen entstammen.

In seinem utopischen Werk gibt Radischtschew den Bauern die Macht: eine zweifellos natürliche Lösung für einen Denker, in dessen Augen in Rußland die Mittelschicht nicht existierte. Dennoch war in den Städten für seine Ideen eine Anhängerschaft vorhanden — und für die Ideen der Französischen Revolution. Seit 1770 hebt sich in den beiden Hauptstädten das kulturelle Niveau der russischen Bevölkerung. Der Kreis derer, die lesen, erweitert sich: »Gegenwärtig«, schreibt Komarow (selbst freigelassener Leibeigener), »geben sich unsere lieben Mitbürger, und nicht nur die Adligen, sondern auch die Leute mittleren und niederen Standes, der Lektüre von Büchern aller Art hin.« Sie schreiben auch: Zeitungen und Flugblätter. Die Nachfrage nach Lesestoff ist sogar größer als das Angebot der Druckereien, die erst seit 1783 frei sind: von daher rührt der Erfolg der handgeschriebenen Kopien, die statt der zensurierten Bücher kursieren. Karamsin, der auf die Seite der Reaktion übergewechselt ist, bekennt 1802 selbst: »Es gibt kaum ein Land, in dem die Zahl der Wißbegierigen so schnell wie in Rußland gewachsen ist [...] Es gibt noch viele Adlige, [...] die keine Zeitungen in die Hand nehmen; aber dafür lesen sie bereits die Händler und die Bürger gern. Die Ärmsten abonnieren, und die Ungebildetsten wollen wissen, was man über fremde Länder schreibt.« Diese Bürgerlichen, die auf ernsthaften Lesestoff und politische Informationen versessen sind — Studenten, Kanzleiangestellte, Schreiber, Journalisten, Künstler, Schriftsteller mit und ohne Talent —, sind der erste Kern eines revolutionären Bürgertums, das sich in St. Petersburg im Kreis des Kaufmanns Erkow oder dem des Druckers Okorokow versammelte, bevor die Reaktion am Ende der Regierungszeit Katharinas stärker fühlbar wurde. Um irgendeine Aussicht zu haben, die Zukunft Rußlands zu beeinflussen, hätte es nach dem Beispiel Frankreichs eines Aufstandes der Bauern bedurft. Aber dieser Aufstand konnte vorerst nur als Möglichkeit ins Auge gefaßt werden, die seit 1775 zwar von der Regierung gefürchtet wurde, die aber nicht vorauszusehen und ohne politische Bedeutung war. Es kann sein, daß die russischen Leibeigenen in ihren Bezirken vom Sieg der Bauern in Frankreich gehört hatten. Als sie aber 1812 mit den französischen Truppen, die in ihr Land eindringen, in Berührung kommen, nutzen sie das nicht zu einer Revolte aus und demonstrieren auf ihre Weise eine Art nationalen Widerstand.

Dieser Zustand relativer Durchlässigkeit ging Rußland unter dem Druck der Regierung und aufgrund der sich wandelnden Einstellung des Adels bald verloren.

Katharina II. ergriff persönlich die Initiative, Rußland den eindringenden philosophischen Gedanken und Nachrichten über die Französische Revolution zu verschließen; sie verleugnete damit viele Seiten ihres Werks und warf die schlecht getragene Maske ab. Im Sommer 1790 läßt sie Radischtschew verhaften, und in einem Schnellverfahren wird er zu zehn Jahren Zwangsverschleppung nach Sibirien verurteilt. Klubs und Vereine werden in den beiden Hauptstädten geschlossen. Die Freimaurer, und als erster Nowikow, werden der revolutionären Verschwörung verdächtigt. Zwei Jahre später wird er verhaftet und für fünfzehn Jahre in Schlüsselburg eingesperrt. Am 8. Februar 1793 werden die russischen Häfen und Grenzen den französischen Importen und damit den Druckschriften verschlossen. Die scharf überwachte Presse berichtet nicht mehr über die Ereignisse in Frankreich. 1794 werden die ersten Bände einer Gesamtausgabe der ins Russische übersetzten Werke Voltaires beschlagnahmt. Alle diese Maßnahmen bringen die unerlaubte Einführung und heimliche Verbreitung von Büchern, Graphiken und Karikaturen revolutionären Geistes nicht zum Stillstand; aber dies ist das erstemal seit der Regierung Peters des Großen, daß Rußland sich wieder so in sich verschließt. An den Theologischen Akademien ist der französische Unterricht verboten.

Die Denkströmungen im Adel gehen zur gleichen Zeit in verschiedene Richtungen. Die Angst vor der revolutionären Seuche unter den Leibeigenen und die Furcht, die der Sieg von Valmy weckt, stacheln den Adel gegen die Philosophie der Aufklärung und gleichzeitig gegen die Französische Revolution auf. Karamsin beschimpft sein Jahrhundert: »Zeitalter der Aufklärung! In Blut und Flammen erkenne ich dich nicht; ich erkenne dich nicht inmitten von Mördern und Ruinen.« Einige sensible junge Leute begehen Selbstmord, ahnend, daß ihre Hoffnungen auf soziale Versöhnung zerstört werden. Etliche Ökonomen zögern nicht mit der Empfehlung, das Wachstum der Städte und ihrer verderbten Gesellschaft zu hemmen, um das Reifen der revolutionären Keime in Rußland selbst zum Stillstand zu bringen. Vor allem aber sinkt das Ansehen Frankreichs zugunsten des englischen Einflusses. Großbritannien beherrschte schon weitgehend die Gedanken der Großgrundbesitzerkreise aufgrund des sehr bedeutenden Handelsaustausches zwischen den beiden Ländern. Als Heimat Burkes und Pitts erscheint es den Russen als sicherstes Bollwerk der überlieferten Kultur gegen die neue französische Barbarei. Wenn in der russischen Aristokratie überhaupt noch aufklärerische und liberale Geister vorhanden sind, die darüber hinaus überzeugt sind von der immer dringlicheren Notwendigkeit, das kaiserliche Regime durch eine neuerliche Anstrengung zur Modernisierung der Institutionen zu konsolidieren, so wenden sich diese Geister nach England, wo übrigens viele von ihnen erzogen worden sind. England wird um 1800 in Rußland als Musterstaat gefeiert, in dem die Interessen der Monarchie und die der Aristokratie auf bewundernswürdige Weise in Einklang gebracht worden sind. Adam Smith, Bentham und die britische Verfassung sind jetzt die bevorzugten Themen der seriösen Presse. Aber auch der moralische Einfluß des Methodismus in der dem schottischen Ritus verpflichteten Freimaurerei und der Einfluß der schwärmerischen Literatur und vorromantischen Poesie Englands erfüllen die Russen mit Sentimentalität und Religiosität und bereiten die Erfolge des Mystizismus in den Jahren 1800 bis 1820 vor. Außerdem wird durch die Kritik an der Gallomanie das Vordringen des politisch-kulturellen Nationalismus sichtbar. Seine ersten Äußerungen hatte man schon bei Lomonossow feststellen können, der vor der Akademie in St. Petersburg die deutsche Theorie von der Herkunft des russischen Staates von den Warägern zurückwies. Bei Nowikow und Krylow ging die Kritik am aristokratischen Kosmopolitismus Hand in Hand mit den Angriffen gegen das System der Privilegien und Leibeigenschaft, und auf der anderen Seite verband sich bei ihnen die Begeisterung für die nationalen Traditionen mit der Verteidigung der Rechte des Volkes. Von nun an aber dient die Verherrlichung der russischen Geschichte und Sprache der Sache der politischen Reaktion.

Auf politischer und militärischer Ebene nahm der Kampf Rußlands gegen das revolutionäre Frankreich trotz heftiger Wortwechsel nur indirekte Formen an und entwickelte sich erst spät. Katharina II. beschränkte ihre Rolle auf ermutigende Gesten gegenüber den Emigranten und ließ sich sehr gern den konterrevolutionären Kreuzzug gefallen, den andere unternahmen: die Österreicher und die Preußen. Zunächst war sie in ihren zweiten Krieg gegen die Türkei und in einen Konflikt mit Schweden verwickelt. Später nützte sie die Tatsache, daß die Heere der deutschen Mächte in Westeuropa gebunden waren, aus, um erneut eine aktive Polenpolitik zu treiben, die sie mit dem gemeinsamen Interesse bemäntelte, wobei sie behauptete, die gänzliche Zerschlagung Polens sei notwendig zur Unterdrückung einer jakobinischen Revolution, die direkt vom französischen Beispiel inspiriert sei. Seit dem Sturz Robespierres dachte die Kaiserin weniger denn je daran, sich direkt mit Frankreich anzulegen: sie setzte ihre Hoffnung auf eine reaktionäre Entwicklung der Thermidorianer und nahm ganz am Ende ihrer Regierungszeit das unsinnige Projekt eines Zuges nach Indien wieder auf.

Die Regierung Pauls I. schlug allerdings eine andere Richtung ein. Die Befreiung Nowikows, Radischtschews, Kosciuszkos und anderer von der politischen Polizei Inhaftierter bedeutete in Wirklichkeit nichts anderes als eine Abrechnung mit einer verhaßten Mutter nach deren Tode. Paul I. faßte zum erstenmal den Plan eines konterrevolutionären Kreuzzugs unter russischer Führung. In Vorwegnahme der mystischen Träume seines Nachfolgers ließ er sich zum Hochmeister des Malteserordens ausrufen, in dem er die Blüte der europäischen Aristokratie zu versammeln hoffte — eine erste Version der Heiligen Allianz. Praktisch waren die russischen Truppen im zweiten Koalitionskrieg (1799) nichts als das unglückliche Werkzeug der englischen und österreichischen Strategie: während die eine Armee in Holland nicht vorankam, weil sie von den Engländern schlecht versorgt wurde, wurde die zweite (Korsakow) von Masséna in der zweiten Schlacht von Zürich geschlagen, weil sie sich dem österreichischen Ziel, die Schweiz zu befreien, gebeugt hatte; die dritte (Suworow), die in Norditalien glänzend gesiegt hatte und den Einmarsch nach Frankreich von Süden her plante, erhielt schließlich den Befehl, Richtung auf die Schweiz zu nehmen, und am Ende blieb ihr nichts anderes übrig, als sich nach Osten zurückzuziehen.

Zwei Ereignisse ändern um 1800 die äußeren und inneren Perspektiven der russischen Politik. Zunächst der 18. Brumaire. Die Verärgerung des Kaisers über seine Verbündeten trägt ohne Zweifel dazu bei, daß er Bonaparte in seine Pläne einbezieht und ihn sich als Neubegründer der Autorität, vielleicht sogar bald der Monarchie vorstellt und als einen möglichen Bundesgenossen bei der Teilung des Vorderen Orients und im Kampf gegen die See- und Handelsvorherrschaft Englands. Das zweite bewegende Ereignis ist die plötzliche Erhebung der russischen Aristokratie. Die Autokratie hatte unter der Regierung Pauls I. schnell die Form äußerster Willkür angenommen; diese schien die Rückkehr in die finstersten Jahre des 18. Jahrhunderts anzukündigen. Eine Reihe von Ukassen hatte die meisten Privilegien, die Katharina II. zugestanden hatte, zerstört und wieder sehr strenge Verpflichtungen im militärischen und zivilen Staatsdienst eingeführt; die Schikanen und Strafmaßnahmen gegenüber einzelnen nahmen zu. Dieser Stand der Dinge brachte den Adligen den Wert der ständischen Freiheit zu Bewußtsein, die sie in den vierzig vorhergehenden

Jahren errungen hatten, und ebenso deren ganze Unsicherheit. Gleichzeitig konnten die Einsichtigsten unter ihnen feststellen, wie unzureichend die militärische Stärke Rußlands war, wenn seine Truppen sich auf Abenteuer außerhalb ihrer gewohnten Operationsfelder einließen. Das Verlangen nach einer liberalen und reformerischen Monarchie wurde in dem Augenblick wieder mächtig, als Frankreich vertrauenerweckendere Züge annahm. Konnte die allgemeine Erleichterung hervorrufende Ermordung Pauls I. (24. März 1801) und die Thronbesteigung eines Fürsten, der Schüler des waadtländischen Revolutionärs Laharpe war, den Auftakt zu einer neuen Phase des aufgeklärten Absolutismus bedeuten?

5. Frankreich und Europa zur Zeit Napoleons

I. IN FRANKREICH: EINE NEUE AUFFASSUNG DER POLITISCHEN STABILITÄT

Als »ein Idol von 15 Tagen« verspottete Duverrier vor dem Tribunat Bonaparte. Damit eröffnete er eine feurige Opposition, die freilich nur kurze Zeit dauern sollte. Daß es ein Idol von 15 Jahren hätte heißen müssen, wissen wir heute. Man darf sogar vermuten, daß diese 15 Jahre nur das Vorspiel einer viel längeren politischen Phase gewesen wären, wenn Napoleon nach Amiens oder nach Tilsit Mittel und Wege gefunden hätte, auf seine militärische Überlegenheit eine dauerhafte internationale Regelung zu gründen. Doch Napoleon Bonaparte gelang es, eine politische und soziale Stabilität im Innern herzustellen, die Konstituanten und Direktorium nicht erreicht hatten. Später, im Juli 1804, dankt der *Journal des Débats* – ein offiziöses Blatt allerdings – der Vorsehung, »uns zu dem Ziel geführt zu haben, das wir 1789 erreichen wollten«. Diese ›Vorsehung‹ ist nichts anderes als das politische Genie Bonapartes, in dem persönliches Prestige und wagemutiger Einsatz der Macht vereinigt sind mit einer realistischen Einschätzung der inneren Situation Frankreichs als eines politischen Kräftespiels.

Die Revolution, die gegen die königliche Macht begonnen worden war und so nachdrücklich auf der Verlagerung der Souveränität bestanden hatte, endet mit der Abdankung der Mehrheit der Staatsbürger.

Begierig nach möglichst unbeschränkten bürgerlichen Freiheiten, scheinen die Franzosen mit der politischen Freiheit nichts mehr anfangen zu können. Die *Décade Philosophique* – Organ einer Gruppe von Aufklärern, die zu den eifrigsten Anhängern Bonapartes vor seiner Diktatur gehören – begrüßt in der Verfassung des Jahres VIII einen »neuen Gesellschaftsvertrag«, der es der französischen Bevölkerung ermöglichen werde, ihren Geschäften im Schutze einer starken Regierung nachzugehen. Die Revolution war von unten ausgegangen; daß sie endlich das ganze französische Sozialgefüge durchdringe, erhofften sich die Söhne der Philosophen von einem aufgeklärten Despoten. Sie glauben ihn im General Konsul gefunden zu haben, den Garat 1797 bei seiner Wahl ins Institut »einen Philosophen« genannt hatte, »der für einen Augenblick an der Spitze der Armeen erschienen sei« – in Bonaparte: ein republikanischer Philosoph, obendrein ein strate-

Abb. 14: Bonaparte als Erster Konsul zwischen seinen Mitkonsuln Cambacérès und Lebrun

gisches Genie auf politischem und militärischem Gebiet. Volney, der beinahe Konsul und Minister geworden wäre, ist jedenfalls Senator wie Cabanis, Garat und Tracy; als Vertrauter auf Malmaison schmeichelt er sich, die graue Eminenz des neuen Regimes zu sein und seinen Freund Bonaparte mit der Elite von 1789 umgeben zu können. Der Erste Konsul speist die Hoffnungen der damaligen Technokraten, die zu regieren verstehen und die Prinzipien wahren. Dementsprechend erntet er das Vertrauen all jener, die – wie man es auch bei heutigen Wählerschaften noch feststellt – nur danach verlangen, die Sorge um den Staat in die Hand eines kompetenten und ruhmreichen Mannes zu legen.

Der Erste Konsul ist zunächst der Garant der Sicherheit. Sicherheit der Person und des Eigentums in einem Land, das ebensosehr die royalistische Reaktion wie die revolutionären Auswüchse fürchtet und sich angeekelt fühlt von Terror und Gegenterror. Das Konsulat hat nicht gezögert, in diesen Punkten Klarheit zu schaffen. Es verzichtete auf das Geiselngesetz, die Zwangsanleihe, die Deportation der Priester und beseitigte das Problem der Emigranten;

aber es zerstreute auch jeden Zweifel über eine mögliche Restauration, indem es den Erwerb der Nationalgüter und das Verschwinden des Feudalwesens gewährleistete.
Wie konnte das Gleichgewicht zwischen offenbar widersprüchlichen Richtlinien aufrechterhalten werden? Gewiß nicht durch den Appell an Schlagworte wie *juste milieu* oder ›Schaukelpolitik‹, sondern dadurch, daß man einen Schlußstrich zog und ein neues Blatt aufschlug. Die Geschichte Frankreichs beginnt im Jahre 1800 neu. »Bürger, die Revolution ist an die Prinzipien gebunden, nach denen sie angetreten ist. Die Revolution ist zu Ende« (Bonaparte in der *Proclamation publique de la Constitution de l'an VIII*, 15. Dezember 1799). Und mit ihr ist auch die Zeit der Parteiungen vorbei. Bonaparte, der nichts wäre ohne die Revolution, ist jedoch weder ein Patriot von 1789 noch ein Königsmörder von 1793, er ist nur ein Offizier, der ziemlich spät in die Politik eingetreten ist und der — nach dem Ausspruch der Madame de Staël — dazu neigt, die politische Geburt eines jeden vom 18. Brumaire her zu datieren. »Ich bin national«, sagt er gern nach dem Staatsstreich; »es gibt nur noch eine einzige Partei«, wiederholt er noch 1805. »Die Regierung will und kennt keine Parteien mehr und sieht in Frankreich nur noch Franzosen«, äußert Lucien Bonaparte, Innenminister, in einem Rundschreiben an die Präfekten vom März 1800. Man besteht also nachdrücklich auf dem Gedanken der nationalen Versöhnung und Einmütigkeit. Eine Einmütigkeit, von der immer deutlicher werden sollte, daß sie ihr Prinzip einzig in der Treue zur Person des Herrn finden darf. Er allein ist — nach seinen eigenen Worten — befugt festzustellen, »was bei der Durchsetzung der [revolutionären] Prinzipien tatsächlich möglich ist«.
Dieser Realismus hat ferner den Ersten Konsul bewogen, unter Berücksichtigung der allgemeinen Stimmung darauf zu verzichten, gegen den Klerus zu regieren, und hat ihn dahin geführt, die Beziehungen von Kirche und Staat neu zu regeln. Diese Neuregelung ist bestimmt von Gesichtspunkten der Macht und der Nützlichkeit. Man muß den religiösen Frieden wiederherstellen, indem man mit dem Papst verhandelt, mag das dem revolutionären und voltairianischen Bürgertum passen oder nicht, und mit Pius VII. umgehen, »als befehligte er 200 000 Mann«. Der große Trumpf Bonapartes bei den Verhandlungen um das Konkordat ist, daß er bis zu einem bestimmten Grade die Zukunft der römischen Kirche in seiner Hand hat: wenn er Frankreich in ein nationales Schisma hineinzieht, dann wird sich das ganze katholische Europa in Einzelkirchen auflösen. Was die Nützlichkeit angeht, so ist sie politisch und sozial. Abgesehen von der Armee kann die Macht an niemandem einen besseren Halt finden als an denen, die die Gewissen steuern. Die Religion ist »das Geheimnis der sozialen Ordnung«. Welch ein Irrtum seitens der neuen herrschenden

Klassen zu glauben, daß sie ihre Interessen wahren könnten, ohne diese Stütze zu ergreifen! So gesehen ist das Konkordat ein wesentliches Element der nationalen Versöhnung. Aber ebenso ist zu berücksichtigen, was diese Integration des Klerus in das System des Despotismus an reaktionärer Ideologie freisetzt, die die ganze Bewegung der Empfindsamkeit verstärkt. Theologische und religiöse Werke für den Gebrauch der Gläubigen, fromme Romane erscheinen in großer Zahl. Die Rationalisten, die mit den Republikanern verschmelzen, sind in die Defensive gedrängt angesichts der Popularisierung der konterrevolutionären Philosophie: Rivarol, ein kleiner französischer Burke, macht die Aufklärung für das Unglück der Französischen Revolution verantwortlich, weil sie die Ideen und Institutionen der Vergangenheit zersetzt habe. Im *Génie du Christianisme* legt Chateaubriand »der Eitelkeit des Wissens [...] fast all unser Unglück« zur Last. »Die Jahrhunderte der Gelehrten haben stets Jahrhunderte der Zerstörung hervorgebracht.« La Harpe rühmt die Überlegenheit des christlichen Ritters über den griechischen Helden. Das Frankreich des Konkordates strebt danach, die ›ewigen‹ Werte wiederzufinden. Es verwirft die Aufklärung als militante Philosophie eines Kampfes, der sein Streitobjekt verloren hat.

Sollte aber die innere Stabilisierung Frankreichs dauerhaft gelingen, mußte es nach außen stets siegreich sein. Der militärische Erfolg würde die endgültige Zerstörung des *ancien régime* in Frankreich gewährleisten. Aufgrund des Sieges wäre Bonaparte nicht nur ein – wie Joubert meint – »bewundernswerter Zwischenkönig«. Der Sieg würde auch die fortschreitende Betonung des persönlichen Charakters der Macht annehmbar machen, der sich äußert in einem theatralischen Dekor mit wechselnden Titeln, Kostümen und Palästen. Man hat im Zusammenhang mit dem Kaiserreich von einer ›Steuerung des Denkens‹ gesprochen: aber Bonaparte hat mehr noch auf die Einbildungskraft gewirkt und die öffentliche Meinung bis zur letzten Stunde durch seine glanzvollen Manöver in Bann gehalten. Über innere Zustände nachzudenken, hatte er dem Volke abgewöhnt; draußen bot er ihm weiterhin den Luxus der Herrschaft, die jedoch tatsächlich oft nur elende Plünderei war. »Ich wirke nur auf die Einbildungskraft der Nation«, erklärte er gegenüber Volney im April 1800, »sollte mir dieses Mittel fehlen, werde ich nichts mehr sein, und ein anderer wird mir nachfolgen.«

Napoleon Bonaparte hatte, was die allgemeinen Prinzipien angeht, in der Übereinstimmung seines Handelns mit bestimmten, tief eingewurzelten Neigungen der Nation seine Macht gefunden. Aber auf der Ebene der politischen und sozialen Institutionen, deren Errichtung er persönlich lenkte, hat er sich von den der gemäßigten Bourgeoisie – sie hatte durch die Männer vom Brumaire ihr Vertrauen in ihn gesetzt – liebgewordenen Formen deutlich entfernt. Konsulat und Kaiserreich trugen zur Einpassung der Revolution von 1789 bei, zugleich aber verleibten sie dem öffentlichen Leben Frankreichs traditionelle Elemente des autoritären Reformismus ein, der auf die Zeit vor der Revolution zurückging und kaum Gelegenheit gehabt hatte, in Frankreich Früchte zu tragen.

Wenn Napoleon versicherte: »Das eigentliche Volk Frankreichs sind die Kantonalpräsidenten und die Präsidenten der Wahlkollegien; das ist die Armee« und nicht »zwanzig- oder dreißigtausend Marktweiber oder derartige Leute, [...] der unwissende und verdorbene Pöbel einer großen Stadt«, dann teilte er nur die Meinung der Notabeln, vor denen er sich verbeugte. Aber wie er der politischen Demokratie den Rücken kehrte, so verwarf er auch das parlamentarische Regierungssystem: seit 1802 waren Tribunat und *Corps Législatif* nur mehr Fassaden. Napoleon Bonaparte zog es vor, unterhalb dieser Ebene gelegentlich auf das allgemeine Wahlrecht zurückzugreifen, das anläßlich von Plebisziten wiederauflebte. Oberhalb dieser Ebene wandte er sich bei jeder Gelegenheit an den Staatsrat (*Conseil d'Etat*), der das beratende und gesetzgebende Organ war. Diese eigentliche Regierungsversammlung, die er eingesetzt hatte und der er sogar vorstand, war eine Versammlung aller Talente und großen Geister, mit denen er sich zu umgeben liebte. Die Schwäche des Senats, keine repräsentative Versammlung zu sein, nutzte er aus, um ihn nur eine Domestikenrolle spielen zu lassen.

Daß über die Wünsche der Gemäßigten erheblich hinausgegangen wurde, als die Entwicklung zur monarchischen Regierungsform in den Jahren 1802—1804 deutlicher wurde und sich beschleunigte, ist evident. Die *Plaine*, die ›Ebene‹ hatte 1793 die Diktatur des Wohlfahrtsausschusses als notwendig zugelassen. Die Thermidorianer hatten das allgemeine Wahlrecht durch das Zweidritteldekret verhöhnt. Die Direktoren hatten Gewalt gebraucht, um sich an der Macht zu halten. Aber die Männer des Brumaire hatten nicht die Absicht, einen Kaiser zu küren, als sie den General Bonaparte zum Staatsstreich drängten. Ohne Zweifel ist der Text des Senatskonsults vom 18. Mai 1804 nur scheinbar paradox: »Die Regierung der Republik wird einem Kaiser übertragen«; das hieß: Bonaparte spürte die Hinfälligkeit der Errungenschaften der Revolution, solange sie nur an seine ständig von Verschwörungen bedrohte Existenz gebunden waren, und beschloß, sie durch Erblichkeit zu konsolidieren. Auf diese Weise die Revolution, wie von Gentz sagte, zu ›heiligen‹, zu ihrem Nutzen den Mythos des Königtums in Anspruch zu nehmen und dem *ancien régime* zu trotzen, indem man das Kaiserreich ausrief: war das nicht ein geschickter Schachzug? Dennoch glich Napoleon Bonaparte von nun an immer mehr einem Souverän des 18. Jahrhunderts, der bemüht war, um Frankreich ein Netz dynastischer Interessen zu weben und diese durch Heiratsverbindungen mit den ältesten herrschenden Familien zu verknüpfen – mit denen allerdings, die er nicht enteignet hatte. Er verstärkte die Zweideutigkeit noch dadurch, daß er gleichzeitig seine Macht immer willkürlicher ausübte; daß seine Pläne immer undurchschaubarer wurden; daß er den Staatsrat immer seltener konsultierte, und zwar je mehr sich die große Gesetzesarbeit, die über den Staatsrat gelaufen war, ihrem Ende näherte; daß er in zunehmendem Maße von unbedeutenden Mitarbeitern umgeben war und – während seiner immer häufigeren Abwesenheit – der Zensur und Polizei eine so bedeutende Rolle bei der Aufrechterhaltung der Ordnung zugestand, daß die Atmosphäre von nun an weit mehr an das Österreich des Grafen Pergen erinnerte als an das liberale Frankreich von 1790.

Ein weiteres zweideutiges Moment: die Wiedereinführung des Adels, die der bürgerlichen Gleichheit und der Einheit der Gesetze, die der *Code* so nachdrücklich festlegte, zu widersprechen schien. Gewiß, dieser Adel glich in nichts dem früheren; er sollte Sammelbecken für jene sein, die sich durch ihre Verdienste um den Staat auszeichnen würden. Das war jedoch ein ganz dem *ancien régime* verpflichteter Gedanke, der einem reformerischen König als Schiedsrichter zwischen den Ständen zum Erfolg hätte verhelfen können. Durch die persönliche Bindung an den Souverän, die Hierarchie der Titel und das Haften am Grundbesitz konnte der kaiserliche Adel, der den Überlebenden der alten Aristokratie sowieso unerträglich war, vielen Franzosen, bei denen die neue Leidenschaft der Gleichheit über die gesellschaftliche Eitelkeit siegte, nur verdächtig sein.

Infolge der bedeutenden Veränderung, die das Regime von seinem Beginn im Staatsstreich bis zu seinem Kulminationspunkt im Kaisertum durchmachte, war es unvermeidlich, daß eine unzerstörbare Randopposition gegen die große, von Bonaparte gewünschte Politik des Ausgleichs fortbestand oder wiederauflebte.

Die liberale Opposition war die erste, die sich zeigte, und nach ideologischer Herkunft und Hinterlassenschaft die bedeutendste. Sie versammelte Politiker und Intellektuelle, die zwar noch immer eine starke Regierung wollten, aber auch den freien Gebrauch ihrer kritischen Fähigkeiten in einem aktiven politischen Leben forderten. Dazu gehörte Madame de Staël, die als Tochter der Aufklärung und trotz der Leiden der Revolution weiter an die Idee des politischen Fortschritts glaubte und ihren Pariser Salon zum Sprachrohr der aufgeklärten Öffentlichkeit machen wollte. Dazu gehörte Benjamin Constant, der verlangte, das Tribunat solle eine in ihrer Arbeit freie Versammlung sein, die eine effektive Kontrolle über die Gesetzgebung ausüben könne. Dazu gehörte die *Décade Philosophique*, die die Organisation einer konservativen Opposition wünschte, um einen »nationalen Geist zu formen«. Im ganzen waren es nur eine Handvoll Oppositioneller. Aber ihre Tätigkeit störte und beunruhigte Bonaparte in höchstem Grade. Er war im Grunde von der Überlegenheit des Geistes über den Säbel überzeugt und deshalb entsetzt über die Aussicht, die schmeichelhafte Zustimmung der Männer des Geistes zu verlieren. Darum das Exil der Madame de Staël, der es gelang, den entschiedenen Frauenfeind Bonaparte zur äußersten Wut zu treiben; darum die Säuberung des Tribunats, das immer mehr zum Schweigen gezwungen wurde; darum auch die Anstrengungen, hier und da zu besänftigen: so waren de Cabanis und de Volney unter den ersten, die in die Ehrenlegion aufgenommen wurden, die aber trotzdem in schweigender Ablehnung und hochmütigem Verzicht verharrten — eine Form indirekten Widerstandes, der aber zweifellos auf psychologischer Ebene sein Ziel erreichte. Ein unüberbrückbarer Antagonismus brachte diese Männer in Opposition zum Herren Frankreichs. Dies zeigt den ganzen Abstand, der die Männer des Brumaire bald von der ursprünglichen politischen Schöpfung, dem Konsulat, trennte. Gestützt auf ein französisches Bürgertum, das in seiner Mehrheit weniger Ideen als Interessen hatte, nahm Bonaparte in seinem zynischen Machtdenken an, die Regierung repräsentiere das Volk und habe es also keineswegs nötig, dem Volk Garantien in Form von störenden Deputierten zu liefern. Die Liberalen befriedigte es wenig, das Eigentum besser geschützt zu sehen als die individuellen Freiheiten, und sie wollten als politische Elite mit dem Wunsch, ihre Rolle zu spielen, umgekehrt die Macht den Regeln eines politischen Idealismus unterwerfen.

Der liberalen Opposition fehlte als Grundlage die Unterstützung des Volkes. Doch hatte sie wenigstens den Trumpf in der Hand, viele Parteigänger in manchen Körperschaften zu haben: in der Armee, den zentralen Verwaltungen, im Lehrstand und im *Institut*. Der gemeinsame Nenner dieser Opposition war bald im Antiklerikalismus gefunden — denn sie interpretierte das Konkordat als das augenscheinlichste Zeichen der Reaktion, der sich der Erste Konsul verschrieben habe.

Auf der anderen Seite hielt sich die royalistische Opposition, die der Anhänger der Bourbonen und die der Vertreter der Gegenrevolution, die sich wie früher auf England und die westlichen Provinzen stützte und sich der Verschwörung und der Überlebenden der *chouannerie* bediente. Das Konkordat und der kaiserliche Katechismus verhinderten, daß sich die Solidarität des katholischen und monarchischen Glaubens wiederherstellte, die der Revolution soviel Schaden zugefügt hatte. Aber ab 1808 ließ der Konflikt mit dem Papst diese Solidarität teilweise wiederaufleben, wenigstens soweit sich in der Geistlichkeit und bei der Masse der Gläubigen eine ultramontane Strömung zu entwickeln begann. Diese Opposition bekam eine gewisse Brisanz durch den Bruch zwischen Chateaubriand und dem Kaiser. Der berühmte und sehr beliebte Literat konnte es sich erlauben, Bonaparte mit Nero zu vergleichen und auch in diesem Kaiserreich das »Schweigen der Verächtlichkeit« zu beschwören, ohne mit dem Gefängnis Bekanntschaft zu machen. Es war ein Schlag für Napoleon, die Unterstützung des ehemaligen Emigranten zu verlieren, der zu Beginn des Konsulats in hervorragendem Maße zur nationalen Versöhnung beigetragen hatte.

Schließlich mißbilligten alle Wirtschaftskreise die Politik des Kaisers, als deutlich wurde, daß sie die unbestimmte Verlängerung des Krieges einschloß. Die Schwankungen des Rentenkurses an der Pariser Börse bezeugen es unter anderem: in weniger als einem Monat, im Verlauf des Juli 1807, in der Zeit zwischen der Unterzeichnung des Tilsiter Friedens und der Rückkehr Napoleons nach Paris, stieg er wieder von 61 auf 93 Francs – den höchsten Kurs der Regierungszeit. Das Jahr 1813 wiederum sollte von einem heftigen Sturz der Rente wie auch der Aktien der Bank von Frankreich gekennzeichnet sein.

Aber die Loyalität der Massen trug den Kaiser fast bis zum Schluß – und daran kann man ermessen, wie recht Bonaparte hatte, dem politischen System Frankreichs plebiszitären Charakter zu geben. Weder die royalistischen Komplotte, die die terroristische Hinrichtung des Herzogs von Enghien nicht überlebten, noch die Intrigen der Generäle oder Minister, die wie Malet ungeschickt und unbedeutend waren oder wie Fouché und Talleyrand auf lange Sicht vorbauten, hatten Aussicht, eine tiefer greifende Bewegung ins Leben zu rufen. Das heißt nicht, daß mit der Zeit nicht starke Motive für Unzufriedenheit in der Bevölkerung entstanden wären. Die Konskription, die Napoleon bei seinen Schmähern den Namen ›der Menschenfresser‹ eintrug, wurde um 1810 sehr drückend – die beträchtlichen Desertionen bezeugen es: 1813 waren es bei fast einer Million Aufgerufener 250 000. Die Bauern empörten sich über die Gendarmen und Militärs der Streifenkommandos, welche Jagd auf diejenigen machten, die sich nicht stellten, und die bei den gesetzestreuen Bürgern einquartiert waren. Die Fahnenflucht verknüpfte sich teilweise mit der Wirtschaftskrise. Die schlechte Ernte von 1811 brachte einen heftigen Preisanstieg mit sich, der im Frühjahr 1812 seinen Höhepunkt erreichte. Ihn begleitete und verlängerte eine industrielle Krise, die die Kontinentalsperre und die ungünstige Entwicklung des Krieges nach sich zogen: ab 1813 wurden viele Außenstände blockiert und Exporte unterbrochen. Schließlich wurde die Steuerbelastung ebenso unerträglich wie die Blutsteuer; Ende 1813 stiegen alle Steuern durch Zuschlags-Centimes und -Décimes von 10 auf 30 % – besonders die städtischen Eingangszölle und die Salzsteuer wurden betroffen –, während die Beamtengehälter um 25 % gekürzt wurden. Aber all diese Plagen hatten nicht die direkten politischen Rückwirkungen, die sie hätten haben können und die die Anhänger der Bourbonen herbeiführen wollten, als sie im Frühjahr 1814 versuchten, die Franzosen mit dem Slogan ›Nieder mit der Konskription und den Sammelsteuern‹ auf die Barrikaden zu bringen. Denn Napoleon ließ 1812 Preise für Brot und Mehl festsetzen und hatte damit ein günstiges Echo bei den Sansculotten. Andererseits wurden aber im gleichen Jahr anläßlich von Hungerrevolten in Caen mehrere Demonstranten, darunter Frauen, erschossen. Dennoch wirkte die Aussicht auf militärischen Ruhm immer noch wie Opium auf den Schrecken, den die Konskription hervorrief.

Umsonst also hatte die gesamte Opposition – Republikaner und gemäßigte Anhänger des Versuchs einer legitimen konstitutionellen Monarchie – ihre Hoffnungen auf den Anschlag Malets gesetzt, der mit den ersten Schwierigkeiten des Kaisers in Rußland zusammenfiel. Doch der Alarm war ernst gewesen: während Napoleon Clarke, seinen Kriegsminister, beauftragte, der Öffentlichkeit den Umfang der Verschwörung zu verheimlichen, ließ er Malet und dreizehn Komplizen erschießen und setzte den Präfekten des Departements Seine, Frochot, ab. Das Erwachen der Versammlungen ließ so lange auf sich warten, bis die Truppen der Verbündeten an den Grenzen Frankreichs standen und der allgemeine Überdruß bis hin in die Reihen der Armee zu erkennen war, wo sich einige zum Verrat anschickten. Am 28. Dezember 1813 forderte Lainé – ein Girondist! – vom *Corps Législatif* für »die Nation die freie Ausübung ihrer politischen Rechte« und versetzte Napoleon damit in Wut. Am 3. April 1814 erhob der Senat unter dem Schutz der Besatzungsmacht die Anklage: Napoleon hatte die Verfassungen verletzt, als er aus eigener Initiative die Steuer erhob und den Krieg erklärte; er war verantwortlich für die Staatsgefängnisse, die Zensur, die Wirtschaftskrise, für die Ablehnung von Friedensverhandlungen, während doch die Wiederherstellung des Friedens »der offene Wunsch aller Franzosen« war. Am 8. April wurde das Idol von der Spitze der Siegessäule an der Place Vendôme heruntergerissen.

Der Sturz Napoleons war der Auftakt zu einer neuen Periode der Instabilität in der politischen Geschichte Frankreichs. Die elf Monate der Ersten Restauration und die drei Monate nach der Rückkehr von der Insel Elba schließen unter diesem Gesichtspunkt mit zwei Mißerfolgen ab. Die Erste Restauration etablierte ein System, das juristisch die mittleren Schichten von den politischen Rechten fernhielt, die Freiheiten einschränkte und, obwohl es seinerseits die sozialen Errungenschaften von 1789 konsolidierte, sich in der Tat mit zu reaktionären Hintergedanken trug. Es mußte sich zwangsläufig unbeliebt machen und die Liberalen noch einmal in die Opposition treiben. Die Hundert Tage zeigten deutlich die Unfähigkeit Napoleons, die Rolle zu wechseln und das Gewand eines konstitutionellen Monarchen anzulegen, und ebenso deutlich die

Weigerung seiner Gegner, an die Zukunft eines Regimes und eines Mannes zu glauben, die durch ihre Beziehungen zu Europa endgültig belastet waren. Die unbedeutende und episodische Rolle, die damals Benjamin Constant spielte, der Redakteur der Zusatzakte zu den Verfassungen des Kaiserreichs (*Acte Additionnel aux Constitutions de l'Empire*), illustriert deutlich die unsichere Laufbahn und ständige Enttäuschung der politischen Erben von 1789 — sie zeigt die Notabeln auf der Suche nach einem Staat, der sie schützt, ohne sie zu ersticken.

II. DAS EUROPA DES KONTINENTALSYSTEMS

Das napoleonische Europa war offensichtlich in erster Linie ein Europa, das einer militärischen Eroberung anheimfiel, wie sie in ihrer geographischen Ausdehnung bis dahin ohne Beispiel in der Geschichte Frankreichs gewesen war; zweifellos erfüllte sie die höchsten Forderungen, welche an eine organisierte und über die damaligen Mittel verfügende Armee gestellt werden konnten. Diese Eroberung unterscheidet sich von der vor 1799 darin, daß sie allein die politische Konstruktion stützte, die der Eroberer sich vorstellte. Gewiß, sie blieb durchaus revolutionär: zwar waren die Regierungen zwischen 1800 und 1815 zuweilen geneigt, mit Napoleon zu verhandeln, als ginge es um die Regelung zwischenstaatlicher Konflikte traditionellen Charakters, aber die Führungsschichten, die im Lager der Verbündeten durchweg Aristokraten waren, hörten nicht auf, die mit dem Vordringen der französischen Truppen einhergehende Subversion anzuprangern. Nicht ohne Grund zitterten sie um ihre Privilegien und ihre Vorrangstellung, da sie ja schließlich Napoleon und die antifeudalistische Revolution von 1789 gleichsetzten. Schon 1800 bezeichnete ihn Pitt als »den Sohn und Helden aller Greuel der Revolution«. Erzherzog Karl, der sich im gleichen Jahr in Böhmen aufhielt — einem Land, das allerdings nicht gänzlich in den Händen der Priester war und einen nationalen Geist bewahrte —, beunruhigte es, dort die Bauern in ungeduldiger Erwartung des Feindes zu finden: »Wir werden unsere Herren töten und nichts mehr bezahlen.« Und Napoleon selbst sagte in eindrucksvoller Knappheit angesichts der Reaktionen des Auslands auf die Hinrichtung des Herzogs von Enghien: »Ich bin die Französische Revolution.«

Doch der Geist der Eroberung ist nicht mehr der gleiche, ebensowenig wie ihre technischen Modalitäten und ihr politisches Ergebnis. Es ist kein ideologischer Eroberungsgeist mehr: kein Kreuzzug für die Freiheit, kein nationaler Verteidigungskrieg mehr — zumindest nicht in der Zeit zwischen der Stabilisierung von 1801/1802 und den düsteren Tagen von 1814/1815. Zweifellos enthält der anglo-französische Teilkonflikt Elemente der perma-

nenten Feindschaft. Seit 1803 brechen erneut der unüberbrückbare Gegensatz der Wirtschaftsinteressen und die heftige Anglophobie der Franzosen auf, der die Abneigung der Engländer gegen Person und Politik Bonapartes nicht nachsteht: Spiegelbild eines Antagonismus im politischen, sozialen und geistigen Verhalten, der zweifellos ebenso tief zwischen Frankreich und Großbritannien wie zwischen Frankreich und dem übrigen Kontinent war, welcher noch das Gesicht des *ancien régime* trug. Aber wenn die Stabilisierung des Friedens und der Grenzen gerade gegenüber dem Kontinent nach Amiens nicht vollzogen war, so beruhte das, wie mit den Jahren immer deutlicher wurde, auf der Strategie Napoleon
die sich die Kontrolle über Europa anmaßte
Nachgeben zu zwingen. Die Eroberung hing a
rismus des gewaltsam eingesetzten Regimes
erster Konsul«, erklärt Bonaparte, »ähnelt n
von Gottes Gnaden, die ihre Staaten als ein
muß sich durch Handlungen hervortun und folg
Sie war schließlich Ausdruck des persönliche
Hegemoniestrebens eines Mannes, der geneigt w
vollen Erscheinungen der nationalen Vergangen
oder sich mit ihnen zu identifizieren: mit Jean
der nationalen Unabhängigkeit«, deren Statue i
der aufstellen läßt; mit Karl dem Großen, den e
nen Vorgänger« nennt und an dessen Grab er im
auf einer Reise durchs Rheinland, die ihm die
Bevölkerung eintrug, andächtig verharrt. Ebens
überzeugt, daß er über Werkzeuge für eine un
legenheit verfüge und ganz gleich welches Land
werfen, verwalten und verbessern könne mit H
daten, seiner Staatsräte und des *Code*, dem er sei
Er war schließlich ein Mann, der sich, wenn H
einen so unzureichend bekannten Charakter wie
laubt sind, als ein moderner Alexander betrachte
Adler mit ausgebreiteten Schwingen als Emblem … lichen
Herrschaft wählen wollte.

Das Instrument der Eroberung, die napoleonische Armee, trug noch viele Züge der Revolutionsarmee: sie war eine Armee der Massen, die auf der Konskription beruhte, die jedem Möglichkeiten zum Aufstieg bot und die sich auf eine starke Artillerie stützen konnte. Aber diese hervorstechenden Züge veränderten sich zunehmend; sie verlor den Charakter einer nationalen Armee in dem Sinne, den dieses Wort 1792 haben konnte. Der ungeheure Bedarf an Menschen, den der Kampf auf mehreren Operationsfeldern und die Durchführung der Besetzungs- und Überwachungsarbeit mit sich brachte, zwang Napoleon, zwischen 1806 und 1812 immer mehr auf Kontingente der Verbündeten und Vasallen zurückzugreifen. Im französischen Teil dieser Armee ließ die revolutionäre und patriotische Begeisterung immer mehr nach, obwohl sie ihr niemals ganz verlorenging. Die persönliche Treuebindung wurde immer stärker, eine Treue, wie sie nur eine so außergewöhnliche und magnetisch anziehende Persönlichkeit wie Napoleon wecken konnte. Allerdings spielte bei den höheren Offizieren auch das persönliche Interesse eine sehr große Rolle: der Erste Konsul und Kaiser wachte zwar immer eifersüchtig über den einzigartigen Charakter der Autorität, dafür aber wurden den Generälen alle materiellen Vorteile geboten und ihr Prestigebedürfnis befriedigt — hohe Gehälter, großartige Wohnsitze und der höchste Rang im neuen Adel fielen ihnen zu. Doch ist sicherlich der Einsatz dieser Armee unter einem überragenden militärischen Führer ausschlaggebend; so gesehen ist die Eroberung Ausdruck des napoleonischen Genies. Dieses Genie fehlte den ersten Generälen der Republik, denen zwar eine weitgehende strategische Initiative überlassen war, deren Fähigkeiten sich aber erst im Laufe ihrer Feldzüge herausbildeten. Napoleon Bonaparte hatte eine wissenschaftliche und technische Ausbildung hinter sich — die eines Artillerieoffiziers, der eine Militärakademie absolviert und viel gelesen hat; überdies brachte er in seine Funktion als kommandierende General bürokratische Sorgfalt mit. Aber er führte keine Neuerungen auf dem Gebiet der Strategie und Taktik ein, die ausgezeichneten Mittel, deren er sich bediente, stammten nicht von ihm. Am Abend vor der Schlacht verhalf ihm nicht die Buchführung über Männer und Ausrüstung zum Entwurf seines Aktionsplans. Wahrscheinlich lag bei Napoleon kein spezifisches militärisches Genie vor, sondern ganz einfach eine Summe intellektueller und moralischer Eigenschaften, die ihn gleichermaßen befähigten, Schlachten zu gewinnen und die höchste politische Macht auszuüben. So vielleicht müßte sein berühmter Ausspruch: »Der Krieg ist eine einfache Kunst und ganz Vollzug« interpretiert werden. Hätte er Zeit gehabt, über seine militärische Karriere zu schreiben, so wäre sicherlich ein Bericht über seine Schlachten entstanden und kein theoretisches Werk. Er besaß eine bemerkenswerte geistige Fähigkeit, die Arbeit zu leisten, die man auf einer anderen Ebene der Komplexität heute einem Elektronengehirn anvertrauen würde: nämlich eine gegebene militärische Lage zu beurteilen und eine Lösung, eine Antwort zu wählen oder auch einen Fächer von Lösungen und Antworten vorzubereiten, entsprechend den verfügbaren Mitteln und den möglichen Bewegungen des Gegners; wobei Napoleon eine Vorliebe für überraschende, kühne und riskante Entscheidungen hatte. Nicht weniger bemerkenswert war seine Fähigkeit, diese Entscheidungen in ebenso klare wie bestimmte Ordres und Instruktionen zu fassen und ihre Ausführung zu kontrollieren, zu unterstützen und zu modifizieren durch seine Anwesenheit mitten in der Schlacht, wo die physische Widerstandskraft und der Mut, den er zeigte, es ihm erlaubten, von den anderen höchste Opfer zu verlangen. Die andere Seite dieses Genies war die psychologische und menschliche Isolierung, in der Napoleon sein Kommando führte, und das grenzenlose Vertrauen auf seinen Stern, das er nie verlor. Napoleon schuf Leere um sich: keinen seiner Marschälle setzte er über seine Pläne ins Vertrauen, und er versuchte auch nicht, irgendeinen seiner Offiziere in die Kunst des Befehlens auf höchster Ebene einzuführen. Sein Generalstabschef Berthier war für ihn immer nur ein guter Befehlsübermittler. Auch wenn der Kaiser Rat einholte und zuhörte, kam es selten zu einer Meinungsänderung, selbst dann nicht, wenn ein Daru mit der ganzen Energie eines hohen Beamten, dem das sachlich Unmögliche bekannt war, widersprach. Allerdings starben die besten von denen, die ihrem Herrn eigentliche Hilfen und Stellvertreter hätten sein können, vorzeitig (wie Desaix und Kléber) oder wurden aus politischen Gründen kaltgestellt (wie besonders Moreau). Sicher, der Kaiser – er rühmte sich dessen – kannte diejenigen ganz gut, die ihm dienten, doch hielt er sie zumeist für durchschnittlich, und sie waren ihm gleichgültig. Trotzdem verwundert es, daß er nicht einen Davout, Lannes oder Soult auswählte, sondern umgekehrt aus dem Gefühl familiärer Verbundenheit anderen gegenüber Nachsicht übte, die ihnen nicht gleichkamen – wie Murat oder Eugène de Beauharnais. Noch schwerer wiegt, daß Napoleon mit dem größten Selbstvertrauen eine Reihe von Fehlern beging, die entweder seinem starren Charakter oder unzureichender Information zuzuschreiben sind: so im Fall der Kontinentalsperre, des spanischen Krieges und schließlich des russischen Feldzuges.

Das politische Ziel der Eroberung wurde erst nach und nach klar: 1801/1802, nach Lunéville und Amiens, steht zunächst nur die Konsolidierung der natürlichen Grenzen und der Satellitenstaaten zur Debatte. In die Zeit von 1806/1807 fällt die fruchtbarste Phase der Neuordnung Europas durch Napoleon: Madame de Staël sollte zu Unrecht die Einsetzung von Souveränen die »große Maskerade Europas« nennen. Die Idee einer großen Konföderation europäischer Staaten um Frankreich herum scheint durch beim Einsatz der dynastischen Beziehungen ebenso wie im Protektorat der Rheinbundstaaten.

Ein solches Unternehmen vermischte in seltsamer Weise ganz klassische Ideen wie jene, die Zahl der Throne in der Familie zu vermehren, mit aufklärerischen Plänen wie dem, auf den Ruinen des Reiches moderne Staaten aufzubauen, die sich durch territoriale Einheit und Kontinuität, klare Grenzen, die Unterwerfung unter einen einzigen Herrscher und die Einheit des Verwaltungssystems und der Gesetzgebung auszeichneten. Sicherlich war es interessant, Baden, Württemberg und Bayern, die in den strategischen Plänen Frankreichs eine so wichtige Rolle spielten, in einen festen Widerstandskern zu verwandeln, und das direkt

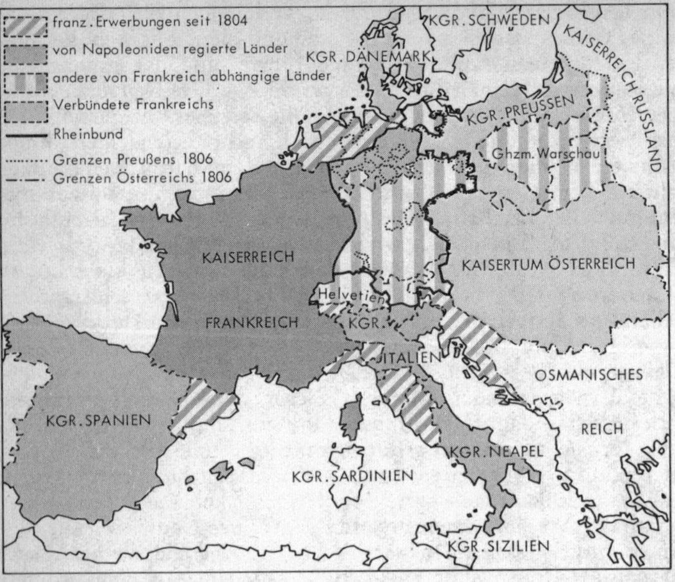

Abb. 15: Europa 1812: Napoleon auf der Höhe der Macht

unter den Augen der Preußen und Österreicher. Nicht weniger interessant war es, Sachsen, dem traditionellen Rivalen und Opfer Preußens, volles Vertrauen zu schenken, um die Kontrolle, die Preußen im Verein mit Rußland und Österreich über Osteuropa ausübte, zu brechen; kein Staat war abhängiger von Napoleon, keiner aber auch ihm treuer. 1812 wählte Napoleon Dresden aus, um im Palais Marcolini am Vorabend des Einzugs in Rußland Europas Hofwelt zu empfangen. Aber mit der Einsetzung Friedrich Augusts als König von Sachsen und Großherzog von Warschau lehnte Napoleon es ab, sich des starken Nationalgefühls der Polen zu bedienen, deren militärische Hilfe er sich zweifellos hätte zunutze machen können, um Rußland einzudämmen, anstatt dieses auf seinem eigenen Boden zu bekämpfen.

In einem dritten Stadium gewann das Kontinentalsystem seinen ganzen Umfang. Den Notwendigkeiten der Kontinentalsperre gehorchend, brachten neue Annexionen dem Großen Kaiserreich seine weiteste Ausdehnung und verleibten ihm gleichsam als Fühler nach außen die Küstenabschnitte Illyriens und Norddeutschlands ein. Die dynastische Konsolidierung des Regimes und die straffere Kontrolle über Mitteleuropa korrespondierten mit der unerwarteten Verwirklichung der österreichischen Heirat. 1811 wurde der König von Rom geboren und ebenso der große Plan, Paris in die Hauptstadt Europas zu verwandeln. Die Niederlage des Zaren als Präludium zur erhofften Kapitulation Englands und die Herabsetzung des Papstes zum Funktionär des Kaiserreichs sollten den Bau vollenden. Der Wille zur Zentralisierung, der dem Gedanken der großartigen Huldigung innewohnt, die alle Herrscher des Kontinents ihrem Herrn auf den Hügeln von Paris darbringen sollten, trat gleichzeitig in der Bemühung um wirtschaftliche Vereinheitlichung zutage. Die Kontinentalsperre war zunächst Instrument des Kampfes gegen England, den der Kaiser auf dem Meer nicht führen wollte; sie war aber auch das Bollwerk, in dessen Schutz eine neue europäische Wirtschaft aufgebaut werden sollte.

Frankreich sollte, so stellte es sich Napoleon vor, der Hauptgewinner sein: seine Grenzen würden sich allen Produkten öffnen, die für den Betrieb der französischen Industrien nötig waren, beispielsweise die Seidengarne der italienischen Staaten. Das Ausland würde die französischen Waren als Ersatz für die englischen seine Grenzen passieren lassen. Es fällt nicht schwer, die Illusionen, die in einem solchen Wirtschaftssystem lagen, aufzuzeigen: es stolperte über die uralten Gepflogenheiten des europäischen Verbrauchs und Austauschs, die einen beständigen Kontakt mit Übersee voraussetzten. Es hätte ein internationales Verkehrsnetz zu Land und zu Wasser erfordert, von dem nur Teilstrecken vorhanden waren, und eine dichte Infrastruktur des Handels und des Bankwesens vorausgesetzt, die allein der westliche Teil Europas besaß. Es widersprach zutiefst der Produktions- und Verbrauchsstruktur Europas: ebensowenig wie England im 19. Jahrhundert mit all seinen Kolonien und neuerworbenen Ländern war Frankreich in der Lage, ein sich ergänzendes europäisches Wirtschaftssystem zu erzwingen. Das Beispiel der französisch-russischen Beziehungen illustriert diesen Widerspruch bis zur Absurdität: Frankreich, selbst gelegentlich Getreideexporteur, konnte Rußland, dessen landwirtschaftliche und pflanzliche Produkte im Ausland einen großen Absatz fanden, keinen Markt anbieten; ebensowenig konnte es der Moskauer, Petersburger oder Rigaer Aristokratie das gefächerte Angebot an Produkten von einer bestimmten Qualität und zu einem bestimmten Preis verschaffen, das sie gewohnt war, über die baltischen Länder von England zu erhalten. Andererseits gab es im Europa des beginnenden 19. Jahrhunderts eine ganze Reihe ländlicher Textil- und Metallindustriezentren, die nur dann Vorteil aus der zeitweiligen Ausschaltung der englischen Konkurrenz hätten ziehen können, wenn das französische Kaiserreich sich ihren Exporten uneingeschränkt geöffnet hätte. Also war der französische Markt in Wahrheit nur den als Departements eingegliederten Territorien von Nutzen, so etwa den belgischen Industrien, die nach 1815 hart unter der Wiederherstellung der politischen und wirtschaftlichen Grenze litten. Noch einige andere

Gebiete zogen aus der Situation Vorteile: die nördliche Schweiz, die Baumwolltuche an die französische Druckindustrie lieferte; das Ruhrgebiet mit seinen Zechen; Sachsen und das Herzogtum Warschau mit ihren Industrien. Das war wenig angesichts der Tatsache, daß der normale Exportstrom nach Amerika, besonders die Tuchexporte, gestört wurden. Der Schmuggel, der sich mit der Kontinentalsperre entwickelte, ließ die Preise steigen. Kurz, die wirtschaftlichen Interessengemeinschaften, allen voran die der großen Häfen, konnten sich nicht mit den künstlichen Bedingungen abfinden, die Napoleon ihnen aufzuzwingen versuchte. Ihre Unzufriedenheit verstärkte den allgemeinen Eindruck der Verarmung, die sich die Einwohner und Regierungen für ihre enorme Steuerleistung an Frankreich einhandelten: Kriegsentschädigungen, die von den Besiegten gefordert wurden, aber auch laufende Ausgaben für den Unterhalt der französischen Besatzungstruppen und für die Aufstellung militärischer Kontingente. Die Finanzierung der französischen Kriege durch das übrige Europa weckte, abgesehen davon, daß sie einen ungeheuerlichen Entzug an Geldmitteln auf Kosten der Wirtschaft bedeutete, einen heftigen Groll, der wesentlich zur Entstehung des Nationalgefühls beitrug.

Aber der ephemere Ruhm der Schlachtfelder und die Schwäche des Kontinentalsystems dürfen nicht darüber hinwegtäuschen, daß Frankreich in mehreren europäischen Ländern, die dank Napoleon einen neuen aufgeklärten Absolutismus erlebten, tiefe Spuren hinterließ. Neu war er insofern, als er sich von den früheren Erfahrungen durch die planmäßige Beseitigung des Widerstandes der Privilegierten gegen den Reformwillen des Souveräns unterscheidet; darin zeigt sich der Einfluß der Französischen Revolution von 1789. Doch handelt es sich deutlich um einen aufgeklärten Absolutismus, denn die Reform erfolgt von oben; darin drückte sich Napoleons autoritäre Auffassung von der Regierung aus.

Am deutlichsten ersieht man aus den Institutionen der Satelliten- und Vasallenstaaten, welcher Staatsform Napoleon vorzugsweise zuneigte. In der Verfassung von 1807 für das Königreich Westfalen, das als Modellstaat für den Rheinbund gedacht war, zeigt sich die Absicht des Kaisers, auf das Wahlprinzip zu verzichten, persönliche Rechte und bürgerliche Freiheiten anzuerkennen, aber das Wahlrecht und das Recht, sich politisch zu äußern, zu verweigern: kurz, die Völker, wenn nötig, zu ihrem Glück zu zwingen. Schon in der Verfassung von 1802, die der italienischen Republik aufgezwungen wurde, zeichnete sich eine solche Entwicklung ab: das Wahlrecht war drei Kollegien zugeteilt worden, den *possidenti, dotti* und *commercianti* — dies bedeutete die Rückkehr von der Volksvertretung zur ständischen Vertretung.

Die Exekutive bleibt sehr stark und ist deshalb in der Lage, den Einwohnern eine moderne Verwaltung, eine liberale Justiz und rechtliche Gleichheit zukommen zu lassen — Abschaffung der

Leibeigenschaft und Zugang zu den Möglichkeiten beruflichen Aufstiegs je nach Talent und nicht mehr aufgrund der Geburt; niemand mehr, so dachte Napoleon, würde unter die alte Herrschaft zurückkehren wollen, hätte er einmal diese Wohltaten gekostet. Der Typ der Departement- und Präfekturverwaltung, die Zoll- und Maßeinheit und der Bau von Straßen und Kanälen hinterließen von Holland bis Italien dauerhafte Spuren. Aber die geschichtliche Bedeutung der französischen Herrschaft beruht mehr auf der Zerstörung der Gesellschaft des *ancien régime*, die im Zeitalter Napoleons tatkräftig betrieben wurde. Die Abschaffung des Feudalwesens wurde jetzt im allgemeinen nach den französischen Verfahrensweisen von 1790 vorgenommen, das heißt gegen Ablösung der dinglichen Rechte: 1806 in Neapel, 1808/1809 im Großherzogtum Berg und Königreich Westfalen, 1810/1811 in Holland, den hanseatischen Departements und den illyrischen Provinzen. Aber ebensowenig wie das Direktorium setzten Napoleon oder seine Brüder und Schützlinge die Umverteilung der Ländereien in die Tat um, die die Bildung einer neuen Klasse freier und unabhängiger Eigentümer hätte herbeiführen können. Im Rheinland und in Piemont wurden 1803 die religiösen Orden aufgehoben, 1804 wurde mit dem Verkauf begonnen; aber außer im Departement Donnersberg, das Jean Bon Saint André verwaltete, wurden die Verkäufe nicht durch Teilung der landwirtschaftlichen Flächen abgewickelt und nützten den armen Bauern nichts. In Norditalien wie in Neapel wurden die Nationalgüter vom reichen Bürgertum erworben, zuweilen sogar vom Adel; in der Provinz Salerno eigneten sich die Bauern 0,21 % der veräußerten Ländereien an; das Bodenmonopol wurde also einfach zwischen dem alten Landadel und dem Bürgertum aufgeteilt. Im Königreich Westfalen wurde mit der Säkularisierung und den Verkäufen erst 1810 begonnen. Im Großherzogtum Berg fiel nur das Eigentum der Kapitel der Säkularisierung anheim. Zu eben dieser Zeit trug der *Code Civil*, den Napoleon als Allheilmittel betrachtete, die revolutionären Begriffe, Gleichheit vor dem Gesetz, Zivilcharakter des Ehevertrags und eine neue Definition des Eigentums überall hin.

In den Rheinbundstaaten, deren Verwaltung Frankreich nicht direkt in Händen hielt, aber in denen sich das Problem der staatlichen Konsolidierung dringlich stellte, hatte das französische Modell in Anbetracht seiner evidenten Leistungsfähigkeit große Anziehungskraft auch deshalb, weil es erlaubte, die für die eben zu Amt und Würden aufgestiegenen Herrscher wichtigsten Probleme zu lösen. So war die in Baden, Württemberg und Bayern proklamierte Glaubensfreiheit für den Frieden der konfessionell nicht einheitlichen Staaten unabdingbar. Die Abschaffung der Steuerfreiheit des Adels, die Säkularisierung der Kirchengüter, die Kontrolle der Universitäten, der allen offene Zugang zu den Verwaltungslaufbahnen und die Beseitigung der örtlichen Sonderrechte waren Maßnahmen, die sowohl durch die Bedürfnisse des Staates an Geld und Talenten wie auch durch die Notwendigkeit, die fürstliche Macht zu festigen, erzwungen wurden. Aber andere Aspekte und bestimmte Lücken in ihren Reformen weisen darauf hin, daß sich eben diese Staaten an die klassische Tradition des aufgeklärten Absolutismus hielten: das hieß, die Herrscher schonten die Aristokratie und vermieden um jeden Preis, daß sie sich gegen den Thron auflehnte – wie der Rat Josephs II. gelautet hatte, der im Aufruhr seines Reiches starb. Deshalb wurde die Leibeigenschaft überall, wo sie noch existierte, entschädigungslos abgeschafft, während die anderen Elemente der Feudalherrschaft für ablösbar erklärt wurden, wenn sie nicht, was z. B. in Baden und Württemberg der Fall war, fortbestanden, wie auch – zumindest teilweise – die Ehren- und Rechtsprivilegien bestehenblieben. Sogar im Herzogtum Warschau, auf das Frankreich über die sächsische Staatshoheit einen sehr direkten Einfluß nahm, wurde der Bauer Ende 1807 emanzipiert. Doch behielt der Grundbesitzer das Enteignungsrecht; die Fron und die anderen Lasten blieben die Kehrseite der Pachtverhältnisse: der ehemalige Grundherr, der im allgemeinen zum Bürgermeister ernannt wurde, behielt faktisch seine Polizeirechte. Infolge seiner gesellschaftlichen Kontakte, die ihn über das verbürgerlichte Frankreich hinausführten, und auch aufgrund seiner eigenen politischen Entwicklung sah Napoleon es als notwendig an, die Aristokratie rücksichtsvoll zu behandeln. Alles in allem blieb Polen unter Napoleon dem Preußen Hardenbergs sehr verwandt.

III. ÖSTERREICH UND PREUSSEN ZWISCHEN REFORM UND REAKTION

Die Umwälzung in den deutschen Ländern, die mit der dreifachen Niederlage Österreichs (1801, 1805, 1809) und der Vernichtung Preußens (1806) zusammenhing, war einer der spektakulärsten, aber auch der fruchtbarsten Aspekte der napoleonischen Expansion. Die französische Intervention im früheren Reich – sowohl in den Fürstentümern des Rheinbundes wie in den französisch verwalteten Gebieten – ist für eine Anzahl von Reformen verantwortlich, die, obwohl in vielen Fällen unvollkommen, die betroffenen deutschen Länder unwiderruflich in eine liberale Entwicklung zogen, welche mit der alten aristokratischen Ordnung brach. Österreich und Preußen, die außerhalb des napoleonischen Systems geblieben waren, schöpften, obwohl das eine unter dem Zwang der militärischen Besetzung und das andere unter dem einer dynastischen Allianz stand, gerade aus ihrer Erniedrigung die Kraft zu einem gewissen Neubeginn. Allerdings darf man dessen Tragweite nicht allein nach dem Vokabular beurteilen, das in diesen Ländern benutzt wurde und das sogar die Regierenden

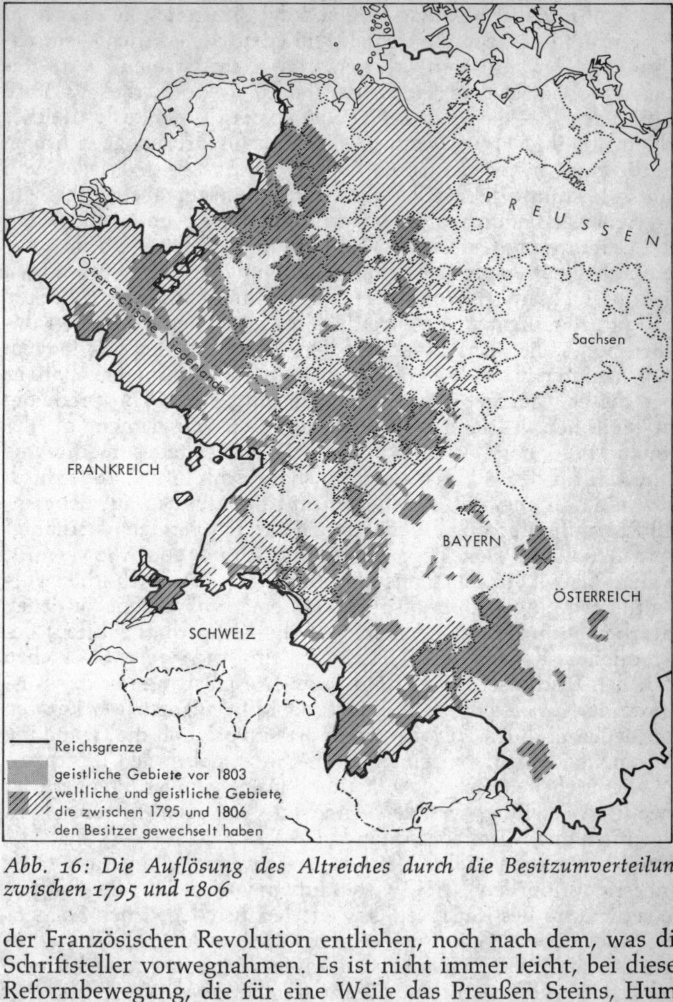

Abb. 16: Die Auflösung des Altreiches durch die Besitzumverteilung zwischen 1795 und 1806

der Französischen Revolution entliehen, noch nach dem, was die Schriftsteller vorwegnahmen. Es ist nicht immer leicht, bei dieser Reformbewegung, die für eine Weile das Preußen Steins, Humboldts und Hardenbergs und das Österreich Stadions und Metternichs beseelte, zwischen restaurativer Bestrebung oder Bewahrung der Vergangenheit und dem zu unterscheiden, was im Rückgriff auf die Tradition des aufgeklärten Absolutismus dazu beitragen könnte, diese Staaten wirklich zu modernisieren. Der Wiener Kongreß von 1815 und die ersten Nachkriegsjahre zeigten jedenfalls, wie weit die beiden ›Häupter‹ Deutschlands von der Konzeption eines einheitlichen deutschen Nationalstaates entfernt waren.

Napoleon Bonaparte entzog Rußland die Kontrolle, die es sich im 18. Jahrhundert über die Angelegenheiten des ›dritten Deutschland‹, das der mittleren, kleinen und Kleinststaaten, hatte anmaßen wollen. Dies ›dritte Deutschland‹, ein politisches Vakuum ähnlich dem, das das ehemalige Polen an der Ostflanke des Reiches bildete, machte er in wenigen Jahren zum dritten gewichtigen Faktor eines neuen deutschen Gleichgewichts. Beim Frieden von Lunéville konnte dieses Gleichgewicht noch akzeptabel erscheinen. Preußen war dadurch nicht beunruhigt, weil es im Grunde über jede Demütigung Österreichs Genugtuung empfand und im übrigen auf die versprochenen Entschädigungen auf dem rechten Rheinufer rechnete, wo es die aktive Intervention Frankreichs noch nicht befürchtete. Österreich selbst konnte eine größere Konzentration seiner Territorien auf dem Weg über den seit langem beabsichtigten Tausch der Niederlande für realisierbar halten; aber dieser Tausch brachte dem Habsburgerreich einen Zugang zur südlichen Adria und festigte nicht das Fundament an der Donau. Besonders Artikel 7 des Friedensvertrages machte die Bahn frei für den ›Reichsdeputationshauptschluß‹ von 1803 durch die Ankündigung, daß die Staaten mit Besitzungen auf dem linken Rheinufer durch Säkularisationen auf dem rechten entschädigt werden sollten. Der Deputationshauptschluß von 1803 wurde verhängnisvoll für das Haus Habsburg. Mit den kirchlichen Fürstentümern gingen in der Tat die besten Verbündeten (zu denen natürlich auch die freien Städte und die Ritterschaft zählten) des katholischen Kaisers unter; hatte doch ein Bruder Josephs II. eben noch den Bischofssitz von Köln inne. Die Übertragung der Kurwürde der Erzbischöfe von Trier und Köln auf den Markgrafen von Baden und den Herzog von Württemberg und die Gründung eines neuen Kurfürstentums Hessen-Kassel gaben den Protestanten die Mehrheit im Kurkollegium. Dagegen war Preußen der jeweilige Gewinner bei der Annexion von vier Bistümern in Westfalen und Mitteldeutschland.

Begreiflicherweise hielt Österreich es für notwendig, mit Hilfe einer Koalition den Krieg wiederaufzunehmen, um die traditionelle Struktur des Kaiserreichs wiederherzustellen: jenen Staatenbund, der für das Gleichgewicht der Kräfte in Mitteleuropa unerläßlich war, jene organische Harmonie der großen und kleinen, weltlichen und geistlichen Fürstentümer, deren Vortrefflichkeit die Rechts- und Geschichtslehre der kaiserlichen Universitäten stets gerühmt hatte. Aber der Krieg von 1805 verlief unglücklich und schlimmer noch das Jahr 1806. Abgesehen vom Prestigeverlust traf die Auflösung des Kaiserreiches Österreich in seinen militärischen Möglichkeiten, denn sie machte der Rekrutierung eines Teils seiner Regimenter und seiner Offiziere ein Ende, die bis dahin von der Ritterschaft gesichert worden war. Ohne sich die Titulatur des zum Einsturz gebrachten Reiches hinzufügen zu müssen oder zu wollen, entzog Napoleon I. Österreich die Kontrolle über die deutschen Staaten dank dem originellen und wirksamen Rheinbundsystem: er organisierte westlich der Linie Weser-Thüringen dauerhaftere politisch-territoriale Einheiten und schuf die Grundlagen für eine mühelose Rekrutierung größerer militärischer Kontingente und zu gleicher Zeit einen Kreis souveräner Fürsten, die durch handfeste Interessen an ihn gebunden waren. Dies alles veranlaßte Preußen, das bis dahin in seinen Beziehungen zu Frankreich sehr zurückhaltend und den österreichischen Koalitionsvorschlägen gegenüber taub gewesen war, auf das Bündnis mit Rußland zu setzen und noch einmal auf dem Schlachtfeld den alten, von Friedrich II. ererbten militärischen Apparat auszuspielen. Nachdem Frankreich über den Rhein zurückgedrängt wäre, wollte Preußen seine beherrschende Position zwischen Rhein, Elbe und Main, die von den jüngsten Veränderungen direkt betroffen war, wiederherstellen. Jena trug Preußen neben dem Zusammenbruch einer veralteten Armee eine unbarmherzige Behandlung ein — viel größere territoriale Einbußen, als sie Österreich im Vertrag von Preßburg hinnehmen mußte, zudem militärische Besetzung und finanzielle Ausbeutung. Zur gleichen Zeit wurde der Rheinbund nach Osten ausgedehnt und griff mit dem Königreich Sachsen und dem Herzogtum Warschau um Österreich herum, das fürchtete, demnächst seinerseits zerstückelt oder von dem neuen, zugleich politischen und dynastischen System, das der Einbildungskraft Napoleons entsprungen war, geschluckt zu werden.

Die unmittelbar drohende Gefahr und zugleich das Privileg einer noch gewahrten Bewegungsfreiheit führten zu einer neuerlichen Auflehnung in Wien, das zum letzten Widerstandszentrum gegen die französische Herrschaft und damit zu einem Symbol wurde. Stadion in der Kanzlei, Metternich in der Pariser Botschaft: zwei Reichsgrafen, der erste aus schwäbischem, der zweite aus rheinischem Geschlecht. Sie repräsentierten am Wiener Hof die Emigration der Opfer Napoleons und seiner Satelliten und standen einer Kriegs- und Vergeltungspartei vor. Stadions Ansichten waren typisch reaktionär; sie zielten auf die Wiederherstellung des Reiches, die Österreich und der Aristokratie gleichermaßen zum Vorteil gereichen sollte, die freilich nur diese beiden, nicht jedoch alle anderen deutschen Fürsten wünschten. Die Ansichten dieses Schülers von Burke und Freundes von Pitt verbanden sich mit einer ideologischen Haltung, die nicht weniger konterrevolutionär war. Als Diplomat brachte er in langer Arbeit die Dritte Koalition zustande und mußte das Scheitern der glühend herbeigewünschten Offensive 1809 mit seinem Sturz bezahlen. Metternich teilte mit Stadion diesen Eifer und wünschte wie er, die Herrschaft Österreichs über ganz Deutschland, einschließlich Preußens, wiederherzustellen. Aber er hing nicht mit derselben

Begeisterung an den Prinzipien, sondern brachte in die österreichische Diplomatie viel mehr Realismus und zeigte im ganzen eine bemerkenswerte Anpassungsfähigkeit an die neue politische Situation in Mitteleuropa, dem gewohnten und direkten Aktionsfeld seines Landes. Seine soziale Zugehörigkeit, seine Ausbildung und Erfahrung konnten ihn die Revolution nur hassen lassen: doch er akzeptierte sie als zwar ärgerliche, aber in Rechnung zu stellende Gegebenheit — ebenso wie die Macht Napoleons, die Veränderung der deutschen Staaten und die Zerstörung des Reiches. Man hat im Zusammenhang mit diesem Erben der Kabinettsdiplomatie des 18. Jahrhunderts von ›Bonapartismus‹ gesprochen — insofern mit Recht, als er, statt den gänzlich abgestorbenen Leichnam des Reiches wiederzubeleben, auf den Gedanken kam, das System des Rheinbundes für Österreich zu übernehmen, das den Habsburgern erlauben sollte, wenn einmal die Episode der französischen Hegemonie abgeschlossen sei, den Ambitionen Preußens und Rußlands Widerstand zu leisten.
Bei der Vorbereitung des Krieges wollte Stadion Frankreichs Methoden übernehmen: eine nationale Armee aufbauen und die ganze Gesellschaft patriotisch beflügeln — ein Weg, den zu verfolgen ihn die Nachrichten über den spanischen Aufstand bald ermutigten. Das ist der Sinn der Aufstellung der ›Landwehr‹ und der heftigen offiziellen Propaganda. Aber wenn Stadion und seinesgleichen von ›Nation‹ sprachen, dann beschworen sie die traditionelle Vorstellung vom Volk als Gegensatz zur Regierung oder vielleicht bestenfalls jene kulturelle Gemeinschaft, mit der die Schriftsteller die Geister allmählich vertraut machten. Ihr Nationalgefühl konnte nur das der Aristokraten sein, welches das alte Reich, das viel schöner war, seit es nicht mehr existierte, mit einem Schein sehnsüchtiger Liebe umgab. Im Volk hätte die Entstehung eines wirklichen Nationalgefühls wie im Frankreich des Jahres 1792 nur auf die völlige Zerstörung des Feudalwesens folgen können: von diesem Stadium war man weit entfernt in einer Monarchie, in der man bloß den Plan, die Zusammensetzung der Landtage zu erweitern, zu hegen brauchte, um des Jakobinismus beschuldigt zu werden — besonders in der Umgebung Franz' II. Der Lobpreis der alten deutschen Nation durch Literaten oder Historiker, z. B. die Brüder Schlegel oder Hormayr, beschränkte sich in seiner Ausstrahlungskraft auf die Wiener Salons. Im übrigen war die einzige ›nationale‹ Episode des Krieges von 1809 der Tiroler Aufstand, und seine Tragweite blieb weit hinter der Bedeutung des spanischen Aufstands zur gleichen Zeit zurück. In dieser Provinz, die Napoleon Österreich entrissen hatte, um sie dem 1806 zum Königreich aufgestiegenen Bayern zu geben, und wo der Erzherzog Johann, der Baron Hormayr und Andreas Hofer einen Aufstand anstifteten, der für alle nicht-habsburgischen deutschen Länder exemplarisch hätte sein können, gelangte man

niemals über einen Lokalpatriotismus hinaus. Wegen des katholischen Glaubens war man zwar dem Kaiser in Wien verbunden, aber man hing auch nicht weniger an einer Tradition der Autonomie, die Hofer den zentralistischen Absolutismus Josephs II. hatte bekämpfen lassen — stärker als denjenigen Bayerns unter Montgelas, der sich freilich aufgrund seines militärischen Bündnisses mit Frankreich noch verhaßter gemacht hatte. Was die österreichische Armee betrifft, so genügt es, sich zu erinnern, daß sie unter der Führung Erzherzog Karls, des Oberbefehlshabers der Armee, Kriegsministers und Präsidenten des Hofkriegsrates, wiederaufgebaut wurde. Als Mann der Tradition gehorchte er allein dem Gefühl der Treue gegenüber der Dynastie und erstrebte nur eine fortschreitende Reorganisation der militärischen Kräfte, soweit es die immer beschränkten finanziellen Mittel der Habsburger erlaubten; zugleich mißtraute er einem überstürzten Krieg und jener auf der Basis der allgemeinen Wehrpflicht einberufenen Landwehr, für die sich sein Bruder Johann einsetzte. Als Metternich Anfang 1809 erklärte: »Die Sache Österreichs ist jetzt die aller Völker bis zu den Ufern des Rheins«, beschwor er also abstrakt die Möglichkeit eines nationalen Krieges für alle Deutschen und alle Stände. Die Offensive im April 1809 war eine Maßnahme der österreichischen Regierung mit eigennützigen Zielen. Sie wurde ohne Preußen begonnen — wie Preußen seinerseits 1806/1807 allein gekämpft hatte —, zu einem Zeitpunkt, als die diplomatische Lage (sichere Neutralität Rußlands) und die militärische Situation (ungenügende Heeresstärke Frankreichs und der Alliierten in Deutschland wegen des spanischen Krieges) den Truppen des Erzherzogs Karl scheinbar eine Chance ließen. Tatsächlich brachte er bei Aspern und Essling Napoleon I. Niederlagen bei, die, obwohl sie bei Wagram zunichte gemacht wurden, eine Berühmtheit erlangten, welche der der französischen Mißgeschicke auf der Iberischen Halbinsel vergleichbar war. Aber der harte Frieden von Schönbrunn, der Österreich besonders seiner südlichen Provinzen am Meer und eines Teils seines polnischen Vorfeldes beraubte, seine Streitkräfte auf 150 000 Mann verringerte und es mit schweren Abgaben belastete, zwang es endgültig, sich auf sich selbst zurückzuziehen. Als Metternich die Nachfolge Stadions antrat, bedeutete das die Aufgabe jeglicher ideologisch begründeten Politik und die Rückkehr zu einer Politik des Kampfes um das Weiterbestehen des habsburgischen Staates — in der Erwartung, es könne ein Teil seines Einflusses in den deutschen Ländern wiederhergestellt werden. Von nun an handelt es sich nur noch ums Überleben: 1810 erhielt Bayern zur Belohnung das westliche Bollwerk Österreichs — Salzburg und das Innviertel —, während die Last der Kontributionen, die zur Abtragung der Reparationen gefordert wurden, die Loyalität der Landtage wieder ins Spiel brachte. In Wien war die 1809 aufgeflackerte patriotische

Erregung tiefer Niedergeschlagenheit gewichen: die zweite militärische Besetzung durch die Franzosen, die Finanz- und Wirtschaftskrise, die unglaubliche Heirat einer Erzherzogin mit dem Todfeind von gestern und der Bankrott von 1811 wurden als düstere Vorzeichen angesehen. In dieser Lage trieb Metternich eine Politik des Bewahrens und des Opportunismus. Die Heirat Marie-Louises und Napoleons I., die mit Hilfe Schwarzenbergs, des Botschafters in Paris, vorbereitet wurde, sollte nach den Vorstellungen Metternichs die Beziehungen Österreichs zu Frankreich verbessern und damit die unmittelbare Zukunft sichern sowie das Ansehen Franz' II. innerhalb seines eigenen Kaiserreiches und bei den Rheinbundstaaten heben. Diese sollten so erfahren, daß sie nicht mehr die einzigen unter den ehemaligen Mitgliedern des Reiches waren, die von der Gunst des Herrn über Europa profitierten. 1813/1814 mußte Metternich bei der völligen Kehrtwendung, die Österreich machte, alle Mittel einer durchtriebenen Diplomatie anwenden, um Napoleon I. zu einem Vergleich zu bewegen, und vermeiden, daß Österreich sich ganz auf die Seite Rußlands schlug: dies im Blick auf die Wahrung eines europäischen Gleichgewichts, in dem die beiden großen Mächte des Ostens und des Westens sich die Waage halten sollten, ein von Österreich geschütztes Deutschland zwischen sich. Diese Diplomatie konnte sich nicht durchsetzen; sie sollte gleichwohl dem Fürstkanzler die Befriedigung zuteil werden lassen, kaum sechs Jahre nach Wagram zu sehen, wie die Hauptstadt seiner Wahlheimat zur Hauptstadt der europäischen Diplomatie wurde.

Österreich erlebte seine patriotische Erhebung 1809. Preußen gab das Signal zum ›Befreiungskrieg‹ von 1813, dem bald die ›Völkerschlacht‹ von Leipzig folgte. Aber das sind Begriffe, deren Gehalt noch sorgfältig untersucht werden muß, denn es steht zu befürchten, daß der Sinn, den ihnen einige Feuerköpfe unterlegten, oder der Gebrauch, den die Regierenden von ihnen machten, im Laufe der Zeit die Realitäten des heraufziehenden 19. Jahrhunderts verdeckt haben.

Unsicherheit taucht von Anfang an auf im Zusammenhang mit der Person, den Ideen und den Handlungen des aus der Ritterschaft von Nassau stammenden Reichsfreiherrn vom Stein — des unbestreitbar originellsten Staatsmannes, den das Preußen jener Zeit in seinen Diensten hatte. Dieser hervorragende Diener der preußischen Verwaltung, in der er seit 1780 eine glänzende Karriere absolviert hatte, weist die konservativen und sogar reaktionären Seiten auf, die schon bei Stadion gezeigt wurden, dessen Stand er angehörte: es handelt sich um die Konzeption des Reiches, die nicht auf Vereinigung aus ist, sondern nur die Wiederherstellung der Grenzen von vor 1802, der mediatisierten Dynastien und der aristokratischen Privilegien anstrebt und lediglich die Hierarchie der Staaten durch einen verstärkten föderalistischen Oberbau zementieren will. Diese Konzeption war sein Ziel seit dem geplanten Volksaufstand vom Sommer 1808, der seinen Sturz beschleunigte; sie hatte er vor Augen bei den Hoffnungen, die er auf den österreichischen Krieg von 1809 und die Aktion Alexanders I. setzte, und sie schwebte ihm schließlich 1813/1814 vor bei der Wahrnehmung jener Rolle als Verwalter der okkupierten Gebiete Deutschlands, die er als einziger ernst nahm. Die Originalität Steins liegt aber in der neuen Vorstellung, die er sich von der Struktur des preußischen Königtums machte und die von sehr verschiedenen Einflüssen gespeist wurde — von Montesquieu, von den Verhältnissen in England, die er auf Reisen und über die Lektüre Burkes kennengelernt hatte, und von der Revolution von 1789 in ihren Prinzipien, nicht aber in ihren Modalitäten. Er propagierte einen Konservativismus, dessen politische Moral die Zuneigung des Volkes zu seinem Monarchen und die Entstehung des Bürgersinns im Schoße der Gemeinden zum organischen Band des Staates machte. Diese Erneuerung des Staates setzte Reformen von einiger Kühnheit voraus: am 9. Oktober 1807 beseitigte Stein tatsächlich die Erbuntertänigkeit und alle daraus resultierenden persönlichen Abhängigkeiten. Kurz vor seinem Sturz, im November 1808, übertrug er den Stadtbürgern die Selbstverwaltung und reorganisierte die Zentralregierung auf Kosten königlicher Vorrechte durch die Einsetzung eines Kabinetts unabhängiger und verantwortlicher Minister nach englischem Muster. Derselbe Reformgeist trug das Handeln der Offiziere, die nach der Verbannung Steins den Wiederaufbau der Armee Preußens betrieben — überhaupt zeigte der Kreis der Offiziere schon immer eine bemerkenswerte Offenheit für die neuen Ideen. Scharnhorst und Gneisenau reformierten den Geist und die Rekrutierung der neuen Armee durch die Abschaffung entehrender Strafen (›Freiheit des Rükkens‹), öffneten die Offiziersränge für Bürgerliche und bildeten an der Kriegsakademie hochqualifizierte Stabsoffiziere aus. Seit 1808 empfahl die Militärreorganisationskommission die Übernahme der Wehrpflicht. Die Revolution, sagte Gneisenau, habe die nationale Energie des ganzen Volkes in Tätigkeit gesetzt. Wenn die übrigen Staaten das Gleichgewicht der Kräfte wiederherstellen wollten, dann müßten sie sich dieselben Hilfsquellen eröffnen. Aber wegen Napoleons Einspruch und der Ablehnung Friedrich Wilhelms III. mußte man sich auf ein System der Berufsarmee, die fortwährend erneuert wurde, beschränken (Krümpersystem). Im ganzen war diese 1813 übrigens nur 65 000 Mann stark, doch wurde im selben Jahr endlich eine Landwehr ausgehoben, die weitere 120 000 Mann stellte. Auch die Anstrengungen Wilhelm von Humboldts, Preußen mit genügend Mitteln zur Heranziehung qualifizierter Zivilpersonen auszustatten, müssen im Zusammenhang mit Stein gesehen werden. Nach dem Muster des napoleonischen Frankreich richtete Humboldt zu diesem Zweck 1809/1810 die Gymnasien ein, die eine hohe Allgemeinbildung vermittelten, und die neue Staatsuniversität von Berlin, aus der eine Anzahl berühmter Lehrer ein Zentrum der Forschung und der Ausbildung machte.

Aber sich vom Geist der Französischen Revolution inspirieren zu lassen, um ihr besser Widerstand leisten zu können, war eine Kühnheit, die keineswegs die durchschnittliche Haltung der preußischen Führungsschicht auszeichnete. Das damalige Preußen war nach den Gebietsverlusten von 1807 mehr denn je ein ostelbischer Staat und stand ganz unter dem Einfluß der ›Junker‹, das heißt konservativer Großgrundbesitzer, die engstirnig reaktionär waren. Zu ihnen gehörten Voss und Zastrow, die mit dem Sturz Steins 1808 in Zusammenhang standen; zu ihnen gehörten die Mitglieder der Berliner *Christlich-Deutschen Tischgesellschaft*, die den Widerstand gegen Napoleon mit der Verteidigung der traditionellen Gesellschaftsordnung, das heißt den Interessen des preußischen Adels, verband. Die Reformbewegung wurde also von den Preußen kräftig gebremst und sogar zum Stillstand gebracht. Nach 1808 hatte Stein entgegen dem äußeren Eindruck keinen Einfluß mehr auf die Geschäfte. Hardenbergs Programm setzte dann die äußerste Grenze für Reformen fest. Dieser Staatsmann verkörperte eine preußische Regierungstradition, die weit entfernt war von jeder neuartigen, liberalen, egalitären oder nationalen Idee. Hardenberg war ganz und gar gegen eine Wiederbelebung des Kaiserreichs, ebenso stand er den Staaten des Rheinbunds feindlich gegenüber, weil er nämlich, im Augenblick mit der Hilfe Rußlands, eine Aufteilung Deutschlands in österreichisches und preußisches Machtgebiet wünschte, wobei Preußen einen norddeutschen Bund anführen sollte. In Preußen war Hardenberg sicherlich einer von jenen, die die Macht des französischen Staates neidvoll begriffen und die fühlten, daß die anderen Staaten daraus lernen mußten, wenn sie nicht untergehen wollten. Aber als Modell stellte er sich ein modernes Preußen vor, das dem Josephinismus näher war als der Revolution und das durch eine Art Schiedsrichterrolle des zentralisierten Staates gekennzeichnet war. Georges Lefebvre hat es ausgezeichnet beschrieben: »Der Bürger und der Bauer sollten am staatlichen Leben teilnehmen, aber die Macht sollte dem König überlassen bleiben; die Stände sollten wegfallen, aber die gesellschaftliche Macht des Junkers erhalten bleiben.« Als Hardenberg 1810 Kanzler wurde, erlebte er Enttäuschungen, die daran erinnern, wie der Reformwille Josephs II. am Widerstand des Adels zerbrach. Er wollte sich 1811 auf eine Versammlung von Notabeln stützen, die 1812 durch eine gewählte Kammer ersetzt wurde; aber die bürgerlichen Besitzenden aus den Städten und vom Lande besaßen in ihr nicht das Übergewicht. Man kam zu einer Agrarreform, die jedoch eine Scheinreform war und deutlich zeigt, daß Hardenberg zwar den dringenden Wunsch hatte, die Macht des

Staates zu stärken, indem er den Adligen die Privilegien entzog und ihre Macht über die Bauern schwächte, daß er jedoch weder die Mittel noch wirklich die Absicht hatte, mit dem Adel zu brechen, um dieses Ziel zu erreichen. Das hätte nämlich bedeutet, die Lehre aus dem Scheitern Josephs II. zu vergessen und als Verräter und Revolutionär in einer Zeit zu gelten, in der der Konflikt mit Napoleon, dem Schwertträger der Revolution, noch nicht entschieden war. Alles in allem kann man sich fragen, ob die Jahre 1806 bis 1815 für Preußen Jahre der Reform oder Jahre einer siegreichen aristokratischen Reaktion gewesen sind. Für das erste spricht die unbestreitbare und schnelle Modernisierung der Armee: aber diese geht keineswegs Hand in Hand mit der Beseitigung des ganz und gar aristokratischen Gepräges dieser Institution. Bei den Stein-Hardenbergschen Sozialreformen jedoch war der eigentliche Gewinner auf die Länge der Junker, wenn man davon absieht, daß der Bauer die persönliche Freiheit errang, was juristisch bedeutsam war. Doch die Abschaffung der Erbuntertänigkeit hatte den Nachteil, daß auch der Bauernschutz wegfiel, das heißt, daß die meisten Garantien, die ehedem den Leibeigenen vor der Vertreibung von seiner Scholle schützten, aufgehoben wurden. Die grundherrlichen Rechte — Abgaben und Hand- und Spanndienste — entfielen nur dann, wenn der Bauer dem Grundherrn ein Drittel oder sogar die Hälfte seines Grund und Bodens überließ. Die gesamten Privilegien der adligen Gutsherren blieben bestehen, mit Ausnahme des Monopols auf Grundbesitz. So konnte eine neue Entwicklung eingeleitet werden, in deren Verlauf sich die Junker, die praktisch auf ihren Gütern und in ihren Dörfern genauso mächtig blieben wie vorher, bemühten, größere Bebauungsflächen zu schaffen, auf denen ein Arbeiter beschäftigt war, der zwar vom Leibeigenen zum Landarbeiter geworden war, der aber keine tatsächliche Besserung seiner Lage erlebte. Die marxistischen Historiker haben diesen Prozeß der Modernisierung des Feudalwesens als »preußischen Weg des Kapitalismus« bezeichnen können (vgl. unten S. 247 f.).

Woher kommt es dann, daß trotz dieses siegreichen Widerstandes der archaischen Sozialstrukturen die Deutschen die Jahre der napoleonischen Herrschaft als die Zeit empfinden, die ein neues Deutschland hervorbrachte? Weil die Ausbildung eines Nationalbewußtseins zu dieser Zeit bei der gebildeten Oberschicht schnelle Fortschritte machte. In dieser Oberschicht war schon um 1800 das nationale und kulturelle Identitätsgefühl vorhanden. Die Katastrophe von 1806 ließ sie begreifen, daß diese nationale Identität in politische Begriffe umgesetzt werden müßte, und riß die deutschen Intellektuellen aus ihrer Gleichgültigkeit. Von daher rührte ein patriotischer Schwung, der sich auf verschiedene Weise äußerte — so in der literarischen Romantik und dem philosophischen Idealismus — und aus dem die österreichische und die preußische Regierung bei den sich bietenden großen Anlässen Nutzen zur Unterstützung ihrer Politik zogen, ohne ihn selbst zu übernehmen. Während ihres Aufenthaltes in Weimar 1803/1804 äußerte Madame de Staël ihre Verblüffung über die Gleichgültigkeit Wielands, Schillers und Goethes gegenüber der europäischen Politik und über ihre Bewunderung für das individuelle Genie Napoleons. Aber eine solche Haltung sollte bald überwunden sein.

Der nachkantische Idealismus, der jetzt in Jena, später in Berlin durch die Lehre Fichtes und Schellings verbreitet wurde, verschaffte dem politischen Nationalismus eine philosophische Stütze. Der Grundbegriff dieser Philosophie ist die strukturelle Identität der Wirklichkeit und des Bewußtseins, des Ichs und des Universums, die dennoch Gegensätze sind: das Individuum muß seine Beziehung zur Außenwelt durch das Bemühen um Beherrschung und Anpassung erringen. Aber die Bestätigung des Ichs ist nicht allein Angelegenheit des Individuums; auch die Nation ist eine Persönlichkeit – eine Kollektivpersönlichkeit, die versucht, ihre Macht und ihre historische Originalität gegenüber den anderen Nationen zu behaupten. Fichtes *Reden an die deutsche Nation* heben die Begriffe ›Urvolk‹ und ›Geist‹ hervor – Symbole eines Absoluten, eines übergeordneten Begriffs der menschlichen Vernunft, der sich in den kulturellen und sozialen Formen einer determinierten Gemeinschaft manifestiert. Sie bestehen auf der Notwendigkeit, die Bürger zur Pflege der nationalen Werte zu erziehen. Eine solche Philosophie fand sich auf dem Schnittpunkt verschiedener Tendenzen des zeitgenössischen deutschen Denkens: Historismus, Romantik, Erneuerung des religiösen und mystischen Glaubens ... Mit ihnen hat der nachkantische Idealismus viele Themen gemeinsam – das geht so weit, daß er als ihre Synthese erscheint. Bis die Industrielle Revolution und die Entstehung des Mittelstandes im Laufe des 19. Jahrhunderts der Einigung Deutschlands den entscheidenden Impuls gaben, halfen die Vertreter dieser intellektuellen und geistigen Tendenzen, sie psychologisch vorzubereiten: Brentano und Arnim versuchten, das kulturelle Erbe Deutschlands mit ihrer Sammlung *Des Knaben Wunderhorn* zu popularisieren; Kleist, Herausgeber der *Berliner Abendblätter*, ließ seine *Hermannsschlacht* im Jahre des österreichischen Angriffs aufführen; Arnim propagierte noch 1813, zu einem Zeitpunkt also, da die preußischen Truppen den Rhein überschritten und gegen Frankreich marschierten, den Chauvinismus für seine Landsleute. Eine patriotische Begeisterung ist ins Leben gerufen: aus ihr geht die nationale und liberale Bewegung hervor, an deren Spitze sich die akademische Welt setzen wird. Aber die Politik der alten Staaten, weit davon entfernt, die patriotische Begeisterung zu übernehmen, war vielmehr bereit, sie zu bekämpfen, sobald die napoleonische Gefahr vorüber war.

Obwohl Napoleon selbst sich nur von November 1808 bis Januar 1809 in Spanien aufgehalten hatte, spielte dieses Land in seinem Handeln und Denken eine bedeutende Rolle. Nicht nur, weil es einen erheblichen Teil der kaiserlichen Streitkräfte absorbierte — im Laufe des Jahres 1811 waren dort 370000 Mann stationiert —, sondern weil es im Mittelpunkt der großen Pläne stand, die dem Kaiser zwischen 1807 und 1812 mißlangen. Er erkannte zeitweise die verhängnisvollen Folgen dieses Scheiterns für seine gesamte europäische Politik. Auf der anderen Seite war Spanien unter allen Ländern, die französische Besetzung und Verwaltung erlebten, das Land, das sich am gründlichsten dem Zugriff des Eroberers entzog: hier erlebte er immer nur die Illusion einer Eroberung. Die Invasion und die Fremdherrschaft gaben durch den Schock, den sie auslösten, nur Gelegenheit zu einer spanischen Revolution, die eng mit der nationalen Erhebung zusammenhing — eine Revolution, die außerhalb des französischen Einflusses und gegen ihn verlief. So erklärt sich auch letztlich das Scheitern der Reform, die von der Tradition besiegt wurde, teilweise dadurch, daß sie keine Unterstützung von außen bekam.

Vielleicht zeigt die französische Intervention in Spanien am deutlichsten den imperialistischen Charakter der Politik Napoleons auf dem Höhepunkt seiner Karriere. Der Kaiser verachtete ein Land wie Spanien zutiefst, das von der korrupten und dekadenten bourbonischen Dynastie und von obskurantischen Mönchen gelenkt wurde. Es war seine Absicht, möglichst mit dem Einverständnis der Spanier, aber im Notfall auch gegen sie, ihr Land durch Sozial- und Verwaltungsreformen zu modernisieren und dessen Hilfsmittel Frankreich zur Verfügung zu stellen. Weder die nationale Unabhängigkeit noch die nationale Einheit Spaniens wurden in Betracht gezogen. Neben der schließlich gefundenen Lösung — der Erhebung eines Mitgliedes der Familie Bonaparte auf den Thron in Madrid — hatte Napoleon auch eine Zerstückelung in Vize-Königreiche erwogen, die direkt von Frankreich verwaltet werden sollten. Spanien hatte eine doppelte Funktion zu erfüllen: es sollte seine Seestreitmacht, wenn sie einmal wiederhergestellt wäre, an der Seite der französischen und holländischen Flotten gegen England antreten lassen, und es sollte Frankreich mit amerikanischen Edelmetallen versorgen und den Handel mit seinem Kolonialreich den französischen Interessen überlassen. Den Spaniern mußte es nach Ansicht des Kaisers schmeicheln, so zu Werkzeugen Frankreichs degradiert zu werden, denn es brachte sie dafür auf den Weg des Fortschritts.

Aber Napoleon konnte sich Spaniens nicht bedienen, denn zunächst mußte er es erobern, und er konnte diese Eroberung nie zu Ende führen, obwohl seine Truppen vom Ende des Jahres 1808 bis Mitte 1812 in diesem Lande tatsächlich stets militärisch überlegen waren. Ebensowenig gelang es ihm, Spanien den Stempel seiner Reformen aufzudrücken, denn eine wirksame Macht konnte er dort nicht ausüben. Die erste Gesetzesakte für Spanien war die Verfassung, die im Juni 1807 in Bayonne durch ein Scheinparlament angenommen wurde. Sie ließ jedenfalls den Katholizismus als einzige Religion, desgleichen die Mönchsorden, die Inquisition und die Feudalrechte bestehen. Die eigentlichen Neuerungsdekrete – zumindest theoretisch – waren diejenigen, die Napoleon im Dezember 1808 in Chamartin in Angriff nahm: Auflösung des kastilischen Rats und der Inquisition, Abschaffung der Seigneurialrechte und der Feudaljustiz, Reduzierung der religiösen Orden um zwei Drittel, Abbau der Binnenzölle. Aber Joseph Napoleon, »König Spaniens und Indiens durch die Gnade Gottes und die Verfassung des Staates«, übte nur nominell eine Herrschaft aus. Die Spanier sahen in ihm immer den Usurpator, *el rey intruso*; die nationalistischen Pamphlete, die seit Cadiz in ganz Spanien verbreitet wurden, machten ihn zum Säufer, zum *Pepe Botellas* oder *el rey de las copas*. Sein Machtbereich wäre in keinem Fall über die Zone der faktischen militärischen Anwesenheit der Franzosen hinausgegangen. Selbst innerhalb dieser Grenzen aber zerrann diese Macht, der die fast einhellige Feindseligkeit der Bevölkerung entgegenarbeitete, zu nichts: denn die Generäle, die keinen anderen Herrn als den Kaiser anerkannten, verweigerten jeden Gehorsam und benahmen sich an ihren Orten wie Herrscher im eroberten Land, erschöpften obendrein alle fiskalischen Einnahmen und lähmten damit jeden Reformversuch. Joseph, dessen Qualitäten außer Frage standen, wenn sie auch seinem Bruder nicht gefielen, versuchte dennoch, mit Hilfe der *afrancesados* (›Französlinge‹) zu regieren. Mit diesem Namen oder dem der *josefinos* oder *juramentados* bezeichneten die Zeitgenossen jene Anhänger der Aufklärung, der *ilustración*, die sich oft aus ideologischer Sympathie, manchmal aus Eigennutz, aus Opportunismus oder Überdruß entschloß, den französischen König zu unterstützen. Für diese paar tausend Männer, die im allgemeinen zur administrativen und intelligenten Elite gehörten, stellte das Königtum Josephs einen dritten Weg zwischen der ohnmächtigen bourbonischen Dynastie und einer waghalsigen gewaltsamen Revolution des Volkes nach Pariser Muster dar: den Weg einer autoritären Staatsreform. Diese Staatsreform bot die einmalige Chance, die seit der Regierung Karls IV. unterbrochene Modernisierung Spaniens wiederaufzunehmen, indem man der Kirche und den Privilegierten Schweigen gebot.

Die öffentliche Meinung Spaniens sah sie als Verräter an. Man kann dennoch in ihrer Haltung eine utopischen Form des Patriotismus sehen, eines Patriotismus, der keine Aussicht auf Verwirklichung seiner Ziele hatte. Wenn entscheidende militärische Erfolge die Ordnung wiederhergestellt und die Besetzung gelockert hätten, wenn Joseph als Souverän der Herr seines Königreichs gewesen wäre und relativ unabhängig von Napoleon hätte auftreten können, vielleicht hätte die Öffentlichkeit sich ihm dann weitgehend angeschlossen, wie sie es beispielsweise für kurze Zeit in Andalusien zu tun schien. Aber die eigentlichen Könige Spaniens waren die französischen Generäle, denen Napoleon 1810 die volle Zivil- und Militärgewalt in Altkastilien und nördlich des Ebro übertrug — während er 1812 Katalonien annektierte, als ob ihm Spanien aufgrund des Eroberungsrechtes gehörte. Doch mußte Napoleon im Dezember 1813 Ferdinand VII. Spanien zurückgeben, das Land räumen und Joseph, der nun seinerseits zum *rey deseado* (ersehnten König) wurde, als Trostpflaster die Generalleutnantschaft des Kaiserreiches übertragen. So reduzierte sich im französisch kontrollierten Spanien selbst die Gesetzgebung Josephs auf einen *corpus* guter Absichten — Säkularisierung des Klosterbesitzes nach Abschaffung der Orden insgesamt, Förderung des Unterrichtswesens — und auf Schöpfungen, die sein Prestige heben sollten — Gründung der Gemäldegalerie des Prado, städtebauliche Maßnahmen in Madrid. Diese Gesetzgebung regte lediglich eine Art Wettstreit bei den liberalen und nationalistischen Reformern von Cadiz an, die nichts schuldig bleiben konnten.

Spanien erlebte also keinen aufgeklärten Absolutismus französischen Stils. Die tatsächliche Rolle der französischen Intervention in Spanien war, unter der Schockwirkung einen Volksaufstand revolutionären wie nationalen Charakters zu provozieren und damit die Bedingungen für ein (letztlich zum Scheitern verurteiltes) Experiment liberalen Reformertums zu schaffen, das Gelegenheit zu einer Abrechnung zwischen Tradition und Fortschritt bot. Eine innerspanische Abrechnung, die zur Konsolidierung einer hundertjährigen Verspätung führte.

Die Formen der Intervention und der Anwesenheit Frankreichs in Spanien zwischen 1808 und 1813 sind ein Ausnahmefall. Nirgendwo im Europa der napoleonischen Zeit lasteten sie so schwer auf dem Leben eines betroffenen Landes, und nirgendwo riefen sie eine so homogene und durchgreifende nationale Reaktion hervor. Die Beziehungen zwischen Napoleon und Spanien wurden von Anfang an durch die Enttäuschung und Beleidigung belastet, die die Spanier bei der Behandlung der Person Ferdinands VII. empfanden. Blind in ihrem Haß gegen Karl IV. und Godoy — den *Choricero** — glaubte die spanische Öffentlichkeit im Winter 1807/1808, daß die französischen Truppen nur deshalb massiv in Spanien einrückten, um einerseits den gegen Portugal eingeleiteten Angriff zu unterstützen und andererseits die Thronbesteigung des

* ›Wurstmacher‹; Schimpfwort, das sich auf die Herkunft Godoys aus Estremadura bezieht.

Prinzen von Asturien zu begünstigen. Der Ausgang der Bayonner Gespräche vom April/Mai 1808 ließ das Verhalten des Kaisers nur um so heuchlerischer erscheinen. So kam es, daß Ferdinand VII., König für einige Tage, ein feiger und niedriger Charakter, den unbefriedigtes Machtbedürfnis verzehrte, in den Augen seines Volkes zum Märtyrer der nationalen Unabhängigkeit wurde. Ebenso ausschlaggebend war die Art und Weise, in der der Kontakt zwischen den französischen Truppen und den Einwohnern der Gebiete verlief, die von ihrem Einmarsch betroffen wurden. Die Unzufriedenheit wurde bald von Plünderungen, Requisitionen und Einnahmen von Festungen genährt. In Madrid erregten die Soldaten Murats Anstoß, weil sie ständig Militärparaden abhielten, die Religion nicht achteten und sich den Frauen gegenüber allzu zwanglos benahmen. Bei den Ereignissen des 2. Mai (*Dos de Mayo*) findet man die beiden wesentlichen Aspekte wieder, in denen die Spanier ihre Würde durch die Franzosen verletzt sahen: morgens die Abreise der Infanten nach Bayonne als Sinnbild der Unterjochung des Landes; nachmittags und nachts die ›Lektion‹, die dem Madrider Mob willkürlich und bewußt erteilt wurde. Mit dem Ruf: »Französisches Blut ist vergossen worden. Es fordert Rache!« eröffnete Murat den Zyklus von Repressalien und Gegenrepressalien und warf zugleich den Funken in das Pulverfaß der allgemeinen Revolte. In dem langen darauffolgenden Krieg trugen die Franzosen ihr gutes Teil dazu bei, diesen Zyklus in Gang zu halten: Plünderungen, Verwüstungen, Massaker, deren erste Beispiele im Frühjahr 1808 die Plünderung Cordobas und die Verschickung einer Strafkolonne nach Jaén waren. Dies war die Rache für spanische Greueltaten, aber auch das Resultat der Erbitterung in der Armee: ständig wurde sie der Erfolge beraubt, die sie von ihrer Überlegenheit auf rein militärischer Ebene normalerweise erwarten konnte, und fortwährend hatte sie das Gefühl der Unsicherheit in einem Lande, dessen Bevölkerung sich ihr so geschlossen widersetzte, daß es praktisch unmöglich war, die geringste Information, die geringste ›Aufklärung‹ von ihr zu erhalten. Von 1809 bis 1812, in der Phase, in der die französischen Truppen zahlreiche städtische Zentren und die unmittelbar angrenzenden Gebiete unter straffer Kontrolle hatten, regierten die Generäle durch Terror: Requirierungen, Zwangssteuern, Unterdrückung und Hinrichtungen, die auf ungerechte und brutale Weise durchgeführt wurden. Es gab nur wenige — so Suchet —, die nicht so hart durchgriffen oder die den Sinn für persönlichen Anstand nicht verloren.

Aber daß der Krieg einen so unerbittlich grausamen Charakter, den des totalen Krieges, annahm, liegt vor allem an der besonderen Art von Widerstand, den Spanien Napoleon entgegensetzte: einen nationalen Widerstand des Volkes. Durch ihre revolutionäre Erhebung wie durch ihr wesentlich passives Verhalten bestimmten die spanischen Bauern und Handwerker im Grunde den Verlauf der Ereignisse.

Eine revolutionäre Erhebung: genau das sind der Aufstand in Aranjuez, der Madrider Aufruhr und die patriotischen Erhebungen, die später von Oviedo aus auf das ganze Land übergriffen. Die Bauern und das Gesinde von Aranjuez und den benachbarten Dörfern setzten vom 17. bis 19. März 1808 die Abdankung Karls IV. durch, töteten Godoy fast und riefen Ferdinand VII. zum König aus; die unteren Madrider Volksschichten stürzten sich, unterstützt von den Bauern aus der Umgebung und nachdem sie tagelang ängstlich auf Nachrichten aus Bayonne gewartet hatten, am Morgen des 2. Mai auf die französischen Pferde und Soldaten, während sich die Adligen und Bürger furchtsam in ihren Häusern verbarrikadierten; am 9. Mai forderte in Oviedo die von den Studenten mitgerissene Menge auf den Straßen den Krieg gegen Frankreich und setzte zwei Wochen später die Aufstellung der ersten aufständischen *junta* durch. In allen diesen Fällen handelte es sich, als Reaktion auf die Vakanz der königlichen Herrschaft und auf die ängstlich abwartende Haltung der Obrigkeit, um eine vom Volk direkt ausgeübte Souveränität, die es zu normalen Zeiten seinem König niemals streitig gemacht hätte. Das spanische Volk verdammte mit seinen Aktionen die labilen Institutionen des *ancien régime* sowie jene Kreise, die durch ihre Unfähigkeit, das Drama der Invasion abzuwenden, ihr Ansehen eingebüßt hatten, und forderte die Einsetzung einer Macht, die entschlossen war, für die nationale Unabhängigkeit zu kämpfen. Hintergrund und Rückhalt der politischen Unzufriedenheit auf dem Lande war der latente Widerstand gegen die Auswirkungen des Feudalwesens – aber die nationale Katastrophe veränderte die Prioritäten der politisch-sozialen Bedürfnisse.

Doch davon abgesehen öffneten die städtischen Revolutionen von 1808 nicht den Weg zur Umwälzung der politischen und sozialen Strukturen; ganz im Gegenteil. Es war dies eine Revolution im Dienst der Tradition, von der das Volksbewußtsein noch immer durchdrungen war, so sehr, daß die Energien der Massen nachher leicht von ultrakonservativen Elementen der Geistlichkeit und des Adels ausgebeutet werden konnten und 1814 als Stütze der Restauration – besser gesagt des Rückschritts – dienen konnten. Die Aufständischen versuchten keineswegs, die Macht an sich zu reißen; sie ließen Mitglieder der traditionell führenden Schichten die neuen *juntas* aufstellen, wenn sie entschiedene Patrioten waren. Die leidenschaftliche und fanatische Bewegung der unteren Klasse trug in sich einige stark emotional besetzte Symbole, die aber ohne Zweifel zur ältesten Tradition gehören. Zunächst das Bild des guten Königs Ferdinand VII., dessen Entfernung und Gefangenschaft stets die dem Vaterland zugefügte Beleidigung symbolisierte und dessen Rückkehr Äußerungen abgöttischer Verehrung hervorrief. Dann der katholische Glaube – vermerkte doch Madame de Staël, daß die Spanier neben den Russen das einzige europäische Volk von tiefer Religiosität seien. Ständig verknüpfen sich Äußerungen der Frömmigkeit spontan mit den Episoden des nationalen Kampfes. Im Juni 1808 leisten in Saragossa die Truppen den Eid unter der Fahne der *Virgen del Pilar;* mitten in der Belagerung und unter drohenden französischen Bombardements feiert man dort den 25. Juli mit großem Pomp, und die feierliche Sankt-Jakobs-Prozession unterbricht die Schanzarbeiten. Der Krieg gegen die Franzosen ist wie eine neue *reconquista,* die von Priestern und Mönchen angefeuert wird. Das Vaterland: das sind der König und die Religion. Ohne Kenntnis der großen Debatten der *Cortes* von Cadiz bleiben die Massen einfach loyal. Auf diese Loyalität stützt sich bei seiner Rückkehr im Mai 1814 ganz selbstverständlich Ferdinand VII. Er ist sich seines Volkes – und seiner Armee – sicher genug, um die Verfassung von 1812 und alle Reformen liberalen Geistes *en bloc* zu widerrufen.

Aber noch bevor die Volksschichten so jene politische Lösung begünstigten, die ganz den Wünschen eines Herrschers entsprach, von dem sie nicht wußten, daß er der denkbar falscheste Held war, spielten sie eine ebenso wichtige Rolle im Krieg selbst. Hätten die Franzosen immer nur die regulären spanischen Armeen vor sich gehabt, wäre der Krieg schnell erloschen. Sie hätten nämlich ohne größere Verluste alle Armeen, eine nach der anderen, ausgeschaltet, die von den örtlichen *juntas* oder der *Suprema* immer wieder aufgestellt wurden. Hätten sie weiterhin ihre Streitkräfte auf der Iberischen Halbinsel seit 1812 nicht beschränken und nicht sich deswegen Anfang 1813 immer mehr in den Norden zurückziehen müssen, wären die Bedingungen für einen siegreichen Vormarsch Wellingtons zweifellos niemals entstanden. Dagegen hätten die Franzosen sicher große Mühe gehabt, selbst bei enormem Nachschub an Truppen den Partisanenkrieg zu beenden. Durch zwei Verordnungen vom 28. Dezember 1808 und 17. Dezember 1809 bemühte sich die *Suprema,* die *guerrilla* an den offiziellen Krieg zu binden. Tatsächlich aber führten die *guerrilleros* – wenn sie nicht stark mit Offizieren alter regulärer, aufgelöster und zerstreuter Armeen durchsetzt waren und damit wirklich bedeutende militärische Einheiten bildeten – weiterhin eine Form autonomen, patriotischen Volkskrieges, dessen Unmittelbarkeit und Ursprünglichkeit ein soziales und darüber hinaus anthropologisches Phänomen sind, das im damaligen Europa ohne Beispiel war. In diesem Krieg der Freiwilligen standen Anarchismus der Deserteure und Räuber und nicht zu erschütternde Selbstlosigkeit nebeneinander. Wie in den französischen Revolutionskriegen traten außerordentliche Talente hervor, die in Friedenszeiten in der Gesellschaft keine Karriere gemacht hätten: ein einfacher Bauer wie Mina, ›der König von Navarra‹, ein Kastilier aus vermögender Familie wie El Empecinado waren weit mehr als Castaños oder Palafox Persönlichkeiten, deren symbolträchtige Aktionen weit über den Durchschnitt hinausragten. Sie waren die wirklichen Genies in dieser Lage. Sie waren sicher nur der sichtbare Teil eines verborgenen Kollektivgeistes, der wie die Erde den Kämpfer tarnte: die Bevölkerung nährte, beherbergte, kleidete und informierte ›ihren‹ Soldaten und verschluckte ihn beim Herannahen der Streifenkommandos des Gegners. So lähmten höchstens 50 000 Mann beständig die Bewegung und Versorgung der französischen Truppen, indem sie die Konvois, die von Bayonne nach Madrid unterwegs waren, zu Marschzeiten von mehr als einem Monat zwangen, obwohl ein besonderes Gendarmeriekorps als Wegschutz fungierte und starke Militäreskorten aufgestellt wurden.

Dieser Krieg erinnert an die Zeiten des Widerstandes gegen die römische Eroberung und an einen Typ des modernen Krieges, in den eine ganze Nation auf ihrem gesamten Territorium verwickelt ist. Auf einer völlig anderen Ebene und mit dem Vorhergehenden fast nicht in Zusammenhang stehend wurde gleichzeitig der Versuch einer politischen und sozialen Revolution unternommen, die der kleine auserlesene Kreis der Liberalen wünschte.

Die *juntas* in den Provinzen, die aus den Aufständen hervorgingen, wurzelten ebenfalls in dem in Spanien traditionellen und lebhaften regionalen Partikularismus, der ein starkes Nationalgefühl nicht ausschloß. Dennoch brachte die Notwendigkeit, die Franzosen wirksam zu bekämpfen, mehrere dieser *juntas* dahin, die *Suprema* in Aranjuez einzurichten, von wo sie nach Sevilla floh. Die dorthin delegierten Männer vertraten alle Strömungen: es waren konservative Extremisten wie La Romana; Repräsentanten des aufgeklärten Absolutismus wie der erste Präsident, der greise Floridablanca; gemäßigte Reformer wie Jovellanos, der für eine konstitutionelle Monarchie nach englischem Muster, eine Agrarreform und die Abschaffung der Inquisition eintrat. Eine vorläufige und oberflächliche Einmütigkeit verband sie in der Überzeugung, daß man den Sieg herbeiführen müsse und daß dafür dem Reformgeist ein Tribut zu zahlen sei. Kündigte es nicht implizit eine Erneuerung der überkommenen spanischen Verwaltungsstrukturen an, wenn man sich gegen die veraltete Amtsgewalt des Kastilischen Rates behauptete? Dennoch unternahm die *Suprema* nicht den mit dem Kriegseinsatz untrennbar verbundenen Modernisierungsversuch. Sie mußte, durch das Scheitern ihrer Armeen des Ansehens beraubt und angefochten in ihrer Autorität, weil sie keinen sehr repräsentativen Charakter hatte, der Versammlung der *Cortes* das Feld räumen.

Das war die Chance der Liberalen, denen die Umstände eine auf künstliche Weise entstandene Machtstellung einräumten. Die Geschichte der *Cortes* von 1810 ist eng mit ihrer Einsetzung im belagerten, aber unbesiegten Cadiz verknüpft – der Stadt Spa-

niens, die am wenigsten spanisch, vielmehr sehr europäisch ist. Die Versammlung, deren Einberufung sich nicht nach der traditionellen Unterscheidung der *brazos* (Stände) vollzogen hatte, sondern nach Städten und Provinzen auf der Basis der Volkszählung von 1797, fand dort die Unterstützung einer den neuen Ideen und weitgespannten Beziehungen zugänglichen Bürgerschaft, die den religiösen, wirtschaftlichen und politischen Freiheiten anhing und Leistung höher schätzte als Geburt. Schon am 24. September 1810 ließen zwei Priester ein Dekret verabschieden, das die *Cortes* mit der nationalen Souveränität ausstattete: das entsprach dem Juni 1789 ... Das Jahr 1811 war für Cadiz das Jahr der Aufklärung; die Folter und die Feudalrechte wurden abgeschafft, und man begann mit der Ausarbeitung der Verfassung, die im März 1812 feierlich angenommen wurde. 1813 wurde die Inquisition aufgehoben.
All dies löschte der im Exil lebende König ein Jahr später, kurz bevor er im Triumph nach Madrid zurückkehrte, mit einem Federstrich aus. Das wahre Spanien warf den Liberalismus über Bord, wie es den Feind aus seinen Grenzen vertrieben hatte. Die *Cortes* von 1810 bis 1813 hatten auf Spanien praktisch keinen Einfluß, da sie an der Peripherie des Landes isoliert waren. Die *juntas* waren seit 1811 fast überall von den Generälen beherrscht und hatten die Macht von Cadiz ignoriert. Die herrschenden Großgrundbesitzer und ihre Beamten hatten die Abschaffung ihrer Rechte sabotiert. Das gesamte Personal der alten Verwaltungs- und Gerichtsinstanzen, ebenfalls Opfer der Reformen, wartete auf Rache. Daß die Konservativen in den Ende 1813 ordentlich gewählten *Cortes* die Mehrheit erhielten, hatte der größte Teil des Klerus bewerkstelligt. Die höheren Offiziere gehörten im Gegensatz zu den subalternen ebenfalls zur streng konservativen Opposition. Die Unterstützung von Elío, dem Oberkommandierenden von Valencia, und von Eguía, der vom König zum Oberkommandierenden von Neukastilien ernannt wurde, machte es Ferdinand VII. möglich, den Absolutismus durch eine Aktion wiederherzustellen, die in Valencia wie in Madrid direkt an die zukünftigen *pronunciamientos* denken läßt. Die *Cortes* verstanden es nicht und hatten auch keine Zeit, die Sympathie des Volkes für ihre Sache zu gewinnen: sie hatten weder die Sozialreform in den Vordergrund gestellt noch dafür unter den Massen Propaganda gemacht. In Spanien hatten fortschrittliche Vorstellungen keinen Erfolg, da die intellektuelle Elite des Landes auf ihre Rolle schlecht vorbereitet und der Elan des Bürgertums seit dem Niedergang des Welthandels gebrochen war.

Im Rußland der Jahre 1800 bis 1815 trafen zwei politische Strömungen in entscheidender Weise aufeinander: eine stark wiederauflebende Westorientierung und eine heftige ideologische Reaktion. Die erste verdankt dem ständigen Einfluß des französischen Modells ebensoviel wie der Bewunderung für England. Der zweiten gaben die 1805 und 1812 gegen Frankreich geführten Kriege einen unaufhaltsamen Auftrieb. Daß die ›Reaktion‹ sich schließlich durchsetzte, ist auch dem persönlichen Verhalten des Zaren, dessen Ansichten sich dauernd änderten und dessen Persönlichkeit zwiespältig war, zuzuschreiben. Wenn man die ersten Jahre der Regierung Alexanders I. als liberal bezeichnen kann, so verdanken sie das viel weniger den politischen, verwaltungstechnischen und sozialen Reformen, die von sehr geringer Tragweite waren und auf das Geheimkomitee der Freunde des Zaren zurückgehen, als der Reform des Erziehungswesens von 1803/1804. Die Gründung des Erziehungsministeriums (1802), die Veröffentlichung einer Verordnung über das nationale Erziehungswesen (1803) und einer Satzung für die Universität Moskau (1804) brachten eine Reihe zukunftsträchtiger öffentlicher Einrichtungen zuwege, wenn auch ihre Anfänge mit Schwierigkeiten verbunden waren. Es handelt sich um Neuerungen, deren bildungspolitische und soziale Konsequenzen auf lange Sicht beträchtlich sein sollten: während der autokratische Staat die Heranbildung der Führungsstäbe, die ihm bitter fehlten, zu verbessern suchte, bot er zugleich der späteren *intelligencija* einen Unterschlupf; während Alexander dem Land ein schulisches Gerüst gab, legte er den Keim zur Auflösung in das Gebäude, das er durch Modernisierung zu konsolidieren suchte.

Der Zar war sich vollkommen klar darüber, daß er schlechte Berater hatte und daß die Überlegenheit Frankreichs in Europa besonders auf der Qualität seines Menschenpotentials beruhte.

»Ich habe fast nur Leute ohne vernünftige Ausbildung um mich«, sagte er 1812 zu dem britischen Gesandten Sir Robert Wilson. »Der Hof meiner Großmutter hat dem ganzen Reich eine äußerst schlechte Erziehung gegeben, die sich auf das Studium der französischen Sprache, der französischen Frivolitäten, der französischen Laster und besonders des Spiels beschränkte. Ich habe also sehr wenige Menschen, auf die ich sicher rechnen kann.« So mußte er »gegen einen höllischen Gegner [kämpfen], der mit der größten Ruchlosigkeit das hervorragendste Talent verbindet und dem die Kräfte ganz Europas helfen durch eine Vielzahl talentierter Männer, die sich in zwanzig Kriegs- und Revolutionsjahren herangebildet haben«.

Die Schulreform sollte ohne jeden Zweifel die Mobilisierung der Fähigkeiten aller Individuen auf den verschiedenen sozialen Stufen realisieren. Beispiel war das revolutionäre Frankreich. Die

Empfehlungen Diderots und Condorcets inspirierten Murawjews Vorarbeiten zur Reform von 1803. Diese richtete vier koordinierte Ausbildungsstufen ein: Gemeindeschulen, Schulen in den Bezirkshauptstädten, Gymnasien in den Regierungshauptstädten und Universitäten in den Städten Moskau, Dorpat und Wilna (1802), Kasan und Charkow (1804) sowie St. Petersburg (1819). Alle Anstalten waren den Kindern jeden Standes offen, außer Leibeigenen. Der Schwerpunkt der Lehrprogramme lag auf den theoretischen und angewandten Natur- und Sozialwissenschaften. Das offen angestrebte Resultat war die Rekrutierung qualifizierter Beamter.

»Durch die sehr hochherzige Großmut des Herrschers ausgestattet und unter kaiserlicher Schutzherrschaft erbaut«, proklamiert 1805 ein Universitätsanschlag, »hat die Universität Moskau das große Vergnügen, die jungen Leute aller Stände, die wünschen, ihren Geist mit allerlei Kenntnissen zu bereichern, einzuladen, ihr die Ehre zu erweisen, sich als Studenten einschreiben zu lassen. Die Universität verspricht feierlich, ihren neuen Bürgern besonderen Schutz und besondere Aufmerksamkeit angedeihen zu lassen und ihnen alle Rechte und Privilegien zu übertragen, die der Kaiser gewährt hat. Nach Absolvierung von drei Studienjahren können die Studierenden in der Zivilverwaltung einen Rang einnehmen, der dem des Majors in der Armee entspricht, als Anerkennung und Belohnung ihrer Arbeit an der Universität.«

Dieser Universität wurde das Statut einer selbständigen Körperschaft gegeben, die in bezug auf Lehrpläne, Zensuren und Stellenbesetzung unabhängig war und über ihre eigene Gerichtsbarkeit verfügte. In Wirklichkeit blieben die Universitäten gleichwohl den Kuratoren der sechs Bildungsbezirke unterstellt. Ihre geistige Aufgabe bestand zugleich in der Erteilung der auf den neuesten Stand des wissenschaftlichen Fortschritts gebrachten Lehre und in der Schirmherrschaft über die gelehrten Gesellschaften, die sich der Forschung widmeten (in Moskau zum Beispiel die Gesellschaft für Altertum und Geschichte Rußlands, die Gesellschaft für das Studium der medizinischen und physikalischen Wissenschaften, die Gesellschaft für Mathematik usw.). 1803 wurde auch die Akademie der Wissenschaften in St. Petersburg reorganisiert.

Diese ganze Erneuerung des russischen Geisteslebens (das übrigens immer noch stark auf Ausländer angewiesen war) erfreute sich einer unbestreitbaren Freiheit: unter der Kontrolle des Erziehungsministeriums wurden der Import von Büchern wiederaufgenommen, die privaten Druckereien wiedereröffnet und das Zensursystem gelockert. Sollte die Aufklärung, nachdem sie aus der Reform der politischen und sozialen Institutionen ausgewiesen worden war, endlich dank der Schulen ihren großen Einzug in Rußland halten? Tatsächlich wurde die Schulreform von der Aristokratie sabotiert, die normalerweise allen voran die

Gymnasien und Universitäten hätte beschicken müssen. Die Adligen warfen dem öffentlichen Schuldienst vor, die Kinder aller Klassen zu vermischen, dann, einen langen und harten *cursus studiorum* zu fordern, der von der mondänen Erziehung ›nach französischer Art‹, die sie seit der Zeit Katharinas übernommen hätten, gänzlich verschieden sei. So besuchten die Söhne des Adels weiterhin mit Vorliebe die von französischen Emigranten geleiteten Pensionate und die Militärakademien. Schließlich hatte ihre mangelnde Beteiligung Konzessionen von seiten der Obrigkeit und von 1810 an unter dem Minister Rasumowskij einen regelrechten Rückschritt des Schulwesens zur Folge. Mit der Gründung von Anstalten, die für den Adel reserviert waren, wurde eines der Prinzipien von 1803 verleugnet; es waren dies die Lyzeen (Zarskoje Sjelo, 1811; Odessa, 1817), deren Niveau zwischen dem der Gymnasien und dem der Universitäten lag, das Pädagogische Institut von St. Petersburg (das sich 1819 zur Universität wandelte), das Internat der Universität Moskau (1818). Die andere Seite der Reaktion war die Veränderung der Lehrpläne: Kuratoren wie Uwarow im Distrikt von St. Petersburg führten den Latein-, Griechisch-, Russisch- und Religionsunterricht wieder ein. Hinter dieser Entwicklung verbirgt sich eine philosophische Gegenoffensive; diese wurde mit Hilfe befreundeter Mittelsmänner von einer der ›Leuchten‹ der aristokratischen Salons geführt, dem im Exil lebenden Gesandten des Königs von Sardinien, Joseph de Maistre. Er kam 1803 nach Rußland und veröffentlichte dort 1809 seine *Principes générateurs des constitutions politiques* (›Grundlegende Prinzipien der politischen Verfassungen‹), in denen das Autoritätsprinzip mit Nachdruck verfochten wird: »Das Gesetz ist nicht eigentlich Gesetz und verfügt über eine wirkliche Sanktionierung nur, wenn man voraussetzt, daß es einem höheren Willen entsprungen ist, so daß sein Charakter wesentlich darin besteht, nicht der Wille aller zu sein.« Begreiflicherweise hatte eine solche Doktrin bei der russischen Aristokratie Erfolg. Was die Erziehung anbetraf, so sollten das Studium der Naturwissenschaften und der Naturrechtsphilosophie, die die Keime des Atheismus und Egalitarismus in sich trügen, daraus verschwinden.

Auf dem Umweg über das Erziehungswesen entwickelte sich noch eine andere antiwestliche Strömung des russischen Denkens, die des kulturellen Nationalismus, der auch zur Stütze des politischen Konservativismus wird. Sein Hauptvertreter ist Karamsin, dessen reaktionäre Entwicklung damals schon abgeschlossen war. 1803 erreichte er seine Ernennung zum offiziellen Geschichtsschreiber, um eine in der Nationalsprache geschriebene Geschichte Rußlands vorzubereiten, die als Grundlage für die patriotische Erziehung und den Schriftstellern und Künstlern als Quelle der Eingebung dienen sollte. Es handelte sich darum, den Russen das Bewußtsein ihres eigenen Wertes einzuimpfen und sie den Denkweisen der

Ausländer zu entziehen. Das große Werk dieses Historizismus wurde die *Geschichte des russischen Staates* in 11 Bänden (1818 bis 1824), eines der meistgelesenen Bücher im Rußland des 19. Jahrhunderts. 1811 ist Karamsin noch ganz in die Intrigen verwickelt, die die Großherzogin Katharina gegen die Reformen Speranskijs spinnt. Im Laufe der kurzen Zeit, während der er in kaiserlicher Gunst stand, unterbreitete er Alexander tatsächlich mehrere Pläne, die in Rußland ein Repräsentativsystem auf der Grundlage des Zensuswahlrechts und ein vom Beispiel des napoleonischen Frankreich sichtlich beeinflußtes Gesetzbuch einführen sollten.

Darüber hinaus bekämpfte er die Privilegien der Aristokratie und wollte sie zur Einkommenssteuer verpflichten. Karamsins Kritik am Adel in seiner *Denkschrift über das alte und neue Rußland* formuliert eine Grundaussage der europäischen Reaktion.

»Wir sind Weltbürger geworden, aber wir haben zum Teil aufgehört, Bürger Rußlands zu sein [...] Seit der Zeit Peters des Großen haben sich die oberen von den unteren Klassen getrennt, und der Bauer, der Städter und der Kaufmann sehen seither in den Mitgliedern unseres Adels nur noch Ausländer zum Schaden jener brüderlichen Gemeinschaft, die zwischen den verschiedenen Schichten der Nation bestehen muß.«

So wurde der Kosmopolitismus der Kultur und des Lebensstils weitgehend für die Lockerung des sozialen Zusammenhalts verantwortlich gemacht. Man appellierte an das Nationalgefühl als das neue Bindemittel, das der Aristokratie später die Wiederherstellung ihrer erschütterten Überlegenheit ermöglichen sollte. In die traditionelle russische Kultur brachte Karamsin die Autokratie und Leibeigenschaft ein: das Ganze sollte als geheiligte Hinterlassenschaft respektiert werden. Der Zar hat nicht das Recht, diese Erbschaft anzutasten.

»Die Unantastbarkeit der Autokratie ist für Rußland die wesentliche Voraussetzung für sein Glück. Der Zar ist die oberste und einzige Quelle der Macht. Aber der Adel selbst ist so alt wie Rußland, und der Kaiser darf ihn nicht erniedrigen.«

Damit ist die neue politische Strategie des Adels in Rußland formuliert: der Akzent wird auf die Festigung der monarchischen Gewalt und auf die Aufrechterhaltung der Privilegien gesetzt. Diese beiden Interessenkategorien präsentieren sich von nun an in strenger Solidarität und nicht wie zur Zeit der aristokratischen Offensive als Gegensätze.

Während des Krieges gegen Frankreich kommt in der russischen Literatur dasselbe Anliegen zur Sprache: das vaterländische Gefühl durch den Rückgriff auf die nationale Geschichte zu stärken. Während die Komödien Krylows die Gallomanie der vornehmen Damen angriffen, bearbeiteten andere Schriftsteller erfolgversprechende Themen wie die Überlegenheit der mittelalterlichen russischen Kultur über die westliche Kultur des gleichen Zeitraums und den siegreichen Kampf der Slawen gegen die Mongolen (vgl. Schukowskij, vorromantischer Autor des *Gesang des Barden am Grab der siegreichen Slawen; Dimitri vom Don*, ein Stück Oserows, das zur Zeit der Schlacht von Eylau mit triumphalem Erfolg aufgeführt wurde; die historischen Sammlungen Glinkas). Die antifranzösische Reaktion nimmt in der ersten slawophilen Bewegung sogar extreme und groteske Formen an, besonders im rein sprachwissenschaftlichen Nationalismus Admiral Schischkows. Als Gründer einer ›Konferenz der Liebhaber der russischen Sprache‹ und später als Präsident der Akademie glaubte er, die Bekämpfung der Gallizismen sei wesentlich, um Rußland vor der revolutionären Seuche zu schützen.

Aber die vielleicht ursprünglichste Form der russischen Antwort auf die Expansion der Französischen Revolution durch die napoleonischen Armeen war die religiöse und mystische Reaktion, deren kräftige Auswirkung auf sehr verschiedenen Ebenen spürbar war: beim Kaiser und seiner Umgebung, beim kultivierten Adel und den bäuerlichen Massen. Rußland stand durch Vermittlung der schottischen Logen seit langem mit dem mystischen, theosophischen und okkultistischen Denken Mitteleuropas in Verbindung. Bedeutende Freimaurer wie Koschelew, ein ehemaliger Offizier und Diplomat und ein Freund Alexanders, widmeten sich der Verbreitung der Werke Madame Guyons, Claude de Saint-Martins, Lavaters, Eckartshausens und Swedenborgs. Er war 1812 Mitbegründer der Russischen Bibelgesellschaft, die bald Sammelpunkt für am Rande des römisch-katholischen, orthodoxen und lutherischen Glaubens lebende Laien und Geistliche wurde. In Nachahmung der englischen Bibelgesellschaften hatte sie als oberstes Ziel, die Heilige Schrift durch Ausgaben in allen in Rußland gesprochenen Sprachen besser bekanntzumachen; das war schon ein Novum, denn der orthodoxe Glaube ließ der individuellen Bibellektüre wenig Platz. Darüber hinaus handelte die Gesellschaft wie eine Inquisition: sie verdammte die Bücher, die dem Glauben widersprechende Aussagen enthielten. Sie wurde zum Zentrum der Intrigen aller Anhänger der inneren Religion, die in Rußland wie in Deutschland davon träumten, einen Universalglauben und eine Universalkirche zu konstituieren, eine gemeinsame Front der christlichen Seelen gegen die revolutionäre Gottlosigkeit. Koschelew und Golizyn, letzterer Oberprokurator des Heiligen Synod, als solcher mit den Angelegenheiten der nichtorthodoxen Religionen betraut, und Präsident der Russischen Bibelgesellschaft, bekehrten den Zaren zu ihren mystischen Ideen, deren politische Gehalte somit plötzlich eine unerwartete Tragweite bekamen. Unter dem Einfluß der Lektüre der heiligen Bücher und unter dem Schock der französischen Invasion und der bis Anfang des Winters 1812/1813 gefährlichen Lage seines Reiches festigte sich nach und nach Alexanders Überzeugung, daß er von Gott auserwählt sei, Europa von der napoleonischen Barbarei zu befreien und dann eine mit den christlichen Grundsätzen übereinstimmende politische Ordnung in Europa einzuführen: eine enthusiastische und prophetische Version der von Katharina II. eingeleiteten kontinentalen Hegemonialpolitik. Des Zaren Bindung an den Mystizismus verstärkte sich nach seinen Kontakten mit den Quäkern während seines Aufenthalts in London im Juni 1814 und seinen Gesprächen mit Jung-Stilling auf dem Weg nach Wien. Nach dem Trauma, das die Hundert Tage einem vorschnell sich in Sicherheit wiegenden Europa zugefügt hatten, gipfelte die mystische Begeisterung in seinen Gesprächen mit Frau von Krüdener und in der Abfassung des Paktes der ›Heiligen Allianz‹ (Juni—September 1815). Geistesströmungen also, die beladen waren mit Erfahrungen einer hochgesteigerten inneren Frömmigkeit und der Scharlatanerie professioneller Visionäre, bestimmten die oberste politische Führung in Rußland. Dieser Einfluß, so kurz und oberflächlich er auch gewesen sein mag, bleibt nichtsdestoweniger das erstaunlichste Phänomen der allgemeinen Zerrüttung in dem noch vom *ancien régime* geprägten Europa.

Die Geschichte der Frau von Krüdener ist einer kurzen Betrachtung wert. Sie gehörte dem verfeinertsten und am stärksten vom Westen beeinflußten Gesellschaftskreis Rußlands an, dem der baltischen Aristokratie von Riga. Ihre Vorfahren in väterlicher Linie, die Vietinghoffs, hatten zwei Großmeister des Schwertbrüderordens hervorgebracht, und ihr Vater war der erste Staatsrat von Livland, Senator des Reiches, der ›König von Riga‹: als prunkliebender Mäzen versammelte er im ersten Stock seines Stadthauses einen ›Musenzirkel‹ und unterhielt im Erdgeschoß ein Theater, eine Schauspielertruppe und ein Orchester. Unter ihren Vorfahren mütterlicherseits, den Münnichs, befand sich ein Marschall, der seit der Regierungszeit Peters des Großen Berühmtheit besaß, der aber auch ein tief mystischer, seit seiner Kindheit von Fénélon beeinflußter Lutheraner gewesen war. Aus diesen illustren Geschlechtern ging ein sehr romantisch veranlagtes Mädchen hervor, das später Novellen schrieb, die im Stil und in der überschwenglichen Art des Gefühls Bernardin de Saint-Pierre und Chateaubriand verwandt sind. Aber ebenso empfänglich war sie für das Schauspiel des Nordlichts und das der wilden Kalklandschaft der Provence. »O süßes Gefühl! Ich verdanke dir die süßesten Augenblicke meines Lebens. Du hast mein Herz zu dem höchsten und gütigen Wesen erhoben.« Auf ihren Reisen durch Frankreich, die Schweiz und Deutschland suchte diese Seele, in der die mütterliche Erziehung eine glühende Frömmigkeit geweckt und die die Enttäuschungen einer früh zerbrochenen Ehe verletzt hatten, Kontakt mit allen bekannten Mystikern des damaligen Europa: Lavater, Zacharias Werner, Jung-Stilling, der Gemeinde der Mährischen Brüder, der Genfer Sekte der ›Inneren Seelen‹ und den Verkündern des Tausendjährigen Reiches. Um 1808 gab sie jedes mondäne Leben auf, um die göttliche Offenbarung in sich zu empfangen, um in mystischem Eifer die Großen dieser Welt zu bekehren (»Glaubt meinen Worten, meine Stimme ist prophetisch«, schrieb sie 1809 an Königin Luise von Preußen) und um »jene große unsichtbare Kirche, die kein Kult trennt«, zu organisieren, in der sich alle Anhänger der inneren Religion und der reinen Liebe versammeln sollten, um gegen die dämonischen Kräfte zu kämpfen, die der Antichrist in Europa entfesselt habe: Napoleon Bonaparte. Seltsamerweise ist eine solche Konzeption im Grunde nicht weit von der der realistischen Diplomaten — Talleyrand, Caulaincourt, Metternich — entfernt, die zur gleichen Zeit im französischen Kaiser einen »waghalsigen Steuermann« sahen. Als es 1815 Frau von Krüdener gelang, von Alexander gehört zu werden, fand sie bei ihm ein schon wohlvorbereitetes Feld. Besonders die Idee der Heiligen Allianz scheint den biblischen Meditationen der Baronin entsprungen zu sein. Das »Dokument des sublimen Mystizismus und der Dummheit«, wie Metternich es nannte, vom 26. September 1815 bleibt jedoch ein ganz persönlicher Akt Alexanders. Er vereinigt darin seinen Glauben als Bekehrter, der zutiefst überzeugt ist, der Auserwählte der Auserwählten zu sein, mit seinen liberalen Neigungen, die er aus dem ideologischen Rahmen seines Tuns noch nicht verbannt hat.

Die großen Wirkungen des religiösen Appells zeigten sich nicht nur im Handeln der russischen Konservativen auf Regierungsebene, sondern auch bei den bäuerlichen Massen. Der Krieg von 1812 wurde von den Partisanen in den von den Franzosen besetzten Gebieten als ein patriotischer und religiöser Krieg geführt. Napoleon griff nicht einmal auf die Proklamation der von den Grundbesitzern so gefürchteten Befreiung der Leibeigenen zurück. Hätten die Leibeigenen darauf mit dem allgemeinen Aufstand reagiert? Man kann daran zweifeln, wenn man feststellt, welche Resonanz alle Aktionen der Obrigkeit fanden: der Bannstrahl, den der Heilige Synod auf Napoleon schleuderte; die Prozessionen und die Austeilung der Sakramente am Vorabend der Schlachten (besonders vor der von Borodino).

Sicherlich kann man den ganzen Konflikt zwischen Rußland und Frankreich in der Zeit zwischen 1800 und 1815 nicht auf einen ideologischen Konflikt zurückführen. Dieser konnte nur die emotionalen Seiten im Interessenkonflikt zwischen den mächtigsten Staaten des Kontinents verstärken. Daß letzterer entscheidend geblieben ist, kann man leicht daraus ersehen, daß der Zar sich Napoleon annäherte, sobald es ihm vorteilhaft erschien: Zurückdrängung der Türken über den Bosporus, Aufrechterhaltung des freien Handels in den baltischen Ländern, Bestätigung des russischen Aufsichtsrechts über die deutschen Angelegenheiten und selbstverständlich Sicherheit des eigenen Territoriums – das waren die großen, ständigen Interessen der russischen Politik. Im ersten Punkt konnten die Hoffnungen auf eine Allianz einen Augenblick lang aufrechterhalten werden. Gegen Österreich und England brauchte Rußland einen Verbündeten, um seinen Marsch auf Konstantinopel zu sichern; Pläne für einen gemeinsamen Angriff wurden nach dem französisch-russischen Freundschaftsvertrag von 1801, konkreter aber erst nach Tilsit (1807) entworfen. Tatsächlich jedoch war Bonaparte – abgesehen davon, daß ihm die anderen Gesichtspunkte seiner Politik verboten, jemals eine Expedition nach Ägypten oder Indien zu senden, und daß er auf dem Gebiet des Handelsaustauschs der russischen Wirtschaft nur sehr geringe Aussichten eröffnen konnte – gegen die Festsetzung der Russen in Konstantinopel und selbst an der unteren Donau. Er konnte also Alexander nicht die Unterstützung geben, die dieser bei der Wiederaufnahme seiner Expansionspolitik erhoffte (1804–1813 Krieg mit Persien; 1806–1812 Krieg mit der Türkei). Umgekehrt erwartete Napoleon von der Allianz mit Rußland einen wesentlichen Beitrag zur Wirksamkeit der Kontinentalsperre; aber ein solcher Beitrag hätte, wenn nicht alle, so doch die meisten der großen Wirtschaftsinteressen Rußlands beeinträchtigt und mit der russischen Handelsbilanz die ohnehin schwache Währung ruiniert. Auch die Probleme Mitteleuropas boten sich nicht für eine Versöhnung an. Seit der Zeit des Reichsdeputationshauptschlusses von 1803 hatte Napoleon in den deutschen Ländern Rußland zunehmend provoziert, das eine Neutralisierung dieser Länder gewünscht hätte; die größte Provokation war die Gründung des Rheinbundes und die militärische Besetzung der preußischen Festungen nach Jena (1806). Nach Tilsit (1807) wurden die durch dynastische Beziehungen an Rußland gebundenen Herzogtümer Oldenburg, Mecklenburg-Strelitz und Mecklenburg-Schwerin dem Kontinentalsystem einverleibt. Mit Hilfe der östlichen Beute Preußens wurde ein Großherzogtum Warschau gebildet. Der Einfluß Rußlands auf die europäischen Angelegenheiten war damit vernichtet: es wurde hinter seine Grenzen zurückgedrängt und war nur noch durch seine Größe geschützt. Dennoch fürchtete Alexander I. die Invasion, als die Franzosen bis zur Memel vorgedrungen waren. Er fühlte sich nicht mehr sicher, seit französische Truppen in Preußen und Polen standen und die Wiederherstellung eines mit Frankreich verbündeten Königreichs Polen zu garantieren schienen. Das wäre an der Westflanke Rußlands eine unerträgliche Bedrohung gewesen. Auch sehnte der Zar einen neuen Krieg herbei in der Hoffnung, den Feind zu zwingen, seine Kräfte in der Weite des russischen Territoriums zu vergeuden; und als der Krieg einmal gewonnen war, bestand er darauf, seine Armeen bis nach Frankreich vorstoßen zu lassen, um Napoleon an der Aufstellung neuer Armeen und an einer neuerlichen Offensive zu hindern und auf diese Weise das Übel in Frankreich selbst auszurotten.

So hatte von 1799 bis 1815 Rußland die bedrohlichen und sehr spezifischen Dimensionen seines Eingreifens in die europäischen Angelegenheiten sichtbar werden lassen: eine natürliche Immunität gegen die Invasion; das Gewicht seiner Reserven an Menschen; die Selbständigkeit eines Handelns, das sich je nach Laune des Herrschers in der Entsendung oder Zurückziehung einer Armee, der Annahme oder Zurückweisung eines Bündnisses äußerte. Seine Wiener Beobachtungen befähigten Metternich zu der Prognose: Wenn mit der Restauration der Bourbonen in Frankreich die gefährliche Ursache für die Störung des europäischen Gleichgewichts erst einmal beseitigt sei, dann müsse man Alexander I. hindern, es zu seinen Gunsten zu verändern.

6. England in der ersten Hälfte des 19. Jahrhunderts

Unter dieser Überschrift soll die Entwicklung Englands von 1793 bis 1849 untersucht werden, wobei die letzten Jahre des 18. Jahrhunderts in Verbindung mit der ersten Hälfte des 19. Jahrhunderts gesehen werden. 1793 trat England in den Krieg gegen das revolutionäre Frankreich ein – später gegen das napoleonische Frankreich, was für England auf dasselbe hinausläuft: zweiundzwanzig Jahre Krieg, unterbrochen von wenigen Monaten der Ruhe kurz nach dem Frieden von Amiens (1802). Sie schlossen die erste Welle der Industriellen Revolution ab, veränderten, zwar vorübergehend nur, doch spürbar, die Bedingungen des politischen Lebens und die Reaktionen der Allgemeinheit und gaben der britischen Macht ihre modernen geographischen Umrisse. 1849 ist der Zeitpunkt, um den herum man die entscheidenden Wandlungen im England des 19. Jahrhunderts ansiedeln kann: zu dieser Zeit hatte es sich entschlossen, durch Einführung des Freihandels das Wachstum seines Industriekapitalismus uneingeschränkt zu fördern. In der Zeit zwischen dem Baubeginn seines Eisenbahnnetzes und der Erfindung des Bessemer-Stahls schickte es sich an, unter Veränderung der seit langem herrschenden Verhältnisse den Höhepunkt des viktorianischen Wohlstandes zu erreichen. Als die revolutionären Bewegungen scheiterten und sich gleichzeitig die konservativen Widerstände lockerten, sollte es noch einmal jenes soziale Gleichgewicht finden, das die Länder auf dem Kontinent im allgemeinen mit Zeiten der Gewalt bezahlen müssen. Zwischen diesen beiden chronologischen Fixpunkten liegt eine für die Jahre um 1810 anzusetzende Übergangsperiode, von der der Zeitabschnitt 1813–1815 (vom Zusammenbruch der Kontinentalsperre bis zur Schlacht von Waterloo) nur ein Teil ist. Von der Wirtschaftskrise im Jahr 1812 bis zu der im Jahr 1817 macht England eine Krisenzeit durch, die paradoxerweise mit der Einkehr des Friedens zusammenfällt: es handelt sich um wirtschaftliche Schwierigkeiten der an hohe Preise gewöhnten Landwirtschaft und einer Industrie, die Märkte sucht und Gewinne einbüßt; und es tauchen politische und soziale Schwierigkeiten auf, die durch die große, tiefgreifende Unzufriedenheit der Handwerker und Arbeiter hervorgerufen werden. Die herrschende Klasse, die seit einem Vierteljahrhundert daran gewöhnt ist, den Radikalismus mit dem verhaßten Jakobinertum gleichzusetzen, versucht, diese Schwierigkeiten zu beseitigen.

England war zusammen mit Frankreich in die Kriege von 1793 bis 1815 am stärksten und längsten verwickelt. Wie wirkte sich diese Teilnahme am Krieg auf die glänzende wirtschaftliche Entwicklung aus, die England seit der Beendigung des amerikanischen Unabhängigkeitskrieges erlebt hatte?

Eine Feststellung drängt sich zu Beginn auf: Die Bevölkerung wuchs während dieser Jahre noch schneller als während der in Kapitel 1 beschriebenen Periode. Die Gesamtbevölkerung von England und Wales stieg zwischen 1789 und 1815 von über 8 auf über 11 Millionen. Die Bevölkerungsziffer von England, Wales und Schottland zusammen wuchs nach den Volkszählungen von 1801, 1811 und 1821 von 10,9 über 12,3 auf 14,6 Millionen. Es erweist sich, daß die Zuwachsrate, auf 25 und 20 Jahre bezogen, bei 40 % liegt. Das genügt, um zu zeigen, daß man es mit einem Land zu tun hat, wo die landwirtschaftliche Produktion ohne Schwierigkeiten den Bevölkerungszuwachs tragen kann, wo dieser Zuwachs nicht mehr durch Perioden hoher Sterblichkeit aufgrund mangelhafter Versorgung aufgehoben wird, wo die gleichbleibend hohe Heirats- und Geburtenziffer auf der Basis einer ständig sich ausdehnenden industriellen Wirtschaft ruht — wie man sieht, ein ganz anderes Bild, als Malthus es sich von England gemacht hatte.

Im England des beginnenden 19. Jahrhunderts spielt tatsächlich, trotz der ersten Triumphe der Technik, die Landwirtschaft die beherrschende Rolle in der Produktion. Diese Landwirtschaft wird nun erst ganz von der technischen Revolution erfaßt. Die Steigerung der landwirtschaftlichen Produktion lag zwischen 1780 und 1820 bei 50 %, nach 1800 verdoppelte sich die Wachstumsrate. Wie konnte diese Steigerung, die besonders der Getreideproduktion zuzuschreiben ist, erreicht werden? Nur unter der Last und den Auswirkungen der Kriege! Da dieses Land, dessen Bevölkerung in vollem Wachstum begriffen war, in schlechten Erntejahren eine bestimmte Menge Weizen importieren mußte und dieser Weizen, der hauptsächlich in Danzig gekauft wurde, während eines Seekrieges nur unter Schwierigkeiten transportiert werden konnte, ergriffen die Regierungen im Bewußtsein der Notwendigkeit, ihrem Land in genügender Menge Nahrungsmittel sichern zu müssen, Maßnahmen, die geeignet waren, die Verbreitung der ›modernen Landwirtschaft‹ zu fördern: 1793 wurde ein *Board of Agriculture* geschaffen, dessen Sekretär kein anderer als Arthur Young war. 1801 vereinfachte eine allgemeine *enclosure*-Verordnung das Verfahren der ›Einhegungen‹ und erleichterte die Arbeit der *emparkers*. Zu den schon früher vorhandenen und weiter fortbestehenden Auswirkungen des Bevölkerungszuwachses kamen die Folgen des Krieges, die sich besonders in der Erhöhung der Preise für landwirtschaftliche Produkte niederschlugen. Der durchschnittliche Jahreswert eines *quarter* Korn stieg von 47 sh in den Jahren 1785—1794 auf 75 sh in den Jahren 1795—1804 und 93 sh in den Jahren 1805—1814: diese Steigerung, die bei 100 % liegt, erreichte ihren Höhepunkt während der Krise des Jahres 1812. Sie regte die landwirtschaftlichen Investitionen kräftig an, nicht nur in Form von etwa zweitausend einzelnen Akten von *enclosure*, sondern auch durch Urbarmachung und Einfriedung großer Brachlandflächen, womit der Getreidebau bis an die äußersten Grenzen natürlicher Gegebenheiten ausgedehnt wurde. Die Kriegszeiten waren also für die *landlords* und die Großgrundbesitzer Perioden hoher Gewinne aus der Landwirtschaft, ein goldenes Zeitalter. Gerade in diesen Jahren erreichten sie zwei ihre Interessen schützende Maßnahmen, die eine Stärkung der englischen Landwirtschaft bewirkten. Die erste ist die laufende Anhebung der Kornzölle, die vom Ende des 18. Jahrhunderts bis 1815 den als rentabel betrachteten Kornpreis von 54 sh auf 66 sh, schließlich auf 80 sh pro *quarter* Korn erhöhte. Die zweite ist die Reformierung des öffentlichen Wohlfahrtswesens (1796), die den *out-door relief* gestattete, das heißt die häusliche Armenpflege außerhalb der *workhouses*, und die eine doppelte Wirkung erzielte: einerseits wurde dadurch in den ländlichen Bezirken des Londoner Beckens ein sehr niedriges Lohnniveau gewahrt, denn die Unterstützungsgelder drückten den eigentlichen Lohn; andererseits hielt sich der sicheren Unterstützung wegen in eben diesen Gegenden ein zuweilen sogar eingewandertes Proletariat, das an einer besser bezahlten Arbeit in den nördlicheren Gegenden, die industrialisiert wurden, wenig interessiert war. Hinzu kommt, daß die *poor-tax* die kleinen Eigentümer zugrunde richtete und manchmal zu ihrer Enteignung führte. So konnten die Großgrundbesitzer und Großbauern sicher sein, genug billige Arbeitskräfte zu finden. Sie hemmten auf diese Weise zum Schaden der Industrie die Bildung eines breiten Arbeitsmarktes.

Die Kriegszeiten waren also üppige Zeiten für den kapitalistischen Grundbesitz, der seinen Prunk mehr denn je in den Landsitzen entfaltete: Parks, Jagden, Häuser im Burgenstil waren Bestandteile einer in vielen Zügen feudalen Lebensart. Die Grundlage für diesen, wie sich um 1815 zeigen sollte, allerdings teilweise künstlichen Wohlstand schuf die in voller Blüte stehende Landwirtschaft.

Trotz einer andersartigen Konjunktur — aufgrund der Preissenkung, die in den ersten Jahren des Jahrhunderts der technische Fortschritt und die Schwankungen des Außenhandels bewirkten — durchliefen die entwickelteren Industriebranchen die Kriegszeiten nicht weniger mühelos. Zwischen 1784—1786 und 1811—1813 stiegen die durchschnittlichen Jahresimporte an Rohbaumwolle von 16 auf 65 Millionen Pfund (Gewicht) und der Wert der Baumwollproduktion von 5 auf 28 Millionen Pfund Sterling; die Baumwollindustrie stand am Anfang des 19. Jahrhunderts an der Spitze der britischen Industrien und lieferte am Ende dieses Zeitabschnitts 40 % des britischen Warenexports. Die Rohmetallindustrie verfünffachte etwa ihre Produktion zwischen 1788 und 1812, und dies war wohl direkt durch die militärischen Bedürfnisse bedingt. Indes nahm die Fortentwicklung der Industriellen Revolution zur Zeit der Kriege ihren Gang unregelmäßig und zweifellos langsamer, als es in normalen Zeiten der Fall gewesen wäre. Besonders ein Investitionsrückgang verlangsamte den technologischen Fortschritt. Investiert wurde nur in den Jahren 1797 bis 1803, die namentlich der Bau von einigen Dutzend neuer Hochöfen bedeutsam macht; ansonsten ist das einzig bemerkenswerte Ereignis die um 1810 erfolgte Gründung der ersten mechanischen Baumwollwebereien. Denn während der Kriege wurde das Industriekapital von Staatsanleihen, von der wegen ihrer hohen Ertragspreise besonders geförderten Landwirtschaft und von der heftig betriebenen Ausrüstung der Häfen und Schiffe verschlungen. Die Kriege verursachten auch Zusammenbrüche und Neuorientierungen auf dem Gebiet des Außenhandels, die vorübergehend den grundlegenden Zusammenhang zwischen Exportzunahme und wirtschaftlichem Wachstum zerrissen. Die wichtigste Errungenschaft der Jahre 1793 bis 1815 ist im großen und ganzen die vollständige Mechanisierung der Baumwollspinnerei und die Verbreitung der leistungsfähigen *mules*, die laufend mehrere hundert Spindeln trugen. Die Weberei dagegen wurde weiterhin fast gänzlich manuell betrieben: zweifellos hatten auch das Überangebot an Arbeitskräften und die günstige Marktlage ihren Anteil daran, daß der technische Fortschritt in diesem Zweig stagnierte.

Die Kriege waren Anlaß, im Umgang mit Geld Erfahrungen zu machen und das Kreditsystem zu erweitern. Dies trug – obwohl man zunächst militärischen Bedürfnissen gehorchte – wesentlich dazu bei, die wirtschaftliche Aktivität und besonders den Handel unter Verhältnissen zu unterstützen, in denen der Bedarf an umlaufendem Kapital dringlicher wurde.
Große Bedeutung hat das Geschehen des Jahres 1797. Zu diesem Zeitpunkt wurden die Stabilität der Währung und die Zahlungsfähigkeit der *Bank of England* durch verschiedene Umstände gefährdet. Die folgenreichsten waren zweifellos die Finanzpolitik Pitts, der während der ersten Kriegsjahre vorwiegend auf kurzfristige Anleihen und weniger auf Steuern zurückgriff, und die Panik, die sich bei der Meldung von den Invasionsvorbereitungen Frankreichs der Deponenten bemächtigte. Die krasse Dezimierung des Barbestandes bewog die Regierung, am 26. Juli 1797 die Konvertibilität aufzuheben und durch die *Restriction Act* vom 30. November desselben Jahres diese Aufhebung bis zur Wiederherstellung des Friedens andauern zu lassen. Tatsächlich sollte sich dieses

System des umlaufenden nichtkonvertiblen Papierpfundes bis 1821 hinziehen. Getragen vom Vertrauen der Öffentlichkeit und dem maßvollen Gebrauch, der von ihm gemacht wurde, erlebte dieses System einen sicheren Erfolg und bildete für England ein Element unschätzbarer Stärke. Im Unterschied zur Assignatenwirtschaft in Frankreich diente der erzwungene Umlauf von Papiergeld der Regierung nicht in erster Linie dazu, den Krieg mit Hilfe der Inflation zu finanzieren. Obwohl die Regierung die Bank von England zwang, ihr eine beträchtliche Anzahl *exchequer bills*, die sie in Umlauf setzte, in Banknoten zu diskontieren, bemühte sie sich andererseits von den ersten Jahren des Jahrhunderts an, den größten Teil ihrer Ausgaben mit Hilfe einer erhöhten Besteuerung zu decken. Die 20 Millionen Pfund in Noten, die die Bank von England in Umlauf setzte (dieser Stand wurde im Jahr 1809 erreicht und in der Folge weit überschritten), zusammen mit weiteren 20 Millionen, die von den Hunderten von Provinzbanken in Umlauf gebracht wurden (die übrigens mit dem großen Londoner Institut verbunden waren), dienten dazu, den Diskont vor allem in den Krisenjahren zugunsten von Handel und Industrie zu erhöhen.

Wenn auch die Situation der Währung im Innern befriedigend blieb und nicht durch eine galoppierende Preisinflation bedroht wurde, so läßt sich doch nicht leugnen, daß ihr Stand nach außen im Vergleich mit anderen Währungen oder bei Berücksichtigung des Edelmetallbestandes nicht immer so fest war. Die Wellen der Kreditinflation und die Unsicherheit der Zahlungsbilanz — hervorgerufen durch die Langsamkeit der Gegenleistungen während der Kontinentalsperre oder die Zahlungen in Edelmetallen an die Verbündeten oder einfach durch die passive Handelsbilanz — riefen eine vorübergehende Entwertung des Pfund Sterling bis zu 20 % hervor (Notierung an der Hamburger Börse oder Agio zugunsten von Gold und Silber).

Die wirtschaftlichen Schwierigkeiten — ruckartige Entwicklung der industriellen Produktion, verhältnismäßig schwache Stellung der Währung auf dem internationalen Markt — lassen den Einfluß des Außenhandels — Export von Manufakturwaren, Wiederausfuhr von Produkten der Kolonien — auf die Prosperität eines Landes erkennen, das trotz der unverminderten Bedeutung der Landwirtschaft und des handwerklichen Konsumgütergewerbes bereits das wirtschaftlich abhängigste Land der Erde war. Kurzfristig konnte die Kontinentalsperre, wie gezeigt wurde, in England schwere Krisen heraufbeschwören, besonders wenn die Auswirkungen der vorübergehend wirksamen Absperrung Europas zusammenfielen mit den nachteiligen Folgen der schlechten anglo-amerikanischen Beziehungen oder wenn eine Krise der Landwirtschaft hinzukam. Und dennoch ermöglichten es die Kriege des ausgehenden 18. und beginnenden 19. Jahrhunderts auf die Dauer dem britischen Handel zweifellos, in neue Gebiete der Erde vorzudringen: sie bereiteten auf diese Weise die englische Vorherrschaft auf dem Weltmarkt im 19. Jahrhundert vor. Seit den letzten Jahren des 18. Jahrhunderts hat England vom Zusammenbruch des französischen Kolonialreichs profitiert. In den ersten Jahren des 19. Jahrhunderts bemühte es sich energisch um einen kommerziellen Durchbruch in Lateinamerika, vor allem nachdem Lateinamerika im Jahre 1808 vom iberischen Mutterland abgeschnitten worden war. Seit 1790 nahmen die britischen Exporte nach den Vereinigten Staaten, die der glänzende wirtschaftliche Aufstieg des jungen Staates begünstigte, schnell zu. Während also Napoleon Bonaparte noch immer sein Augenmerk vor allem auf eine kontinentale Politik und Strategie richtete, baute Großbritannien auf den zerbrochenen Kolonialsystemen von einst (sein eigenes gehörte dazu) das neue Freihandelsreich auf und verlegte den Schwerpunkt seines blühenden Handels von Europa und seinen Meeresküsten an den Atlantik selbst: das ist die letzte Phase einer langen anglo-französischen Rivalität, in der Frankreich bis zum Untergang des *ancien régime* beträchtliche Chancen offengeblieben waren. Ebenso festigte sich die Vorherrschaft Englands auf den anderen Meeren. Doch geht es hier nicht darum, die Entwicklung der anglo-amerikanischen Handelsbeziehungen mit der Besetzung des Kaps und der Insel Mauritius und mit der Niederlassung in den Gewässern von Singapur oder auch mit dem Quasi-Monopol der englischen Ostindienkompanie im Chinahandel zu vergleichen.

Die Kriege der Revolutions- und Kaiserzeit beeinflußten also den wirtschaftlichen Aufstieg Großbritanniens je nach Lage der Dinge und je nach Wirtschaftsbereich mehr oder weniger günstig; das aber ist nicht negativ zu bewerten, denn die Aufwärtsentwicklung Englands zeichnete sich aufs Ganze gesehen deutlich ab. Die Kriege hatten dagegen auf die politischen und sozialen Institutionen einen konservativen Einfluß; sie riefen eine nationale und ideologische Reaktion hervor, die die innere Entwicklung um ein halbes Jahrhundert zurückwarf. Die ersten Phasen der Französischen Revolution gaben der radikalen Bewegung, die seit dem Friedensschluß im Jahr 1783 unter ungünstigen politischen Vorzeichen stand, einen neuen Anstoß. Als der *London Revolution Society*, die zum Gedächtnis an die Revolution von 1688 gegründet worden war, in ihrer Jahressitzung am 4. November 1789 durch Pastor Price eine Glückwunschadresse an die französischen Revolutionäre vorgelegt wurde, schien sie durchaus gewillt, eine Parallele zwischen 1688 und 1789 zu ziehen und die neuen Institutionen in Frankreich zu begrüßen. Der gesamte *Dissent* hieß die Emanzipation der religiösen Minderheiten und die Verstaatlichung der Kirchengüter willkommen. In England, das eine eigene Aufklärung nicht erlebte, wurde ihr Sieg in der französischen Politik von den Spitzen des politischen Liberalismus und den literarischen und gelehrten Kreisen – von Fox über die erste Romantikergeneration zu Priestley und Wilkinson – gefeiert. Aber vor allem begeisterte die Radikalisierung der Französischen Revolution im Laufe des Jahres 1792 die Arbeiterklassen. Ein englisches Jakobinertum, das sich auf die Schicht der Handwerker und Arbeiter stützte, trat in Gesellschaften in Erscheinung, die die französischen Klubs nachahmten und die wie die Pilze aus dem Boden schossen: die *London Corresponding Society*, die am 25. Januar 1792 gegründet wurde, führte ein Netz von Schwestergesellschaften an; ›Gesellschaften zur Information über Verfassungsfragen‹ stießen mit ihrem Einfluß bis Irland und Schottland vor; der ›Britische Revolutionsklub‹, der im November 1792 gegründet wurde, ging so weit, die ersten Siege der französischen Armeen zu feiern. In ihren Petitionen nahmen diese Gesellschaften die Themen der achtziger Jahre wieder auf: Ausdehnung der politischen und bürgerlichen Freiheiten, Erweiterung des Wahlrechts, Parlamentsreform – und verlangten damit eine neue Revolution in England. Aber diese Bewegung war nicht umfassend und zweifellos nicht tief genug im Kollektivbewußtsein verwurzelt, um sich gegen den Druck, dem sie seit 1793 ausgesetzt war, behaupten zu können. Es ist bekannt – und leicht begreiflich –, daß sich die Führungsschichten, die bürgerliche Geschäftswelt und die Grundbesitzer, unmittelbar bedroht fühlten durch die Besetzung Belgiens, die Wiederaufschließung der Scheldemündungen, die verschiedenen Eingriffe beziehungsweise Beschränkungen, denen das Privateigentum und der Profit im damaligen Frankreich ausgesetzt waren, und ganz allgemein durch die Demokratisierung des gesellschaftlichen und politischen Lebens. Aber es muß doch eingeräumt werden, daß die Französische Revolution, gewalttätig, kriegsbegeistert, antimonarchistisch wie sie war, nicht geeignet war, große Sympathien im Volk zu erobern, sondern eher die alte franzosenfeindliche Gesinnung wiederaufleben ließ und den extremsten Chauvinismus wachrief. Das englische Volk der neunziger Jahre, das verhältnismäßig gut versorgt war und dessen unbestreitbare Bestrebungen nach mehr Gleichheit ihre Grenze in einem weithin konformistischen, vom methodistischen *revival* verbreiteten Moralismus fanden, wünschte nichts weiter, als den ausgehungerten, terroristischen und dem Christentum entfremdeten Sansculotten, den Franzosen, zu verachten, der von alters her Rivale der britischen Macht und traditioneller Verbündeter Schottlands war. Es ist bezeichnend, daß die Forderungen des Volkes im allgemeinen von jedem Gedanken der Annäherung an Frankreich frei blieben, als die schlechte Ernte des Jahres 1795 in den Städten Englands oder 1797 die harten materiellen Bedingungen auf den Schiffen der Kanal- und Nordseeflotten Unruhen und Aufstände hervorriefen. Jenseits der großen Insel hatte die Französische Revolution in Irland einen wirklichen Verbündeten; aber abgesehen davon, daß Frankreich und der irische Aufstand ihre Aktionen gegen England niemals wirksam koordinierten, war ihr

Bündnis stets nur Sache reiner Opportunität, ohne daß die Revolution als solche die Sympathien der Iren gewonnen hätte.
Der Krieg war gleichfalls Anlaß, im Namen der Verteidigung gegen das revolutionäre Frankreich auf politischem, sozialem und kolonisatorischem Gebiet entschieden reaktionär zu handeln. Seit 1793 schloß Pitt die Klubs; mit der Aufhebung der *Habeas Corpus-Akte* (1794) konnten die Verfolgungen und Verurteilungen der Schriftsteller und jakobinischen Unruhestifter beschleunigt betrieben werden. Nachdem seit 1790 die Mehrzahl der *Whigs* unter der Führung Burkes eine dem Konservativismus der *Tories* ähnliche Haltung eingenommen hatte, ging es nicht mehr um Reformen: man begrub sie für fünfundzwanzig Jahre. England schien in Burke den Doktrinär seines Selbsterhaltungstriebes gefunden zu haben. Die im November 1790 erschienenen *Reflections on the Revolution in France* trugen dazu bei, eine nationalistische Gesinnung herauszukristallisieren, die an der Bewahrung der politischen und sozialen Einrichtungen Englands festhielt. Sie galten als vortreffliches Ergebnis einer uralten kollektiven Erfahrung. Über ganz Europa verbreitet (Frankreich inbegriffen), wurde das Werk Burkes zum Brevier der Gegenrevolution. Burke verdammte die Menschenrechte, den Gesellschaftsvertrag und die Gleichheit als irrige und schädliche Abstraktionen und verteidigte die Monarchie als das Zentrum der persönlichen Bindungen der Untertanen; er verteidigte die Herrschaft einer Führungsschicht, die er allein für fähig hielt, das Allgemeininteresse (das er dem Mehrheitswillen entgegensetzte) zu wahren, und machte sich zum Anwalt staatlicher Institutionen, die aus dem Gemeingeist erwachsen seien und also mit den Gebräuchen und Interessen des Landes übereinstimmten.
Die folgenden Jahre gaben der Regierung Gelegenheit, noch härter durchzugreifen. Die Unruhen von 1795 beantwortete sie mit dem Verbot, Versammlungen von mehr als fünfzig Menschen ohne Anwesenheit einer Amtsperson abzuhalten. Die kritischen Jahre 1797–1800 erlebten zugleich die Niederwerfung der von Wolf Tone geführten Vereinigten Iren (1798), die politische Entrechtung Irlands durch die Unionsakte von 1800 und die Unterdrückung der Arbeiterbewegung durch die *Combination Act*, die Vereinigung und Zusammenschluß mit Gefängnis oder Zwangsarbeit bestrafte. Wenn auch auf die Stimme Burkes Thomas Paine mit seinen *The rights of man* antwortete und wenn auch im Londoner Parlament die kleine Whig-Gruppe um Fox beharrlich die Respektierung der Freiheiten und den Friedensschluß auf dem Verhandlungswege forderte, so änderte das nichts an der Tatsache, daß Großbritannien um 1800 das Bild einer streng konservativen Nation bot, in der der politische Einfluß der Aristokratie die wirtschaftlichen Umwälzungen, die im Gange waren, offensichtlich lange überleben sollte.

II. Neue Phasen der Industriellen Revolution (von 1815 bis in die Mitte des 19. Jahrhunderts)

Das Kriegsende und die ersten Friedensjahre brachten der englischen Wirtschaft ernste Schwierigkeiten. Sie ergaben sich zunächst aus der mühsamen Anpassung dieser Wirtschaft an normale Verhältnisse.

Um 1815 konnte sich die britische Landwirtschaft eines bemerkenswerten technischen Niveaus rühmen. Aber auf der anderen Seite hatten der hohe Getreideertrag bei Fruchtwechsel, besonders in Norfolk, und die gute Qualität der Schlachthammel und -ochsen bei schneller Mast eine Teuerung der Erzeugnisse zur Folge, die nur zur Zeit der hohen Kriegspreise tragbar war. Die Wiederherstellung der Freiheit des Kornhandels bewirkte einen Preissturz des *quarter* Korn von 108 sh im Jahr 1813 auf 64 sh im Jahr 1815. Als Ausgleich für diese Minderung ihres Einkommens erreichten die Grundbesitzer, daß der gesetzliche Mindestpreis, unterhalb dessen die Schutzzölle in Kraft traten, auf 80 sh erhöht wurde; die Kurse wurden künstlich aufrechterhalten durch die zyklische Krise von 1816/1817; aber darüber hinaus setzte die lang anhaltende Baissetendenz (1817—1851) die Schutzzollpolitik außerstande, die Erschütterung der Kurse auf dem britischen Markt selbst zu verhindern. Wirksamer war zweifellos der Abbau der *income tax* (1816), eine ganz und gar ständische Maßnahme, die von einer ultrakonservativen Regierung (Wellington-Liverpool) leicht zu erreichen war.

Die von der Industriellen Revolution erfaßten Industriezweige durchliefen gleichfalls eine schwere Krise. Die britischen Exporte hatten sich zunächst den europäischen Kontinent erobert und aus dem angestauten Kaufbedürfnis Nutzen gezogen, litten aber danach unter der offensiven Schutzzollpolitik der europäischen Staaten, die sich, um die entstehenden Industrien auf dem Kontinent zu retten, mitten im Frieden darum bemühten, die Kontinentalsperre wiederaufleben zu lassen. In der Metallindustrie folgte auf den *boom* der Kriegszeit eine Phase des Niedergangs; zahlreiche Fabriken wurden geschlossen oder gar abgerissen. Der Arbeitsmarkt näherte sich seiner Sättigung: durch die Demobilisierung wurden 150 000 Männer frei; die irische Einwanderung verstärkte sich. Die Überfüllung war besonders in der Weberei spürbar. Der Konsumgütermarkt im Innern neigte zur Depression. Trotz eines sehr schnellen Bevölkerungswachstums (zwischen 1811 und 1851 stieg die Gesamtbevölkerung des Königreichs von 18 auf 27 Millionen) drückte zumindest bis um 1830 das niedrige Lohnniveau die Kaufkraft, und sie wurde zur Zeit der Krise der Landwirtschaft (1816/1817 beispielsweise) fast zerstört. Zum Problem der schwindenden Kaufkraft der Bevölkerung kam das Problem der Steuerpolitik, und schließlich wurde die ganze Sozialstruktur des Landes

in Mitleidenschaft gezogen. Großbritannien, das die finanziellen Lasten seines Krieges getragen und obendrein einen Teil der Ausgaben seiner Verbündeten bezahlt hatte, sah sich 1816 einer Staatsschuld von 876 Millionen Pfund Sterling im Vergleich zu 228 Millionen im Jahr 1793 gegenüber; die jährliche Belastung durch diese Schuld, die entsprechend von 10 auf 30 Millionen stieg, betrug allein schon mehr als die Gesamtausgaben eines der Jahre vor 1793. Nach der Abschaffung der *income tax*, die Pitt 1799 eingeführt hatte, wurde die Schuldtilgung durch den Rückgriff auf das indirekte Steuerwesen gesichert: Erhebung von Einfuhrzöllen auf Getreide, Erhöhung der Bier- und Tabaksteuer. Auf diese Weise hatten die Gegner des überlieferten Gesellschaftssystems, vom Radikalen Cobbett bis zum Manchesterianer Cobden, leichtes Spiel, den Druck öffentlich anzuprangern, den dieses Steuerwesen zugunsten des Großgrundbesitzes und der Kaste der *fundholders*, der kapitalkräftigen Besitzer von Staatspapieren, auf die Masse der Verbraucher ausübte.
Die Deflation aber beherrscht die zwanziger Jahre: die Deflation der Preise, die in der Industrie vermutlich in erster Linie Folge der Konkurrenz und der Massenproduktion ist und die die Deflation der Gewinne verursacht, deren Margen zu Beginn der Industriellen Revolution so hoch gewesen waren. Es liegt also im Interesse eines Studiums der wirtschaftlichen Entwicklung Englands in den Jahren nach 1820, nach den Faktoren zu suchen, auf denen der erneute Sprung nach vorn beruhte, den die Industrielle Revolution augenfällig um 1825 und deutlicher noch um 1835 unter scheinbar so ungünstigen Verhältnissen machte. Den entscheidenden Trumpf Englands findet man außerhalb der Britischen Inseln – es ist die ständige Zunahme der Exporte. Nach 1815 beutet England die im Kriege errungenen Erfolge aus: die Beseitigung der französischen Konkurrenz in Handel und Kolonisation und das Monopol im Handel mit den unterentwickelten beziehungsweise in der Entwicklung befindlichen Ländern. Bei der Baumwollindustrie beispielsweise kann man die Rolle, die die fernen Märkte spielten, anhand der folgenden Tabelle ermessen, die in Millionen Yard die Steigerung des britischen Tuchabsatzes angibt:

	1820	1840	1860
Europa	128	200	201
Vereinigte Staaten	24	32	227
Lateinamerika	56	279	527
Afrika	10	75	358
Indien	11	145	825
China	3	30	324

Abb. 17: Kinderarbeit im englischen Kohlenbergbau um 1850

Diese Zunahme ist unbestreitbar die Ursache für die Investitionswellen, die um 1823–1826, dann um 1833–1836 in der baumwollverarbeitenden Großindustrie zu beobachten sind. Nicht nur vermehren sich die industriellen Niederlassungen um das Zehnfache, es werden auch wieder Neuerungen auf technischem Gebiet in Angriff genommen. Cartwrights Webstuhl wird 1822 von Sharp und Roberts vervollkommnet: seit 1825 wird er zu Zehntausenden in der Baumwollweberei verwandt und beginnt um 1830–1840 die Wollweberei zu erobern. Diese Mechanisierung konnte vor allem unter dem Anreiz der Außenmärkte stattfinden. Sie folgte auf eine lange Übergangszeit, in deren Verlauf sich die Handweberei behauptet hatte dank ihrem enormen Personalbestand (um 1830 etwa eine halbe Million Handweber in der Baumwoll- und Wollweberei) und dank dem erbärmlich niedrigen Lohnniveau in dem besonders scharfer Konkurrenz unterliegenden Berufszweig. Das wichtigste soziale Ereignis jener Jahre: mit der Mechanisierung der Weberei verschwindet eine ganze Klasse von Arbeitern – die Handweberei war ja von Männern ausgeübt worden, während nun Frauen an die mechanischen Webstühle gestellt werden. Die Baumwollspinnerei arbeitet um 1830 fast noch ganz mit Dampf, beginnt aber die automatische Spinnmaschine, die *self-acting mule* von Roberts, in Betrieb zu nehmen. Ihre Verbreitung jedoch wird gebremst vom großen Angebot an Arbeitskräften.
In England selbst sind in den Jahren um 1830 die technischen und wirtschaftlichen Bedingungen für einen neuen Aufschwung der Metallproduktion erfüllt: so kann die Industrielle Revolution in ihr zweites Stadium treten. Auf technischem Gebiet schaffen die

Kohlengruben diese Bedingungen — ihre Produktionssteigerung (90 % der Weltproduktion) erfordert zu Beginn des 19. Jahrhunderts ein Transportmittel, das die Kohle von der Grube zu den Verladestellen befördern kann. Diese Forderung erfüllt der Fahrbetrieb auf Schienen. Er wird nach zwanzig Jahren, 1825, durch den Dampfmotor vervollkommnet: die *Locomotion* George Stephensons wird im Grubenbecken von Newcastle auf einer 27 km langen Verbindungsstrecke zwischen Stockton und Darlington in Betrieb genommen. Wirtschaftlich ist die Industrie zu diesem Zeitpunkt imstande, die Erfindung des Schienendampfbetriebes aufzunehmen. In Lancashire zeigt es sich deutlich. Seit 1772 verband Manchester und Liverpool ein moderner Kanal. Aber die Importe von Rohbaumwolle und die Exporte der Fertigbaumwolle stiegen in einem solchen Tempo, daß um 1820 das Verkehrsgewühl beunruhigende Ausmaße annahm. Schon 1826 wurde der Entschluß zum Bau einer Eisenbahn gefaßt: es schien auf der Hand zu liegen, daß ein Verkehrsmittel, das für den Transport von Kohle auf kurzen Strecken gewinnbringend war, es in gleicher Weise für jede großräumige und schwere Ware und für jede Entfernung sein müßte. 1830 wurde die Strecke mit der von Robert Stephenson, dem Sohn von George, gebauten *Rocket* eröffnet.
Schon in der Mitte des 19. Jahrhunderts war das britische Eisenbahnnetz mit mehr als 5000 Meilen in seinen Grundzügen fertiggestellt. Der Bau hatte sich im wesentlichen in zwei Phasen vollzogen: 1839—1841 und 1844—1847. Dieser Eisenbahnboom nahm sich zunächst als eine gigantische Finanzspekulation ganz neuen Stils aus. Das in Großbritannien angehäufte Kapital, das der Mittelstand nicht in eine unvollkommen entwickelte Industrie stecken wollte und das in Bankdepositen und Auslandsanleihen gelenkt wurde, fand in den Aktien der Eisenbahngesellschaften eine sichere und lohnende Anlagemöglichkeit. Etwa 280 Millionen Pfund Sterling wurden auf diese Weise flüssiggemacht. Der *Stock Exchange* und zahlreiche Börsen in der Provinz stürzten sich auf den Verkauf dieser neuen Wertpapiere. In der Wirtschaft war der Bau der Eisenbahnen zehn bis fünfzehn Jahre lang ein wesentlicher Faktor der Inflation. Seine Rolle auf dem Arbeitsmarkt war nicht zu übersehen: 1847 beispielsweise beschäftigte der Eisenbahnbau nahezu 260 000 Arbeiter, ungefähr 4 % der männlichen werktätigen Bevölkerung, und konnte einen Teil der irischen Einwanderer, der schottischen *Highlanders* und Überschüsse an Landarbeitern aus Südengland aufnehmen. Vor allem schuf er eine große zusätzliche Nachfrage nach Erzeugnissen der Bergbau-, Metall- und Maschinenbauindustrie. Allein die Verlegung eines Schienenkilometers erforderte mehr als 200 t Eisen. In Tonnen Gußeisen ausgedrückt, stieg die Nachfrage an Eisen von etwa 20 000 t jährlich um 1830—1835 auf 200 000 t um 1841 und auf ungefähr eine Million t in den Jahren 1846/1847. Die schottische

und walisische Eisenindustrie wurde damit kräftig angekurbelt. Von 1832 bis 1841 verdreifachte sich die Gesamtproduktion von Gußeisen: sie wuchs von einer halben Million auf eineinhalb Millionen t; von 1844 bis 1847 stieg sie um 600 000 t jährlich. Übrigens trat schon der Export an die Stelle der inländischen Nachfrage, denn die Länder auf dem Kontinent wandten sich beim Bau ihrer eigenen Eisenbahnen an die britische Eisenindustrie. Der technische Fortschritt antwortete auf die Bedürfnisse der Produktion, wie es etwa die Verbreitung des Neilsonschen Verfahrens beim Einblasen der Heißluft in die Hochöfen und Hütten, dann die Verwendung des Dampfdruckhammers bezeugen.

Jedem von der technischen Revolution berührten Industriezweig scheinen schließlich die Jahre 1820–1850 von mehreren wichtigen Gesichtspunkten her förderlich gewesen zu sein. Trotz einiger Schwierigkeiten und Gewinnverlusten der Unternehmer dienten Lohn- und Beschäftigungsstand ständig ihrem Interesse. Eine fortwährend hohe Geburtenrate; erneute Wanderbewegung der Arbeiter im Gefolge der Reform von 1834, die die häusliche Armenfürsorge aufhob; die hohe Zahl der Auswanderer (nach 1840 jährlich bis zu 200 000, ja 300 000 Menschen, zehnmal mehr als um 1820) — alle diese Umstände erlauben es den Arbeitgebern, den Beschäftigten Hungerlöhne aufzuzwingen. Der Ire, der von Kartoffeln, Salz, Branntwein und der Haltung eines Schweins lebt, hält dieser Senkung der Löhne bis zur untersten Grenze der Lebensbedürfnisse am besten stand. In den Baumwollfabriken (400 000 Beschäftigte um 1830) erlaubt die Tatsache, daß Frauen und Kinder die Arbeit der Männer ersetzten, einen verstärkten Druck auf den Lohn. Die Krisen der industriellen Überproduktion — beispielsweise die des Jahres 1842 — bewirken Wellen von Arbeitslosigkeit und beträchtliche Lohnkürzungen. — Das Interesse der Fabrikanten an der stetigen Entwertung der menschlichen Arbeit trat in vollem Umfang bei der Kampagne der Manchesterianer gegen die *Corn Laws* zutage. Deren Fortbestand verteuerte das Grundnahrungsmittel und nötigte folglich die Arbeitgeber, den Lohn über dem potentiell niedrigsten Niveau zu halten. Andererseits wurde der Profit durch die Produktionssteigerung gerettet.

In den vierziger Jahren schließlich siegte der Freihandel, der sich fast hundert Jahre lang glänzend behaupten sollte. Die *Anti-Corn-Law Association*, die 1836 von den Industriellen Cobden und Bright gegründet wurde und die mit der Volksbewegung der Chartisten in Verbindung stand, nötigte das Parlament, die Einfuhrzölle auf Getreide und andere Nahrungsmittel sowie auf Rohstoffe und Fabrikate schrittweise, von 1842 bis 1846 und 1849, abzubauen. So wendeten die britischen Industriellen das traditionelle Gleichgewicht der wirtschaftlichen Interessen völlig zu ihren Gunsten. Der Freihandel erlaubte ihnen, Rohstoffe preiswerter zu kaufen, während ihr Vorsprung auf technischem Gebiet sie vor jeder Konkurrenz bei Industrieprodukten schützte. Als die englischen Häfen den Nahrungsmittelprodukten und Rohstoffen der unterentwickelten Länder geöffnet wurden, wuchsen zugleich die Chancen, die britischen Erzeugnisse in eben diesen Ländern abzusetzen. Der wirtschaftlich stärkste Staat benutzte so den Freihandel als Machtinstrument und erzwang eine weltweite Arbeitsteilung, die auf die Expansion der englischen Wirtschaft ausgerichtet war.

Schließlich beruht die außerordentlich günstige Wirtschaftslage Großbritanniens um die Mitte des 19. Jahrhunderts nicht allein auf der Zunahme seiner Exporte, deren Wert sich von 1825 bis 1850 verdoppelt, sondern auch auf dem glänzenden Stand seiner Finanzen. Großbritannien, das seit dem Aufkommen der neuen Aktienbanken um 1835–1840 (der *joint-stock banks*, deren Entstehung gleichsam die Antwort auf die Expansionsbedürfnisse von Handel und Industrie ist) mit einem unvergleichlich starken Kreditsystem im Innern ausgerüstet war, beginnt, sein Kapital weitgehend zu exportieren, besonders in Form von Teilhaberschaften bei den französischen, belgischen und amerikanischen Eisenbahngesellschaften. So stellt sich jener Investitionsmechanismus im Ausland ein, der in den letzten Phasen des industriellen Aufschwungs Großbritanniens zu einem wesentlichen Faktor seines Wohlstands werden sollte.

III. ERSTE ASPEKTE EINES DEMOKRATISCHEN ENGLAND

Die Industrielle Revolution in England stellte in den letzten Jahren des 18. Jahrhunderts zunächst nur eine eng begrenzte Neuerung dar. In der ersten Hälfte des 19. Jahrhunderts nahm sie gewaltige Ausmaße an: sie breitete sich aus, ohne aber noch mehr technische Neuerungen zu produzieren. Am deutlichsten zeigt sich das in der Verstädterung:

Bevölkerungsziffer (in Tausend) der Städte des Vereinigten Königreichs, die bei der Volkszählung des Jahres 1851 mehr als 100 000 Einwohner hatten

	1801	1831	1851
London*	1088	1778	2491
Liverpool	82	202	376
Glasgow	77	202	345
Manchester	75	182	303
Birmingham	71	144	233

* in den Grenzen der heutigen Grafschaft

	1801	1831	1851
Edinburgh	83	162	194
Leeds	53	123	172
Bristol	61	104	137
Sheffield	46	92	135
Bradford	13	44	104

Es ist also legitim, nunmehr von städtischen Arbeitermassen zu sprechen. Selbstverständlich bleibt die Sozialstruktur dieser Massen sehr heterogen: neben den eigentlichen Proletariern der modernen Industrie umfaßt sie noch einen sehr bedeutenden Teil Handwerker und Arbeiter, die den in der Mechanisierung begriffenen Wirtschaftsbereichen und den Berufen zugehören, die von der Industriellen Revolution nicht berührt worden sind, wie das Bau- und Bekleidungsgewerbe, das Druckereiwesen usw. Aber obgleich England sich noch in der Phase des Übergangs zum *factory system* befindet und obwohl die ländlichen Heimgewerbe teilweise weiterbestehen, ändert das nichts an der Tatsache, daß das soziale und politische Leben dieses Landes in der Periode von 1815 bis 1850 einen ganz neuen Aspekt bekommt: die Volksmassen werden sich ihrer Notlage bewußt, sie suchen sich zu organisieren und die kapitalistische Gesellschaft zu bekämpfen. Sie üben wirksamen Druck auf das Parlament aus.

Zunächst reagierten sie auf die Industrielle Revolution mit reiner Gewalt, Ausdruck der Feindseligkeit einer präkapitalistischen Mentalität gegenüber dem technischen Fortschritt. Dem Luddismus der Weber um 1810 entspricht nach 1820 die Zerstörung der ersten Dreschmaschinen durch Landarbeiter, deren *Captain Swing* an den *King Ludd* erinnert. Indes ist bemerkenswert, daß die Arbeiterklassen schon früh ihre Hoffnungen auf soziale Gerechtigkeit mit dem radikalen Kampf um die politische Demokratie zu verbinden wußten. Gerade die Unterstützung des Volkes verlieh der radikalen Bewegung, deren Führer, von Ausnahmen abgesehen, noch immer dem Kleinbürgertum und Mittelstand angehörten, in den Krisenjahren 1816—1819 ihre große Stärke. Programm dieser Bewegung war wiederum das allgemeine Wahlrecht und die Parlamentsreform, jedoch auch die Abschaffung der *Corn Laws* und die Festsetzung der Preise. Aber die Streiks, die organisierten Märsche der Arbeitslosen auf die Städte, die revolutionären Äußerungsformen der Bewegung — Klubs, der Londoner Wohlfahrtsausschuß des Jahres 1817, phrygische Mütze und Trikolore — provozieren eine heftige Unterdrückung. Ein Husarenregiment stürmt 1819 eine Versammlung von 50000 Menschen in St. Peter Fields bei Manchester; die *Six Acts* schränken das Versammlungsrecht strikt ein und reglementieren die Demonstrationen. Die *Tories* können den Eindruck haben, Großbritannien vom Rande des Abgrunds und der Anarchie zurückgehalten zu haben. Aber zweifellos waren sie sich auch der Notwendigkeit bewußt, gewisse Zugeständnisse zu machen, und um 1825 folgte auf den repressiven ein liberaler Kurs der *Tories*. Besonders Huskisson ist die Abschaffung des Gesetzes von 1799 zu verdanken: den Arbeitern wird das Koalitionsrecht in den Fragen, die sich auf den Lohnsatz und die Arbeitszeit beziehen, wiederzuerkannt, vorbehaltlich allerdings solcher Fälle, die Verstöße gegen die Streikverbote betreffen. Darauf entsteht eine große Anzahl beruflicher Organisationen, die der Aktivität des Volkes ein neues Feld eröffnen. Wohl existierten die *trade-unions* trotz gesetzlicher Verbote schon vorher. Neu aber waren das Aufblühen des Gewerkschaftswesens in den Erwerbszweigen der modernen Wirtschaft und die um 1830 einsetzende, zugleich wirtschaftliche und politische Betätigung der großen Berufsverbände in der revolutionären Atmosphäre, die von den Krisen der Landwirtschaft und Industrie (1825–1832) und von den Nachrichten über die Julirevolution geschaffen wurde. Es handelte sich zunächst nur um ein Strohfeuer, das auf einen halben Mißerfolg hinauslaufen sollte.

1829 vereinigt John Doherty alle Spinnerei-Arbeiter des Vereinigten Königreichs in einer Generalunion. Im darauffolgenden Jahr geht er noch weiter und faßt an die 100 000 Textil-, Metall- und Grubenarbeiter in seiner ›Nationalen Vereinigung zum Schutz der Arbeit‹ zusammen. Ihr wöchentlich erscheinendes Organ, *The Voice of the People*, unterstützt den kompromißlosen Feldzug für die Wahlreform. Arbeiter treten neben radikal gesinnten Bourgeois in die *Political Unions* ein. Unter der *Whig*-Regierung Lord Greys wird dank der Arbeiterbewegung die *Reform Act* von 1832 durchgesetzt. Aber das ist in Wahrheit ein armseliger Erfolg. Es handelt sich nur um eine erste Erweiterung der Wahlfreiheit: mit einer Million Wählern erfaßt das Korps der Wahlberechtigten noch lange nicht die Arbeiter. Eine beachtliche Zahl kleiner Dörfer wird von der Reform nicht erfaßt; die Wahl ist noch immer nicht geheim – und wird es vor 1872 auch nicht sein. Der aristokratische Zuschnitt des politischen Lebens, das Patronats- und Klientelsystem bei den Wahlen und der Zuteilung von Verwaltungsämtern wird nicht abgeschafft. Im darauffolgenden Jahr bringt die *Factory Act* von 1833 den Arbeitern das erste Gesetz über den Arbeitsschutz, das eine gewisse Tragweite hatte: in der gesamten Textilindustrie wird die Nachtarbeit verboten, die Tagesarbeit für Kinder unter 13 Jahren auf 8 Stunden, für Jugendliche unter 18 Jahren auf 12 Stunden beschränkt, und man setzt vier Gewerbeaufsichtsbeamte ein.

Das Bündnis, das die Arbeiter mit dem Radikalismus eingingen, brachte ihnen also nur Enttäuschung: jede Hoffnung auf eine Wandlung der Gesellschaft mit Hilfe demokratischer Institutionen bleibt unerfüllt. Von daher kommt der vorübergehende Erfolg der Kampagne Robert Owens: sein Eingreifen in den Kampf der Arbeiter (1833/1834) will diesen Kampf auf die soziale Revolution hinlenken. Owen entstammt einer walisischen Handwerkerfamilie, der es allerdings mit ihrer Fabrik in New-Lanark gelungen ist, in die Schicht der reichen Unternehmer aufzusteigen. Er verkörpert eine neue, mit der technischen Revolution in Einklang stehende Ideologie, die der Menschheit ein Zeitalter des Überflusses verspricht, diesen Reichtum aber nicht von einer kapitalistischen Gesellschaft beschlagnahmt wissen will, in der der Profit sich wie ein Parasit auf Kosten der Arbeit und ihres Ertrages entwickelt. Daraus ergeben sich die aufeinanderfolgenden Phasen seiner Tätigkeit. Als Arbeitgeber ist er bemüht, in New-Lanark einen Teil des Gewinns in Einrichtungen patriarchalischen Typs zurückfließen zu lassen; es handelt sich dabei um Arbeiterwohnungen mit Gärten, um Speisesäle, Wirtschaftsgebäude, Sparkassen, Schulen usw. Die tägliche Arbeitszeit für Erwachsene beträgt 10 Stunden, Kinder unter 10 Jahren werden nicht eingestellt. Zusammen mit dem jungen *Tory* Robert Peel ist er der Initiator des — im allgemeinen toter Buchstabe gebliebenen — Gesetzes von 1819, das die Kinderarbeit in den Baumwollfabriken erst ab 9 Jahren erlaubt und auf 12 Stunden festlegt. Aber bald geht er noch viel weiter: er sucht nach einem System der Produktionskontrolle, das Kapital und Maschine der Arbeit und Gemeinschaft dienstbar machen soll. Dieses System fand er in Vereinigung und in Zusammenarbeit. Der Gedanke der Produktionsgenossenschaft, die Owen im ›Dorf‹ verwirklichen will, ist bezeichnend für eine Zeit, deren Hauptproblem der Übergang vom *domestic system* zum *factory system* ist. Besonders erfolgreich war er bei den selbständigen Handwerkern und Facharbeitern, die ihre ländliche Heimwerkstatt auf eigenem Boden erhalten wollten, indem sie sich einer Gemeinschaft unabhängiger Hersteller anschlossen, die allein die Grundbestandteile des technischen Fortschritts (die Dampfmaschine etwa) erwerben und den Vertrieb der Produkte sichern konnte. Da Owen bei seinen Freunden, Fabrikanten und Politikern, nur auf Widerstand stieß, versuchte er 1824–1829 in New Harmony (Indiana) ein Dorf genossenschaftlich zu organisieren: dies war seine utopistische Phase. Während dieser Zeit hatten die Ideen Owens in England selbst bei den *trade-unions* einen großen Erfolg. Aus dieser Popularität erklärt es sich, daß Owen nach seiner Rückkehr glaubte, an die Spitze einer großen nationalen Bewegung treten zu können. Unter Mitarbeit Dohertys bemühte er sich nach 1832, die Berufsverbände für den genossenschaftlichen Sozialismus zu gewinnen und die Revolutionierung des Wirtschaftsgefüges vorzubereiten durch Umwandlung jedes Verbandes in den zukünftigen Kader einer Produktionsgenossenschaft, diese Kampagne lief parallel mit einem erneuten Ausbruch der Streiktätigkeit. 1834 umfaßte die Gewerkschaftszentrale Owens, die *Grand National Consolidated Union*, etwa die Hälfte der einen Million britischen Gewerkschaftler. Aber im Sommer 1834 brach die Bewegung angesichts der scharfen Reaktion der Arbeitgeber (Einstellungsverweigerung, Entlassung) und unter der Auswirkung der gerichtlichen Verfolgungen zusammen. Der Owenismus lebte von nun an nur mehr in den theoretischen Schriften Owens (*What is socialism?* 1841) weiter — und in den Experimenten von mehr oder weniger begeisterten Schülern, wie etwa jenen, die 1844 in Rochdale den Versuch einer Konsumgenossenschaft auf der Basis einer genauen Arbeitswertberechnung unternahmen.

Die letzten Jahre der ersten Jahrhunderthälfte sind durch eine dritte, die heftigste Welle revolutionärer Unruhen bestimmt: die Chartistenbewegung. Die Arbeiterklassen, die auf dem Gebiet der Wirtschafts- und Sozialreform gescheitert waren, verbanden in der Forderung nach politischer Demokratie ihre Kräfte noch einmal mit denen des radikalen Kleinbürgertums. Der Chartismus war eine komplexe und doppeldeutige Bewegung, in der sich die verschiedensten sozialen Forderungen vermischten, Forderungen, die durch die Landwirtschaftskrise von 1838 und die Depression der Industrie im Jahr 1842 noch verschärft worden waren. Die Bewegung leitet ihren Namen von *The People's Charter* ab, die 1836 von denen ausgearbeitet wurde, die die Regisseure jener gewaltigen Gärung im Volke werden sollten und die alle dem freiberuflichen Bürgertum beziehungsweise dem Führungsstab des Trade-Unionismus angehören: Lovett, Präsident des Verbandes der Kunstschreiner; O'Connor, ein irischer Rechtsanwalt; O'Brien, ein Londoner Anwalt. Ihre geistigen Ahnen sind Robespierre und Buonarotti, die Stammväter des Radikalismus. Die sechs Punkte der *Charter* berühren nur die Frage der Wahl- und Parlamentsreform: die politische Demokratie bleibt für sie Mittel, das Verlangen der Arbeiterklassen nach sozialer Gerechtigkeit in die Gesetzgebung eingehen zu lassen. Zwar entstammt ihr Ideal dem individualistischen Radikalismus, ihre auf die Ebene bürgerlicher Aktion übertragenen Praktiken aber sind ganz und gar methodistisch: bei den *camp meetings* in den großen Städten kommen bis zu hundert- und zweihunderttausend Menschen zusammen; in den Reden beschwören im Stil der öffentlichen Predigt donnernde Tribunen die Apokalypse der Verdammung für die Unterdrücker; der Organisationsgeist entfaltet sich in Unterschriftenkampagnen, die an die Millionen von Petenten mobilisieren. Hinzu kommt als Ausfluß christlicher Moral die Sorge um Erziehung und Bildung. Lovett wollte mit Hilfe seiner Zeitung *The Northern Star* »eine moralische, besonnene und energische öffentliche Meinung schaffen, die ohne Gewalt und Aufruhr eine schrittweise Verbesserung der Lage der arbeitenden Klassen herbeiführen soll«, und zwar im Verein mit all den Bürgern oder Arbeitern, die an politischer Gleichheit interessiert sind: legalistische und reformistische Themen, die lange Zeit das Eindringen des Sozialismus und der Doktrin vom Klassenkampf verhinderten. Aber der Chartismus wird bald von seinen eigenen Anhängern überrannt. 1839 geht in Birmingham, dann in den walisischen Gruben Newports der Streik in einen bewaffneten Aufstand über. Oft tritt in den Volksdemonstrationen wieder das revolutionäre Vorbild Frankreichs zutage: Arbeiterkonvente und auf Piken gespießte Jakobinermützen. 1842 lähmt in Lancashire, Yorkshire und Staffordshire der Generalstreik vom 5. bis 25. August die Arbeit. Die sozialen Forderungen treten an die erste Stelle in der großen Petition desselben Jahres, die sogar zur Sozialisierung aller Produktionsmittel aufruft. Tatsächlich aber beruhigt von 1843 an der wieder einkehrende Wohlstand die Arbeitermassen. Die Spitze der Chartistenbewegung spaltet sich: die einen — besonders jene, die vom Trade-Unionismus herkommen — verurteilten die Gewaltanwendung. Die anderen, wie etwa O'Connor, verirren sich in die Agrarutopie: sein *Land Scheme,* das die Arbeitslosigkeit in der Industrie durch Rückkehr aufs Land senken will, wo Arbeitergenossenschaften große Domänen kaufen und sie in Kleinbesitz aufteilen sollen, ist ganz einfach rückschrittlich. Die 1843 zu diesem Zweck gegründete ›Nationale Bodengesellschaft‹ machte 1848 Bankrott — im gleichen Jahr, in dem die letzte Kundgebung der Chartisten am 10. April in London angesichts eines gewaltigen Aufmarsches von Ordnungstruppen plötzlich endete.

Zu diesem Zeitpunkt scheint eine entscheidende Umwälzung abgeschlossen zu sein — beziehungsweise auf dem Wege, sich in allen Bereichen des englischen Lebens zu vollziehen. Die *hard times* der Industriellen Revolution scheinen hinter dem Wohlstand des Zeitalters der *railways,* der ersten Phase des großen *mid-victorian* Wohlstandes zu verlöschen. Die zunehmende Industrialisierung bringt den politischen Erfolg des liberalen Toryismus mit sich, der gleichzeitig dem Freihandel und dem Zehnstundentag zustimmt (1847). Ebenso wandelt sich mit der Niederlage des Chartismus die neue Strategie der Arbeiter. Neue Berufsverbände und eine neue Gewerkschaftszentrale verzichten in den vierziger Jahren darauf, eine umfassende Gesellschaftstheorie durchzusetzen, und halten sich statt dessen jetzt an praktische und begrenzte Ziele. Neben dem Schwinden des wirtschaftlichen Übergewichts der englischen Landwirtschaft ist zweifellos die stillschweigende Anerkennung der kapitalistischen Ordnung durch das neue Gewerkschaftswesen das bedeutendste Ereignis in der Mitte dieses Jahrhunderts: es bestätigt den evolutionistischen Charakter der entstehenden britischen Demokratie.

7. Die Restauration und ihre Ereigniszusammenhänge 1815—1830

Mit der Erklärung der Menschen- und Bürgerrechte von 1789 und mit der Rechtsgleichheit der napoleonischen Gesetzbücher war ein Rahmen gespannt worden, den sozial und politisch auszufüllen eine Aufgabe der Zukunft blieb. So erhob sich sofort nach dem Sturz Napoleons dieselbe Frage, die schon Napoleon vergeblich zu beantworten versucht hatte: ob die Französische Revolution weitergehe oder nicht? Vor seinem Sturz äußerte Napoleon einmal, daß nach ihm die Revolution, oder vielmehr die Ideen, die sie gemacht hätten, ihr Werk mit neuer Kraft wiederaufnehmen würden. Es sei genauso, als wenn man ein Buch wieder aufschlage und mit der Lektüre dort beginne, wo man sein Lesezeichen zurückgelassen habe. Die ganze Anstrengung der europäischen Staatsmänner von 1815 richtete sich darauf, diese Prognose Napoleons zu widerlegen. So schrieb etwa Talleyrand 1814: »Das große und letzte Ziel, dem sich Europa widmen soll, und das einzige, das sich Frankreich setzt, ist die Revolution zu beenden, um einen wahrhaften Frieden zu stiften.« Bisher habe es sich um den Kampf zweier Prinzipien gehandelt, des republikanischen und des monarchischen Prinzips. Jetzt gelte es, das monarchische Prinzip zur Herrschaft zu bringen. Sosehr diese Wendung auch als taktisches Manöver gemeint war, Talleyrand redete hier der Restauration das Wort.

Politisch bedeutete damals der Begriff der Restauration zunächst die Wiederherstellung alter Zustände, wobei das Jahr 1660 — nach Ablauf der großen englischen Revolution — Modell gestanden hat. So hofften die Ultraroyalisten und Remigranten in Frankreich die Wiederkehr der alten Zeiten von vor 1789 zu erzwingen. Aber sowenig sich mit Ludwig XVIII. in Frankreich das *ancien régime* erneut etablieren konnte, so wenig handelte es sich in ganz Europa um eine Restauration in diesem Sinne. Der Ausdruck der Restauration wurde vielmehr zu einem Parteibegriff, in dem die Radikalen ein Verbrechen gegen die Revolution erblickten und der für die Konservativen ein unerfüllbares politisches Programm blieb.

Im *historischen* Gebrauch verleitet der Begriff der Restauration dazu, hinter der Friedensregelung von 1815 die Fülle des Erreichten aus der französischen Revolutionszeit und der napoleonischen Ära zu verkennen. Die Friedensordnung von 1815 ist Ergebnis der Französischen Revolution und zugleich Antwort auf sie — die Antwort, die die herkömmlichen Kräfte unter einem restaurativen Etikett zu finden suchten. Die Restauration lebte immer noch von der Herausforderung der Revolution, und das nicht nur im Hin-

Abb. 18: Napoleon in der Verbannung auf der Insel St. Helena

blick auf die Vergangenheit, sondern um so mehr im Hinblick auf die Zukunft, als sich die revolutionären Kräfte wieder hochdrängten. – Daß sich die Zeit nicht mehr zurückdrehen lasse, darin waren sich selbst die Traditionalisten mit den Revolutionären einig. So schrieb etwa Joseph de Maistre, die Zeit sei der Premierminister Gottes auf dieser Welt, sie ließe sich nicht zurückspulen, jedes Jahrhundert trage sein eigenes Gesicht, wie etwa der Aufstand gegen Gott das Ereignis der Neuzeit sei. So hegte etwa Friedrich von Gentz im gleichen Jahre – 1815 – Zweifel an der Parallele zu 1660: »Eine Lösung wie die des Jahres 1688 ist die einzige, welche die Revolutionen unserer Lebenstage vernünftig beschließen könnte.« Damit war der vergebliche Versuch einer Restauration, ihr transitorischer Charakter, zugegeben. Und 1826 fügte Chateaubriand hinzu, daß sich die Geschichte überhaupt nicht mehr wiederhole; »weit entfernt davon, ihr Ziel erreicht zu haben, mar-

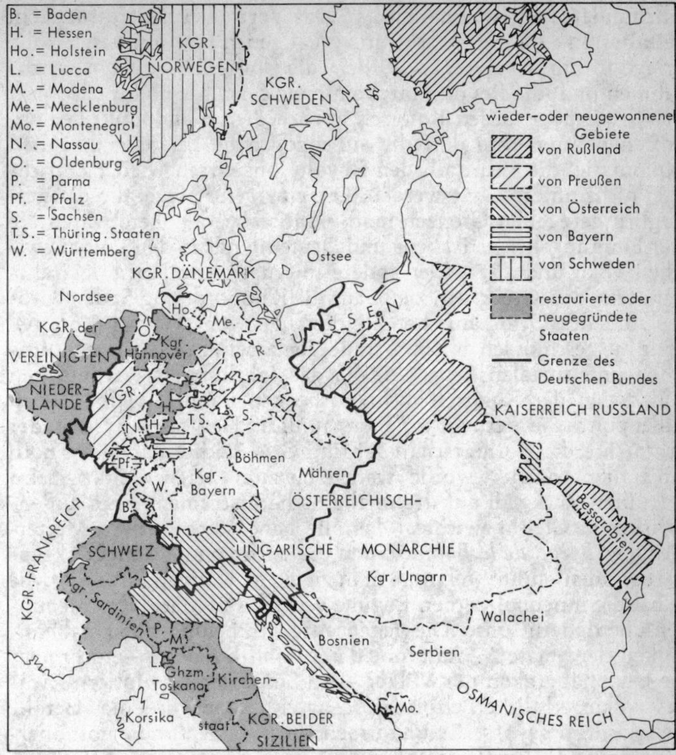

Abb. 19: Europa im Jahre 1815

schiert die Gesellschaft neuen Aufgaben entgegen, das ist es, was mir unbestreitbar scheint«. Mit anderen Worten: der Ausdruck der Restauration war nicht nur ein zeitgenössischer Parteibegriff, er wurde zugleich, und zwar von allen Seiten, geschichtsphilosophisch relativiert. Dieser semantologische Sachverhalt soll uns davor bewahren, den Ausdruck der Restauration als einen allgemeinen Epochenbegriff übermäßig zu strapazieren. So überlebten etwa die Bestimmungen des Wiener Kongresses bei weitem unsere Restaurationsepoche.

I. DER WIENER KONGRESS UND DIE POLITISCHE GEOGRAPHIE EUROPAS

Während des Wiener Kongresses wurde die völkerrechtliche und politische Basis gelegt für eine Neuordnung Europas, die ein rundes

Jahrhundert lang angehalten hat. Das Vertragswerk eröffnete ein Zeitalter, in dem – gemessen an vergangenen Jahrhunderten – die Kriege in Europa seltener wurden, die Bürgerkriege dagegen zunahmen und ›die Revolution‹ kein Ende fand. Demnach schwankt das Urteil über diesen Kongreß je nach dem Standpunkt der Betroffenen. Immerhin darf die außenpolitische Leistung der alten Diplomatie, die sich nach den Revolutionswirren wieder einrichtete, nicht unterschätzt werden. Die einzigen Kriege, die die vertraglich geregelten Grenzen machtpolitisch verschoben, waren die vier Einigungskriege Italiens und Deutschlands in den Jahren zwischen 1859 und 1871. Der andere internationale Krieg des Jahrhunderts, der Krimkrieg, zielte auf die Raumordnung Südosteuropas und des Ottomanischen Reiches, das vom Wiener Kongreß noch ausgeschlossen blieb. Gerade gemessen an den innenpolitischen und sozialen Unruhen, die das Jahrhundert erschütterten und denen der Kongreß nicht vorbeugen konnte, bleibt dessen außenpolitische Fernwirkung erstaunlich. Das neue System der Pentarchie, der Vorherrschaft der fünf Großmächte, das später noch um Italien erweitert wurde, währte bis zum Ersten Weltkrieg. Im bewußten Rückgriff auf das mechanische Instrument eines außenpolitischen Gleichgewichtes, das alle handhabten, voran Metternich, der *Baron de la Balance*, und das auch von Alexander akzeptiert werden mußte, gelangte man zu einer relativen Ordnung, die selbst die innenpolitischen Regimewechsel und Machtverschiebungen überdauern sollte. Die gegenseitig sich bedingende Unabhängigkeit der Staaten – im Sinne des 18. Jahrhunderts –, nicht aber die Unabhängigkeit der Völker – im Sinne der Revolution – war das völkerrechtliche Leitprinzip. Zugleich aber wurde das Gefälle der Macht in gewisse Rechtsformen eingebunden und damit anerkannt: nur die Großmächte besaßen, aufgrund der neu eingeführten Rangordnung der diplomatischen Grade, die Möglichkeit, Botschafter auszutauschen.

Mit dem Wiener Kongreß begann eine Glanzzeit der europäischen Diplomatie, in der die bürgerlichen Interessen zunehmend die aristokratischen Formen ausfüllten, ohne sie jemals im Laufe des 19. Jahrhunderts zu sprengen. Schon in Wien wurde der überzogene Formalismus der alten Diplomatie über Bord geworfen, so wie der tanzende Kongreß neue Züge des gesellschaftlichen Lebens zeigte. Gelehrte und Bürger fanden Zutritt zum höfischen Leben, das von den persönlich anwesenden Monarchen beherrscht wurde. Künstler, Weltverbesserer, Buchhändler, Juden, Depossedierte und andere Interessentengruppen suchten Einfluß zu gewinnen; und durch alle Lager hindurch, die sich auf den Maskeraden vereint sahen, reichte das Spitzelwesen. Aber keines dieser Elemente vermochte den harten Machtkampf abzuschwächen, der teils hinter den Kulissen, teils in den verschiedenen Ausschüssen geführt wurde.

Der relative Erfolg des Wiener Vertragswerkes war nur möglich, weil eine Reihe von schnellen Friedensschlüssen vorausgegangen war, durch die bereits eine Fülle von Fragen geregelt wurden. Damit waren Vorentscheidungen für die Wiener Verhandlungen gefallen, die vor allem die beiden Flügelmächte Europas, England und Rußland, in die Lage setzten, um so ungehinderter auf die noch offenen Probleme einwirken zu können. Erstens hatte sich Rußland durch die Friedensverträge mit Schweden 1809, mit der Türkei 1812 und mit Persien 1813 freie Hand geschaffen. Durch den Erwerb von Bessarabien und von Finnland schob es sich nach Westen vor, was auch zu einer Verlagerung der schwedischen Herrschaft führte. Schweden wurde für Finnland mit Norwegen entschädigt, auf das Dänemark seinerseits im Friedensschluß zu Kiel verzichten mußte (14. Januar 1814). So waren die skandinavischen Probleme, unter aktiver Mitwirkung Englands, bereits aus den Verhandlungen herausgenommen. Übrig blieb für Rußland nur mehr die große Frage, wieviel es bei einer vierten Teilung Polens, das es besetzt hielt, für sich behalten würde.

Auch England hatte sich — zweitens — im Genter Frieden (24. Dezember 1814) mit den USA den Rücken frei gemacht, um desto entschiedener auf dem Kontinent Einfluß nehmen zu können. Die eroberten französischen, spanischen und holländischen Kolonien hielt es noch besetzt, um sie als Unterpfand in die Verhandlungen einzubringen. Nachdem Britannien während der Napoleonischen Kriege die spanische, die französische, die holländische und die dänische Flotte nacheinander ausgeschaltet hatte, konnte es jetzt strategisch wichtige Zonen, wie das Kapland, Mauritius, Ceylon und andere Inseln, für sich einbehalten. Schließlich öffnete sich England die Durchfahrt zum Fernen Osten. All dies regelte London in bilateralen Verträgen mit den jeweiligen Ländern, so wie es auch mit Spanien einen Meistbegünstigungsvertrag abschloß. Damit hatte England seine Vorherrschaft auf dem maritimen Globus uneingeschränkt etabliert. Mit anderen Worten: England hatte seine Hegemonie zur See bereits errichtet, bevor es sich in Wien daranmachte, für das Gleichgewicht auf dem Kontinent zu sorgen. Fragen des Seerechts blieben außerhalb des Kongreßbereiches. (Nur die Ächtung des Sklavenhandels — nicht der Sklaverei — konnte England in Wien wenigstens moralisch durchsetzen, aber ohne bestimmte Zeitfrist. Die humanitären Argumente, die Castlereagh dabei vortrug, waren durch wirtschaftliche Interessen abgedeckt. England suchte durch ein solches Verbot den Arbeitsmarkt im spanischen, französischen und nordamerikanischen Transatlantik zu beeinflussen, und das, indem es zugleich ein Durchsuchungsrecht auf hoher See für sich beanspruchte.)

Drittens war nicht minder wichtig für den Ablauf des Wiener Kongresses der schnelle Friedensschluß, den die Siegermächte mit Frankreich am 30. Mai 1814 vollzogen. Frankreich wurde in seine

Grenzen von 1792 zurückverwiesen, die Vergrößerung Hollands und Piemonts festgelegt und für Deutschland eine Föderativverfassung bereits beschlossen. So schwer den Franzosen die Beschneidung des napoleonischen Territoriums fiel, Talleyrand hatte so unrecht nicht, darin einen großen Erfolg zu erblicken: auch er gewann, gegen den entschiedenen Wunsch der Preußen, freie Hand, in Wien als gleichberechtigter Partner sein großartiges diplomatisches Spiel treiben zu können.
Infolge der Friedensschlüsse in Etappen, die die europäischen Randzonen und die Überseegebiete aus dem Konferenzprogramm ausgeklammert hatten, handelte es sich in Wien weniger um einen Friedenskongreß als um einen ›Friedensvollzugskongreß‹. Übrig blieb nur mehr die Restmasse Mitteleuropas, die in Wien einer Neuordnung harrte, an welcher nun alle Mächte beteiligt wurden. Man stritt sich um die Landstriche von Holland bis Sizilien und von Polen bis zur Schweiz, grob gesprochen um die Gebiete des ehemaligen Heiligen Römischen Reiches.
Bei dem zähen Ringen um die Neugliederung der Restmasse ging es vorzüglich um zwei Problemkreise: einmal um die Territorialordnung und zum anderen um die Verfassungsform, die überall dort umkämpft blieb, wo die Länder bisher unter napoleonischer Vorherrschaft gelebt hatten.
Das Ergebnis ist im folgenden dargestellt.

a) Die Grenzen

Im Nordosten Frankreichs entstanden die Vereinigten Niederlande, die um das ehemals habsburgische Belgien und einige Reichslande einschließlich des Maasgebiets und seiner Festungen erweitert wurden. Im Südosten Frankreichs wurde ein vergrößertes Königreich Sardinien-Piemont restauriert, zu dem auch noch Genua geschlagen wurde. Beide Staaten wurden in den Rang mittlerer Mächte erhoben, und beide erhielten nach den ›Hundert Tagen‹ eine Reihe von strategisch wichtigen Positionen hinzu, um unter der besonderen Protektion von Großbritannien als Barrieren gegen Frankreich zu dienen.
Habsburg zog sich dagegen völlig aus seinen ehemaligen westdeutschen Besitzungen zurück, gewann dafür Salzburg und Oberitalien und schob sich dank seiner Sekundogenitur-Linien über die italienischen Mittelstaaten bis an den Kirchenstaat heran, der ebenfalls restauriert wurde. Zu einem geschlossenen Flächenstaat gerundet, wuchs das neue Kaiserreich Österreich aus dem alten Reichsgebiet in Richtung Südosten heraus.
Die umgekehrte Richtung schlug Preußen ein. Zwar erlangte es nicht mehr seinen friesischen Zugang zur Nordseeküste, dem England-Hannover einen Riegel vorschob. Aber ebensowenig erhielt es seine polnischen Teilungsgebiete zurück oder Sachsen,

Abb. 20: Kaiser Franz I. von Österreich im österreichischen Kaiserornat. Gemälde von Friedrich von Amerling, 1832

Länder, nach denen es trachtete, um sich territorial abzurunden. Vielmehr wurde es vorzüglich mit den Territorien am Rhein und in Westfalen entschädigt, wo es – auch im Sinne von Metternich und Castlereagh – die Militärgrenze gegen Frankreich sichern sollte. Nach den ›Hundert Tagen‹ gewann es im zweiten Pariser Frieden auch noch das Saarland hinzu. Indem Preußen nach

Deutschland hineinwuchs, ohne ein geographisch zusammenhängender Staat zu werden, wurde eine Art politisches Programm aufgestellt, das sich unter Bismarck erfüllte. Die Westverschiebung Preußens erfolgte, wie die von Schweden, nicht zuletzt unter dem Druck, den Rußland nach Europa hinein ausübte. In der Tat enthielt die polnisch-sächsische Teilungsfrage den Hauptzündstoff der Wiener Verhandlungen, der Preußen und Rußland hart an den Rand einer kriegerischen Auseinandersetzung mit England, Frankreich und Österreich brachte. Die eigentlichen Opfer waren Polen, um dessen Unabhängigkeit sich England vergeblich bemüht hatte und dessen größter Teil, das sogenannte ›Kongreß-Polen‹, an den russischen Zaren fiel; und Sachsen, von dem Preußen zwei Fünftel erhielt.

Während sich die endgültigen Grenzregulierungen der deutschen Mittel- und Kleinstaaten bis zum Frankfurter Territorialrezeß (1819) hinzogen, erhielt die Schweiz bereits 1815 ein strategisch abgerundetes Gebiet zurück. Die Neutralität der Schweiz wurde international garantiert, wie immer ein zweischneidiger Akt, weil dadurch den jeweils interessierten Großmächten Tür und Tor für indirekte Interventionen geöffnet wurden. Es sollte sich bald zeigen, daß die europäischen Verfassungs- und Sozialkonflikte über die Interpretation der Neutralitätsbedingungen auf die Schweizer Innenpolitik einwirkten. Letztlich war die Schweizer Neutralität nicht nur ein Indikator des europäischen Gleichgewichtes, sondern hing ebenso von einem Minimum an sozialer und politischer Homogenität der europäischen Nachbarstaaten ab.

Von der reinen Machtsituation her gesehen lag die stärkste Garantie der europäischen Balance ohne Zweifel in der insularen Präsenz von England. Die Seemacht wußte sich 1815 als einzigen territorialen Erwerb in Europa den Besitz von Helgoland und Malta und das Protektorat über die Ionischen Inseln zu sichern, Inseln, von denen aus es maritim auf den Kontinent einwirken konnte. So zeichnet sich als Endergebnis der Neuordnung ab, daß Rußland auf der einen und England auf der anderen Seite die relativen Gewinner blieben, während sich die übrigen Mächte auf Kosten der jeweils Schwächeren zu arrangieren hatten. Alle Auseinandersetzungen in Wien dienten letztlich dazu, das Gleichgewicht auf dem Kontinent derartig zu ordnen, daß Rußland nicht an Stelle des Napoleonischen Frankreich als Hegemoniemacht auftreten konnte. Die Argumente, die Castlereagh und Alexander auf dem Kongreß austauschten, haben heute noch nicht ihre Aktualität verloren; hinter ihnen verbirgt sich der weltweite Gegensatz zwischen dem maritimen England und dem großkontinentalen Rußland, der im folgenden Jahrhundert immer wieder aufbrechen sollte. Die momentane Furcht vor dem revolutionären Frankreich wurde bereits von der langfristigen Furcht vor Rußland überschattet.

Aller Handel um die einzelnen Seelenzahlen, die statistisch gegenseitig auf- und abgerechnet wurden, alle strittigen Ansprüche auf Festungen wie Mainz, Luxemburg, Thorn usw. standen unter dem Einfluß der beiden europäischen Flügelmächte, zwischen denen vor allem Talleyrand mit Meisterschaft zu agieren wußte, um vorzüglich die deutschen Klein- und Mittelstaaten gegen ihre Vormächte Preußen und Österreich abzusichern. Erst auf diesem Hintergrund gewinnt auch die deutsche Bundesfrage ihren weltpolitischen Rang. Es ging darum, Mitteleuropa so stark zu machen, daß es sich allen kontinentalen Hegemonialansprüchen gewachsen zeigen konnte, es zugleich aber so locker zu organisieren, daß Deutschland nicht etwa selbst zur Hegemonialmacht heranwuchs, wie es Wilhelm von Humboldt vorausgesehen hatte.
Diese Zwischenlage in ein ›System‹ gebracht zu haben, ist nun die eigentliche Leistung Metternichs. Das gesamteuropäische Gleichgewicht besonders in Mitteleuropa abzusichern, bedeutete für ihn, alle nationalen Bestrebungen, wie sie in Polen, in Deutschland oder in Italien aufkamen, rigoros niederzuschlagen. Anders gewendet: Die Grenzregulierungen schlossen von ihrem machttechnischen Ansatz her aus, daß sich die nationalen Verfassungsforderungen erfüllen ließen. Metternich freilich ging noch den einen Schritt weiter, jede konstitutionelle Regung als ein Erbe der Revolution auch innenpolitisch zu durchkreuzen. Auf ganz Europa gesehen läßt sich die Geographie der Verfassungslagen wie die Geographie der Machtlagen nach den beiden Polen Rußland und England hin zuordnen.

b) Die Verfassungsfragen

Von der Autokratie im Osten, die sich hinter der liberal-religiösen Maske Alexanders versteckte, bis zum aristokratischen Parlamentarismus der hartgesottenen Torys im Westen reichte der Bogen, unter dessen Spannung die binneneuropäischen Verfassungen restauriert werden mußten. Die Entscheidungen wurden dem formalen Völkerrechtsprinzip gemäß den jeweiligen Souveränen überlassen, weshalb auf dem Wiener Kongreß selbst nur die deutsche Bundesakte beschlossen wurde. Gleichwohl darf vorausgeschickt werden, daß auf den diversen Friedensschlüssen die Privatrechte der Untertanen als Individuen im großen und ganzen geschützt blieben. Unterhalb des rationalen Machtkalküls blieb ein Binnenraum liberaler Residuen frei, der weit größer war, als wir es nach den Kriegskatastrophen des 20. Jahrhunderts gewohnt sind. Das Emigrationsrecht wurde großzügig geregelt, die Optionen wurden freigegeben; das Privateigentum blieb unangetastet, selbst Franzosen durften solche Staatsgüter behalten, die sie außerhalb der neuen Grenzen erworben hatten. So reichte die Privatrechtsgarantie über diese hinaus und überdauerte den

Regimewechsel. Freilich gab es einige Fürsten, wie in Hessen-Kassel oder in Piemont, die sich nicht darum scherten. Generell jedoch wurde die Regel verfolgt, einmal aufgeteilte und verkaufte Staats- und Kirchengüter nicht mehr zurückzufordern. Selbstverständlich wurden die aus den religiösen Bürgerkriegserfahrungen früherer Zeiten stammenden Amnestieklauseln erneuert. Ferner wurde die freie Flußschiffahrt, zunächst in Mitteleuropa, vertraglich festgelegt; allerdings setzten die Holländer die Rheinmündung unter ihren Zollverschluß, was Anlaß zu jahrzehntelangen Querelen bieten sollte. Aber insgesamt darf die rein technische Liberalität als spezifische Leistung des damaligen Friedenswerkes nicht unterschätzt werden. Als Korrelat zur Neuverteilung des Bodens wurde das *jus emigrationis*, und zwar unter Einschluß des Vermögensschutzes, allgemein anerkannt.

An den neutralisierten Zonen des Privatrechts wird auch deutlich, wieso der sogenannte Legitimitätsbegriff zunächst viel funktionaler verstanden werden muß, als er später politisch gehandhabt wurde. Das Zauberwort der Legitimität wurde von Talleyrand in die Debatte geworfen, um die politischen Herrschaftsrechte parallel zu den Eigentumsrechten zu stilisieren. Illegitim war demnach das revolutionäre, das bonapartistische Prinzip der Usurpation, legitim des jeweilige Gegenteil. Wie dieses Gegenteil nun konkret definiert werden sollte, darum ging der politische Kampf, wie überhaupt die Legitimität als zentraler Verfassungsbegriff erst ins Spiel gebracht wurde, nachdem sie fraglich geworden war. Für Talleyrand, und das galt *mutatis mutandis* auch für die anderen Diplomaten, hatte die Legitimität völlig verschiedene Akzente, je nachdem, ob es um den innen- oder um den außenpolitischen Bereich ging. Generell wurde sie mit dem monarchischen Erbrecht gleichgesetzt, aber Talleyrand modifizierte dieses durch das zwischenstaatliche Vertragsrecht. Damit blieben alle Verträge Napoleons in Kraft, soweit sie nicht ausdrücklich aufgehoben worden waren. Und dementsprechend sollten alle staatlichen Besitzveränderungen auf der Grundlage des puren Okkupationsrechtes für illegal erklärt werden. Auf diese Weise konnte Talleyrand das sächsische Königtum, allerdings nicht Polen oder Genua retten. Umgekehrt konnten die Siegermächte aufgrund dieser Interpretation alle Säkularisationen und Mediatisierungen, weil sie völkerrechtlich legalisiert worden waren, auch 1815 einbehalten. So war der Begriff der Legitimität elastisch genug, sowohl revolutionäre Veränderungen wie restaurative Interessen sicherzustellen. Anders gesagt: Der Legitimitätsbegriff konnte funktional zu den Machtlagen gedehnt werden. Darin lag seine Modernität beschlossen.

Das gilt nun ebenso für seine innenpolitische Verwendung. Als Talleyrand seinen König darüber unterrichtete, wie hilfreich die Legitimität im diplomatischen Spiele sei, zeigte er ihm gleichzeitig auf, daß sie sich nicht im monarchischen Erbrecht erschöpfe.

Legitim sei vielmehr nur eine solche Verfassung, die sich den Postulaten der öffentlichen Meinung gewachsen zeige: eine konstitutionelle Verfassung mit ihrem Grundrechtskatalog. Nicht *ipso jure* sind die angestammten Herrscherhäuser legitim, sondern nur funktional zu dem Glück, das sie kraft ihrer Verfassungen den Völkern bringen. So wurde die Legitimität unter der Hand zu einem geschichtsphilosophischen Begriff, der sich mit den Zeiten ändern konnte. Er wurde fungibel je nach Partei und Machtlage und verengte sich erst durch die folgende politische Reaktion zu einer royalistischen Vokabel — bevor er ein Jahrhundert später von Max Weber für die Soziologie neutralisiert wurde. In keinem Falle war die Legitimität identisch mit einer Restauration. Das gilt bereits für die Verfassung, die Ludwig XVIII. der französischen Nation oktroyiert hatte.

Der Bruder des 1793 hingerichteten Ludwig kehrte im Gefolge der Sieger nach Paris zurück und nahm, nicht ohne Vermittlung durch Talleyrand, den Thron wieder ein. Sein Rekurs auf die absolute Gewalt und alle Verbrämungen, die in der Präambel zur Verfassung von 1814 die vergangenen 25 Jahre vergessen machen sollten, können nicht darüber hinwegtäuschen, daß sich der neue König tatsächlich an die napoleonischen Vorgegebenheiten halten mußte. Der von Napoleon seinerzeit eingesetzte Senat hatte seinerseits Napoleon entsetzt. Er entwarf darauf jene Verfassung, die immer noch von der Volkssouveränität ausging. Aber trotz der Umkehrung, die der König vollzog, als er die von ihm revidierte Verfassung der Nation aufzwang, bleibt der Kompromiß zwischen dem revolutionierten Frankreich und seinem neuen Herrn offensichtlich. Es handelte sich um eine *Charte constitutionelle,* um einen Erlaß und um eine Konstitution, wodurch der Doppelcharakter zum Ausdruck kam.

Der Senat wurde in eine Pairskammer verwandelt, in der immer noch 84 ehemalige Senatoren verblieben. Alle Etappen der Revolution waren durch Senatoren wie Volney oder Beauharnais in der Ersten Kammer vertreten. Hinter dem Zweikammersystem stand das englische Modell, wie es damals von Madame de Staël oder von Benjamin Constant propagiert wurde und das auch Ludwig XVIII. im Londoner Refugium schätzengelernt hatte. Eine strikte Gewaltentrennung wurde nicht durchgeführt, vielmehr behielt der Monarch die absolute Souveränität, die er aber freiwillig mit verschiedenen Verfassungsorganen teilte. Die Steuerbewilligung lag vollends bei den Kammern. Liberal waren außerdem der Zensus, der Grundrechtskatalog, eine Gleichheit vor dem Gesetz, die alle Privilegien ausschloß, sowie die Garantie aller während der Revolution erworbenen ›Nationalgüter‹. Die Kammern waren mächtiger als jemals unter Napoleon. Während seiner Hundert-Tage-Herrschaft trachtete Napoleon danach, die *Charte* zu überbieten, indem er die demokratischen und parlamentari-

schen Momente stärker zu berücksichtigen suchte. Aber auch nach der Wiederherstellung der oktroyierten *Charte* ging der Trend im folgenden Jahrzehnt dahin, daß die Kammern zunehmend Einfluß auf die Zusammensetzung und die Politik des Ministeriums gewannen. Der Weg zur Parlamentarisierung lief, wie früher in England, auch über konservative Majoritäten. So reaktionär die erste Versammlung nach den ›Hundert Tagen‹ Napoleons, *la chambre introuvable*, auch war, so konservativ die Praktiken der späteren Ministerien blieben, die Verfassungsform von Frankreich war alles andere als eine Restauration. Es handelte sich um eine Kompromißverfassung, die nun ihrerseits stark auf die süddeutschen konstitutionellen Monarchien einwirken sollte. Das englische Ideal wurde durch ein praktikables Modell ersetzt.
Eine pure Restauration fand in ganz Europa nur an zwei Stellen statt:
1. In Spanien, nach der Rückkehr Ferdinands VII., der die Verfassung von 1812 aufhob und die Inquisition wieder einführte.
2. In Rom, wo der Papst seinen Kirchenstaat wiedererrichten durfte, ohne die Wiener Akte unterzeichnet zu haben. Er beseitigte die Pockenimpfung und die Straßenbeleuchtung als Unsinn französischer Illumination; die Juden wurden wieder ins Getto zurückgetrieben und regelmäßigen Bekehrungspredigten ausgesetzt. Auch der Jesuitenorden als Opfer der Aufklärung wurde restituiert.
Schließlich gelang es in den Schweizer Kantonen und den deutschen Reichsstädten, viele Bestimmungen ihrer patrizischen und altständischen Verfassungen wieder in Kraft zu setzen.
Vor dem Hintergrund dieser restaurativen Inseln im südlichen Europa erscheint selbst die Bundesverfassung Deutschlands als eine moderne Schöpfung, so reaktionär oder stationär ihre Handhabung über ein halbes Jahrhundert hinweg auch blieb. Die Stiftung einer deutschen Bundesverfassung war eines der heikelsten Probleme, da der Legitimitätstitel des alten Reiches entschwunden war. Alle Ansätze, einen nationalen Bundesstaat mit straffer Organisation zu schaffen, wurden im Zuge der Verhandlungen vertan. Sowohl die Einsprüche der europäischen Großmächte als auch die Konkurrenz zwischen Österreich und Preußen verhinderten einen engen Bund mit kaiserlicher Spitze und gesamtbündischen Verfassungsorganen, wie sie etwa der Freiherr vom Stein unermüdlich gefordert hatte. Nun gehörten freilich bündische Sonderformen als politische Friedensschutzverbände seit langem zur Tradition des Reiches, deren letzte Ausformung – paradoxerweise – der französische Rheinbund gewesen war.
Das Konstruktive der deutschen Bundesverfassung von 1815 bestand darin, daß sie den Dualismus der östlichen Vormächte legalisierte, indem sie diesen hinter der Gleichberechtigung von 34 souveränen Herrschern versteckte, zu denen noch vier freie

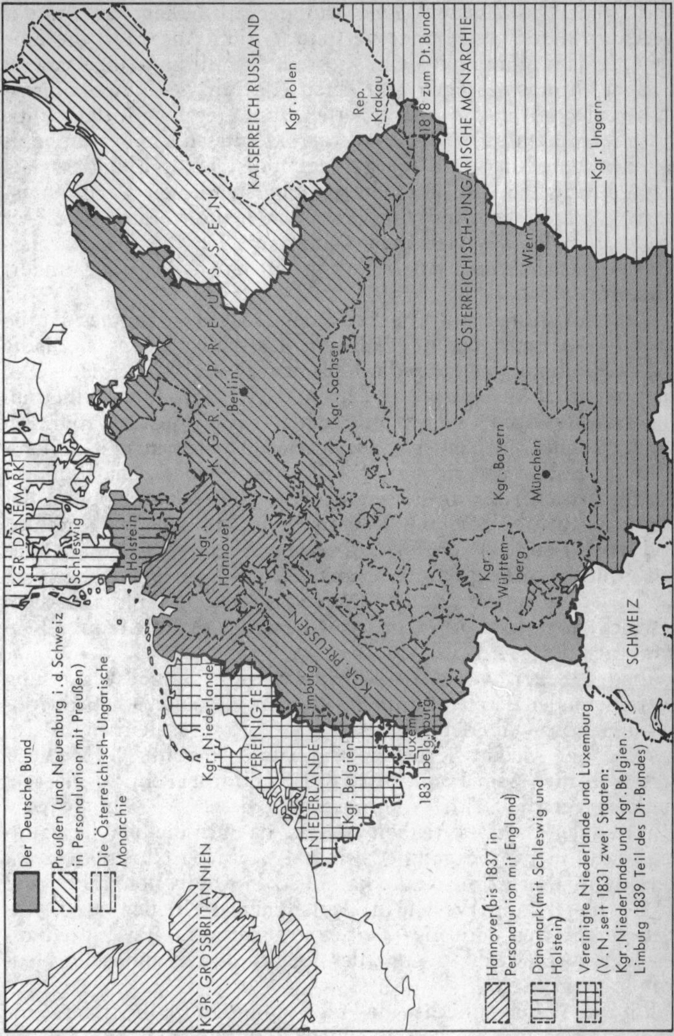

Abb. 21: Der Deutsche Bund

Reichsstädte hinzutraten. Verfassungsrechtlich kam das in der Zweischichtigkeit der Bundesvertretung zum Ausdruck, die eine Plenarversammlung mit dem Vetorecht sämtlicher Einzelstaaten in allen Grundsatzfragen und einen engeren Gesandtenkongreß kannte, der mit einem qualifizierten Stimmrecht nach der Größe der Gliedstaaten ausgestattet wurde. So entstand, mit Humboldt zu reden, eine Mischung aus staatenbündischen und bundesstaatlichen Elementen, die über die nationalstaatlichen Gerinnungsformen von gestern auf Probleme von heute vorausweist. Der Zwang zum bundesstaatlichen Kompromiß hat die Achtundvierziger Revolution überdauert und genau ein halbes Jahrhundert gewährt.

Der gesamteuropäische Charakter des Deutschen Bundes wurde besonders dadurch betont, daß auch das dänische, das englische und das holländische Herrscherhaus über ihre Länder in Holstein, Hannover und Luxemburg an der Bundesversammlung teilhatten. Andererseits lagen Preußen mit seinen zwei östlichen Provinzen und Österreich mit seinem galizischen, ungarischen und italienischen Herrschaftsbereich außerhalb des Bundes. Die Bundesgrenzen waren sozusagen osmotisch. In dieser Überlappung der Staatsgebiete über die Bundesgrenzen hinaus lag der Konfliktstoff enthalten, der 1848 vorübergehend und 1864/1866 endgültig den Bund sprengte. Vorerst freilich wußte Metternich die Vielschichtigkeit der Bundesverfassung mit diplomatischem Geschick zu nutzen, um den permanenten Gesandtenkongreß in Frankfurt zu steuern.

Politisch gesehen waren die Nutznießer dieser Bundesverfassung die regierenden Fürstenfamilien, die den napoleonischen Arrondierungsprozeß überlebt hatten, indem sie ihresgleichen in den Zustand der Mediatisierten herabgedrückt hatten. Die Mediatisierten wurden zum Frankfurter Kongreß nicht mehr zugelassen. Zugleich verschob sich – konfessionell gesehen – der Schwerpunkt zu den protestantischen Fürsten, da auch die Säkularisationen nicht mehr rückgängig gemacht wurden. Nur noch sechs Herrscherhäuser gehörten der katholischen Konfession an. So war im Gegensatz zum Westen in Deutschland der regierende Hochadel, gerade weil auch hier die revolutionären Besitzverschiebungen legalisiert worden waren, der eigentliche Gewinner der Neuordnung von 1815.

Völlig offen blieb zunächst die Frage, ob nun auch die innerstaatlichen Verfassungen der einzelnen Bundesglieder nach einem gemeinsamen Prinzip geordnet werden sollten. Der bekannte Artikel 13 der Wiener Bundesakte lautete: »In allen Bundesstaaten wird eine landständische Verfassung stattfinden.« Damit war eine minimale Homogenität definiert worden, ohne daß für ihre Herbeiführung eine zeitliche Frist gesetzt worden wäre. Was nun Landstände sein sollten oder könnten, darüber erhob sich

bald eine allgemeine Auseinandersetzung, die in der Variationsbreite von altständischen bis zu konstitutionellen Formen in den einzelnen Staaten zu verschiedenen Verfassungen führte.
In altständischen Traditionen lag enthalten, daß Stände relativ autonome Institutionen waren, die, sich selbst ergänzend oder mit Virilstimmen versehen, nur sich selbst verkörperten. So trat etwa der altständische Adel in Mecklenburg korporativ auf dem dortigen Landtag auf. Auch wo Bürger zugelassen waren, vertraten sie allein den Stand der Städte, nicht etwa die gesamte Bevölkerung. In diesem Sinne wurden z. B. die städtischen Vertreter im sächsischen Landtag durch die patrizischen Stadträte ernannt. Bauern gab es in derartig altständischen Institutionen selten, die Belange der Landbevölkerung wurden von der jeweiligen Herrschaft wahrgenommen. So blieben auch in Sachsen die Bauern ausgeschlossen, wohingegen man in Hannover 1819 daranging, einige Bauernvertreter dem Stand der Städte zuzuordnen. Während also dem Begriff einer landständischen Verfassung auf der einen Seite das alte Herrschaftsgefüge unterstellt werden konnte, ließ er sich andererseits auf ein konstitutionelles System übertragen, wie es 1814 in Frankreich entwickelt worden war.
Die süddeutschen Verfassungen von 1818 und 1819 kannten ein Zweikammersystem, in dem die Stände nicht sich selbst zu vertreten hatten, sondern als Repräsentanten aller Staatsbürger gedacht waren. Das freie Mandat aller Abgeordneten sollte ihre Unabhängigkeit und ihren repräsentativen Charakter sichern. So wenig wie in Frankreich ließen sich freilich die Erste und die Zweite Kammer mit einer Adels- und einer Bürgervertretung gleichsetzen. »Vielmehr galt der Grundsatz der Doppelrepräsentation« (E. R. Huber). Gleichwohl ging, was beim westlichen Nachbarn nicht der Fall war, eine Fülle altständischer Bestimmungen in die süddeutschen Wahlordnungen ein. Der Hochadel, Universitäten, Kirchen erhielten — hier mehr, dort weniger — eine feste Zahl von Sitzen zugewiesen. Wie überhaupt die Ausführlichkeit der Verfassungsbestimmungen in Süddeutschland sehr stark an die altständischen Regelungen von Einzelrechten erinnert; auch der Einzugsbereich der Wahlkreise war noch berufsständisch differenziert. Trotz der Besitzklauseln, die die Wahlfähigkeit umgrenzten, boten die süddeutschen Kammern ein weit getreueres Spiegelbild der Berufsabschichtung als etwa die französische Zweite Kammer, in der nur eine schmale Besitzminorität vertreten war. So beschränkt die Kompetenzen der süddeutschen Kammern auch waren — sie hatten keinen Anteil an der Regierungsgewalt —, in jedem Fall waren sie an der Legislative beteiligt. Gesetze, die Freiheit und Eigentum betrafen, vorzüglich also die Steuergesetzgebung, konnten nur mit ihrer Zustimmung erlassen werden. Die bürgerliche Privatsphäre hatte damit ihren öffentlich-rechtlichen Ort zugewiesen erhalten. Alle diese Verfassungen, die ebenfalls

oktroyiert wurden — nur in Württemberg wurde ein Vertrag ausgehandelt —, dienten nicht zuletzt dazu, die Menge der neuerworbenen Untertanen in die vergrößerten Staatsgebilde zu integrieren. Dosierte bürgerliche wie revolutionäre Impulse, bonapartistische Kalkulation, staatliche Stabilisierungsabsichten, all dies führte zu Verfassungsformen, die sich von den mittel- und norddeutschen altständischen Typen deutlich unterschieden.

Wie weit nun die Konstitutionalisierung innerhalb der Gliedstaaten getrieben wurde, hing letztlich von der Richtung ab, die die beiden Vormächte einschlugen. Auch der preußische König hatte in seiner berühmten Verordnung über die zu bildende Repräsentation des Volkes vom 22. Mai 1815 eine schriftliche Verfassung versprochen. Diese Verheißung, die mehrfach wiederholt wurde, blieb unerfüllt. So geriet Preußen in das Zwielicht einer Wortbrüchigkeit, dessen Schatten immer länger und dunkler wurden, je mehr sich die liberalen Kräfte formierten. Indes war es im preußischen Staat 1815 aus dem gleichen Grunde unmöglich, eine Konstitution zu schaffen, aus dem es den relativ homogenen Mittel- und Kleinstaaten möglich war. Die Sozialstrukturen differierten von Saarbrücken bis Memel derartig, daß es unwahrscheinlich war, ein handlungsfähiges Parlament zu erhalten, das einen sozial gerechten Ausweg aus der bestehenden Finanznot hätte finden können. Dazu kamen andere Hindernisse, die sich seit der Reformbewegung von 1807 und der folgenden Jahre auftürmten. Das Kernstück der preußischen Reformen lag in der Reorganisation der Verwaltung. Die Administration wurde von der Justiz getrennt, selbst aber kollegial geordnet, so daß in den Behörden legislative, exekutive, beratende und verwaltungsgerichtliche Funktionen vereint blieben. Die Behörden hatten eine quasiständische Struktur. Im Gegensatz zu den westlichen Nachbarn beschränkte sich die preußische Verwaltung nicht auf die Exekutive: sie war der Kern der sozialen wie der politischen Verfassung selbst. Durch die Auswahlkriterien von Besitz und Bildung fanden sich Adel und Bürgertum in den Behörden vereint; deren Sozialstruktur entsprach der Zusammensetzung der süddeutschen Kammern, in denen die Beamten eine führende Rolle spielten.

Das politische Programm dieser reorganisierten Verwaltung richtete sich nun in Preußen darauf, die altständische Gesellschaft zu zerschlagen. Kein deutscher Staat war so entschieden liberal wie der preußische, was den wirtschaftlichen Sektor betrifft: gerade deshalb gelang es, so paradox es klingt, nicht, eine gesamtstaatliche Repräsentativverfassung zu stiften. In dem Maße nämlich, wie sich die generelle Gewerbefreiheit zum Nachteil der alten Zunftbürger geltend machte, in dem Maße, wie sich die Freisetzung des Boden- und Arbeitsmarktes gegen die altständischen Herrschaften auswirkte, im gleichen Umfang wurden altständische Widerstände hervorgelockt. Alle Reformgesetze waren auf

Abb. 22: Klemens Fürst Metternich

eine langfristige Erfüllung hin angelegt, es war unmöglich, durch einen legislativen Akt eine freie Wirtschaftsgemeinschaft zu schaffen. Jede ständische Beteiligung am Staat, das lehrten einige Versuche von Hardenberg, hätte die Reaktion mehr gefördert, als es dem liberalen Beamtentum lieb war. Es war mit anderen Worten die rigorose Wirtschaftsliberalität der preußischen Verwaltung, die eine liberale Verfassung im westlichen Sinne verhinderte. Dazu kamen die verschiedenen Rechtskreise, die Verschiedenheit der Konfessionen und auch der Sprachen, ganz abgesehen von den diversen Traditionsbeständen, die sich in einer gesamtstaatlichen Vertretung vermutlich zentrifugal ausgewirkt hätten. So beließ es der preußische Staat bei der Errichtung von Provinzialständen (1823), die die schlechteste aller möglichen Lösungen war. Die nach Hardenbergs Tod erstarkte Reaktion konnte es durchsetzen, daß der Adel in diesen Ständen eine Sperrminorität besaß; andererseits wurden ihre Befugnisse derart beschnitten, daß sich ihr Widerstand gegen die Verwaltung immer mehr versteifen mußte. Auf diese Weise wurde die Verwaltung als Repräsentant des ganzen Staates in zunehmenden Gegensatz zu den geduldeten Ständen getrieben, die zunächst nur die Vertreter partikularer Interessen waren und sein durften.

Hatte also das Preußen Hardenbergs noch sachliche, in der wirtschaftlichen Liberalität verankerte Gründe für sich, um eine Gesamtrepräsentation zu verschleppen, so handelte Metternich eher aus entgegengesetzten Motiven, um in Österreich eine Konstitutionalisierung zu verhindern. In Österreich, wo es im Unterschied zu Preußen einen starken Hochadel gab — und das gilt mehr noch für Ungarn —, war die altständische Tradition nie abgerissen. Die habsburgischen Länder bildeten keine Verwaltungsprovinzen, sondern waren noch verkörpert in den Landständen mit ihren vier Korporationen der Prälaten, des Hochadels, des Niederadels und des Bürgertums, wozu in Tirol und Vorarlberg auch noch die Bauern traten. Die Befugnisse dieser Stände waren seit dem Dreißigjährigen Krieg, vor allem aber seit den Maria-Theresianischen und den Josephinischen Reformen stark beschnitten worden. Derartige traditionelle, aber machtlose Stände erachtete Metternich gerade für hinreichend, um den Artikel 13 der Bundesverfassung als erfüllt zu betrachten. In Salzburg und Galizien ordnete er den altständischen Formationen analoge Vertretungen an. Das Motiv Metternichs, auf eine Gesamtverfassung zu verzichten, rührte also eher aus dem Bestreben, die bestehende Soziallage zu stabilisieren, während das Motiv Hardenbergs, eine Nationalvertretung zu verzögern, umgekehrt darin lag, die bestehende Sozialverfassung zu verändern. Daher auch das starke Mißtrauen des österreichischen Staatskanzlers gegenüber der preußischen Beamtenschaft, hinter der er nichts anderes als verkappte Jakobiner erblickte. Gleichviel, die beiden Großmächte des Deutschen Bundes, deren Schwerpunkt im Osten lag, verzichteten darauf, das westliche Verfassungsmodell zu rezipieren.

Das hatte nun seine Rückwirkungen auf die gesamte Bundesverfassung, die in der Wiener Schlußakte von 1820 ihre endgültige Gestalt gewann. Bereits hier gelang es Metternich, die Furcht vor der aufflackernden studentischen und deutsch-republikanischen Bewegung ausnutzend, die bisherige Verfassungsbewegung einfrieren zu lassen. Im Artikel 58 der Schlußakte heißt es: »Die im Bunde vereinigten souveränen Fürsten dürfen durch keine landständische Verfassung in der Erfüllung ihrer bundesmäßigen Verpflichtungen gehindert oder beschränkt werden.« Als bundesmäßig aber wurde festgelegt, daß »die gesamte Staatsgewalt in dem Oberhaupte des Staates vereinigt bleibe« (Artikel 57). Die bereits etablierten Konstitutionen blieben zwar erhalten, aber das monarchische Prinzip wurde als der einzige Legitimitätstitel allen Gliedstaaten übergestülpt. Ein gegenseitiges Interventionsrecht (Artikel 26) sorgte dafür, daß der *status quo* im Sinne der beiden Ostmächte aufrechterhalten wurde. So entstand innerhalb des Deutschen Bundes ein Ost-West-Gefälle, das sich von den Administrativstaaten über altständische Relikte, die auch in den freien Reichsstädten wiederauflebten, bis zu den süddeutschen Konstitutionen erstreckte. Die einzige Homogenität lag in der Anerkennung des monarchischen Prinzips, bei dessen Interpretation Österreich die politische Vorhand behielt.

Was für die Grenz- und Territorialordnung des Wiener Kongresses galt, das gilt in noch höherem Maße für die Verfassungsgeographie, die daraus folgte. Sie bietet ein höchst differenziertes Bild, in dem alte und neue Elemente in gleicher Weise vertreten sind. Die innerstaatlichen Verfassungslagen zu stabilisieren, das war für Metternich nur die andere Seite seiner Aufgabe, die außenpolitische Balance aufrechtzuerhalten. Anders gewendet: Innen- und Außenpolitik konvergierten seit 1815 mehr als je zuvor.

Wie die deutsche, so zeigte auch die europäische Verfassungsgeographie Unterschiede, die in der verschiedenen Reichweite der Französischen Revolution begründet lagen. Die klassische Trennung der Innen- und der Außenpolitik, die dem Staatensystem des 18. Jahrhunderts noch zugrunde gelegen hatte, wurde damit notwendigerweise unterlaufen. Die Gleichberechtigung aller Staaten, die Gleichrangigkeit der fünf Großmächte, wie sie bei der Restitution des *droit public de l'Europe* auf dem Wiener Kongreß hypostasiert wurde – sie schwanden in der Politik der folgenden Jahre schnell dahin. In Anbetracht der Verfassungsdifferenzen und der daraus folgenden revolutionären und gegenrevolutionären Programme verwandelte sich die Außenpolitik aller Großmächte in eine Art von europäischer Innenpolitik. Die Umschlagplätze, auf denen diese Wendung vollzogen werden sollte, waren die Kongresse und Konferenzen. Freilich sollte sich binnen eines Jahrzehnts herausstellen, daß die Außenpolitik ihre Eigengesetzlichkeit zurückgewann, bis sie sich durch die Julirevolution von 1830 in eine neue Konstellation einzupassen hatte. Diesen Abschnitt wollen wir jetzt betrachten.

Daß es vor dem Forum der Moral keine wesenhaften Unterschiede zwischen einer Innen- und einer Außenpolitik geben könne, darin waren sich die Aufklärer einig, und die Entwürfe eines Ewigen Friedens von Saint-Pierre über Rousseau bis zu Kant zeugen davon. Auch das Pathos der ersten Revolutionskriege lebte noch von dieser Prämisse. Der Krieg galt als Bürgerkrieg, er wurde nur gegen die Fürsten, nicht gegen die Völker geführt. In Umkehrung dieses Satzes wurde auch der letzte Kampf gegen Napoleon, gegen ihn persönlich, nicht gegen die französische Nation ausgefochten. Diese ideologische Voraussetzung hatte auch Alexander I. von Rußland geleitet, als er gegen die revolutionäre Brüderlichkeit der Völker zur christlichen Brüderlichkeit der Völker aufrief, die er in einer ›Heiligen Allianz‹ zu vereinen suchte. Die drei Konfessionen: die griechisch-orthodoxe, durch Rußland vertreten; die protestantische, durch Preußen vertreten; und die katholische, durch Österreich vertreten, sollten zu einem Friedensreich zusammenfinden, das alle Prinzipien der bisherigen machiavellistischen Politik hinter sich lassen würde. Wie für die Aufklärer Moral und Politik konvergieren sollten, so für Alexander Politik und Religion. Castlereagh konnte daher leicht spotten, als er die Heilige Allianz im englischen Parlament als einen Rückfall in die Zustände des Puritanismus apostrophierte. Es war nun die politische Leistung Metternichs, durch eine leichte Redaktion des handschriftlichen Originals die Allianz auf den Boden rationalen, politischen Kalküls zurückgeführt zu haben. Er verwandelte die Brüderlichkeit der Völker in eine solche der Fürsten, betonte deren patriarchalische Pflichten und beseitigte die Hinweise auf eine Erneuerung der Zeiten, die aus der Allianz folgen sollte. Diplomatisch veränderte Metternich die Allianz in ein Machtinstrument, das auf der einen Seite jede Intervention im Namen des monarchischen Prinzips erlaubte und das andererseits unter Berufung auf die Gleichheit der Monarchen jeden Führungsanspruch einer einzelnen Macht rechtlich ausschaltete. Balance und Intervention korrespondierten miteinander. Auf diese Weise wurden auch Alexanders Hegemonialansprüche im Namen einer Erlösungsideologie zurückgekettet an die formale Gleichberechtigung aller europäischen Fürsten. Diese nämlich traten der Allianz in Kürze bei, ausgenommen der englische König – aus verfassungspolitischen Gründen – und der Papst – aus Gründen der ihm eigenen Katholizität – sowie der Sultan, der als Nichtchrist nicht zum Beitritt aufgefordert werden konnte. So bleibt, aufs Ganze gesehen, die Heilige Allianz ein Symbol für die Konvergenz von Innen- und Außenpolitik, ohne je das Instrument einer religiösen Einigungsbewegung zu werden, wie es von Alexander gedacht war. Über

Abb. 23: Die Heilige Allianz; Gemälde von Heinrich Olivier

der liberalen Kritik des vergangenen Jahrhunderts, die in der Allianz nur die Scheinheiligkeit der Reaktion erblicken konnte, darf nicht vergessen werden, daß sie strukturelle Probleme zu lösen suchte, die sich mit dem Zusammenleben souveräner Staaten auf engem Raum von selber ergeben. Insofern war die Heilige Allianz ideengeschichtlich gesehen der erste Versuch, die Pläne für einen ewigen Frieden in die Realität zu überführen, ein Versuch, der sich später im Völkerbund und in der UNO bei erweiterter, aber immer noch analoger Problemstellung wiederholte.
Die Praxis der monarchischen und interministeriellen Zusammenarbeit vollzog sich auf den Konferenzen. Bereits vor dem Sturz Napoleons hatten sich die vier Großmächte in der Quadrupel-Allianz zu Chaumont (1. März 1814) für die Nachkriegszeit gegenseitig versichert, den Frieden in Europa zu bewahren. Infolge der Rückkehr Napoleons sahen sich dieselben vier Mächte veranlaßt, ihr gegenseitiges Versprechen zu erhärten, und so gelobten sie im Vierbund vom 20. November 1815, auch nach der Räumung Frankreichs von Zeit zu Zeit zusammenzutreten, um im gemeinschaftlichen Interesse festzustellen, welche Maßregeln für die Erhaltung des Friedens und das Glück der Völker zu ergreifen seien. Die Prinzipien der Allianz konnten also, wenn überhaupt, nur in der Praxis der neuen diplomatischen Institution von Kongressen aufrechterhalten werden. So entstand aus der Not der Stunde eine eigene diplomatische Form. Wie bereits in Wien die Verhandlungen relativ locker geführt wurden und nur das Ergebnis in den sogenannten ›Protokollen‹ festgehalten wurde, so waren auch die folgenden Kongresse keine Dauerinstitution, sondern sie wurden von Fall zu Fall berufen, um auftauchende Probleme zu regeln.
Im ganzen gesehen handelte es sich um ein Wechselspiel von Revolutionen und Konferenzen, von Interventionen und Non-Intervention, von Revolutionsfurcht und Revolutionsbeihilfen; um eine konkurrierende Auseinandersetzung der Großen auf Kosten der Kleinen; schließlich um eine dauernde, wenn auch langsam sich verschiebende Bestimmung dessen, was als minimale Homogenität der europäischen Verfassungen zu betrachten sei.
Das alles spielte sich auf verschiedenen Ebenen ab. Es ging um Einmischung im Interesse der Interventen oder in dem der Hilferufenden oder auch um beides zugleich. Die Einmischungen richteten sich gegen revolutionäre Erhebungen (Spanien, Italien), oder sie erfolgten zu deren Gunsten (Portugal, Griechenland). Ferner vollzogen sich die Interventionen nie geschlossen, sondern unter Protest oder Enthaltung einer jeweils wechselnden Gruppe von Großmächten. Dabei kollidierten die Interessen der Großmächte allerdings nie so sehr, daß sie nicht – widerstrebend – die Einmischung der jeweils anderen doch geduldet hätten. Die Auseinandersetzung darum, wie weit diese Toleranzspanne strapaziert werden könne, gehörte daher zu diesem Wechselspiel dazu. Die

Voraussetzung all dessen war das bisher geschilderte Ost-West- bzw. Nord-Süd-Gefälle der europäischen Verfassungs- und Sozialstruktur, ein Gefälle, das im Lauf der Zeit zu immer neuen Verwerfungen und Eruptionen führte. Welches war nun der Ablauf des Geschehens im einzelnen?

Auf dem ersten Kongreß zu Aachen im Herbst 1818 wurde die Räumung Frankreichs beschlossen, dessen Kriegskontributionen wurden gesenkt – übrigens auf Kosten der privaten Gläubiger –, und Frankreich wurde wieder in das Konzert der europäischen Großmächte aufgenommen. Damit veränderte die Viererallianz ihren Charakter. Ihre Übereinkunft – ursprünglich gegen ein revolutionäres Land getroffen – diente seitdem durch die Aufnahme eben dieses Landes der allseitigen Garantie des europäischen Besitz- und Verfassungsstandes. Aber mit der Einbeziehung des ehemaligen Gegners tauchte sofort die Frage auf, gegen welche aktuellen oder potentiellen Gegner sich der neue Vertrag nunmehr richte. Zwar wurde in einem Geheimprotokoll die Viererallianz gegen Frankreich verlängert, aber in allen anderen Fragen brach der russisch-englische Gegensatz erneut auf. Alexander wollte im Namen der Heiligen Allianz eine förmliche Garantie der kollektiven Sicherheit erreichen, aufgrund derer die bestehenden Grenzen und Verfassungslagen einfrieren sollten. Auf eine derart weitreichende Verbindlichkeit ließ sich England nicht mehr festlegen.

Ein weiteres Thema der Verhandlungen waren die deutschen Studentenunruhen. Im gleichen Jahr – 1818 – war die *Allgemeine Deutsche Burschenschaft* gegründet worden, die über alle Länder und Landsmannschaften hinweg in sich das Urbild einer einigen, freien und gleichen deutschen Staatsbürgergesellschaft erblickte. Damit war nun in der Tat ein potentiell republikanisches Verfassungsprogramm formuliert worden, dessen Verwirklichung den Deutschen Bund in Frage stellen mußte. Die Ermordung Kotzebues im folgenden Jahr durch einen radikalen Studenten bot auf der nächsten Konferenz eine Handhabe, durch die *Karlsbader Beschlüsse*

1. die Deutsche Burschenschaft zu verbieten,
2. die Staatsaufsicht über die Universität zu verstärken,
3. eine präventive Zensur für den ganzen Bund durchzusetzen und
4. in Mainz eine außerordentliche Zentral-Untersuchungskommission gegen ›revolutionäre Umtriebe‹ und ›demagogische‹ Verbindungen zu errichten. – Diese Beschlüsse, im folgenden Jahr zum Gesetz erhoben, waren das Vorspiel für jene restriktive Verfassungsinterpretation zugunsten des monarchischen Prinzips, die Metternich unter Beihilfe von Gentz 1820 durchgesetzt hat.

Die *Karlsbader Beschlüsse* entsprangen einer Revolutionsfurcht, die sich keineswegs auf Deutschland beschränkte. Hungersnöte, Aufruhr und soziale wie politische Demonstrationen hatten in

England schon 1817 dahin geführt, die *Habeas Corpus-Akte* aufzuheben. Neue Massenversammlungen zur Unterstützung parlamentarischer Reformbestrebungen wurden 1819 blutig unterdrückt. Es folgten die sogenannten *Six Acts*, kraft derer die Repressionen vom Parlament erhärtet wurden: Presse- und Versammlungsfreiheit wurden beschnitten, Eingriffe in die persönlichen Freiheitsrechte ermöglicht. – Ähnlich in Frankreich: Halb spontan, halb gesteuert hatte nach den ›Hundert Tagen‹ der weiße Terror gewütet, der obendrein durch Sondergerichte und ihre fragwürdigen Urteilssprüche legalisiert wurde. Aber kaum, daß durch eine gemäßigtere Regierung die Überwachung der Bonapartisten, der Presse und der Versammlungen etwas nachließ, gewann die Reaktion durch die Ermordung des bourbonischen Thronfolgers, des Herzogs von Berry (1820), erneuten Auftrieb: Zensurverschärfungen und Ausnahmegesetze, die willkürliche Verhaftungen zuließen, zeugen davon, daß die Furcht der europäischen Regierungen vor einem Aufleben der Revolution allgemein war. Die gesamteuropäische Gärung kannte, wie A. H. Everett damals sagte, keine Staatsgrenzen: »Die politischen Parteien ziehen sich durch die ganze Völkermasse von einem äußersten Ende bis an das andere hindurch.« So erzeugten die innenpolitischen Unruhen eine Art außenpolitischer Einmütigkeit. Aber für alle Staaten galt die Warnung Royer-Collards in der französischen Kammer: »Ausnahmegesetze sind wucherische Anleihen, welche die Macht zugrunde richten, selbst wenn sie diese zu stärken scheinen.« Es ist nun eine Regel im Ablauf der Folgezeit, daß sich mit dem unterschiedlich vollzogenen Abbau der repressiven Gesetze die innenpolitische Struktur der jeweiligen Großmächte derartig wandelte, daß sie ihrerseits auf die außenpolitische Konstellation zurückwirkte. Das zeigen bereits die nächsten Kongresse.
Die Revolution, vor der man sich in England, Frankreich und Deutschland fürchtete, brach in einem Lande aus, von dem, wie Guizot 1820 sagte, die ganze Welt wußte, daß dort eine neue Erschütterung unvermeidbar sei: in Spanien. Die Revolution sprang im gleichen Jahre 1820 nach Portugal über, griff nach Italien aus, nach Neapel und Piemont, und schließlich folgte 1821 der Aufstand der Griechen. Der gesamte Mittelmeerraum war erfaßt worden. Die einberufenen Kongresse vermochten nicht mehr, eine Einheitsfront der Großmächte gegen diese Unruhen zu stiften: in Troppau und Laibach 1820/21 ließ sich Metternich zur Intervention in Italien ermächtigen; aber England, das den liberalen Bewegungen mit dosierter Sympathie gegenüberstand, entsandte nur einen Beobachter. Frankreich folgte diesem Beispiel, ließ sich aber seinerseits 1823 auf dem Kongreß zu Verona Vollmacht erteilen, im Namen des internationalen Rechts in Spanien einzugreifen. England hielt sich unter Canning, dem Nachfolger von Castlereagh, nunmehr vollends heraus, um freie Hand in Südamerika zu ge-

winnen, wo sich die spanischen Kolonien im Laufe der Revolution endgültig verselbständigten. Auch dem griechisch-türkischen Problem gegenüber kam es zu keiner Einheitsfront: Metternich hielt strikt am Legalitätsprinzip fest und vermochte auch Alexander gegen dessen christliches Gewissen dazu zu bewegen. Erst der neue Zar Nikolaus vollzog 1825 eine rigorose Schwenkung und nahm mit England Verbindung auf, um gemeinsam mit diesem und mit Frankreich zugunsten der Griechen zu intervenieren. Infolgedessen wurden die Kongresse, die bisher im Zeichen Metternichs abgehalten worden waren, von Konferenzen verdrängt, die vorzüglich in London stattfanden. Die Revolutionen im Mittelmeergebiet zersprengten mit anderen Worten die restaurative Homogenität der Pentarchie und setzten statt dessen eine Interessenpolitik frei, deren Inhalt keineswegs identisch war mit den revolutionären Programmen, zu deren Gunsten oder gegen die die jeweiligen Interventionen erfolgten. Wie hat sich nun die Lage innerhalb der Mittelmeerländer selbst verändert?

Kaum nach *Spanien* zurückgekehrt, hatte Ferdinand VII. 1814 die von ihm selbst beschworene Verfassung von Cadiz durch einen Staatsstreich beseitigt. Die Cadizer Verfassung von 1812 war ein Werk der spanischen Liberalen – von hier nahm der politische Begriff des Liberalismus seinen Ausgang –, sie hatte traditionelle Rechte der provinziellen Stände generell normiert, aber anstelle der Korporationen ein individuelles Stimmrecht eingeführt sowie die Privilegien der Geistlichkeit und des Adels rigoros beschnitten. Die Volkssouveränität, erhärtet durch den erfolgreichen Aufstand gegen Bonaparte, bildete die Basis der Verfassung, die formal einem streng gewaltenteiligen Prinzip folgte. Im Sinne des französischen Vorbildes von 1791 hatte die Legislative ein starkes Übergewicht gewonnen, dem König stand nur ein suspensives Veto zu. Diese Emanation einer aufgeklärten Vernunft fand nun im spanischen Volk überhaupt keinen Anklang. Das Volk empfing seinen alten König in archaischer Einfalt und entzog damit selber der demokratischen Verfassung ihre Legitimation. Darauf sich berufend, vermochte der König die Reaktion durchzusetzen: die Liberalen wurden in einer Welle von Blut hinweggeschwemmt; Kabinettsjustiz und Privatrachen überboten einander. Auf diese Gegenrevolution im reinsten Sinne konnte eine Antwort nicht ausbleiben.

1820 kam es zum Gegenschlag. Truppen, die die abgefallenen Kolonien in Südamerika zurückerobern helfen sollten, meuterten, und der Oberst Riego gab das Signal zur Erhebung; durch sein *Pronunciamiento* wurde die Verfassung von 1812 wieder in Kraft gesetzt; die Aufständischen zwangen den König, den Verfassungseid erneut abzulegen. Damit besaß der ›Codex der Anarchie‹, wie ihn Metternich nannte, wieder Gültigkeit. Freilich war es nicht Metternich allein, der dafür sorgte, daß er mit der von ihm geprägten Bezeichnung recht behielt. Es mißlang den Liberalen, die nach ihrem Sieg in die *Moderados* und die *Exaltados* zerfielen, die Finanzmisere und die Kolonialfragen zu lösen. Ein schwankendes Parlament, radikale Klubs und wechselnde Machtgruppierungen im Heer und hinter allem ein intrigierender König samt seiner Hofkamarilla brachten das liberale Experiment zum Scheitern. Chateaubriand, nicht zuletzt deshalb von den Ultras in Frankreich zum Außenminister erhoben, nutzte die Lage, um die französische Waffenehre genau dort wiederherzustellen, wo Napoleon seine ersten Niederlagen hatte einstecken müssen. In kurzen Schlägen beseitigte die französische Armee das konstitutionelle Regime in Spanien und setzte Ferdinand wieder als absoluten Herrn ein, der mit unerbittlicher Rache von neuem die Liberalen jagte und verjagte. Zugleich stützte der außenpolitische Erfolg, wie erhofft, die Restauration in Frankreich. So wirkte das eine auf das andere ein. — In diesen Jahren entstanden die unheimlichen Wandgemälde von Goya, dem ehemaligen Kollaborateur der Franzosen, dessen *Visionen* und dessen *Hexensabbat* die politischen Verwirrungen zugleich illustrieren und transzendieren.

Weit verwickelter war der Ablauf der Revolution in *Portugal*, weil sich hier der englische und der französische Druck nach verschiedenen Richtungen hin auswirkte. Zunächst gelang es, nach dem Vorgang in Spanien, durch einen Handstreich von Offizieren eine radikale Ein-Kammer-Verfassung einzuführen. Die Revolution griff nach Brasilien über und führte dort im Jahre 1822 zur Unabhängigkeit unter dem Kaiser Don Pedro. Sein Vater Johann VI. in Portugal freilich mußte parallel zur spanischen Restauration 1823 der absolutistischen Hofpartei nachgeben. Erst durch die Intervention der englischen Flotte im Jahre 1826 gelang es, eine neue Verfassung im Sinne der französischen *Charte* einzuführen, die aber ebenfalls zusammenbrach, sobald Wellington — nach dem Tode Cannings — seine schützende Hand von den portugiesischen Liberalen zurückgezogen hatte. Durch einen Staatsstreich im Namen des Legitimismus richtete Don Miguel, 1828 aus Wien zurückgekehrt, die Fassade der altständischen *Cortes* wieder auf, die seit 1698 nicht mehr berufen worden waren. Anstelle der legalen Königin, der jungen Maria da Gloria, übte er eine Schreckensherrschaft aus, die, wie es damals hieß, die Gefängnisse in Freimaurerlogen verwandeln sollte. Erst nach der Julirevolution, unter dem Druck einer neuen englischen Intervention, wurde Miguel 1834 vertrieben, ohne daß dem schleichenden Bürgerkrieg ein Ende bereitet worden wäre.

In beiden Ländern der Iberischen Halbinsel waren die liberalen Verfassungsversuche gescheitert. Hofintrigen, Offiziersjunten, ständische Interessengruppen des Adels und der Kirche, auswärtige Interventionen: diese Faktoren bildeten das Kräfteparallelogramm, das davon zeugt, daß es sich nie um eine sozial fundierte

Revolution gehandelt hatte. Vielmehr blieben alle Ereignisse im Bereich vorrevolutionärer Bürgerkriege, nur daß die wechselnden Frontstellungen von den Ideologien der Neuzeit bereits imprägniert worden waren.

Dies gilt weniger von *Italien*, wo die alte und junge Erinnerung an eine italienische Republik die Verfassungshoffnungen schon mit dem Wunsch zusammenfügte, sich von der Fremdherrschaft zu befreien. Aber die Erhebungen in Italien waren von kurzer Dauer; sie wurden von Metternichs Soldaten niedergetreten. Begonnen hatte der Aufstand in Neapel, wo Ferdinand IV. wie sein Namensvetter in Spanien das absolutistische Regime restauriert hatte. Er hatte die von den Engländern 1812 in Sizilien eingeführte Verfassung beseitigt, und alle seine Maßnahmen vereinigten ähnlich wie in Spanien Offiziere, Beamte und Intellektuelle zu einer geheimen Opposition, die nicht zuletzt im Rückblick auf das Königreich Murats lebte. Auch Ferdinand IV. mußte unter dem Druck der Aufständischen den Eid auf eine Verfassung nach dem spanischen Modell ablegen, aber schnell entzog er sich, um in Laibach unter Bruch seines Wortes österreichische Hilfstruppen zu erbitten. Diese hatten leichtes Spiel, die Konstitution zu zerschlagen, zumal sich die Sizilianer inzwischen erhoben hatten, um in einem Aufstand im Aufstand ihre Insel von der neapolitanischen Vorherrschaft zu befreien.

In Piemont schließlich, wo die Unruhen mit den Studenten begannen, führte die Erhebung der Offiziere zu einem Thronwechsel und ebenfalls zur Deklaration der spanischen Verfassung; aber mit dem neuen König Karl Felix zog unter dem Schutz der österreichischen Armee auch hier die Restauration wieder ein (1821). Die Fäden der Verschwörung hatten bis zu dem armen Prinzen Karl Albert geführt, der in das Zwielicht geriet, mit Aufständischen zu sympathisieren, ohne ihnen wirkliche Hilfe zu leisten.

In den lombardo-venezianischen Gebieten Österreichs setzte darauf jene harte Verfolgungswelle ein, die eine Gruppe von italienischen Aristokraten und führenden Bürgern auf die Festung Spielberg brachte; von den dort herrschenden Zuständen hat Pellico in seinen Erinnerungen ein weltweites Zeugnis abgelegt. Der österreichische Monarch Franz scheute sich nicht, seine Gefangenen mit Hilfe des Beichtvaters, den er als Spitzel verpflichtet hatte, zu terrorisieren. Mit derartigen Polizeimaßnahmen war – trotz aller Rationalität der österreichischen Verwaltung – bereits die Wurzel gelegt zu jenem Dauerkonflikt, der nur mit der nationalen Einigung Italiens sollte gelöst werden können.

Von vornherein nationalen Charakter hatte der Aufstand der *Griechen*, gegen deren Unabhängigkeitsbestreben Metternich dieselben völkerrechtlichen Einwände vorbrachte wie gegen die übrigen Aufstände im Mittelmeerraum. Er stand, und dafür nahm er selbst Alexander, den Protektor der Griechisch-Orthodoxen, ein, auch hier auf seiten der legitimen Herrschaft, das heißt der Türken. Gleichwohl hatten sich die Serben bereits 1817 in blutigen Kämpfen eine relative Autonomie erfochten. Die Griechen folgten, angeführt vom Fürsten Ypsilanti, aber ihr erster Versuch wurde niedergeschlagen: der Fürst wechselte nach Siebenbürgen über und endete in österreichischer Haft. Doch die Erhebung der Griechen, die, von der Aufklärung erfaßt, kurz zuvor ihre literarische Wiedergeburt erlebt hatten, war nicht mehr aufzuhalten. In immer neuen Anläufen erhob sich das Volk auf den Inseln und auf dem Peloponnes, und in einem erbarmungslosen Gemetzel machten sich Griechen und Türken gegenseitig nieder. Versuche, innerhalb befriedeter Gebiete eine griechische Verfassung zu stiften, scheiterten in der Praxis dauernd an den Rivalitäten der militärischen Anführer. Die griechischen Führer fanden mit ihren Klientelen zu keiner staatlichen Einheit – eine Lage, die derjenigen in Spanien nicht unähnlich war, wo der Staat in die Provinzialgebiete der Junten zerfallen war. Allmählich schien es den Türken zu gelingen, den Aufstand durch die Ausrottung der Bevölkerung auszulöschen. Das Bild von Delacroix mit den Toten und Sterbenden auf Chios und der Tod Lord Byrons in Missolunghi, das schließlich den Türken in die Hände fiel, sind indes Zeugen für das wachsende Interesse, das der griechische Freiheitskampf bei den europäischen Liberalen und Romantikern fand. Griechenland wurde letztlich frei, weil es von der öffentlichen Meinung als ein Teil des christlichen Europa und der europäischen Bildungsgesellschaft reklamiert wurde. Rußland, England und Frankreich nahmen sich seit 1826 der gesamteuropäischen Sympathien an, um – sich gegenseitig mißtrauend – sie in den Dienst ihrer eigenen Machtpolitik zu stellen. Ohne dem Sultan den Krieg zu erklären, intervenierten sie gemeinsam und vernichteten die türkische Kriegsflotte 1827 bei Navarino. Mit diesem maritimen Einsatz wurde der griechische Aufstand international legitimiert, und Rußland erzwang in dem folgenden Krieg gegen die Türken die Pazifikation. Es stellte die freie Durchfahrt durch den Bosporus her und besetzte die Donaumündung sowie einige Gebiete an der kaukasischen Schwarzmeerküste (Friede zu Adrianopel 1829).

Die endgültige Lösung der griechisch-türkischen Probleme wurde freilich in London ausgehandelt, wo in einer Serie einander folgender Konferenzen die Grenzen bestimmt wurden, die Verfassung entschieden und schließlich der Fürst gewählt wurde, der den Griechen angeboten werden sollte. So wurde Otto von Bayern 1832 unter dem Schutz französischer Truppen König von Griechenland, wo er sich dreißig Jahre hielt. Über ihre nationale Befreiung hinaus gelang es den Griechen freilich nicht, ein liberales Verfassungsleben zu institutionalisieren, um dessentwillen ihnen Hunderte von Freiwilligen zu Hilfe geeilt waren.

Welches waren nun die gemeinsamen Kennzeichen dieser Abfolge von Revolutionen im Mittelmeerraum?

Erstens diente in allen Ländern die spanische Verfassung von 1812 als Fanal und als Modell der zu erschaffenden politischen Zukunft. Selbst in Griechenland wurde unter Capodistria vor seiner Diktatur versucht, die nordamerikanische Verfassung zu imitieren; doch in keinem der Länder gelang dieses Unterfangen. Die Konstitutionen blieben Überbau. Denn immer handelte es sich

zweitens um Aufstände, die nicht vom Volke selber ausgegangen waren. Nur Griechenland macht hier eine Ausnahme. Das ganze griechische Volk war vom Aufstand betroffen und nahm an ihm teil, und hier allein führte die Revolution zum Erfolg. Insofern ist die griechische Erhebung gegen die Türken dem spanischen Kampf gegen Napoleon zu vergleichen. Überall aber waren die Aufstände ein Werk geheimer Konspiration; schmale Eliten, meist Offiziere und Beamte, auch Intellektuelle und Kaufleute hatten sie geplant. Es waren die Freimaurer in Spanien und in Italien, die *Carbonari* in Süditalien, die Föderalisten in Norditalien, die Hetärie der Philiker bei den Griechen und andere Gruppen, die die minimale organisatorische Voraussetzung schufen, um überhaupt einen Aufstand riskieren zu können. Es handelt sich also um jene Organisationsform, die zugleich eine Antwort auf die Institutionen und Methoden der Geheimpolizei darstellt und deren spezifische Gefahren in geheimen Gegenbünden, im Spitzelwesen und im Verrat lagen, was nicht wenig dazu beitrug, die Aufstände zu verzögern oder scheitern zu lassen. – Das gilt nun auch für den ersten Aufstand, der im Herzland der Orthodoxie selber, in Rußland, 1825 ausgebrochen war. Vergeblich suchten die *Dekabristen* im Dezember dieses Jahres nach dem Tode Alexanders die Wirren des Thronwechsels zu nutzen, um in ungekonnter Weise die Regierung zu stürzen und eine Konstitution zu errichten. So gilt

drittens für alle Länder, daß die ideologischen Parolen der Französischen Revolution ein starkes Eigenleben führten; sie konnten zwar revolutionäre Impulse wecken, nicht aber revolutionäre Situationen schaffen. Die Sozialverfassungen der Länder hatten noch kein revolutionäres Eigengefälle entwickelt, und dem entspricht, daß die Parteiformationen sich meist in Familienbeziehungen, Klientelbildungen und Rückbindungen an einzelne Persönlichkeiten erschöpften. Wie Díez del Corral sagt: Das Erstaunliche an den vielen Erhebungen sei der geringe Gewinn, den die Gewalt abgeworfen habe.

Viertens trifft für alle Revolutionen zu, daß sie die drei Halbinseln des Mittelmeerraumes wie in einem System kommunizierender Röhren miteinander verbunden haben. Ihr Verlauf blieb stets abhängig von den Einmischungen der Großmächte, deren Interessen und eigene Auseinandersetzungen die Geschehnisse in den einzelnen Ländern überformten.

Hat sich somit, von der griechischen Unabhängigkeit abgesehen, im ganzen scheinbar wenig geändert, so bleiben gleichwohl die Ereignisse im Mittelmeerraum Indikator für eine Verschiebung der weltpolitischen Akzente überhaupt: Die von den Franzosen erzwungene Restauration in Spanien provozierte 1823 unmittelbar jene berühmte Botschaft Monroes vor dem amerikanischen Kongreß, die unter dem Namen einer Doktrin in die Geschichte eingegangen ist. Sie ist eine öffentliche Grundsatzerklärung zur Weltpolitik. Die Amerikaner befürchteten nicht zu Unrecht, daß die Welle der Restauration über den Atlantik schlagen und die spanischen Kolonien erneut der angestammten Herrschaft unterwerfen würde. Der russische Zar drängte auf eine solche Invasion als Fortsetzung der Intervention, und zwar zur gleichen Zeit, als sich die russischen Niederlassungen an der amerikanischen Westküste von Alaska bis nach Kalifornien vorschoben. So sahen sich die Amerikaner von zwei Seiten her bedroht; die *Monroe-Doktrin* ist eine Antwort auf die Heilige Allianz, deren ubiquitäre Interventionsansprüche sie zurückwies. Monroes Botschaft bestand aus zwei Gedankensträngen, deren einer von John Quincy Adams stammte: Er wiederholte die alte These von den zwei Hemisphären, die darauf hinauslief, daß einmal befreite Kolonien auf dem amerikanischen Kontinent nie wieder fremder Gewalt unterworfen werden dürften und daß ferner das jungfräuliche Land Amerikas keiner weiteren Kolonisation durch europäische Mächte ausgesetzt werden solle. Zugleich aber – und diese Passagen stammen von Monroe selbst – war seine Deklaration ein republikanisches Manifest, daß die wahren Prinzipien aller Regierung westlich des Atlantik zu Hause seien, die Tyrannei dagegen in Europa. Daraus ergab sich potentiell eine gegenläufige Intervention, die sich verbal in Sympathieerklärungen für die unterdrückten Spanier und für die aufständischen Griechen stilisierte. Metternich erblickte daher konsequenterweise in der *Monroe-Doktrin* einen Aufruf zur Revolution, der sich gegen die religiösen und politischen Institutionen des alten Kontinents richte. Auf diese Weise entfaltete sich – ideologisch gesehen – zum ersten Male die Dialektik von Intervention und Non-Intervention in globalem Ausmaß. In der praktischen Politik blieb es vorerst bei der Anerkennung der südamerikanischen Unabhängigkeit durch die USA. Damit wurde jener Abfall legalisiert, der während der Revolutionskriege begonnen hatte und als dessen Folge das merkantile Wirtschaftssystem in Iberien vollends zusammengebrochen war – was seinerseits die revolutionäre Gärung auf der Halbinsel stimuliert hatte. Die Wechselwirkung von Revolution und Gegenrevolution speiste sich schon aus ihrer weltweiten Interdependenz.

Der erste Zusammenstoß zwischen den USA und Rußland, wie er in der Antithese *Monroe-Doktrin* – Heilige Allianz ideologisch formuliert worden war, blieb dagegen Episode. Die englische Seemacht schob sich dazwischen: Canning war es, der kurz darauf selber die Unabhängigkeit der spanischen Kolonien anerkannte und damit den Bruch Britanniens mit den Prinzipien der Heiligen Allianz öffentlich dokumentierte. Im gleichen Akt öffnete er den britischen Kaufleuten einen ganzen Kontinent für den freien Handel und schob dem befürchteten US-amerikanischen Hegemonialanspruch auf die westliche Hemisphäre einen Riegel vor. Mit anderen Worten: Das europäische Gleichgewicht wurde von England auf den Globus transponiert. Canning formulierte das 1826 im Parlament selbstsicher so: »Ich beschloß, daß wenn Frankreich Spanien nähme, es nicht Spanien mit [West-]Indien sein sollte. Ich rief die neue Welt ins Dasein, um das Gleichgewicht der alten wiederherzustellen.« In dieser Perspektive war nun in der Tat die Gegenrevolution in Iberien und in Italien weltpolitisch überholt, die Restauration regional eingegrenzt worden.

8. Die agrarische Grundverfassung Europas zu Beginn der Industrialisierung

Es ist heute zur Gewohnheit geworden, die Einheit der industriellen und der politischen Revolution zu betonen. Indes muß man sich hüten, das Zusammenwirken oder den Parallelismus beider Revolutionen, die in England und in Frankreich ihren Anfang genommen hatten, zu überschätzen. Großbritannien befand sich, mit Rostow zu sprechen, um 1815 bereits in der zweiten Phase seiner Industrialisierung, während der gesamte Kontinent noch im Vorhof der modernen technischen Welt stand. Es gab nur einige wenige Industrielandschaften als Inseln auf dem Kontinent, der noch durchweg agrarisch strukturiert war. Die Wechselwirkung beider revolutionärer Bewegungen ist nicht zu verkennen, aber sie vollzog sich mit Phasenverschiebungen, verursachte oft gegenläufige Tendenzen, so daß sich die Einheit der europäischen Geschichte im ›Zeitalter der Revolution‹ nur auf einem vergleichsweise hohen Grade der Abstraktion darstellen läßt.

I. ALLGEMEINE STRUKTUREN UND TRENDS

Es ist eine Voraussetzung und zum Teil schon eine Folge der Industrialisierung, jedenfalls ihre Begleiterscheinung, daß sich die europäische Bevölkerung, gemessen an früheren Jahrhunderten, beschleunigt vermehrte. Der Bevölkerungszuwachs, der bereits im 18. Jahrhundert begonnen hatte, hielt in der ersten Hälfte des 19. Jahrhunderts unvermindert an. Der kleine europäische Kontinent umfaßte damals rund 20 Prozent der Erdbewohner; seine Gesamtbevölkerung vermehrte sich dabei zwischen 1800 und 1850 von 188 auf 267 Millionen, also um rund 40 Prozent. Es ist nun eine Regel für unseren Zeitabschnitt, daß der enorme Bevölkerungsschub zwar auch auf eine steigende Gebürtigkeit (Geburtenzahl pro 1000 Einwohner) zurückzuführen ist, in erster Linie aber auf die absinkenden Sterblichkeitsziffern. Nachlassende Epidemien und eine verbesserte Hygiene erhöhten – neben unbekannten Faktoren – die Zahl der Überlebenden und verlängerten deren Lebensdauer. Dazu kam, daß infolge einer veränderten Wirtschaftsweise in Stadt und Land und durch Beseitigung altständischer Eheverbote die Ehen – mit regionalen Schwankungen – frühzeitiger geschlossen wurden. All dies zusammen steigerte die Zahl der zeugungs- und ehefähigen Menschen und damit der Geburten, selbst wenn die Zahl der Geborenen in den Familien abnahm. Auf diese Weise konnte selbst bei einer abflachenden Kurve der Gebürtigkeit die Bevölkerung immer noch zunehmen; die Schere zwischen den Geburten- und den Sterbeziffern öffnete sich im Laufe der Jahre. Erst inmitten einer hochindustrialisierten Gesellschaft, das heißt im 20. Jahrhundert, schloß sich diese Schere: die Bevölkerungsbewegung pendelte sich auf ein relatives Gleichgewicht ein. In jedem Fall ist das generative Verhalten zwar auch ein biologisches, in erster Linie aber ein sozialer Vorgang.

Innerhalb der gesamteuropäischen Aufwärtsentwicklung spreizte sich nun die Schere zwischen Gebürtigkeit und Sterblichkeit zunächst in Großbritannien, dann in Skandinavien und im nördlichen Mitteleuropa; der wachsende Geburtenüberschuß erfaßte danach auch Nordosteuropa und Südosteuropa, um erst nach der Mitte des 19. Jahrhunderts auf die Mittelmeerländer und Osteuropa auszugreifen. Die sogenannte Bevölkerungsexplosion nahm also ihren Ausgang von Großbritannien, wo Malthus 1798 seine skeptischen Berechnungen anstellte, nach denen sich die Bevölkerung in geometrischer Reihe vermehre (im Abstand von 25 Jahren wie 1:2:4:8 usw.), während die Vermehrung der Lebensmittel nachhinke und nur in arithmetischer Reihe (1:2:3 usw.) erfolge. Malthus stand unter dem Eindruck einer neuen Erfahrung; die daraus gezogenen Schlüsse verlängerte er freilich zu weit in die Zukunft.

Die Wellen der Vermehrung griffen von England über ganz Europa aus, wobei die verschiedenen Brechungen wirtschaftlich, sozial, rechtlich und politisch zu erklären sein werden. Als generelle Feststellung muß allerdings vorausgeschickt werden, daß sich der enorme Bevölkerungsanstieg in der ersten Jahrhunderthälfte vorzüglich auf dem Lande abspielte. Um die Jahrhundertmitte sahen sich die ländlich übervölkerten Staaten vor die Zwangsalternative einer zunehmenden Armut oder einer beschleunigten Industrialisierung gestellt. Insofern gehörte die agrarisch bedingte Bevölkerungsvermehrung, ähnlich wie im England des 18. Jahrhunderts, auch auf dem Kontinent zu den Voraussetzungen neuer gesellschaftlicher Formationen.

Bereits um 1800 gab es Ballungszentren ländlicher Siedlungen, in denen sich häufig auch Heimindustrie entfaltet hatte. Solche agrarisch dichten Zonen lagen entlang einer europäischen Kulturachse, die sich von Schottland und Nordirland über England und Flandern in das Rheintal im weiten Sinne und über Burgund nach Oberitalien erstreckte. Quer zu dieser Achse verdichteten sich die agrarisch bedingten Siedlungszonen von Nordfrankreich über Südwestdeutschland und Mitteldeutschland nach Böhmen und Mähren hinein. In diesen eng besiedelten Gebieten lebten um 1815 bereits mehr als 50 reine Landbewohner auf dem Quadratkilometer, streckenweise – wie in Ulster, Mittelengland, Flandern, im Elsaß oder in Oberitalien – sogar schon 150 Landleute auf dem

Quadratkilometer. Es war selbstverständlich, daß eine Bevölkerungszunahme in solchen Gebieten nur aufgefangen werden konnte, wenn sich die Agrarwirtschaft intensivierte oder wenn die Bevölkerungsüberschüsse bereits von industriellen Zentren aufgesogen werden konnten. Im Gegensatz zu diesen alteuropäischen, landwirtschaftlich intensiven Gebieten vollzogen sich im Laufe unserer Epoche wirklich ins Gewicht fallende Bevölkerungsschübe nur dort, wo durch Landesausbau, Parzellierung oder Neubesiedlung zusätzlicher Raum geschaffen wurde. Diese Vorgänge erfaßten Westirland und Ostengland teilweise, in Holland jedenfalls die Provinzen nördlich der Maas, den gesamten südskandinavischen Raum, schließlich die osteuropäische Tiefebene von der Elbe über die Oder und Weichsel bis zur Memel und endlich die ungarischen Pußten sowie das Vorland der Karpaten bis nach Rumänien. Innerhalb dieser Zonen sich verdichtender Bevölkerung hat Nordwesteuropa außerdem noch die meisten Siedler des amerikanischen Kontinents gestellt.

So bleibt aufs Ganze gesehen die Bevölkerungsvermehrung ein rustikales Ereignis; allerdings wirkte es sich durch Abwanderung auch auf die Städte aus. Infolgedessen hielten sich die Zunahme in den Städten und auf dem Lande meist die Waage, weshalb sich das Verhältnis zwischen beiden noch nicht grundsätzlich verschob. Um 1800 gab es nur 22 Großstädte mit mehr als 100000 Einwohnern, die nur 3 % der gesamteuropäischen Bevölkerung ausmachten. Bis zur Jahrhundertmitte hatte sich diese Zahl ungefähr verdoppelt (auf 47), aber ihr Anteil an der Gesamtbevölkerung überschritt immer noch nicht 5 %. Aus dieser europäischen Bewegung schert England durch eine rapide Verstädterung aus: die Zahl seiner Großstädte schnellte von einer (1800) auf neun (1850) hoch. In England wohnte 1830 bereits ein Viertel aller Menschen in Städten mit mehr als 20000 Einwohnern, um die Jahrhundertmitte wohnte bereits die Hälfte aller Engländer in städtischen Siedlungsgebieten. Eine derartige Verstädterung, die schon im Gefolge der Industrialisierung stand, zeichnete sich auf dem Kontinent nur sporadisch ab, etwa in Belgien oder in Sachsen. Die große Menge der kontinentalen Bevölkerung — zwischen 90 und 80 % — lebte also noch auf dem platten Lande bzw. in den kleinen Agrarstädten, und sie blieb hier während unseres Zeitabschnittes trotz ihrer Verdichtung wohnen. Es handelt sich um einen relativen Raumschwund.

Eine gewisse Ausnahme, die aber die Regel nicht völlig durchbricht, macht Frankreich: seine wachsende Bevölkerungskurve (1811: 28,3 Millionen; 1851: 35,8 Millionen) flacht zunehmend ab; der Geburtenüberschuß fällt von 6,4 pro 1000 nach dem Kriegsende auf 3,5 pro 1000 um die Jahrhundertmitte. (Die vergleichbaren Zahlen lauten für England: 13,6 und 12,8; für Schweden: 9,2 und 10,9; für Preußen: 14,9 und 12,6; für Österreich-

Ungarn 10,3 und 5,0.) Der relativ mäßige Bevölkerungszuwachs kam nun in Frankreich schon vielfach den Städten zugute. Während 1801 nur 6,7 % aller Franzosen in Städten mit mehr als 20 000 Einwohnern lebten, waren es zur Jahrhundertmitte bereits 10,6 %. Eine zunehmende Anzahl von Menschen zog in Orte, die nicht mehr als reine Agrarstädte bezeichnet werden können. Aber auch diese Zahlen zeigen, daß der französische Staat im Gegensatz zu dem sich schnell industrialisierenden England während der ersten Jahrhunderthälfte immer noch vornehmlich agrarisch bestimmt blieb. Selbst der nur durch Einwanderung erklärbare enorme Aufstieg der Pariser Bevölkerung von rund 548 000 (1801) auf über eine Million (1851) erhöhte den Anteil der Hauptstadt an der Gesamtbevölkerung noch nicht einmal von 2 auf 3 %. Auch in Frankreich blieb der agrarische Sockel breit, wenn auch weniger breit als im übrigen Europa.

Da die Industrialisierungskurve im Raum von Frankreich, Nordwesteuropa und Deutschland erst nach der Achtundvierziger Revolution steil anstieg, hat es seine relative Berechtigung, die kontinentale Agrarstruktur von der Französischen Revolution bis zur Jahrhundertmitte als eine Einheit zu fassen. Alle politischen und ökonomischen Unterschiede blieben ihren agrarischen Voraussetzungen verhaftet. Dieser Gliederung kommt entgegen, daß auch die Geschichte der Landwirtschaft selbst erst seit den vierziger Jahren langsam in den Sog der Industrialisierung und industrieller Technik geriet. Die aus Britannien stammende Dreschmaschine wurde dort noch 1830 von aufständischen Arbeitern zerstört; 1834 wurde die erste Mähmaschine gebaut, aber erst nach der Jahrhundertmitte setzte ihre Serienfabrikation ein. 1840 erschien Liebigs berühmtes Buch über die *Chemie in ihrer Anwendung auf Agrikultur und Physiologie.* Trotz aller vorausgegangenen enormen Rationalisierungen führten erst die chemische Kunstdüngerproduktion und die Maschinisierung der Geräte zu jener Wende von extensiven zu intensiven Anbauweisen, die unter Einsparung von Arbeitskräften eine bedeutende Produktionssteigerung ermöglichte, welche die zunehmende Bevölkerung für die Abwanderung vom Lande freisetzte und sie zugleich versorgte. Alle wissenschaftlichen Fortschritte, die die Landwirtschaft seit etwa 1750 vorangetrieben hatten und die auch von England ihren Ausgang genommen hatten, beschränkten sich bis in das 19. Jahrhundert hinein auf Rationalisierungen der vorindustriellen Technik; ein Beispiel ist die Einführung tiefer greifender Pflugschare. Von kapitalreichen Unternehmern, von zahllosen Agrargesellschaften oder von aufgeklärten Fürsten gefördert, vollzog sich regional verschieden der Übergang teilweise erst zur Dreifelderwirtschaft, dann zur Mehrfelderwirtschaft und schließlich zur langfristig rotierenden Fruchtwechselwirtschaft. Es war ein Vorgang, der ebenfalls in Nordwesteuropa begann und sich nur langsam über den ganzen

Kontinent ausdehnte. Erst allmählich wurde der allgemein vorherrschende Getreideanbau zurückgedrängt, zugunsten von Zukkerrüben, von Raps oder Hanf, von Futterkräutern und vor allem zugunsten der Kartoffel, die einen höheren Ertrag in Ernährungseinheiten pro Hektar ermöglichte. Der Aufschwung der Landwirtschaft im Laufe des 18. Jahrhunderts hatte es vermocht, trotz der parallellaufenden Preissteigerung die anschwellende Bevölkerung zu ernähren. Die Qualität der Nahrungsmittel nahm freilich dabei ab. Auch im 19. Jahrhundert kamen die ansteigende Fleischproduktion — ermöglicht durch die langsam eingeführte Stallfütterung und die Veredelung der Viehrassen — und die sich ausbreitende Geflügelhaltung samt ihren Produkten vorerst nur den Oberschichten zugute, noch nicht der breiten Masse der wachsenden Bevölkerung.

Es ist ein weiteres Merkmal der gesamteuropäischen Agrarverfassung in der vorindustriellen Zeit, daß die einzelnen Landschaften in relativer Autarkie lebten. Güter, Dörfer und die agrarischen Kleinstädte deckten wechselweise oder ganz allein ihren eigenen Bedarf. Die Umstellung des Anbaus auf eine Marktstruktur, die die großstädtischen Ballungszentren mit sich brachten und wie sie etwa Thünen theoretisch analysiert hatte, vollzog sich parallel zur Bevölkerungsverschiebung nur sehr langsam. Vorerst differierten die Preise derselben Produkte von Landschaft zu Landschaft immer noch um 100, 200 oder 300 %. Frankreich gliederte sich deshalb in vier Rayons mit jeweils verschiedenen Getreidezollsätzen. Erzeugnisse der industriellen Produktion veränderten nur streifenweise die Bedürfnisstruktur. Die agrarisch bestimmten Landschaften blieben abgeschlossene Kreise, die sich keineswegs mit den Staatsgebieten deckten. Wie weit eine solche Autarkie reichte bzw. wo sie wegen der Übervölkerung an ihre Grenzen gelangte, das zeigen die schweren Hungersnöte, die zu Anfang und zu Ende unserer Epoche über Europa hereingebrochen waren.

Es handelt sich um die schweren Krisen von 1816/1817 und um die von 1846/1847. Beide Krisen waren agrarisch, noch nicht industriell bestimmt; es waren Unterproduktionskrisen infolge schwerer Mißernten: 1816/1817 wurde die Getreideernte weitgehend vernichtet, 1846/1847 die lebensnotwendige Kartoffelernte durch Fäulnis verdorben. Die Eigenversorgung vieler europäischer Landschaften brach zusammen, und was das Entscheidende war, sie konnte nicht durch Zuschuß aus jeweils anderen Landschaften ergänzt werden.

1817 brachen Hungersnöte aus in Flandern, im Rheinland, in Ostpreußen, in Schlesien, in der Schweiz, streckenweise in Frankreich und anderen Gegenden. Die Preise der Agrarprodukte kletterten in wucherische Höhe und konnten nur in kontrollierbaren Großstädten, wie Paris oder Köln, durch administrative Eingriffe erträglich gehalten werden. Da zwischenräumlicher Austausch noch nicht möglich war oder zu spät kam, schnellten die Sterblichkeitsziffern hoch, und die rapide Preissteigerung provozierte Unruhen.

Das gleiche gilt nun noch mehr für die Krise von 1846/1847, die das Präludium zur Achtundvierziger Revolution in ganz Europa darstellte. Es ist bekannt, daß knapp eine Million Iren starben, während eine gleiche Zahl nach Amerika emigrieren mußte; ebenso bekannt ist, daß in Oberschlesien und in Ostpreußen sich ganze Dörfer fast entvölkerten, weil auf die Hungersnot der Typhus folgte, der die unterernährten Menschen hinwegraffte, wovon Virchow eindringliche Berichte verfaßt hat. Um die Not zu bannen, wurden überall Getreideausfuhrsperren erlassen, was allerdings dazu führte, daß etwa ungarische Überschüsse nicht durch Österreich nach Süddeutschland gelangten oder daß selbst bei relativ günstiger Ernte in Oberitalien Unruhen ausbrachen, weil die Getreidehändler ihre Waren zu günstigeren Preisen über die Alpen hinausschmuggelten.

Strukturell hatte sich also wenig geändert. Entgegen Malthus' Erwartungen hielt zwar die Produktionssteigerung der Landwirtschaft mit der Bevölkerungsvermehrung Schritt. In Preußen etwa nahm die Viehzucht von 1816 bis 1849 um 42 % zu, die Ernteerträge an Roggen vermehrten sich z. B. in Westpreußen und in Sachsen von den dreißiger bis zu den vierziger Jahren um 30 bis 40 %; in Frankreich steigerte sich der Hektarertrag für Weizen im gleichen Zeitabschnitt von 10,6 auf 13,0. Der Rindviehbestand hatte sich dort von 1812 bis 1840 von 6,7 auf 11,7 Millionen erhöht. Wie auch immer die Produktion gestiegen war, die gesamte Mehrproduktion wurde von der wachsenden Bevölkerung abgesaugt, und wenn die Natur sich versagte, stand ihr der Mensch hilflos gegenüber. Die Not war immer noch vorindustriell bedingt. Insofern stehen wir um 1850 herum wirklich am Schluß einer Epoche, deren Anfänge in das hohe Mittelalter zurückreichen.

Zu den akuten Hungersnöten am Beginn und Ende unseres Zeitabschnittes trat nun noch eine langfristige Agrarkrise in den zwanziger Jahren, die fast ganz Europa ergriff. Sie war in erster Linie eine Überproduktionskrise: die Ernten der frühen zwanziger Jahre waren meistens ausnehmend gut, so daß die Preise um 50, 60, ja 70 % stürzten. Die Löhne fielen zwar auch, aber nicht in gleich starkem Maße. Überall vergrößerte sich die Differenz zwischen Kosten und Ertrag zuungunsten der Landwirte; im gesamten Raum von Nordwest- bis Nordosteuropa vollzog sich — hier mehr, dort weniger — eine starke Umschichtung in den besitzenden Klassen.

Dem Einfluß der grundbesitzenden Klassen war es auch zu verdanken, daß nach englischem Vorbild in Frankreich und vielen anderen, besonders Küstenländern, gleitende Schutzzölle eingeführt wurden, die bei fallenden Getreidepreisen die Importschranken erhöhten, um einen Minimalpreis aufrechtzuerhalten. Derartige Maßnahmen konnten die Gesamtkrise nicht auffangen. In Preußen, Dänemark, Holland, Frankreich, selbst in England mußten zahlreiche Gutsherren, Pächter oder Bauern ihre Wirtschaft aufgeben, weil sie hypothekarisch überschuldet war, weil die Erlöse die Ausgaben nicht mehr einholten. Vorzüglich wurden freilich reine Exportprovinzen betroffen – wie im Ostseeraum, der vom Außenhandel nach England lebte. (Der ukrainische Getreideexport über die Schwarzmeerhäfen kam erst seit der Mitte des Jahrhunderts auf.) Wo Kleinbauern in traditioneller Weise Familienwirtschaften aufrechterhielten, wie in Südwestdeutschland oder in weiten Teilen Frankreichs, wirkte sich die Krise weniger scharf aus, was wiederum darauf verweist, daß die Agrarlandschaften regional begrenzt blieben. England hielt sich noch vergleichsweise am besten: die Korngesetze von 1822 und 1828 fixierten den Getreidepreis immer noch auf dreimal größerer Höhe, als er etwa in Osteuropa lag. Hinzu trat, daß seit der Kontinentalsperre diejenigen Länder, die herkömmlicherweise den englischen Markt mit Getreide belieferten, ihren Vorrang an Kanada und die USA abgetreten hatten, beziehungsweise an den Eigenanbau Englands, das bei guten Ernten auch in den dreißiger Jahren noch weithin autark war. Ende der zwanziger Jahre lief die Agrarkrise langsam aus, und erst seitdem wurden die Schäden der dreiundzwanzig Kriegsjahre in den davon betroffenen Provinzen beseitigt. Es dauerte also nach dem Kriegsende eine halbe Generation, bevor der ökonomische Stand aus der vorrevolutionären Zeit wieder erreicht war. Die folgenden dreißiger und vierziger Jahre sind, von Schwankungen abgesehen, für die Landwirtschaft relativ günstig verlaufen, die Fortschritte wurden stabilisiert bis zur Krise von 1846/1847. Es war eine Naturkatastrophe, die die große Revolution der Jahrhundertmitte eröffnete. Der Hunger und eine rapide ansteigende Sterblichkeitskurve, langfristig bedingt durch die Bevölkerungsvermehrung in ihrer Relation zur Agrarverfassung, öffneten die Schleusen zur Revolution.

II. DIFFERENZIERUNG DER AGRARISCH BEDINGTEN SOZIALVERFASSUNGEN IN EUROPA

Die bisher geschilderte Bevölkerungsbewegung und die sich langsam rationalisierende Landwirtschaft blieben eingebettet in völlig verschiedene soziale, wirtschaftliche, politische und rechtliche Traditionsbestände, die den Pluralismus der europäischen Geschichte kennzeichnen. Dabei darf nie vergessen werden, daß die Geschichte der überwältigenden Majorität der Unterschicht immer zugleich auch eine solche des Adels war, der in unserer Epoche zunehmend seiner Herrschaftsrechte verlustig ging, der, soweit er sie nicht völlig verlor, seine politischen Privilegien gegen einen sozialen Vorrang eintauschte. Zugleich drückten während unserer Epoche die Bevölkerungsexplosion, die neue rationelle Landwirtschaft und die aus beiden folgenden sozialen Mißstände auf die rechtlichen und politischen Vorgegebenheiten. Dementsprechend differenziert sich das Bild Europas je nach den Voraussetzungen beziehungsweise den Rückwirkungen, die jetzt im einzelnen skizziert werden sollen. Zu unterscheiden sind grob gesprochen drei Zonen:

Erstens die Gebiete, in denen die grundherrschaftlich-genossenschaftlichen Verfassungen auf dem Lande bereits zerschlagen waren. Es handelt sich also um Großbritannien und Irland sowie um die England gegenüberliegenden Küstenländer, wo sich freie Bauern gehalten hatten, wie in Friesland oder Norwegen, oder wo die absolutistischen Reformen besonders den Bauern zugute gekommen waren, wie in den Ländern der Dänischen Krone bis nach Holstein hinein. Ferner handelt es sich um die Gebiete des *Code Napoléon*, in dessen Geltungsbereich alle Vorrechte beseitigt worden waren und die rechtliche Gleichheit aller Einwohner zur Voraussetzung ihrer sozialen Entfaltungsmöglichkeit erklärt worden war: gemeint sind Frankreich und die stark unter seinem Einfluß stehenden ihm vorgelagerten Gebiete, d. h. die Vereinigten Niederlande, die rheinisch-pfälzischen Territorien und Oberitalien mit Ausläufern nach Istrien und Mittelitalien.

Die *zweite Zone* umfaßt jene Länder, in denen die adligen Herrschaftsrechte auf legale Weise, d. h. auf dem Wege der Entschädigung, abgelöst wurden, wodurch die bäuerliche Unterschicht langsam in ein staatsunmittelbares Verhältnis eintrat. Es sind dies die grundherrschaftlichen Gebiete der alten Reichslande von der Schweiz und Tirol bis nach Hannover und Mitteldeutschland hinein, in denen der Adel vornehmlich Rentenbezieher war. Und es sind die Gebiete östlich der Elbe bis ins Baltikum hinein, wo der Ritter selbst wirtschaftender Gutsherr war. In diesem ganzen Raum vollzog sich die Emanzipation der Unterschicht auf dem Wege einzelner Reformen, die mehr oder minder zügig vorangetrieben wurden in einem Prozeß, der von den napoleonischen Jahren bis zur Achtundvierziger Revolution reichte und der seinen Abschluß erst durch die Revolution fand. Es sind also Länder starker sozialer Bewegung, deren Charakteristikum die damals häufig zitierte ›Übergangszeit‹ war. Dadurch unterscheiden sie sich von der *dritten Zone*.

Hier handelt es sich um jene Länder, in denen die absolutistischen Bauernreformen, soweit sie bereits stattgefunden hatten, seit der Französischen Revolution steckengeblieben waren. Es sind Länder relativen sozialen Stillstandes: Iberien, Süditalien, die österreichische Monarchie samt Ungarn sowie Polen und Rußland. Spora-

disch wurden in allen diesen Ländern einzelne Vorrechte des Adels oder der Kirche legislativ abgebaut, aber teils führte dies wegen wechselnder politischer Lagen — wie in Iberien — zu keinem dauerhaften Erfolg, teils wurden derartige Gesetze — wie in Ungarn — von der Zustimmung der Bevorrechteten abhängig und damit illusorisch gemacht.
Die drei Zonen: die der bereits erreichten Emanzipation, die der legal vorangetriebenen Emanzipation und die der relativen Stagnation gleichen in gewisser Weise drei Ringen, die sich um das Zentrum des nordwesteuropäischen Fortschritts herumlagern. Insofern decken sie sich, ebenfalls sehr grob gesehen, mit den Wellen der Bevölkerungszunahme, die sich über Europa ausdehnten. Gleichwohl bedarf es noch erheblicher Unterscheidungen, die einzuzeichnen uns das grobe Raster herausfordert.

Tocqueville hat in dramatischen Worten beschrieben, wie unabhängig der französische Bauer des *ancien régime* bereits über sein Grundeigentum verfügen konnte, gleichwohl aber Lasten für Adel und Klerus zu tragen hatte: Abgaben und Leistungen, die aus den alten Lehensrechten abgeleitet wurden, ohne daß die Herrschaftsstände noch Herrschaftsrechte ausgeübt hätten. Nach der Revolution hatte der *Code Napoléon* einen einfachen, am Grundbesitz orientierten Eigentumsbegriff legalisiert. Die ehemalige Unterscheidung zwischen einem *dominium directum* der Lehensherren und einem *dominium utile* der Beliehenen, eine Unterscheidung, die den Eigentumsanspruch auf ein und denselben Boden je nach Nutzungs- und Herrschaftsrechten aufteilte, wurde endgültig aufgehoben. Die Frage, wem das einfache Eigentum nunmehr ungeschmälert zustehe, war seitdem in Frankreich auf Kosten der ehemaligen Herrschaften, d. h. des Adels und der Kirche, entschieden worden, und zwar anders als in östlichen Anwendungsbereichen des *Code Napoléon*, etwa im Herzogtum Warschau, wo dieselbe Reduktion zugunsten des Adels durchgeführt wurde, oder im Großherzogtum Baden, wo trotz der Rezeption des *Code Napoléon* die herrschaftlichen Privilegien in Zusatzparagraphen erhalten blieben.
Welche Folgen zeitigten nun in Frankreich die revolutionäre Besitzumverteilung und die zivilrechtliche Eigentumsstiftung? Hatten vor der Französischen Revolution der Klerus grob gesprochen 10 %, der Adel rund 20 %, das Bürgertum rund 25 % und die Bauernschaft etwa 45 % des Bodens besessen, so hat sich durch die Neuokkupation zwar die Besitzerschicht gewandelt, nicht aber die Verteilung der agrarischen Ländereien in ihren Größenordnungen. Der Klerus ging seiner Landgüter verlustig, weniger der Adel. Napoleon hatte mit der Stiftung eines neuen Adels das Majorat wiedereingeführt und die Nobilitierten mit entsprechenden Gütern ausgestattet. Nach der Restauration erhielten alle

Rückkehrer soweit ihren ehemaligen Besitz zurück, als dieser noch nicht verkauft war. Schließlich bekamen die Remigranten 1825 eine Entschädigungssumme, die insgesamt eine Milliarde Francs betragen sollte und in Form einer zu drei Prozent verzinsten Rente ausgezahlt wurde. Zwar legten die Entschädigten ihr Geld weniger in Grundbesitz an, zumal die Bodenpreise infolge der Entschädigung wieder anstiegen, aber ein unbekannter Prozentsatz der ehemaligen Güter fiel in die Hand des alten Adels zurück.

Doch auch außerhalb der restaurativen Erhaltung alt- und neuadligen Grundbesitzes war die Menge der verkauften Nationalgüter keineswegs den ehemals untertänigen Bauern, am wenigsten den Pächtern und Kleinpächtern zugefallen. Während der Revolutionskriege waren die beschlagnahmten Güter nicht mehr gegen Rentenzahlung, sondern aus Geldhunger *en bloc* verkauft worden, so daß nur kapitalkräftige Bürger und Großbauern den Gewinn davontrugen. Die Folge war, daß die Masse der französischen Landbevölkerung Kleinbesitzer war und blieb, wenn auch von Lasten befreit, und daß andererseits der große und mittlere Besitz in den Händen relativ weniger zusammengefaßt wurde. Aus der Ungleichheit der Stände wurde eine Ungleichheit des Besitzes. Anders gewendet, der Boden wurde in der Revolution einmal umverteilt, die Größenordnungen des Besitzes blieben jedoch mehr oder minder bestehen.

Eine Statistik der Bodensteuer aus dem Jahre 1826 zeigt, daß von den rund 6,2 Millionen Eigentümern drei Viertel Kleinstbesitzer waren, die aber nur 17 % von der Gesamtfläche und dem Gesamtwert des Bodens innehatten. Umgekehrt befanden sich allein 28 % des französischen Bodens in den Händen einer Minorität von nur einem Prozent der Landeigentümer, deren Grundsteuer 300 Francs überstieg. Somit besaßen rund 60 000 Eigentümer mehr als ein Viertel des Bodens. Das ländliche Eigentumsgefälle war also sehr steil, wenn auch nicht annähernd zu vergleichen mit dem Landmonopol, das in England einige tausend Familien innehatten.

Die Verteilung des Grundbesitzes war in Frankreich regional sehr verschieden. Großgrundbesitzer gab es vor allem in der Normandie, der Picardie, in der Ile-de-France, in Ländern der Loire und im Bassin der Garonne; der kleine Besitz dagegen überwog vorzüglich im nordöstlichen Frankreich, in den Alpenländern sowie im Zentralmassiv. Die Entwicklung verlief nun so, daß der Großgrundbesitz sich mehr oder minder in denselben Händen hielt – erst 1835 wurden die Majorate aufgelöst –, während der Kleinstbesitz sich zunehmend aufsplitterte – eine Folge der freien Teilbarkeit, die der *Code Napoléon* vorsah. Die Menge der Landbesitzer war daher, um sich zu ernähren, häufig auf Pacht- und Zusatzarbeit angewiesen, die sie oft nur von den Großgrundbesitzern erhielten. An die Stelle ehemaliger Herrschaftsverhältnisse waren wirtschaftliche Abhängigkeiten getreten.

Diese postrevolutionäre Agrarverfassung beeinflußte nun auch das generative Verhalten der Bevölkerung. Wer seinen Besitz erhalten wollte, war genötigt, auf eine zu hohe Kinderzahl zu verzichten, um das Erbe nicht aufzusplittern. Die Größe der einzelnen Familien blieb an die agrarischen Besitzeinheiten zurückgebunden, die vorindustrielle Wirtschaftsweise begründete und beschränkte das geschlechtliche Verhalten. Hieraus erklärt sich jene stark abflachende Kurve des Geburtenüberschusses, die Frankreich von allen anderen europäischen Ländern grundsätzlich unterscheidet, wo die landlose Unterschicht auf den Gütern oder in den Städten mit jedem neuen Arbeitsplatz eine Familie zu gründen sich befähigt glaubte. In Frankreich war also die paradoxe Folge der Revolution, daß sich die überwiegende Masse der ländlichen Bevölkerung auf einen vorindustriellen und insofern konservativen Spielraum einstellte. Nicht nur der Großgrundbesitz, ebenso der Kleinbesitz tendierte zur Erhaltung des Gewonnenen, höchstens zur Ausweitung des bebauten Bodens. Wie ein Kritiker der vierziger Jahre (Garnier-Pagès) sagte: *»Hors de la propriété foncière, point de salut«* (»Das Heil wird allein im Grundbesitz gesehen«).

Der am privaten Grundbesitz orientierte zivilrechtliche Rahmen half also die Bevölkerungsbewegung bremsen, so daß Frankreich während der Mißernten 1846/1847 mit der Not seines ländlichen Proletariats unter dem Durchschnitt des übrigen Europa blieb. Die konservierenden Kräfte hielten sich und stützten dann bekanntlich die Rückkehr Napoleons III.

Hatte sich also die Besitzerschicht, nicht aber die Besitzverteilung deutlich verändert, so liegt es nahe, nach den Rückwirkungen auf dem politischen Gebiet zu fragen. Es ist ein durchgängiges Phänomen aller Verfassungen der Restaurationszeit, seien sie konstitutioneller oder neuständischer Art, daß sie die Wahlrechte an den Grundbesitz zurückbanden. Man verstand im Rückgriff auf die Physiokraten, wie Möser gesagt hatte, den Staat als eine Aktionärsgesellschaft aller Grundeigentümer. Ehedem waren es die herrschaftlichen Rechte, jetzt die Besitzkriterien, die die sogenannten ›beharrenden Kräfte‹ als Vollbürger qualifizierten. Die Eigentümer von Grund und Boden wurden dabei überall bevorzugt, auf Kosten der Geld- und Kapitalbesitzer als der sogenannten ›Bewegungskräfte‹. Das gleiche Kalkül leitete auch die Stifter der *Charte* von 1814, als sie die indirekten Steuern ausklammerten und nur die direkten Steuern zur Umschreibung der Wahlfähigkeit berücksichtigten. Die Berechtigung zur Wahl blieb an einen Steuersatz von 300 Francs, die Wählbarkeit an einen von 1000 Francs gebunden. So ergaben sich die Summen von rund 100 000 Wahlfähigen und rund 18 000 Wählbaren, Zahlen, die durch legislative Manipulationen gegen 1830 hin sogar noch herabgedrückt wurden. Selbst nach der Senkung des Zensus infolge der Julirevolution auf 200 bzw. 500 Francs erhöhte sich die Zahl der Wahlberechtigten nur auf 200 000 bis 241 000 (vor 1848).

Der Steuerschlüssel brachte es mit sich, daß selbst innerhalb dieser Minorität vorzüglich die Grundsteuerpflichtigen den Ausschlag gaben. Etwa 80 % aller Wähler votierten in ihrer Eigenschaft als Grundbesitzer, und das galt nicht nur für die Zeit vor der Julirevolution, sondern bis 1848. Soweit 80 bis 75 % der Bevölkerung in diesem Zeitraum auf dem Lande wohnten und sich aus kleinen Agrarbürgern zusammensetzten, entsprach dieses Wahlrecht dem allgemeinen Sozialgefüge. Das gleiche gilt, wenn man den Gesamtanteil der Landwirtschaft am Nationalprodukt berücksichtigt; er sank von 1825 bis 1844 nur von 76 auf 73 %. Auch die hohe Zuwachsrate der Agrarproduktion in diesem Zeitraum von 38 % erhärtet den Sachverhalt, denn die Industrie fiel trotz ihrer Produktionsausweitung um 66 % wegen ihres geringen Anteils am gesamten Nationalprodukt noch wenig ins Gewicht. Die numerische Überlegenheit des Landes über die Stadt kam also in dem Wahlschlüssel zum Ausdruck, aber gerade deswegen wurde die moderne industrielle Bewegung kaum berücksichtigt. Die Differenz zwischen dem *pays légal* und dem *pays réel* blieb enorm: die ein- bis zweihunderttausend Wähler aus der Grundbesitzerschicht bildeten bei einer Gesamtbevölkerung von 29 beziehungsweise 35 Millionen eine sehr schmale Minorität, die für das gesamte Land repräsentativ sein sollte; obendrein waren die Wähler noch sehr ungleich über den Staat verteilt. Die nördlichen Departements waren bei weitem bevorrechtigt, gemessen an armen Landschaften im Süden, Südosten oder Nordwesten. Wo Großgrundbesitz und Reichtum zusammenfanden, dort wurden die meisten Wähler gestellt.

Der Wahlschlüssel wirkte sich selbstredend auf die Zusammensetzung der Zweiten Kammer aus. Mit rund 40 % vor der Julirevolution und rund 30 % nach ihr stellte der Großgrundbesitz immer noch den berufsständischen Kern aller Abgeordneten der französischen Zweiten Kammer, der jedoch seit 1829/1830 überboten wurde von den zahlreichen, staatlich eingeschleusten Beamten (1846: rund 40 %). Insofern glich, ungeachtet der politischen Unterschiede, die französische Führungsschicht sozialstrukturell gesehen auf das erstaunlichste denen der nicht parlamentarischen östlichen Nachbarstaaten. Selbst der Adelsanteil blieb relativ hoch; er bewegte sich vor 1830 um die Fünfzig-Prozent-Grenze und fiel danach etwa um die Hälfte, der Tiefstsatz lag bei 24 %. Die Tendenz von 1815 bis 1848 führte von der Nobilität zur Notabilität, ohne daß die freien bürgerlichen Berufe quantitativ stark ins Gewicht gefallen wären. Es bleibt eine agrarisch und staatlich bestimmte Oberschicht, die Frankreich in unserem Zeitraum repräsentierte und über das Schleusensystem der Wahlverfahren auch beherrschte. Wer einen Deputierten wählen konnte, der war für den

Bauern ein *seigneur*. Die breite Masse verharrte unterhalb und außerhalb der Politik.

Nicht nur politisch, auch ökonomisch blieb die Bauernbevölkerung im Hintertreffen. Während es den Reichen möglich war, leicht für 5 % Kredit zu erhalten, waren die Kleinbauern oft auf Wuchersätze bis zu 15 % verwiesen. Balzac hat in seinem Roman *Les paysans* Zeugnis davon abgelegt. Die staatlich geförderten Landwirtschaftsvereine erreichten kaum die bäuerliche Bevölkerung, der die Kreditinstitute fehlten. In diesem Gefälle liegt ein negativer Beweis dafür, daß die Revolution von 1830, die den Wandel vom Adel zum Bürgertum legalisierte, ein Ereignis innerhalb der Oberschicht und der Stadt Paris blieb. Das platte Land wurde nicht erfaßt. Die Landbevölkerung blieb in ihrer Mehrzahl politisch neutral, sozial konservativ. Dem entspricht, daß selbst der Adel seines sozialen Vorranges nicht völlig verlustig ging. Davon zeugt die Zusammensetzung der Pairs-Kammer, deren Angehörige vor wie nach 1830 vom König ernannt wurden. Zwar beseitigte die Julirevolution die Erblichkeit ihrer Mitglieder; zwar zog sich etwa die Hälfte der Pairs auf das Land zurück, weil sie Louis Philippe den Eid verweigerte; aber selbst während des Bürgerkönigtums stieg der bürgerliche Anteil an der Ersten Kammer nicht über 18 %. Die Zusammensetzung der Kammer verschob sich zwar auf Kosten des bourbonischen etwas zugunsten des napoleonischen und orleanistischen Adels, aber diese Bewegung zeugt um so mehr davon, daß der Bürgerkönig sich mit einer konstitutionellen Aristokratie zu umgeben wußte.

Die Besitzungen der Pairs konnten, da sie nicht an einen Zensus gebunden waren, durchaus geringer sein als die der Deputierten. Das hatte vor 1830 sogar zur Folge, daß die Erste Kammer häufig liberaler stimmte und manches zu verhüten wußte, was die Zweite Kammer mit einer royalistischen Majorität durchzudrücken suchte. Auch wenn die Pairs-Kammer nach der Julirevolution diese Funktion verlor, allein ihr Fortbestand ist ein Indiz dafür, daß die staatsrechtliche Figur der Volkssouveränität in der breiten ländlichen Masse der französischen Bevölkerung noch keinen aktiven Träger fand.

Wirft man einen Blick auf die Nachfolgestaaten im Umkreis der ehemaligen französischen Herrschaft und damit des französischen Rechts, so differenzieren sich die Bilder sehr stark nach den neuen politischen Lagen. In den Niederlanden waren infolge des Grundgesetzes vom 24. August 1815 die Bauern neben Adel und Stadtbürgertum in ihrer Landschaft vertreten, sie beschickten die Provinzialstaaten und über diese auch die Zweite Kammer mit ihren Deputierten. Die bäuerliche Bevölkerung war also ständisch am Staate beteiligt, sie war auch der Promotor der Aufteilung des Gemeindebesitzes, des dem Meere abgerungenen Bodengewinns, der Kanalisierungen, kurz all jener Maßnahmen, die das nördliche Holland, wie man damals sagte, in einen Garten verwandelten und die die Voraussetzungen schufen für einen enormen Bevölkerungszuwachs, der den der Städte sogar weit übertraf. Bei der Einpassung des *Code civil* in das niederländische Recht 1838 wurden Grundbücher eingeführt, die Öffentlichkeit der Hypotheken deklariert und damit — früher als in Frankreich — den kapitalwirtschaftlichen Interessen des Großbauerntums Genüge getan.

Im Rheinland und in der Pfalz, wo das französische Recht bis 1900 fortgalt, blieb es bei der zivilrechtlichen Gleichstellung aller Landesbewohner. Indes hat der preußische Staat die noch bestehende Ritterschaft durch die Wiedereinführung von Majoraten abgestützt und ihr, obwohl sie nur 4 % des gesamten Bodens besaß, eine Vertretung in den Provinzständen zugebilligt, in der Ritter, Bauern und Bürger über die jeweils gleiche Stimmenzahl verfügten. Diese Überstülpung eines östlichen Standesmodells über die bereits eingeführte freie Wirtschaftsgesellschaft hat es vermocht, die bäuerliche Opposition mit der der Bürger zusammenzuführen, was in den vierziger Jahren zur revolutionären Gärung beitrug.

Die Badener hatten bereits bei der Übernahme des *Code Napoléon* landrechtliche Paragraphen eingeflochten; diese betrafen etwa das Nutzeigentum an Liegenschaften, Erbdienstbarkeiten und Grundpflichtigkeiten, Zehnten, Erbgülten und Zinsen sowie Bannegerechtigkeiten. Auf diese Weise gehörte Baden zu jenen Ländern, in denen die Emanzipation erst im Laufe unserer Epoche vorangetrieben werden mußte. Das gleiche gilt für die Schweiz.

Vollendes zersplittert war die Lage in den nord- und mittelitalienischen Nachfolgestaaten. Nur in Parma blieb der *Code Napoléon* erhalten, sonst wurde er modifiziert oder abgelöst: durch das Kanonische Recht im Kirchenstaat, die Leopoldinischen Gesetze in der Toscana, durch das österreichische bürgerliche Gesetzbuch in Lombardo-Venezien. Gleichwohl blieben die persönlichen Herrschaftsrechte im großen und ganzen beseitigt; bis nach Istrien hin wurde die Patrimonialgerichtsbarkeit nicht wieder eingeführt, und auch die Feudallasten lebten nur sporadisch wieder auf, wie der Zehnt in Piemont. Die Restauration hat es aber auch hier verstanden, die ehemaligen Vorrechte der Stände in soziale, politische und wirtschaftliche Vorteile umzumünzen, so daß der Abstand zur breiten Unterschicht unverändert erhalten blieb. Kirchliches Herkommen, dörfliche Isolierung und bäuerliche Indolenz spielten einen Kreislauf ein, der die ländliche Unterschicht wirtschaftlich stillhielt und gegen das politische Geschehen des Risorgimento abschirmte.

Das legale Erbe der französischen Herrschaft, die rechtliche Gleichheit, wurde also im Raum von den Niederlanden bis nach Oberitalien verschieden abgewandelt und rezipiert, so daß die sozialen Auswirkungen von Norden nach Süden gegenläufiger Art waren.

Noch krasser werden die Unterschiede, wenn man den Blick auf die Länder des europäischen Nordens und Nordwestens lenkt, wo die Freiheit des Güter- und Bodenmarktes sowie des landwirtschaftlichen Arbeitsmarktes weitgehend hergestellt war: Irland auf der einen und die Nordseeküstengebiete auf der anderen Seite. Irland ist ein absoluter Ausnahmefall der westeuropäischen Sozialgeschichte, es lag auf der Elendsskala am untersten Ende; das Land glich eher einer ausgebeuteten Kolonie als einem Teil der Britischen Union, zu der es seit 1800 zählte. »Nur von einer Revolution, durch welche der ganze gegenwärtige Besitzstand auf ähnliche Weise umgestoßen würde wie durch die früheren Konfiskationen, hätte das unglückliche Irland wirksame Hilfe zu erwarten« – so schrieb der Brockhaus 1840. Die irische Bevölkerung hatte sich in dem Jahrhundert vor der Katastrophe von 1845/1847 auf acht Millionen Bewohner verdreifacht. Aber unter welchen Voraussetzungen: Die englische Gesetzgebung schrieb den katholischen Iren die Realteilung, auch für Pachtverhältnisse, vor, so daß der Anreiz zur ständigen Neugründung von Familien nicht nur aus der katholischen Religion, sondern ebenso ökonomisch motiviert schien. Die Ernährungsbasis der zunehmenden Bevölkerung war fast ausschließlich die Kartoffel; daher hatte das Auftreten der ›Kartoffelkrankheit‹ den Tod etwa jedes achten Iren zur Folge. Die meist abwesenden, in England weilenden Grundbesitzer beherrschten über Sondergesetze, Heeresaufgebote und Polizeieinsatz ein Land, das sich ständig am Rande des Aufruhrs bewegte. Der von der katholischen Bevölkerung an die anglikanische Kirche abzuführende Zehnt wurde zwar 1822 für ablösbar erklärt, aber sowohl der Zehnt wie die Ablösungssummen wurden meistens verweigert, so daß dieser verschleppte Rest alter Herrschaftsrechte ständig die Unruhe schürte. Die Emanzipation der Katholiken 1829 mußten die Iren obendrein damit bezahlen, daß ihr vergleichsweise niedriger Wahlzensus von 40 Schilling auf 10 Pfund erhöht wurde. Durch den Übergang zur Weidewirtschaft vertrieben die englischen Grundherren eine zunehmende Zahl von Pächtern (um 1840 herum allein 150 000) von ihren Ländern, so daß sich – nach einer damaligen Schätzung – die irische Bevölkerung auf folgende Drittel verteilte: 2,6 Millionen lebten von der Schifffahrt und dem Handel; weitere 2,6 Millionen fristeten als Pächter ihr Dasein; und die restlichen 2,6 Millionen zogen als Bettler und Vagabunden durch das Land. Im Gegensatz zu den südlichen Ländern Europas wurde nun die irische Bevölkerung durch O'Connell und seine katholische Massenbewegung – mit eigener, illegaler Steuereintreibung – intensiv politisiert. Aber in Anbetracht der Hungerkatastrophe, als die gesamte Armenversorgung zusammenbrach, bot für etwa eine Million Menschen die Auswanderung den einzigen Weg in die Rettung.

Fast ein Gegenbild dieser Zustände läßt sich in Skandinavien finden. Schweden, das uns die besten und frühesten demographischen Statistiken überliefert hat, zeigt einen anhaltenden Geburtenüberschuß, der sich auch in Dänemark und Norwegen aufweisen läßt. Die Bevölkerung, die sich in diesen Ländern in unserem Zeitabschnitt etwa um ein Drittel vermehrt hat, nahm ebenfalls vorzüglich auf dem Lande zu. Ein verstärkter Landesausbau, die Aufteilung des Gemeindebesitzes, in Norwegen auch noch Kirchengüterverkäufe, und Waldkolonisationen verdoppelten die kultivierte Fläche, die eine entsprechend erhöhte Bevölkerungszahl tragen konnte. Es ist nun ein gemeinsames Kennzeichen dieser Bewegung, daß sich das Groß- und Mittelbauerntum vergleichsweise geringfügig vermehrte, während die Häusler und Landarmen an Zahl rapide zunahmen. Sie machten in Schweden im 16. Jahrhundert 6 % aller Landleute aus; dieser Anteil wuchs im 18. Jahrhundert rasant an und belief sich in der Mitte des 19. Jahrhunderts auf etwa 50 %. In Norwegen vermehrte sich (in absoluten Zahlen) die Zahl der Häusler von 12 000 (1720) auf 48 000 (1820) und schließlich 85 000 (1850). Rechnet man die rund 125 000 Dienstleute ein, so übersteigt hier die Zahl der Landlosen und Landarmen bereits beträchtlich die der rund 100 000 Bauern, die es um 1840 herum gab. In jedem Fall blieb in Skandinavien die mittelbäuerliche Schicht stark, und sie wurde auch von der großen Depression kaum erfaßt.

Diese Positionen kamen auch in der Verfassung zum Ausdruck. In Norwegen, dessen 1814 kühn erzwungene Konstitution damals zu Recht als die demokratischste aller europäischen Verfassungen gerühmt wurde, gab es im Parlament, dem *Storting*, einen hohen bäuerlichen Anteil, der nach der Julirevolution auf Kosten der Beamten entschieden anstieg. Der bereits unter dänischer Herrschaft stark dezimierte Adel wurde 1821 aufgehoben, und auch die bäuerlichen Pachtverhältnisse wurden im Laufe des 19. Jahrhunderts vollständig aufgelöst. — In Schweden, wo 1810 eine neuständische Vierkammerverfassung gestiftet worden war, besaß der vierte Stand der Bauern mit seinen rund 260 wählbaren, rein bäuerlichen Abgeordneten eine numerische Überlegenheit über den Bürgerstand und den Stand der Geistlichen, deren jeweilige Vertretung zwischen 40 und 70 schwankte. Nur der Adel, der etwa ein Sechstel des schwedischen Bodens innehatte, behielt über seinen Vorrang auch Vorrechte, die im Laufe unseres Zeitabschnittes noch nicht beseitigt wurden: sein Boden blieb nur zur Hälfte besteuert, und er konnte mit etwa 2500 Virilstimmen im Reichstag erscheinen, von denen durchschnittlich 500 ausgeübt zu werden pflegten.

In Dänemark hatte das absolute Königtum die Privilegien des Adels weit stärker beschnitten und während des 18. Jahrhunderts im Gegenzug dazu die Bauernbefreiung vorangetrieben. Hier waren bereits die Domänen parzelliert und verkauft, die Feld-

gemeinschaften aufgelöst, der Pachtbesitz in Eigentum übergeführt worden und damit die ›Leibeigenschaft‹ beseitigt. Schließlich waren die Naturalabgaben durch Steuern abgelöst worden, und all dies zusammen ermöglichte neue rationelle Anbaumethoden. Zwar hatte in Dänemark die Krise der zwanziger Jahre die exportabhängige Landwirtschaft weit stärker erfaßt als im übrigen Skandinavien — die Grundsteuer brachte nur noch drei Fünftel des Voranschlages ein —, aber die Bauern hielten sich neben dem Großgrundbesitz als ein eigener, unabhängiger Stand. Das kam auch politisch zum Ausdruck, als der dänische König sich nach der Julirevolution genötigt sah, in seinen Landen — für die Inseln, für Jütland, für Schleswig und für Holstein getrennt — Ständeversammlungen einzuführen. Das altständische Korps der Ritter und der Prälaten war nur mehr durch einige königlicherseits ernannte Delegierte vertreten. Der herkömmliche Adel wurde zur offenen Klasse der Grundbesitzer geschlagen, hatte aber weit weniger Stimmen als die Bürger und als die Bauern. So befanden sich z. B. unter den 44 Abgeordneten im Schleswiger Landtag 5 Großgrundbesitzer, 17 Bauern und 14 Bürger. Dazu kamen noch eine hochadlige Virilstimme, ein Vertreter der Universität Kiel sowie vier Ritter und Prälaten und zwei Geistliche. Die berufsständische Wahlordnung brachte zwar keine Gleichheit der Wahlstimmen mit sich, aber sie hatte die alten Herrschaftsstände innerhalb des Einkammersystems zugunsten der Bürger und Bauern zurückgedrängt. — An den neuständischen Verfassungen in Schweden, Dänemark und Holland zeigt sich die allgemeine Regel in unserem Zeitabschnitt, daß ein berufsständisch abgeschichteter Wahlzensus die ländliche Bevölkerung stärker am Staat beteiligen konnte als ein generell normierter Zensussatz wie in England oder Frankreich. Ein starkes Mittelbauerntum gewann über seine ökonomische Befreiung hinaus auch an politischem Einfluß.
Das dänisch-schleswig-holsteinische Vorbild, das englische Modell und die Einflüsse der Französischen Revolution inspirierten nun jene Reformen, die die zweite Zone kennzeichnen.

Die Gebiete der legislativ vorangetriebenen Emanzipation der ländlichen Unterschichten sind dadurch gekennzeichnet, daß zu den sozialen und ökonomischen Unterschieden zwischen den einzelnen Bevölkerungsschichten immer noch rechtliche Differenzen hinzutraten, die ihrerseits auf die ökonomisch-sozialen Verhältnisse zurückwirkten. Immer noch bestand ein rechtlicher Gegensatz zwischen Stadt und Land und ebenso ein Überhang herrschaftlicher Rechte über eine Unterschicht, die zusätzliche Lasten zu tragen hatte, Rechte, die abzuschaffen eine ständige Herausforderung blieb. Generell gilt das auch für den süd- und osteuropäischen Raum relativer Stagnation, aber innerhalb der alten Reichsgebiete und vor allem in Preußen (bis ins Baltikum hinein) geriet die

Sozialverfassung weit stärker in Bewegung, so daß sich um die Jahrhundertmitte das Territorium des späteren zweiten deutschen Kaiserreiches bereits deutlich abheben läßt von den süd- und osteuropäischen Ländern.

Wo die liberalen Agrarreformen vorangetrieben wurden, war es ihr zeitgemäßes Ziel, die Vertragsfreiheit der Arbeitskräfte und Privateigentum auf dem ganzen Lande einzuführen. Dazu mußten zwei geschichtliche Komplexe aufgelöst werden: Erstens mußten alle adligen oder korporativen Herrschaftsrechte beseitigt oder, soweit sie erhalten blieben, an den Staat herangezogen werden. Das hatte im Gefolge, daß alle Untertanen persönlich freigesetzt wurden und nicht mehr – wie etwa in Ostdeutschland bis 1810 – zum Gesindedienst zwangsverpflichtet werden konnten. Auch die Wanderungs- und Ehefreiheit kam auf diese Weise, in Preußen früher als in Süddeutschland, zustande. Ferner mußten die herrschaftlichen Polizei- und Gerichtsgewalten verstaatlicht, die darauf bezogenen Abgaben aufgehoben oder in Steuern verwandelt werden. Dazu gehörte auch die Beseitigung des Patronats samt den Zehntrechten. Schließlich mußten die verschiedensten Pacht-, Leihe- und Rentenverhältnisse abgelöst werden samt allen am Grund und Boden haftenden Pflichten und Lasten. Nur so konnte ein Landmann die freie Verfügungsgewalt über sein Eigentum gewinnen; aber auch das war nur möglich, wenn ebenso der zweite Komplex aufgelöst wurde: die genossenschaftliche Landverfassung. Hier ging es darum, den Gemeinbesitz samt den daran haftenden Nutzungsrechten auf die Individuen umzulegen und zu verteilen, das heißt, gutsherrliche oder dörfliche Weiden, Waldungen, Allmenden, Marken usw. nach den jeweiligen Rechtsansprüchen aufgeschlüsselt zu privatisieren. Dazu kam die Flurbereinigung innerhalb der dörflichen, der herrschaftlichen oder innerhalb gemischter Ländereien. Die Befreiung der Bauern von ihrer Herrschaft und die Privatisierung des Bodens durch Separation blieben also aufeinander verwiesen. Beide Vorhaben waren bereits im 18. Jahrhundert begonnen worden, wurden aber erst seit der napoleonischen Zeit entschieden vorangetrieben. Dies gilt nun vor allem von Preußen.

Das Oktoberedikt von 1807 hob die geburtsrechtlichen Standesbindungen auf, nicht aber beseitigte es die ständischen Vorrechte als solche. Das wirtschaftspolitische Ziel des berühmten Ediktes war, einen freien Geld- und Gütermarkt und ebenso einen freien Arbeitsmarkt zu schaffen. Jedermann konnte sich also in jeden Stand einkaufen, was zur Folge hatte, daß sich der gutsherrliche Ritterstand in eine allen zugängliche Klasse verwandelte, an der gleichwohl eine erkleckliche Reihe wirtschaftlicher und politischer Privilegien hängenblieb. Zugleich wurde entschädigungslos die persönliche Freiheit aller Gutsuntertanen deklariert, wie sie vorher schon auf den staatlichen Domänen eingeführt worden war. Die

eigentlichen Schwierigkeiten tauchten freilich erst auf, als es darum ging, die gutsherrlich-dorfgenossenschaftlichen Verbindungen zu lösen, das heißt, die am Boden haftenden Dienst- und Hilfeleistungen von seiten der Untertanen und der Herren gegenseitig zu verrechnen. Erst dann war es möglich, auf rechtsstaatlichem Wege über die Entschädigung und die entsprechenden Eigentumsansprüche zu befinden, die den Bauern und den Gutsherren an dem privatisierten Grund und Boden zustehen sollten. So kam es zu den Gesetzen von 1811, 1816 und 1821, die dann für die westlichen Provinzen — unter Anerkennung der napoleonischen Gesetze — variiert wurden. Während die handdienstpflichtigen Untertanen bis zur Achtundvierziger Revolution warten mußten, konnten die spannfähigen Bauern gegen Abgabe von einem Drittel oder der Hälfte ihres Bodens — je nach Rechtstitel — oder gegen eine entsprechende Rente, wie sie vorzüglich im Westen gezahlt wurde, ihr Eigentum gewinnen.
Um diesen legal komplizierten, neues soziales Recht schaffenden Prozeß führen zu können, setzte Hardenberg Generalkommissionen ein, die mit fast diktatorischer Gewalt in jahrzehntelangen Bemühungen die Umverteilung durchdrückten. Was waren nun die Folgen dieser sogenannten Bauernbefreiung? Die ostelbische Ritterklasse behielt eine Reihe von Privilegien, die ihr eine altständische Schubkraft verliehen, mit der sie ihre Vormacht auf dem Felde wirtschaftsrechtlicher Gleichheit behaupten konnte. Dazu zählte die Patrimonialgerichtsbarkeit, wenn diese auch wegen der mit ihr verbundenen Unkosten zunehmend abgestoßen wurde, ferner das Patronat und vor allem die Polizeigerichtsbarkeit und die Polizeiverwaltung, mit der sie das platte Land beherrschte. Der Staat war mit dem Versuch, seine Exekutive bis in die Gemeinden voranzutreiben, gescheitert: es gab in ganz Preußen von Saarbrücken bis Memel nur rund 1500 Gendarmen; Ruhe und Ordnung hingen, wenn überhaupt, allein von den altständischen Kräften ab. Als Gegenleistung erhielten die Ritter vom Staat politische Vorrechte, die ihnen in der Kreisversammlung eine fast absolute Majorität sicherten und ihnen die alleinige Berechtigung zur Landratswahl und schließlich eine Sperrminorität auf den Provinziallandtagen verschafften. Auch wenn die Bauern hier bereits als Stand Zutritt gefunden hatten, blieben sie doch ökonomisch im Schatten ihrer ehemaligen Herrschaft, an die sie oft genug noch über Jahrzehnte Ablösungsgelder abzuführen hatten. Die wirtschaftsrechtliche Gleichheit war also stark durchlöchert durch altständische Privilegien bzw. durch Entschädigungsgelder, die dafür von der Unterschicht aufgebracht werden mußten.
Wirtschaftlich gesehen vermochte sich die Rittergutsklasse dank staatlicher Moratorien und Kredithilfen über die lange Agrarkrise bei starker Fluktuation des Besitzes hinwegzuhelfen. Dazu kamen alte Grundsteuerfreiheiten, eine günstige Klassensteuerveranla-

gung und die Errichtung von Kreditinstituten, deren Leistungen nur Ritter in Anspruch nehmen konnten. Die wirtschaftliche Festigung des Großgrundbesitzes ist seit den dreißiger Jahren unverkennbar, und im Verlauf dieses Prozesses wurde die gutsherrliche Unterschicht aus ihren Inst- und Gärtnerverhältnissen mit Landanteilen zunehmend herabgedrückt zu einer reinen Landarbeiterschicht, die sich im freien Arbeitsvertrag zu verdingen hatte.

Die Bauern verloren im Zuge der Entschädigungen vermutlich eine Million Hektar ihres Landes, konnten sich aber als Stand insgesamt halten. Vor und nach Auslauf der Reform gab es rund 350 000 Bauernfamilien, die durch Landesausbau, intensivere Arbeit und durch die ihnen konzedierte Übernahme von etwa 14 % der Allmenden die Verluste wettzumachen suchten. Dabei blieben sie, ohne Kredit, oft auf Wucher verwiesen und lebten häufig hart am Rande des Ruins dahin.

Am Ende der Reformen verhielt sich die Fläche der selbständigen Bauerngemeinden zu der der Gutsbezirke wie 49 zu 45 % (rund 43 zu rund 40 Millionen Morgen) oder, die beiden westlichen Provinzen hinzugerechnet, wie 56 zu 38 % (der Rest war städtischer Grund und Boden). Nach dem Besitztitel gab es zwei Klassen, Eigentümer und Nichteigentümer, sozial gesehen drei: Ritterguts- bzw. Großgrundbesitzer, Bauern und landlose Unterschicht, die, soweit die Allmenden aufgeteilt wurden, ihrer letzten Subsistenzmittel beraubt wurde. Das führt uns zu den sozialen Folgen.

Agrarkrise und Gütermarktfreiheit haben, vorzüglich in Ostpreußen, eine Menge bürgerlicher Gutsbesitzer in die Ritterklasse eingeschleust. Um die Jahrhundertmitte verhielt sich der adlige zum bürgerlichen Rittergutsbesitz wie 7 zu 5, ohne daß sich dies politisch zugunsten des Bürgertums ausgewirkt hätte. Der arrivierte und auf das Land drängende reiche Bürger wurde sozial verschluckt. Von Ostpreußen abgesehen, wo sich ein ständischer Liberalismus durchsetzte, gelangte kaum ein bürgerlicher Rittergutsbesitzer in Landratsämter oder in die Provinzialstände. Der erste Stand des Staates hatte sich also trotz — oder wegen — seiner hohen Verschuldung frühzeitig und weit genug geöffnet, um seine Position zu halten. Weitere Ergebnisse der Reform waren ein völliger Wandel der Arbeitsverfassung mit einem enormen Landesausbau im Gefolge sowie eine gewaltige Bevölkerungszunahme besonders der Unterschicht.

Das bebaute preußische Ackerland wuchs von 1815 bis 1849 von 7,3 auf 12,5 Millionen Hektar an und vermochte daher die Bevölkerungszunahme von rund 10 auf 16 Millionen vorerst zu tragen. Beide Bewegungen hängen nun unmittelbar zusammen. In dem Maße, als sich die Güter und Vorwerke von den bäuerlichen Hilfsleistungen entblößten, bedurfte es einer neuen Arbeiterschicht, die zusätzlich und außerhalb der Dörfer ins Leben treten mußte. So wird es verständlich, warum die Bevölkerungszunahme in den ostelbischen Provinzen des Landesausbaus fast doppelt so hoch war wie in den westlichen Provinzen. Die Agrarreform hat also den Bevölkerungszuwachs sowohl ermöglicht wie provoziert. Auch in den Dörfern, die im Zuge der Auseinandersetzung oft neu gegründet bzw. umgesiedelt wurden, vermehrte sich die Zahl der bäuerlichen Kleinstellen, die von Büdnern, Häuslern, Kätnern oder Handwerkern besetzt wurden. All diese Kräfte halfen am Landesausbau mit, ohne sozial zu arrivieren. Damit verschob sich im Laufe eines halben Jahrhunderts das Sozialgefüge von Grund auf. Während sich um 1800 die Zahlen der Vollbauern, der Halbbauern und der landlosen Unterschicht in etwa die Waage hielten, verdoppelte sich nunmehr – grob gesprochen – die Zahl der Häusler, Kätner usw., während sich die Zahl der landlosen Unterschicht etwa verdreifachte: sie machte am Vorabend der Revolution mit Familienangehörigen mindestens ein Drittel der preußischen Gesamtbevölkerung aus. So entstand jenes Landproletariat, das, politisch kaum engagiert, infolge der Hungerkrise von 1846/1847 gleichwohl die revolutionäre Situation verschärfte. Die Bevölkerungsvermehrung war also in erster Linie ein Phänomen der Unterschicht, die vom liberalen Arbeitsmarkt gleichsam hervorgelockt wurde. Nur die Familien der Großgrundbesitzer, der Bauern und das innerständische Gesinde hielten sich zahlenmäßig ziemlich gleich innerhalb der Grenzen, die den überkommenen Besitzeinheiten entsprachen.

Im Gegensatz zu Frankreich entstand also eine breite landlose Unterschicht, die aber, anders als in England, noch nicht industrialisiert wurde. Die Liberalisierung des Agrarmarktes führte – ebenfalls im Gegensatz zu Frankreich – zu einer Restauration der Adelsherrschaft im Gewand einer unternehmerischen Ritterklasse, womit sich die Lage in Preußen andererseits der in England annäherte, von der sie sich freilich grundsätzlich unterschied durch die Aufrechterhaltung einer mittelbäuerlichen Schicht. Insofern läßt sich zur Zeit der Achtundvierziger Revolution das preußische Sozialgefüge als eine Zwischenlage zwischen dem englischen und dem französischen Sozialaufbau umschreiben.

Während es in den preußischen ostelbischen Gebieten darum gegangen war, mit der territorialen Gutsherrschaft über die dörflichen Untertanen die darin eingebettete Arbeitsverfassung aufzulösen, handelte es sich in den westlichen und südlichen Teilen Deutschlands darum, die Grundherrschaft zu beseitigen: ein Vorgang, der die Arbeitsverfassung nicht betraf, deshalb weniger einschneidend war und die Sozialverfassung im großen und ganzen unangetastet ließ, und der dementsprechend langsamer vorangetrieben wurde. Auch die Grundherrschaft schob sich zwischen Staat und Untertanen, auch sie implizierte eine persönliche Herrschaft, ohne freilich durch Zwangsarbeitsdienste in den Alltag hinein zu wirken. Die Grundherrschaft war weit unpersönlicher, da sich die Privilegien in einer rechtlichen Gemengelage streuten; sie konnte daher mehr oder weniger drückend sein, je nachdem wie viele Herrschaften welche Rechte über eine unterschiedliche Gruppe von Untertanen ausübten.

Auch Besitzverteilung und Erbordnungen variierten stark. In Hannover etwa war der Staat selber oberster Grundherr, und die Bauern besaßen — ähnlich wie in Westfalen — zu relativ günstigen Erbpachtbedingungen große Höfe, so daß der Abstand zur Unterschicht deutlich markiert war. Hier hielt sich das Bauerntum durch die Sitte des Anerbenrechts, das den Besitz vor Teilung schützte, in gleicher Stärke, und das gilt ebenso für den bayrisch-alpenländischen Raum, bis nach Niederösterreich und Tirol hinein. In Bayern waren die adligen grundherrschaftlichen Rechte besonders stark ausgeprägt, aber durch die Säkularisation rückten bereits 1803 — so in Altbayern — rund 40 % der bäuerlichen Untertanen in ein staatsimmediates Verhältnis.

Im Gegensatz zum Bereich der Anerbensitte zersplitterte sich der Besitz zunehmend dort, wo das Realteilungssystem vorherrschte: vom Thüringischen angefangen über Franken bis nach ganz Südwestdeutschland. Hier war der soziale Abstand vom Bauern zum Kleinbauern und landlosen Untertanen gleitend. Man hat es in Südwestdeutschland daher auch im allgemeinen vermieden, die Allmenden aufzuteilen, um das daran haftende Armenversorgungssystem nicht vollends zusammenbrechen zu lassen. Für alle genannten Gebiete gilt nun, daß der Spielraum der Vermehrung im Rahmen der bestehenden Besitzordnungen stark eingeengt blieb. Die Geburtenüberschüsse waren entsprechend geringer als im Osten: der durchschnittliche Jahreszuwachs in Prozent betrug in Baden 0,7, in Bayern 0,57, in Württemberg 0,43, in Hannover 0,31 — während er etwa in Ost- und Westpreußen 1,53, in Pommern 1,64 oder in Schlesien 1,27 ausmachte. Das generative Verhalten der Bevölkerung blieb also eine Funktion der sozialen Vorgegebenheiten. Es war im Altreichsgebiet verglichen zu Preußen traditionell, führte aber infolge der dichten Besiedlung gleichwohl zu starken Verelendungserscheinungen, besonders in Südwestdeutschland.

Die Ablösung grundherrlicher Gefälle und die Verstaatlichung der grundherrlichen Rechte vollzogen sich nun in den verschiedenen Staaten auf sehr verschiedene Weise. Im Gefolge der Julirevolution von 1830 wurden in Hannover — auf Initiative von Stüve hin — und in Sachsen die Ablösungen durch einen einmaligen Gesetzesakt ermöglicht, der, wohlüberlegt die preußischen Erfahrungen nutzend, zügig vollzogen wurde. Die Bauern wurden in ihrem Besitzstand belassen und rückten auch in die Kammern der neugeschaffenen Verfassungen anteilig ein.

Sehr viel langwieriger gestaltete sich die Beseitigung der Grundherrschaft dort, wo die ehemalige Reichsritterschaft und die Menge der mediatisierten Standesherren ihren Einfluß mit dem des landsässigen Adels verbanden. Das gilt besonders für Süddeutschland, wo trotz der konstitutionellen Verfassungen die soziale und wirtschaftliche Gesetzgebung, gemessen an Norddeutschland, in Verzug geriet. Zwar wurde die oft nur mehr nominelle ›Leibeigenschaft‹ zwischen 1783 (Baden) und 1817 (Württemberg) generell beseitigt, aber es gelang dem Adel, fast überall seine Gerichts- und Polizeiherrschaft aufrechtzuerhalten, wozu mannigfache Gefälle und Banngerechtigkeiten traten. Die süddeutsche Bevölkerung verblieb also je nach den regionalen Vorgegebenheiten teils in einem mediaten, teils in einem immediaten Verhältnis zu ihrem jeweiligen Staat. Auf dem Hintergrund der allgemeinen Steuergleichheit kamen daher die aufzubringenden Lasten oft einer Doppelbesteuerung gleich.

Aber der Adel befand sich entschieden auf dem Rückzug. Er war seiner Herrschaftsreservate in den geistlichen Territorien bereits verlustig gegangen, und er öffnete sich nicht, wie in Preußen, in eine allgemein zugängliche Rittergutsbesitzerklasse. Alle grundherrschaftlichen Privilegien sowie Majorate und Fideikommisse blieben dem Adel vorbehalten, und in Bayern war es ihm 1817 sogar gelungen, im Kampf um die Gerichtsherrschaft den leitenden Minister Montgelas zu stürzen. Aber der Schrumpfungsprozeß seiner Vorrechte war nicht zu bremsen. Die Ablösungsgesetze blieben vorerst Kannbestimmungen, doch sie wurden langsam in Sollbestimmungen verwandelt: so für die Zehntrechte 1831/1833 in Baden; so für die Geld- und Naturalabgaben 1836 in Württemberg. Freilich waren die bäuerlichen Vertreter in den Zweiten Kammern viel zu schwach, um diesen Prozeß voranzutreiben; zwar sollte die Hälfte der Zweiten Kammer in Bayern von Bauern beschickt werden, aber ihr tatsächlicher Anteil lag weit unter dem der adligen und bürgerlichen Honoratioren. In Baden verhinderte es der Zensus ohnehin, daß die Zahl der vielen kleinen Landwirte repräsentiert worden wäre. Die Promotoren der Ablösungsgesetze blieben die liberalen Beamten und Bürger, aber erst die Achtundvierziger Revolution beseitigte alle administrativen und jurisdiktionellen Zwischeninstanzen und schaffte gegen nunmehr günstigere Entschädigungssätze die Reallasten fort. Insgesamt darf man sagen, daß das süddeutsche Zweikammersystem den altständischen Kräften eine politische Rolle eingeräumt hat, die die Prämisse dieser Verfassungen, die staatsbürgerliche Gleichheit, ständig in Frage stellte.

Eine ähnliche Spannung zwischen korporativen und adligen Vorrechten und liberalen Postulaten, die sich nur mittelbar auf die Unterschicht auswirkten, herrschte auch in der Schweiz vor. Der Besitzstand der Schweizer Bevölkerung war der Gebirgslage entsprechend sehr bodengebunden: 1848 gab es bei einer Bevölkerung von 2,4 Millionen nach damaligen Schätzungen rund 370 000 Haushaltungen mit Grundbesitz gegenüber nur rund 93 000 Haushaltungen ohne Grundbesitz. Der starke Geburtenüberschuß konnte nun im 19. Jahrhundert, als das Reislaufen allmählich unterbunden wurde, nur noch durch den Ausbau von Heimindustrien aufgefangen werden; größere Auswanderungen setzten erst nach 1850 ein. Diese sozialen Daten, die von einer gewissen Verstädterung des Landes zeugen, standen im krassen Widerspruch zu der rechtlichen Trennung von Stadt und Land, wie sie 1814 mit der Restauration wiederhergestellt worden war.

Während der revolutionären ›Helvetik‹ und der napoleonischen Mediationsverfassung von 1803 hatte man begonnen, die Allmenden aufzuteilen, Reallasten abzulösen und Zehnten wie Grundzinsen abkäuflich zu machen. Aber mit der Errichtung von 22 souveränen Kantonen, innerhalb derer mehr als 400 Zollgrenzen etabliert blieben, wurde auch soweit wie möglich auf die alten Herrschaftszustände rekurriert. Innerhalb der Stadtkantone ergriff das alte Patriziat bzw. die Zunftaristokratie wieder die Macht, und zwar auf Kosten des niederen Bürgertums, vor allem aber der nachgeordneten Landschaften. Auch die Landkantone wie Schwyz entrechteten ihre Hinter- und Beisassen. So entstand je nach den Kantonen ein verschieden gestaffeltes Mißverhältnis zwischen Stadt und Land. In Zürich z. B. war die Landbevölkerung, die etwa 200 000 Köpfe zählte, mit 82 Sitzen im Großen Rat vertreten, während die Stadt mit rund 10 000 Einwohnern 130 Sitze innehatte. In Freiburg gehörten dem Großen Rat 108 Patrizier gegenüber nur 36 Vertretern der Landbevölkerung und der niederen Bürgerschaft an. Gar nicht betroffen von diesen Zahlenverhältnissen ist hierbei dic eigentliche Regierung, die im Kleinen Rat von den alten Stadtfamilien ausgeübt wurde. Auf dieses ständische Herrschaftssystem, das auch keine Bürokratie kannte, war das alte Abgaben- und Gültensystem eingespielt, das nur durch eine moderne Steuererhebung beseitigt werden konnte.

In diese Richtung trieb nun die Julirevolution mit ihren Vorläufern und Auswirkungen. Zunächst erkämpften sich die Landschaften eine relative Gleichberechtigung mit der Stadtbevölkerung. So erhielt zum Beispiel im Kanton Zürich am 14. Dezember 1830 die Landschaft zwei Drittel und die Stadt nur noch ein Drittel der Stimmen im Großen Rat, auf den obendrein mehr und mehr Befugnisse vom Kleinen Rat übergingen. Im Gefolge derartiger Verfassungsänderungen wurde es sukzessive möglich, auch Grundzinsen, Zehnte und andere Servituten abzulösen. Diese Verschiebungen zugunsten der Agrarbevölkerung sowie der unterprivilegierten Kleinstädte gingen von der liberalen Intelligenz aus, aber gleichwohl liegt hier ein authentischer Fall demokratischer Massenbewegungen vor: erst Veranstaltungen, zu denen sich viele Tausende einfanden, übten genügend Druck aus, um

die Gleichberechtigung von Stadt und Land durchzusetzen. Dazu kommt freilich, daß sich die Industrie besonders in wasserreichen Tälern außerhalb der Städte ausbreitete, so daß die Reformen auch schon infolge eines Bündnisses zwischen dem Industriebürgertum auf dem Lande und der bäuerlichen und unterbäuerlichen, heimindustriellen Bevölkerung zustande kamen. Darin lag u. a. die relative Modernität der sogenannten Schweizer Regeneration beschlossen.
Argwöhnisch beobachtete Metternich die politischen und sozialen Bewegungen des kleinen Nachbarlandes. Bereits das ist ein Indikator für die relative Stagnation im österreichischen Kaiserreich.

Innerhalb der süd- und osteuropäischen Stillstandszone kommt Österreich den bisher geschilderten Verhältnissen noch am nächsten. Von Oberitalien bis zur Bukowina, von den Sudetenländern bis nach Siebenbürgen zeigen allerdings die habsburgischen Kronländer unter sich ein starkes Gefälle ihrer Agrar- und Sozialverfassungen. Die deutschsprachigen Alpengebiete bis hin nach Niederösterreich entsprechen den süddeutsch-bayrischen Verhältnissen am ehesten: hier übte die adlige Grundherrschaft eine Gerichts- und Polizeigewalt aus, die von den staatlichen Regierungen und Kreisämtern streng überwacht wurde. Die Robotdienste wurden, wie es bei den staatlichen Domänenbauern schon geschehen war, aus Gründen ökonomischer Rationalität zunehmend abgelöst. Der bäuerliche Besitzstand blieb unter dem Schutz der Gesetze erhalten, und auch die Bevölkerungsvermehrung paßte sich dem ein: der Geburtenüberschuß lag in dem Raum von der Donau über die Alpenländer bis hin nach Italien, wo das Pachtsystem vorherrschte, weit unter dem Durchschnitt der Gesamtmonarchie. Die Bevölkerung etwa in Tirol vermehrte sich nur halb so schnell wie die in Böhmen, Mähren, Galizien oder in Ungarn. Diese östlichen Gebiete sind ihrerseits durch eine nach Osten zunehmend intensive adlige Gutsherrschaft gekennzeichnet, für die die Landbevölkerung bis zu mehr als 150 Robottage im Jahr Dienst leisten mußte. Auch die Lasten, etwa die zehnprozentigen Laudemien, d. h. Erbsteuern für den Gerichtsherrn, waren weit drückender als im Westen. Nur ökonomisch weitschauende Herren wie der böhmische Graf Thun forcierten die Lastenablösung, um ihre Herrschaften in produktive und rationelle Gewerbelandschaften zu verwandeln. Aber das josephinische Vorbild der staatlichen Bauernbefreiung reichte nirgends hin, die Menge der dem Adel Untertänigen in die unmittelbare Staatsbürgerschaft zu überführen. Lediglich der Besitzstand der Bauern blieb gewahrt, weil durch die Urbarialregelungen des vergangenen Jahrhunderts die staatlichen Steuersätze mit den Besitzeinheiten der Bauern gekoppelt worden waren. Wer freilich einst seinen Eigentumsanspruch verleugnet hatte, um der Steuerpflicht zu entrinnen, ging 1848 bei der Aufhebung der Untertänigkeit seiner Besitzrechte zugunsten der allodialen Adelsgüter verlustig. Das zeigt sich besonders in Ungarn. Hier waren viele Ödlande und Gebietsstreifen zwischen Dörfern und Gütern in ihren Rechtstiteln strittig, und sie blieben umstritten, als die Bauern (die ›Hübner‹) diese Landschaften in unserem Zeitraum zunehmend unter den Pflug nahmen. Allein rund 320000 Neusiedler zogen die Donauebenen hinab. Das soziale Spektrum der sich vermehrenden Bevölkerung zeigt ähnliche Züge wie im ostdeutschen Gutsbereich: während die Zahl der Bauern nur geringfügig anstieg, vermehrte sich die der Häusler und Einlieger etwa um das Doppelte. Zwar schützten auch in Ungarn die habsburgischen Urbare die Bauern davor, von den Herren völlig geschluckt zu werden, die grundsätzlich Steuerfreiheit genossen; die seit 1840 freigegebene Erbablösung führte erst unter dem Zwang der Revolution zu einem Erfolg: etwas mehr als die Hälfte des ungarischen Bodens verblieb in der Hand der Bauern, deren Besitzeinheiten sich freilich – entsprechend der Vermehrung – zunehmend aufsplitterten.

Im Unterschied zum liberalisierten Bodenmarkt Preußens blieb also der Bauernschutz in Österreich-Ungarn aufrechterhalten; aber dem entsprach zugleich die relativ größere Stabilität der alten Adelsherrschaft. Trotz seiner generellen Armee-, Finanz- und Justizverwaltung blieb Österreich bis 1848 eine monarchische Union von Ständestaaten. Deren Zusammensetzung zeigt ebenfalls das Gefälle von West nach Ost zunehmend reiner Adelsherrschaft. Zwar wurden die sogenannten Postulaten-Landtage nur mehr zur Bestätigung der staatlichen Steuererhebung einberufen, aber allein ihre Existenz band die Innenpolitik an eine brüchig werdende Tradition zurück. Die ständischen Verbände hatten einen Vertreterschlüssel, der nicht nur die Bauern ausschloß – von Vorarlberg und Tirol abgesehen –, sondern von Westen nach Osten auch in steigendem Maße auf Kosten der Bürger ging. Zahllose Städte hatten noch einen eigenen Grundherrn, und nur wenige waren als Stadt unmittelbar in den Landtagen vertreten. In Oberösterreich gab es 39 Städte, in der Steiermark 37, in Niederösterreich 19, in Kärnten 15, in Mähren nur mehr 7, in Böhmen 4 und in Galizien sowie in Ungarn nur je eine Stadt, die ein Wahlrecht ausüben durften. In diesem Gefälle liegt ein Gradmesser für die führende Rolle des Adels, der besonders in Böhmen große Grundherrschaften innehatte und der in Ungarn ein völliges Herrschaftsmonopol ausübte. In Böhmen waren die üblichen vier Stände folgendermaßen vertreten: 131 Herren, 43 Ritter (als Vertreter von rund 1100 Familien), 14 Geistliche und 4 Stadtbürger. Der ungarische Reichstag bestand aus zwei Adelskammern, aus der Magnatentafel, in der der Hochadel vertreten war, und der Ständetafel, wo sich der mittlere und der zahlreiche kleinbäuerliche Adel zusammenfanden. Der ungarische Adel behielt obendrein im

Gegensatz zu dem österreichischen Vorrecht absoluter Steuerfreiheit, Anlaß genug, alle Agrarreformversuche bereits im Reichstag scheitern zu lassen.
Auch in Russisch-Polen gelangte kein Bauer in die zwei Kammern, die Alexander I. gestiftet hatte. Der Senat wurde nur von Leuten beschickt, die eine Grundsteuer von mindestens 2000 Gulden zahlten, während die Landbotenkammer sich nur aus Adligen und städtischen Abgeordneten mit einer Grundsteuer von mindestens 100 Gulden zusammensetzte. Es handelte sich hier um eine durch konstitutionelle Formen verschleierte Adelsherrschaft. Die von Napoleon beseitigte Frondienstbarkeit verwies die Unterschicht auf Zeitpachtverträge, kraft derer sich ihr Status zunehmend verschlechterte. Die landlose Unterschicht wuchs in unserem Zeitraum — ähnlich wie in Ungarn — von etwa 15 % um 1800 auf 40 % im Jahre 1846 an. Der Großgrundbesitz, der zugleich die Polizeigewalt ausübte, dehnte sich dabei stärker aus als etwa im benachbarten Posen, wo der mittelbäuerliche Stand nicht zuletzt der Gewinner der preußischen Agrarreform gewesen war.
Alle bisher geschilderten ständischen Herrschaftsformationen im südost- und osteuropäischen Raum waren nun zugleich durchkreuzt oder getragen von nationalen Gegensätzen, die die emanzipatorische Entwicklung teils hemmten, teils vorantrieben. Darauf wird im nächsten Kapitel eingegangen.
Die agrarischen Rückstandsgebiete in Spanien und im südlichen Italien unterscheiden sich von allen bisher behandelten Ländern dadurch, daß die Kirche noch einen vergleichsweise hohen Anteil am Grundbesitz behalten hatte. Damit bestand ein stabilisierender Faktor im Sozialgefüge fort, der es — weit mehr als im Osten — verhinderte, daß die ländliche Bevölkerung jemals zu wirklich sozialrevolutionären Aktionen schritt. Das Elend blieb in die Tradition zurückgebunden und war nirgends oder selten eine Folge liberaler Reformen wie im nördlichen Europa.
Im Königreich Neapel wurden zwar zur napoleonischen Zeit 219 Klöster aufgehoben, die Zahl der Priester verringerte sich von rund 100 000 auf etwa 50 000, aber die Restauration schützte den Besitzstand. Die Latifundien wurden weder unter englischer Vorherrschaft auf Sizilien bis 1814 noch danach angetastet, und die Beseitigung der Feudalrechte veränderte nicht die rechtlose Lage der Unterschicht: die Insel Sizilien befand sich bei einer Bevölkerung von 1,5 bis 2 Millionen dauernd in der Hand von etwa 5000 Adligen sowie von 658 Klöstern, die von 7500 Mönchen bewohnt wurden. Während die Revolutionäre von 1820 den Adel aus dem Parlament abgewählt hatten, wurde danach das österreichische Modell der sogenannten ›Konsulte‹ eingeführt, Beratungsgremien der Verwaltung, deren Mitglieder wie in Lombardo-Venetien vom Monarchen aus der traditionellen Großgrundbesitzerschicht ausgewählt wurden. Bauern waren nie vertreten, und wenn auch das

Geheimbundwesen und Brigantentum weit auf das flache Land hinausragte, die breite Masse lebte außerhalb der politischen Willensbildung.

Das gleiche gilt auch für Spanien. Die kurzen Perioden der bürgerlich-liberalen Herrschaft von 1810 bis 1813 sowie von 1820 bis 1823 brachten ohne jede bäuerliche Beteiligung in den *Cortes* einschneidende Gesetze über die Aufhebung patrimonialer Gerichtsbarkeit (1811), über die Einziehung der Kirchengüter (1812) und zur Gemeinheitsteilung (1813). In der zweiten liberalen Welle wurden die Gesetze erneuert, und es folgte die Beseitigung der Majorate, aber schon die Restauration von 1823 kostete rund 130 000 Bauernfamilien die Existenz, weil sie die gekauften Kirchengüter wieder herausgeben mußten. So blieben die Gesetzesbündel ohne Dauerwirkung und das Flächenverhältnis des Bodenbesitzes aus dem Anfang des 19. Jahrhunderts zunächst unberührt: es gab rund 51 % Großgrundbesitz, 17 % kirchlichen Besitz und 32 % bäuerlichen Besitz (18,3 — 5,9 — 11,4 Millionen Hektar). Von den 25 000 Dörfern in Spanien unterstanden 13 000 den *Senioriòs* (Herrschaften), ebenso wie von den 4700 Kleinstädten über 3000 dem Adel unterworfen waren. Durch hohe Abgaben, Dienste und Lasten oder durch kurzfristige Pachtverträge wurde die Landbevölkerung am unteren Ende der Elendsskala festgehalten. Das änderte sich auch nicht grundlegend in der zweiten progressistischen Periode von 1835 bis 1843. Die früheren liberalen Gesetze wurden wieder in Kraft gesetzt, vor allem aber wurde zum erstenmal mit der Säkularisation Ernst gemacht: rund 900 Klöster wurden aufgehoben, 1837 auch die Güter der Bistümer und Erzbistümer nationalisiert und verkauft, so daß binnen 10 Jahren etwa die Hälfte aller kirchlichen Besitzungen zugunsten der Staatsschuldenbegleichung auf den Markt kam.

Über Spanien rollte damit — wie 1837 auch über Portugal — die letzte große Säkularisierungswelle hinweg, die bisher alle europäischen Staaten erfaßt hatte. Aber im Unterschied zu den Kirchenbeschlagnahmungen in England, die der *Gentry*, und zu denen in Frankreich, die vorzüglich dem Bürgertum zugute gekommen waren, aber auch im Unterschied zu den Säkularisationen in Preußen, Rußland oder Österreich, von denen in erster Linie die Staatsverwaltung und nur in zweiter auch die Bürger und Bauern profitiert hatten, entbehrte der Verkauf der spanischen Kirchengüter sozialstruktureller Rückwirkungen. Ohne daß der Staatsetat ausgeglichen worden wäre, flossen die Gewinne den bereits besitzenden Adelsfamilien und dem unternehmenden Bürgertum zu. Und ohne daß die sozialen Gewichte verschoben worden wären, blieb die arme bäuerliche Schicht der Kirche weiterhin verhaftet — eine Konstante der politischen Verfassungsgeschichte.

Die drei Zonen gesteigerter Emanzipation, die im Hinblick auf die überwältigende Majorität der europäischen Bevölkerung die Agrarbasis gliedern, zeigen zusammengenommen ein Phänomen der Neuzeit: es ist die Gleichzeitigkeit des Ungleichzeitigen, die sich in den räumlichen Differenzen der Entwicklungsstadien auf dem politisch eng verbundenen Kontinent manifestiert. Die Phasenverschiebungen verweisen auf fortschrittliche Modelle und provozieren administrative Planungsversuche, gegen die altständische Welt den Emanzipationsprozeß voranzutreiben.

Im Vollzug dieses Prozesses — ebenfalls ein moderner Ausdruck — stellten sich nun früher oder später vergleichbare Situationen ein:

a) Träger der Legislative und der administrativen Planung war nie die betroffene Unterschicht, sondern die Beamtenschaft, die im Bunde mit den liberalen Bürgern und einem Teil des Adels die Reduktion altständischer Rechte zugunsten einer allgemeinen Eigentümergesellschaft zu vollziehen trachtete. Ob in ständischen oder in liberal-repräsentativen Verfassungsstaaten, fast immer blieb in unserem Zeitraum das Grundbesitzkriterium ausschlaggebend für die staatsbürgerliche Qualifikation zu politischer Tätigkeit: ein fortzuschaffender Rest Alteuropas.

b) Zur selben Zeit drückte die enorme Bevölkerungsvermehrung, wo sie stattfand, auf die alten Besitzeinheiten. Nicht nur rechtlich, auch zahlenmäßig entstand eine außerständische Unterschicht, die weder altständisch noch staatsbürgerlich qualifiziert war. Für diese neue soziale Zwischenlage wird der moderne Begriff des Proletariats verwendet, der seit den dreißiger Jahren auftaucht und sowohl Stadt wie Land erfaßt.

c) Mit der Entstehung des Proletariats, das die Grenze zwischen Land und Stadt überflutete, tauchten bisher unbekannte Probleme auf. Nicht nur setzte die rechtliche Auflösung der alten Schutz- und Hilfebeziehungen innerhalb der Herrschaften und Genossenschaften das Elend frei; das Elend gewann auch quantitativ Ausmaße, die in der ständisch eingebundenen Gesellschaft hatten hintangehalten werden können. Die Antworten, die die einzelnen Staaten suchten, waren je nach ihrem Entwicklungsstand verschieden. In Frankreich wurden die alten kirchlichen Stiftungen verstaatlicht, Hospize und Wohltätigkeitsbureaus unterstanden bei unterschiedlichem Vermögen und verschiedenen Geldquellen der Aufsicht seitens der Präfekten, letztlich des Ministeriums. In Preußen, um nur die Großstaaten zu nennen, hatte der Staat legal, seit dem *Allgemeinen Landrecht*, auch die Verantwortung für die Armenhilfe und Arbeitsbeschaffung übernommen. Aber praktisch delegierte er sie den landständischen Verbänden, die auf die Länge nicht mehr ausreichten, eine sich in Bewegung setzende Masse im

Notfall zu versorgen. Die Folge war, daß sich der Staat 1842 genötigt sah, um der Not zu steuern, ein allgemeines Staatsbürgerrecht einzuführen. Aufgrund dessen wurde nicht mehr die traditionelle Heimatgemeinde, sondern der jeweilige Ort, wo der Unterstützungsfall eintrat, zur Hilfe verpflichtet. Dies war ein entscheidender Schritt vom regionalen Heimatrecht zum staatlichen Einwohnerbegriff, der in Frankreich während der Revolution bereits vollzogen worden war. In Österreich, wo die Unterschicht noch kaum in Bewegung geraten war, galt weiterhin das Armenrecht der Heimatgemeinden, aber die religiöse *Caritas* wurde seit der Säkularisation in Form der Pfarrarmen-Institute unter staatliche Kuratel gestellt. — So schlagen sich unsere drei Zonen der emanzipatorischen Staffelung auch im Armenrecht der drei Großmächte nieder. Es war staatlich in Frankreich, staatlich-ständisch in Preußen und kirchlich-ständisch mit staatlicher Aufsicht in Österreich. Gleichwohl kannte noch keine der Gesetzgebungen den Begriff des Arbeitslosen, der arbeitsfähig und arbeitswillig ist, aber aus ökonomischen Gründen keinerlei Unterhalt finden kann. Für die Legislatur bestand Armut immer noch in physischen oder moralischen Gebrechen, aufgrund derer ein Armer alternativ in Kranken- oder Arbeitshäuser gesteckt werden konnte, soweit er nicht am Wohnsitz versorgt wurde. Die ökonomische Abhilfe, auf die es ankam, blieb entweder einer freien Wirtschaftsverfassung überlassen, wie in Frankreich oder Preußen, oder den alten Kommunen, wie in Österreich: die ländliche Massenarmut wurde, je nach dem Bevölkerungsdruck, zu einer Herausforderung, die vor 1848 keine Antwort fand.

d) Eine gewisse Gegenleistung für die besitzlos bleibende Unterschicht bestand nun darin, daß der Staat ihr die Wege zur Bildung ebnete. Die allgemeine Volksbildung beginnt sich in unseren Jahrzehnten nicht nur legislativ, sondern auch faktisch auszubreiten. Mochten auch die schulpolitischen Maximen variieren (in Preußen waren sie patriotisch und schwankten zwischen liberalen und royalistischen Positionen, entsprechend dem Zuge der Zeit; in Frankreich waren sie vor 1830 klerikal-restaurativ, nach 1830 liberaler; in Österreich blieben sie durchweg staatskirchlich gebunden), immer war die Erlernung der Anfangsgründe im Rechnen und Schreiben — bei aller religiösen Instruktion — die Voraussetzung dafür, daß sich die Aufklärung aus dem Bürgertum in die Massen ausbreiten konnte. Damit wurde in unseren Jahrzehnten ein Bereich geöffnet, der sowohl militärische Gelenkigkeit und industrielle Fügsamkeit wie auch demokratische Potenzen in sich barg. In der Entfaltung des Volksschulunterrichts ging nun, um bei den drei Großmächten zu bleiben, Preußen voran: die Zahl seiner der Schulpflicht genügenden Kinder stieg von 60 % — 1816 — auf 82 % — 1846 — (von 1,2 auf 2,4 Millionen); dagegen blieb die Zahl der österreichischen Schulkinder trotz der stärkeren

Gesamtbevölkerung etwa um die Hälfte hinter der der preußischen zurück. Selbst in Frankreich gab es bei dem dort bestehenden napoleonischen Schulsystem 1815 nur rund 740 000 Volksschüler; ihre Zahl stieg erst rapide an, nachdem Guizot 1833 die Volksschulen allgemein eingeführt hatte. Um die Jahrhundertmitte zählte man in Frankreich rund 3,8 Millionen Schulkinder; der Prozentsatz der Kinder, die der Schulpflicht nachkamen, war im Nordosten Frankreichs besonders hoch, blieb aber im ganzen immer noch hinter dem Durchschnitt Preußens zurück. Wie kümmerlich auch die Massenbildung war, mit zunehmender Bildungsintensität entstanden neue Schwerpunkte, die sich auch in der politischen Arena auswirken sollten. Die Schulbildung der Massen verschob die Machtfaktoren nach unten, wo sie sich 1848 manifestierten. — Aufs Ganze gesehen waren die Zonen agrarischer Rückständigkeit auch die Gebiete, in denen das größte Bildungsgefälle herrschte. Man braucht nur daran zu erinnern, in welch archaischer Primitivität viele Unterschichten im südlichen und östlichen Europa noch lebten: in Galizien, Ungarn und Sizilien hatte es sich ereignet, daß die verelendete Landbevölkerung ihre adlige Herrschaft angriff, weil sie diese für den Ausbruch der Cholera haftbar machte. So verständlich diese Eruptionen auch waren, wie die Todesstatistiken zeigen, dahinter steht ein magisch-naturaler Erfahrungsraum, der erst durch den geschichtlichen Prozeß allgemeiner Bildung langsam verlassen wurde.

e) Alle genannten Probleme der Besitz- und Bildungsdifferenzen, die früher oder später ihrer Lösung harrten, setzten bereits den Schwund ständischer Ordnungsprinzipien voraus. Während früher der rechtliche, der ökonomische, der soziale und der politische Status identisch waren und eine Person dadurch jeweils ständisch eingestuft wurde, traten jetzt diese Bereiche auseinander: das Recht wurde zur Schöpfung genereller Gesetzgebung, und damit entschwanden die individuellen Vorrechte; die Wirtschaft wurde zu einem Feld freier Tätigkeit, und damit verwandelten sich die ständischen Privilegien in Vorteile einzelner Berufsgruppen und wechselnder Schichten, der politische Staat dagegen entzog sich — Ergebnis eines langfristigen Vorgangs — einer altständischen Ordnung, die er überwand, indem er sich kraft seiner Institutionen als souveräne Oberinstanz etablierte. ›Staat‹ und ›Gesellschaft‹ traten auf dem Kontinent sukzessive auseinander. Erst der Verfall der Adelsherrschaft und die Auflösung der Kirche als ständisch-politischer Faktor setzten jenen Staat frei, der nicht mehr an die Person eines Monarchen gebunden sein mußte. Er wurde verfügbar für gesellschaftliche Macht, konnte Klassenstaat werden. Das führt uns schließlich zu einem weiteren modernen Phänomen: in der gleichen Epoche, in der die soziale Frage entstand, steigerten sich die Chancen gesellschaftlicher Macht enorm. In dem Maße nämlich, wie ständische Bindungen und persönliche Herrschaft von freier Konkurrenz, Prestige und Einfluß abgelöst wurden, konnte die Macht nackt in Erscheinung treten. Daß die Macht an sich schon böse sei (Jacob Burckhardt), ist ein Diktum des 19. Jahrhunderts. Es war die Julirevolution von 1830, die den Schein alteuropäischer Kontinuität endgültig zerstören sollte.

9. Die Julirevolution und ihre Folgen bis 1848

»Die Revolution, die schon so oft geendigt zu sein behauptet hat, niemals scheint sie endigen zu wollen« — diese neue Erfahrung formulierte Ranke nach dem Sturz der Bourbonen, als er seine *Historisch-Politische Zeitschrift* herausgab, um den gemäßigten Kräften Argumente an die Hand zu liefern. Es war bis 1830 das gemeinsame Bemühen aller europäischen Kabinette gewesen, den *status quo* von 1815 innen- wie außenpolitisch aufrechtzuerhalten. 1830 brach die Revolution dort wieder aus, von wo sie ihren Ausgang genommen hatte, in Frankreich — einer Großmacht, gegen die zu intervenieren die übrigen Großmächte, ihren Aachener Absprachen zum Trotz, zurückschreckten. Damit war der mühsam aufgerichtete Damm in Europa gebrochen, wie Metternich feststellte. Eine unbekannte Zukunft eröffnete sich, für die keine der bisherigen Erfahrungen zu gelten schien.

Seit 1830 kam ein neues Spannungsmoment in die gesamteuropäische Politik, weil es in mehreren Ländern gelang, das Prinzip der monarchischen Legitimität national und liberal-demokratisch zu überholen. Die Kräfte des Bürgertums erreichten einen vollen Erfolg, der ihnen 1814/1815, als sie noch ausgeschlossen waren von den Planungen und Beschlüssen, versagt geblieben war. Die erste Revision der Friedensordnung zielte auf jene Fragen, die seinerzeit nicht beantwortet oder ausgespart worden waren: auf die voll verantwortliche Beteiligung des Bürgertums am Verfassungsleben sowie auf die nationale Selbständigkeit. Ohne daß diese Ziele überall erreicht worden wären, trat jedenfalls seit 1830 die Bauform eines liberalen und nationalen Verfassungsstaates zu den Elementen der europäischen Staatenwelt hinzu. Das hatte eine Verschiebung der gesamten politischen Geographie zur Folge. Zwei Verfassungsmodelle standen sich jetzt auf dem Kontinent gegenüber, und in dem Maß, wie der Erfolg der revolutionären Bewegung nach Osten und Süden hin — gemäß den bisher geschilderten Sozialverfassungen — verebbte, wurde eine Dauerspannung erzeugt, die sich während der Folgezeit zunehmend in nationalen und konstitutionellen Forderungen artikulierte. Damit sind die beiden Themen angeschlagen, die 1815 unterdrückt wurden und die nunmehr auf 1848 vorausweisen.

Zugleich tritt aber schon ein weiteres, ein drittes Problem zutage, das seit dem Sturz Robespierres und seit der Aufdeckung der Babeufschen Verschwörung in den Hintergrund geraten war. Im gleichen Moment nämlich, da sich das nationale Bürgertum — so in

Frankreich und Belgien — einen autonomen Platz in der Staatenfamilie Europas erkämpft hatte, folgte bereits die radikaldemokratische und sozialistische Welle der nachdrängenden Mittel- und Unterschichten, die schon zum Erfolg der Revolution von 1830 entscheidend beigetragen hatten. Mit andern Worten, die revolutionäre Bewegung entfesselte nicht nur eine gesamteuropäische Spannung, sie tendierte ebenso von der politischen auf eine soziale Umwälzung, die an jener Verfassung rüttelte, die 1830 gerade etabliert wurde. Das Gefühl des Vorläufigen und der Veränderlichkeit, das von der Restauration notdürftig versteckt wurde, griff immer mehr aus auf das europäische Gesamtbewußtsein. Der Name von Lamennais' Zeitschrift *L'Avenir* indiziert jene Suche nach neuen Zukunftsformationen, die nun von allen aus der großen Französischen Revolution sich herleitenden Kräften mit verschiedenen Zielsetzungen betrieben wurde. In dem Maß, wie sie konkurrierende Zukunftsentwürfe formulierten, gewannen die Parteiungen und sozialen Lager schärfere Konturen: sie durchkreuzten Staats- und Volksgrenzen, ohne sie freilich je überwinden zu können. Die sozialstrukturell und ethnisch wie religiös bedingten regionalen Unterschiede waren der Rückhalt eigenstaatlicher Sonderentwicklungen. Die sozialen Fragen wurden daher in die nationalen und Verfassungsfragen eingeholt, wodurch neue Konfliktlagen entstanden, die ebenfalls auf 1848 vorausweisen.

1. DIE WELLEN UND AUSLÄUFER DER JULIREVOLUTION

Der überraschende Sturz Karls X. von Frankreich und seines Ministeriums Polignac binnen dreier Tage (29.—31. Juli 1830) löste revolutionäre Wellen aus, die sich über weite Gebiete Europas erstreckten. Insofern erzeugte die Julirevolution eine gesamteuropäische Kettenreaktion, wenn sie sich auch nie zu einer einzigen großen Geschehenseinheit verdichtete, wozu es in der Revolution von 1848 kommen sollte. Der revolutionäre Funke sprang über nach Belgien (August 1830) und in die Schweiz (Spätsommer und Herbst 1830) und löste dort Aufstände aus, die im September auch die mitteldeutschen Staaten erfaßten. Selbst nach England reichten die Wirkungen hinüber. Die liberal-whiggistischen Gruppen und ihr Anhang in der Öffentlichkeit erhielten starken Auftrieb: im November 1830 stürzte das Tory-Kabinett unter Wellington, einem alten Vertrauten von Polignac, dem früheren Botschafter in London. Der Weg zur Wahlreform wurde sofort beschritten, und bis zum April 1832 gelang es dem Whig-Ministerium, dem mittleren Bürgertum einen Zugang zum Parlament zu öffnen, damit einer Revolution durch Reform zuvorkommend, wie es Macaulay im Unterhaus formuliert hatte. Ebenfalls schon

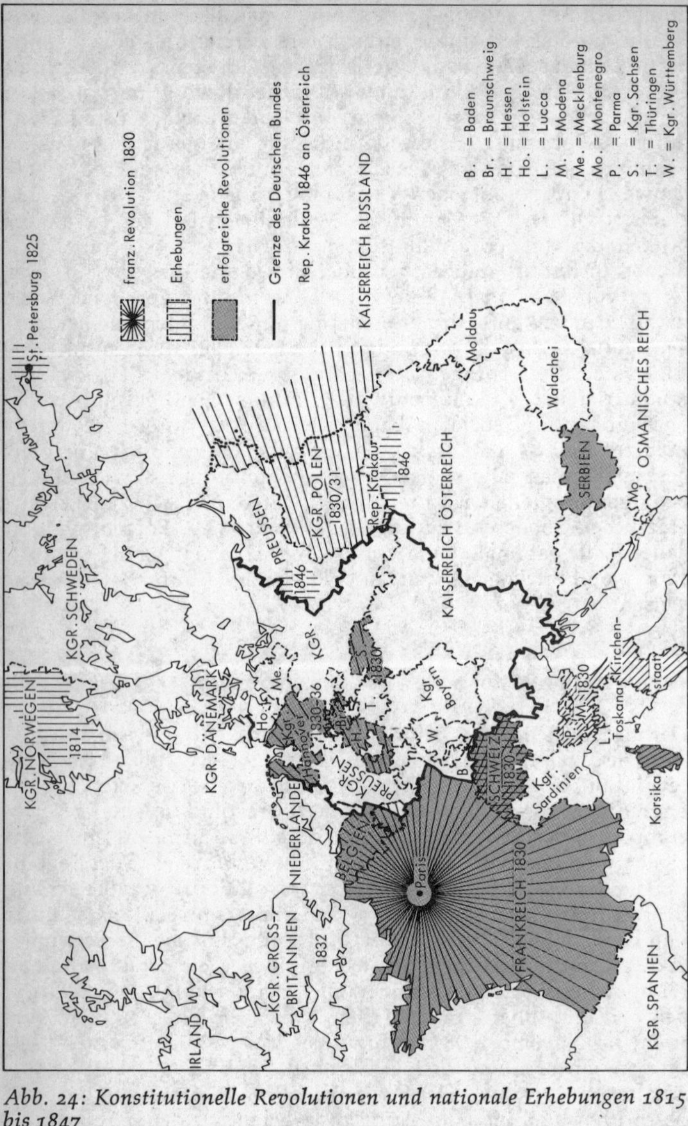

Abb. 24: Konstitutionelle Revolutionen und nationale Erhebungen 1815 bis 1847

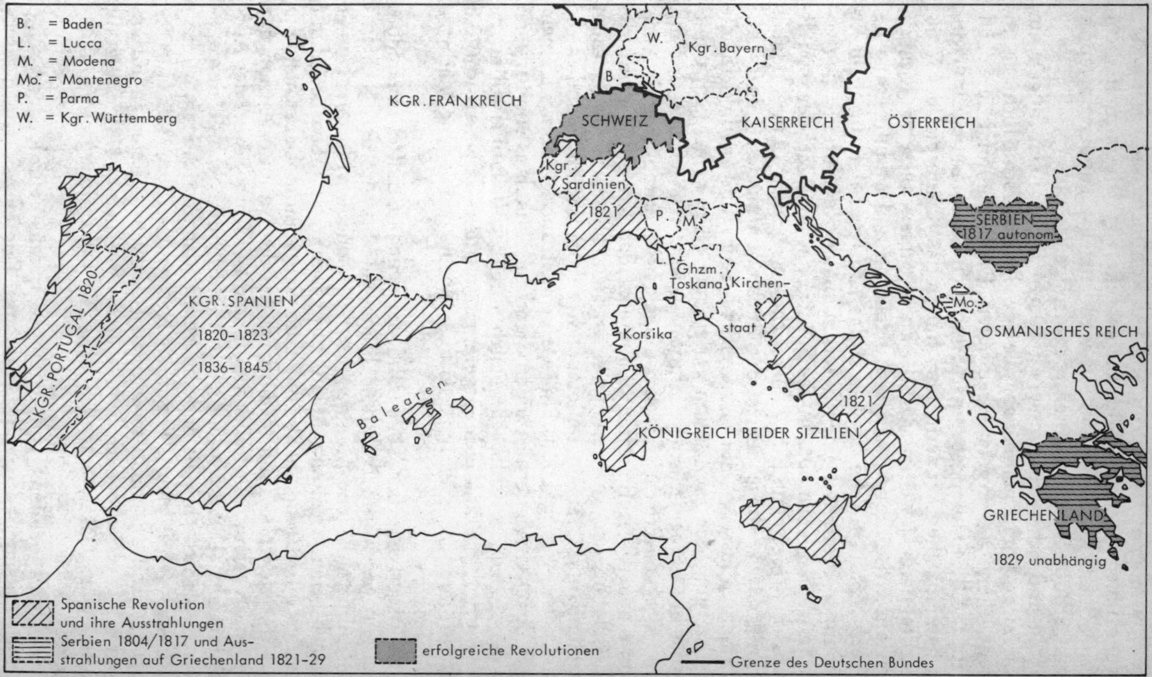
B. = Baden
L. = Lucca
M. = Modena
Mo. = Montenegro
P. = Parma
W. = Kgr. Württemberg
KGR. FRANKREICH
SCHWEIZ
W.
Kgr. Bayern
B.
KAISERREICH ÖSTERREICH
Kgr. Sardinien
1821
P.
M.
L.
Ghzm. Toskana
Kirchen-staat
Korsika
SERBIEN 1817 autonom
Mo.
OSMANISCHES REICH
KGR. PORTUGAL 1820
KGR. SPANIEN
1820–1823
1836–1845
Balearen
1821
KÖNIGREICH BEIDER SIZILIEN
GRIECHENLAND
1829 unabhängig
Spanische Revolution und ihre Ausstrahlungen
Serbien 1804/1817 und Ausstrahlungen auf Griechenland 1821–29
erfolgreiche Revolutionen
Grenze des Deutschen Bundes

im November 1830 erreichte auf dem Kontinent die revolutionäre Welle Polen und schließlich im Februar 1831 die mittelitalienischen Staaten. Die Revolution war, einzelne Länder überspringend, schubweise nach Osten vorgedrungen.
Erfolg und Scheitern der verschiedenen Erhebungen hingen nun von zwei Komponenten ab, die jeweils unterschiedlich zusammenwirkend das Ergebnis bedingten. Dies ist einmal die sozialstrukturelle Empfangsbereitschaft für eine Verfassungsänderung in den einzelnen Ländern, zum andern das Kräftespiel der Großmächte, deren jeweiliger Druck sich in entgegengesetzte Richtungen auswirkte. Eine partielle Aufrüstung und Mobilisierung der Heere verschärfte die Lage, und das Lauffeuer der einzelnen Erhebungen drohte zu einem internationalen Revolutionskrieg zusammenzuschießen. Das in der Tat war auch das Ziel der republikanischen ›Bewegung‹ in Frankreich – wie Edgar Quinet damals schrieb: »Die Konsequenzen der Revolution an der Grenze haltmachen zu lassen, heißt Frankreichs Mission und Instinkt für die Verbreitung der Zivilisation verleugnen.« Die belgischen, polnischen und italienischen Revolutionäre setzten ihre Hoffnung auf die Hilfe Frankreichs, wie sich umgekehrt die Radikalen in Paris von einem Vorstoß an die Rheingrenze den Krieg und damit die Fortsetzung der Revolution versprachen. Dieser Gefahr suchten England und Preußen diplomatisch zuvorzukommen, indem sie den neuen König Louis Philippe schnell anerkannten in einem Akt, dem sich Metternich zögernd und auch Nikolaus von Rußland widerstrebend anschlossen. Durch ihre Legalisierung sollte die Revolution in Frankreich aufgefangen werden – eine Absicht, die freilich auch Louis Philippe teilte, um seine gewonnene Macht zu stabilisieren.
Der Bürgerkönig und Talleyrand, der neue Botschafter in London, stellten gegen die östliche Allianz das Prinzip der Nichteinmischung auf: jene Maxime, nach der eine Revolution, einmal ausgebrochen, in ihrem Ablauf nicht mehr von außen beeinflußt werden dürfe. England verfolgte die gleiche Linie. Dabei handelte es sich, wie Talleyrand formulierte, bei der Nonintervention nur um eine Variante der Intervention, und zwar zum Schutz der Aufständischen. Diese Variante war freilich nur so lange durchzuhalten, als sich auch die anderen Mächte danach richteten. Metternich aber sah in dem Prinzip der Nichteinmischung nur eine Erlaubnis für die Brandstifter, sich als Feuerwehr gerieren zu dürfen. Und er handelte danach, wobei er der russischen Unterstützung sicher war. Damit war das neue Kräfteparallelogramm abgesteckt.
Der Abfall Belgiens von den Niederlanden wurde durch eine schnell zusammentretende Londoner Konferenz binnen eines Vierteljahres völkerrechtlich legitimiert. Die benachbarten Großmächte England, Frankreich und Preußen verpflichteten sich zur

Enthaltsamkeit, aber der holländische König suchte durch Waffengewalt seine verlorenen Provinzen wiederzugewinnen. So konnten die Franzosen durch eine militärische Hilfsaktion vor Antwerpen (1831) Rache für Waterloo nehmen und sich ihren Abzug mit der Schleifung einiger belgischer Festungen bezahlen lassen. Die Großmächte verfügten die Neutralisierung Belgiens, wenn auch die Grenzen gegen Holland erst im Londoner Protokoll vom 19. April 1839 endgültig festgelegt wurden. In einem zähen und harten diplomatischen Spiel war der Umschlag des niederländisch-belgischen Bürgerkrieges in einen europäischen Staatenkrieg verhindert worden. Eine entscheidende Rolle spielte hierbei Preußen insofern, als es sich von der osteuropäischen auf die englische Seite geschlagen hatte.

Das Legitimitätsprinzip wurde damit doppelt durchbrochen, denn ein von Revolutionären nach langem Hin und Her gewählter König – Leopold von Coburg – gewann durch einen internationalen Akt seinen Rechtstitel in ähnlicher Weise wie Otto von Griechenland. Das Königtum wurde zu einem funktionalen Institut. Damit brachte es die nationalrevolutionären Neuformationen in die monarchisch legitimierte Völkerrechtsgemeinschaft ein.

Die gleiche dosierte Abstinenz, die Preußen gegenüber Belgien übte, wahrte es nun auch, trotz gegenteiligem Drängen seitens der Ostmächte, in Mitteldeutschland. Auch in Braunschweig, Kassel und Dresden wurden die Herrscher vertrieben oder durch ihre Thronerben ersetzt, in Hannover ein Vizekönig eingesetzt; danach entstanden auch in diesen Ländern nördlich der Mainlinie Konstitutionen mit ihren liberalen Garantien: Gewaltenteilung, Ministerverantwortlichkeit und Budgetrecht. Es waren dies Länder, die der preußische Staat in seine gerade anlaufenden Zollunionspläne einfügen wollte. Die Nachbarn suchten denn auch in ihrer dem Jahre 1830 folgenden Reformgesetzgebung Anschluß an die preußische Entwicklung zu finden – durch Grundentlastung, Bauernbefreiung und städtische Selbstverwaltung, schließlich durch wirtschaftliche Zusammenarbeit.

So war die Revolution erfolgreich überall dort, wo sich im Schutzbereich der drei nordwestlichen Großmächte nationale und soziale Emanzipationsbewegungen aus eigener Kraft entfalten konnten.

Ein Gleiches gilt auch für die Schweiz, die, zwischen Frankreich und Österreich gelegen, im Schatten konkurrierenden Argwohns die Freiheit gewann, ihre Kantonalverfassungen zu demokratisieren. In Abwandlung des revolutionären Nichteinmischungsprinzips beschloß die Tagsatzung: »Es steht jedem eidgenössischen Stande kraft seiner Souveränität frei, die von ihm notwendig und zweckmäßig erörterten Abänderungen in der Kantonalverfassung vorzunehmen, sobald dieselben dem Bundesvertrag nicht zuwider sind.« Damit ist der Erfolgskreis der Julirevolution geschlossen.

Erfolglos blieb dagegen die Revolution in jenen Ländern, deren agrarische Grundordnung noch stagnierte, wo das Bürgertum schwach und die Kirche wie der Adel vergleichsweise stark geblieben waren: in Italien und in Polen. Hier wurden die nationalen Aufstände schnell – so in Italien – oder in blutigen Kämpfen und mit äußerster Härte – so in Polen – von den reaktionären Großmächten niedergeschlagen.

Da die Julimonarchie durch ihre Verkündung der Nichteinmischung auch diese Erhebungen zu sichern schien, mußten sich die Aufständischen verraten fühlen, als Frankreich, um eine innere Radikalisierung zu vermeiden, nicht dagegen einschritt, daß Österreich die italienischen Fürsten und den Papst wieder in ihre traditionellen Rechte einsetzte. Louis Philippe trieb ein raffiniertes Doppelspiel, wenn er sich im Inneren noch einer revolutionären Sprache bediente, die er auf diplomatischen Kanälen insgeheim desavouierte. Die Nichteinmischung wurde nunmehr strikt verstanden, jeder Hilferuf ignoriert, und selbst die Besetzung Anconas durch eine französische Flotte – 1832 – blieb mehr eine Geste für die französische Öffentlichkeit und die Parlamentstribüne. Völlig verlassen blieben, trotz aller europäischen Sympathien, die Polen. Im Herbst 1831 war nach dreivierteljährigem Kampf der dortige Aufstand niedergetreten. Ein Pariser Volksaufruhr – Echo auf den Fall von Warschau – wurde von dem neu etablierten Regime unterdrückt.

Die nunmehr gewonnene Konsolidierung der beiden Lager, der liberalen Westmächte und der konterrevolutionären Ostmächte, zwischen denen Preußen eine schwankende Stellung einnahm, wirkte zurück auf die außenpolitische Gesamtlage und damit die restlichen Länder Europas. 1833 schlossen Rußland, Österreich und Preußen einen neuen gegenseitigen Hilfsverpflichtungsvertrag, worauf der rührige Palmerston, Außenminister der liberalen Whig-Regierung, 1834 seine Quadrupel-Allianz mit Frankreich, Portugal und Spanien stiftete. Es handele sich, wie er sagte, um einen Vierbund zwischen den »Verfassungsstaaten des Westens, der als mächtiges Gegengewicht gegen die heilige Allianz des Ostens dienen wird«. Freilich diente Palmerstons Vierbund zunächst dazu, die Bürgerkriege auf der Iberischen Halbinsel in einem liberalen Sinne zu beenden. Don Miguel und Don Carlos, die absolutistischen Gegner der Königin Maria da Gloria von Portugal und der Regentin Maria Christina von Spanien, mußten unter dem Druck der Westmächte die Iberische Halbinsel verlassen. Aber selbst die Erneuerung der altspanischen Cortesverfassung durch das königliche Statut von 1834 konnte es nicht verhüten, daß der Erbfolgekrieg der Carlisten gegen die *Christinos* von neuem ausbrach und für weitere sieben Jahre Spanien mit einem Bürgerkrieg überzog.

Der seit 1830 offenbare europäische Ost-West-Gegensatz spielte seitdem in neuer Weise in die spanischen Ereignisse hinein. Die drei Ostmächte erkannten Don Carlos als den allein rechtmäßig herrschenden König an, zogen ihre Gesandten aus Madrid zurück und unterstützten die Carlistische Bürgerkriegspartei mit wachsenden Geldsummen. England dagegen setzte seine Flotte, Geld und Freiwillige für die *Christinos* ein, Frankreich entsandte Fremdenlegionäre. Aber die Hinneigung des einen Staates zu den Radikalen und Fortschrittlichen, des anderen zu den mehr Gemäßigten verhinderte eine aktionsfähige Solidarität der westlichen Mächte. Die internationalen Hilfeleistungen verlängerten den furchtbaren Bürgerkrieg im gleichen Maß, wie sie ihn beenden helfen sollten. Manche Einmischung förderte den Sturz der dauernd wechselnden Ministerien. Je länger, desto mehr arbeiteten England und Frankreich gegeneinander. Spanien war zu groß, vor allem aber waren die Spanier zu stolz, um sich den ausländischen Interventionen zu fügen; zugleich war ihr Land politisch und ständisch-regional zu zerrissen, als daß es vor einer restlosen Erschöpfung hätte konsolidiert werden können. So erweist sich von neuem die relative Unabhängigkeit und Eigenart der spanischen Entwicklung.

Nach dem Sturz des aus London zurückgekehrten liberalen Mendizabal erzwang eine Militärmeuterei 1836 eine radikalere Verfassung, die auf die Prinzipien von 1812 sowie auf die belgische Verfassung von 1831 zurückgriff. Der schließliche Sieg über die Carlisten konnte es nicht verhindern, daß 1840 die Regentin Christina ihrerseits einem Diktator, dem General Espartero, weichen mußte. — Unter dem Eindruck dieser Ereignisse wurde Donoso Cortes vom gemäßigten Liberalen zum Traditionalisten, der der Königin-Mutter Christina in das Exil folgte. Nach deren Rückkehr war Donoso der führende Kopf im Parlamentsausschuß, der die neue Verfassung von 1845 entwarf. Diese Verfassung war ein Kompromiß zwischen liberalen und traditionell-spanischen Elementen, sie eliminierte jede Berufung auf die Volkssouveränität und führte einen Senat ein, der wie in Frankreich die politische Jurisdiktion übernehmen sollte. Die Befugnisse der Abgeordneten wurden gemindert, nicht aber beseitigt. Es war eine Verfassung, die — ebenfalls ein Zeugnis für Spaniens Eigenleben — die Revolution von 1848 überdauerte. Auch Donosos Geschichtstheologie, die die Brücke vom Traditionalismus zur modernen Diktatur schlägt, bleibt unverständlich, wenn man außer acht läßt, daß die liberalen Verfassungsversuche in Spanien immer aufs neue von rechts oder links zerrieben worden waren. Eben diese Erfahrung aber befähigte Donoso, seine düsteren Prognosen zu stellen, die auf unser Jahrhundert vorausweisen.

Der Wechsel der spanischen Verfassungsabfolgen hatte eher einem vorrevolutionären Kreislauf geglichen, als daß er sich in den revolutionären Rhythmus der übrigen europäischen Bewegung eingefügt hätte. Aber Spaniens Eigenentwicklung bezeugt uns — trotz der internationalen Einmischungen —, daß sich auch der europäische verfassungspolitische Gegensatz von 1830 außenpolitisch

nicht durchhalten ließ. Der Interessenkonflikt zwischen Frankreich und England im gesamten Mittelmeerraum entfremdete beide Mächte zusehends.
Wie verlief nun die Revolution in den anderen Ländern? Wie wirkte sie fort?

II. KONSTITUTIONELLE UND NATIONALE PROBLEME IN IHREN EINZELSTAATLICHEN BRECHUNGEN SEIT 1830

Für fast alle europäischen Völker wurde das zeitgemäße Postulat nach einer Verfassungsstiftung von einer weiteren Forderung teils erschwert, teils forciert: von der Forderung, eine politische Staatsnation zu bilden. Das gilt für Belgien wie für Deutschland, für Italien wie für Polen, selbst für Spanien, wo die Bürgerkriegsfronten durch altständische und völkische Einheiten wie die der Basken oder Katalanen immer wieder aufgerissen wurden. Einen eindeutigen Vorsprung besaß *Frankreich*: hier bestand eine seit den Revolutionskriegen sich ihrer selbst bewußt gewordene Nation, deren Einheit die undiskutierte Vorgegebenheit für alle Kämpfe um ihre Selbstorganisation war. Daher schien Frankreich ebenso vorbildlich, wie es nicht unmittelbar nachzuahmen war. So frohlockte in Bologna Vicini nach dem Sturz der Bourbonen, »daß die Nachkommen jene drei Tage von Paris mit Dankbarkeit neben die ersten sechs Tage der Weltschöpfung stellen würden«. Diese Hoffnung sollte sich nicht erfüllen.
Im Juli handelte es sich um eine politische Revolution, die die Gewichte in den Führungsschichten verschob – die Großbürger folgten dem Adel in die entscheidenden Positionen, der legitime Herrscher wurde durch den ›Bürgerkönig‹ abgelöst –, aber die Verfassungsorganisation und das Sozialgefüge blieben vergleichsweise unangetastet. Die ambivalente *Charte* von 1814 wurde den Bedürfnissen jener bürgerlichen Oberschicht adjustiert, die in den Wahlen von 1827 eine Mehrheit in der Kammer gewonnen hatte und die im großen und ganzen auf dem Boden der Verfassung stand. Wie Royer-Collard gesagt hatte: »Das Königtum hört an dem Tag auf, an dem die Kammer ihm die Minister aufnötigt.«
Diesen völlig legal vollzogenen Aufstieg des Bürgertums suchte Karl X. zu stoppen: erst durch das Ablenkungsmanöver einer Invasion nach Algerien, die aber keinen Stimmungsumschwung erzeugen konnte, dann durch die vier Ordonnanzen, die die Pressefreiheit beseitigten und den Wahlmodus auf Kosten der Gewerbesteuer zahlenden Bürger ändern sollten. Es war der Testfall für eine konstitutionelle Monarchie, die vom Kompromiß zwischen Krone und Parlament leben oder untergehen mußte. Thiers prägte damals die Formel: »*Le roi règne, mais il ne gouverne pas*«, um den König von der unmittelbaren Regierung abzudrängen, eine Formel, von

Abb. 25: »Der Angeklagte hat das Wort« – Karikatur von Honoré Daumier

der Bismarck in analoger Situation sagte, daß sie eigentlich nicht ins Deutsche übersetzbar sei.

Der letzte Bourbone also suchte die Bedingungen der *Charte* in die Richtung eines absoluten Königtums zurückzuschrauben, und zwar mit Hilfe seines Notverordnungsrechtes (Artikel 14). Es war ein Staatsstreich von oben, gegen den die Pariser Bevölkerung spontan die Revolution von unten entfachte. Wie Metternich sagte, waren es die Legitimisten selber, die die Revolution legitimierten. Die von der Zensur betroffenen Drucker streikten zuerst, Studenten und Handwerker errichteten Barrikaden, und alsbald setzte der Wettlauf ein, wem jetzt die Souveränität zufallen solle. Die liberale Kammermajorität, die hohe Finanz und Louis Philippe von Orléans arbeiteten einander in die Hände, um das ›Volk‹ auszuschalten. Sie schlossen einen Pakt, der den König im ›Interesse‹, nicht im Namen des Volkes einsetzte; sein Notverordnungsrecht wurde beseitigt, das Initiativrecht der Kammern eingeführt und der Zensus auf das gehobene Bürgertum ausgedehnt.

Es folgten Jahre der Unruhe, in denen die noch kaum organisierte Unterschicht eine Revision zumindest der sozialen Verhältnisse erzwingen wollte: in den blutig niedergeworfenen Aufständen zu Lyon 1831 und 1834 und mehrfach in Paris, wo sich die Handwerker-Arbeiter mit den Republikanern zusammenfanden. Aber seit 1835 stabilisierte sich das Regime des *juste milieu*, das zwischen den Legitimitätsansprüchen des bourbonischen Lagers, der Bonapartisten, der Republikaner und schließlich auch der Sozialisten einen Mittelweg der Vernunft einzuhalten suchte. Hochfinanz — Pereire —, liberaler Adel — der Herzog von Broglie —, Gelehrte — Guizot —, Advokaten und Schriftsteller — Thiers —, sie gehörten zu den Ministerien, die im Durchschnitt fast jährlich wechselten, was ihre parlamentarische Abhängigkeit von den Kammermajoritäten bezeugt, zugleich aber die persönliche Herrschaft des Bürgerkönigs zunehmend steigerte.

Scheinbar herrschte das liberale Zensusbürgertum als eine offene Klasse. So war der berühmte Spruch Guizots zu verstehen, daß man sich durch Arbeiten und Sparen bereichern solle, um durch wirtschaftlichen Gewinn auch Teilhabe an der politischen Macht zu erwerben. In Wirklichkeit blieb das Monopol der Macht bei einer relativ kleinen und konstanten Gruppe, die in der napoleonischen Verwaltung eine vorzügliche Handhabe ihrer Politik besaß. Gleich nach der Revolution wurden fast alle Präfekten ausgewechselt — nur die Unabsetzbarkeit der Richter ließ man bestehen —, und die Kompatibilität der Beamten und Abgeordneten — bis zu 43 % Beamte saßen in der Zweiten Kammer — erlaubte es, durch Kauf oder Erpressung regierungstreue Majoritäten herzustellen. Hohe Pressekautionen, die den Verlegern abverlangt wurden, sollten den Preis der Zeitungen steigern, ihren Kauf auf die besitzenden Klassen beschränken; politische Bildung sollte nicht nur aus dem Besitz hervorgehen, sie sollte auch daran gekettet bleiben. Dementsprechend wurden die anschwellenden Forderungen nach einer Demokratisierung des Wahlrechts rigoros bekämpft. Kein Wunder, daß sich die öffentliche Meinung, gleich welchen Lagers, zunehmend gegen dieses elitäre Regime zusammenballte, gegen ein Regime, das obendrein in seiner Außenpolitik eine langsame Einpassung in die konservative Ostgruppe vollzog. Aus all diesen Gründen stauten sich jene Energien an, die sich gegen den Status der Bourgeoisie richteten, sobald die Wirtschaftslage keinen Auslauf mehr bot. Das trat 1847 ein.

So bot Frankreich das Modell einer Klassenherrschaft, wie es Marx analysiert hatte. Aber das französische Großbürgertum verlor 1848 seine direkte, unverhüllte und fast unbeschränkte Macht — zu einer Zeit, als im Osten das Bürgertum erst an die Regierung drängte. Das Verfassungsmodell nun, das seit 1830 die größte Ausstrahlungskraft entfaltete, stammte aus Belgien.

Belgien war ein Kristallisationspunkt allgemeineuropäischer Probleme mit einem weithin wirkenden Versuch einer modernen Lösung. Die Entstehung des belgischen Staates gründete in einer gemeinsamen geschichtlichen Herkunft seiner Bürger, ohne daß die Nation eine gemeinsame Sprache gesprochen hätte. Vielmehr wurde die neue Grenze durch ein homogenes Sprachgebiet gezogen; die katholisch-habsburgische Ständetradition und vor allem die lange Zeit der französischen Staatszugehörigkeit unterschied die südlichen Niederlande deutlich von den alten, in ihrer Mehrheit calvinistischen Vereinigten Niederlanden. Die Verfassung von 1815 hatte diesen Kontrast nicht beseitigt: sie wurde den Belgiern sogar aufgezwungen, gegen den entschiedenen Willen ihrer Majorität, und obendrein erhielten sie, obwohl sie drei Fünftel der Gesamtbevölkerung stellten, nur eine mit den holländischen Ständen paritätische Vertretung in den Kammern zugebilligt. Auf dem Hintergrund dieses verfassungsmäßig fixierten Mißverhältnisses erzeugte nun das persönliche Regiment Wilhelms von Oranien zusätzliche Spannungen, deren Beseitigung das Ziel der revolutionären Verfassung von 1830 werden sollte. Statt des monarchisch-ständischen Prinzips wurde die Volkssouveränität offen deklariert, der König nur mehr als Exekutivorgan im Rahmen der Gesetze verstanden, seine Befugnisse wurden limitativ ausgelegt. Das bedeutete — zweitens — die Einführung der Ministerverantwortlichkeit vor der Nationalvertretung und die Stiftung eines parlamentarischen Regimes, ohne daß dieser Ausdruck aufgetaucht wäre. Drittens wurde gegen die administrative Ausdehnung des Holländischen als Amtssprache in Flandern jetzt die Sprachenfrage der Gesetzgebung unterworfen. Viertens wurde die Pressefreiheit generell eingeführt, ebenso die Schwurgerichtsbarkeit. Schließlich wurde die Unterrichtsfreiheit gesichert und die Freiheit der Religionen bei gleichwohl weiterlaufender Bezahlung des Klerus durch den Staat.

Diese Verfassungskombination war das Ergebnis einer fünfzehnjährigen Erfahrung, die die Belgier unter einer steifen und unelastischen Politik des Oraniers gesammelt hatten, dessen Konzessionen immer zu spät gekommen waren. So war es möglich geworden, daß sich der belgische Adel, der seine verlorenen Privilegien nicht gegen neue führende Staatsstellungen hatte eintauschen können, mit dem Großbürgertum zusammenfand: sie stifteten den Senat als Organ des Großgrundbesitzes (zu einer Zeit, da der Landbesitz noch 60 % des gesamten Volksvermögens ausmachte). Daneben tagte die Zweite Kammer als Organ des Zensusbürgertums, jenes Bürgertums, dessen industrielle Interessen immer wieder gegenüber den holländischen Großhandelsinteressen ins Hintertreffen geraten waren. Ebenso war der Abfall Belgiens nur möglich, weil — wie in Paris — die Unterschicht entscheidend dazu beigetragen hatte: sie vor allem war in den Städten durch das holländische Steuersystem kraß benachteiligt worden, so daß sich die sozialen Unruhen, die auch noch zu Maschinenstürmereien geführt hatten, in diesem Falle zugunsten der nationalen Unabhängigkeit auswirkten. Eine einzigartige Voraussetzung der belgischen Unabhängigkeit aber war, daß sich hier erstmalig in der

Geschichte die Katholiken mit den Liberalen in einer Union (1828) zusammengefunden hatten. Der hohe Klerus, vergeblich auf die Restitution seiner verlorenen Privilegien hoffend, leistete von vornherein Widerstand gegen eine Staatsgewalt, die die Aufsicht über die kirchliche Verwaltung und die klerikalen Ausbildungswege zunehmend verschärft hatte. Die Prozesse gegen hohe Geistliche dehnten sich zwangsläufig auch auf die parteinehmende Presse aus, deren Journalisten vor Sondergerichte gestellt wurden. So entstand ein Zweckbündnis der Antipoden mit dem gemeinsamen Programm liberaler Freiheiten, das von der Mehrzahl der Katholiken freilich nur als ein taktisches Vorhaben verstanden wurde. Indes fand sich auch schon jene Gruppe um Lamennais zusammen, die selber liberal-katholisch war: sie sprach die politischen Freiheiten als Voraussetzung fortschrittlicher Entfaltung wahrer Katholizität an. Von großer Wirkung für den Unabhängigkeitsakt, wurde diese Gruppe 1832 – unter Metternichs schriftlicher Nachhilfe – durch die Bulle *Mirari vos* päpstlich verdammt. Auf die faktisch gewonnene Sonderstellung des belgischen katholischen Klerus hatte das keine Wirkung mehr. Das taktische Bündnis mit den Liberalen hatte ihm eine einzigartige Stellung verschafft: die katholische Kirche behielt bis in das gesamte Unterrichtswesen hinein völlig freie Hand, sie war dabei gesetzlich geschützt und staatlich finanziert. Die liberale Toleranz kam also *de facto* der vorherrschenden Religion zugute. Kein Wunder, daß nach dem gemeinsamen Sieg die Differenzen zu den Liberalen bald wieder aufbrechen sollten. Sozialstrukturell zeichnet sich dahinter immer noch die altständische Front zwischen einem privilegierten Klerus und dem Dritten Stand der Stadtbürger ab. Dazu gehört, daß in Belgien die Frage der in der Revolutionszeit gekauften ›schwarzen Güter‹ legal noch nicht eindeutig geregelt war und zu immer neuen Prozessen führte. Aber der allgemeine europäische Übergang von altständischen zu modernen Parteiformationen wurde durch das Ergebnis der belgischen Revolution besonders schnell vorangetrieben.

Der heute so aktuelle Sprachenkampf begann dagegen erst langsam aufzuflackern. Die gesamte Oberschicht sprach sowieso Französisch, und fast jeder, der nicht illiterat war, beherrschte es ebenfalls. Belgien befreite sich von Holland als eine Nation französischer Sprachkultur. Aber einmal unter diesem Vorgebot angetreten, konnte man in Belgien die flämische Frage nicht mehr hintanhalten. Die *Vlaamsgezinden* sammelten sich unter intellektuellen Führern und forderten 1840 erstmals die Zulassung des Flämischen als Amtssprache. Seitdem wuchs die Bewegung mit ihren Petitionen, um nicht mehr zum Stehen zu kommen. Sie hatte, in Anbetracht des strikten Wahlzensus, von vornherein demokratische Implikationen, derer sich nunmehr auch der Klerus – verpflichtet, volksnah zu sein – bediente. So beginnen sich seit den

vierziger Jahren auch die politischen Fronten durch die Sprachenfrage zu verschieben.
Unbeschadet der sich verändernden inneren Konstellation wirkte die belgische Verfassung nach außen: ihr liberal-repräsentativer Charakter beeinflußte die spanische Verfassung von 1836, die von Griechenland 1844 und schließlich die Serie der Revolutionsverfassungen von 1848. Aber ebenso wirkte das sozialgeschichtlich neue Modell eines Bündnisses zwischen den Liberalen und Katholiken auf die Einigungsbewegung in Italien und auf die Situation des Kulturkampfes ein, der 1836 in Preußen ausbrach. Der rapide wirtschaftliche Aufstieg Belgiens tat ein übriges, um dieses Land als liberales Muster gelten zu lassen.
Wie sehr sich damit die europäische Gesamtkonstellation verschob, zeigte sich besonders deutlich am benachbarten *Deutschen Bund*. Der Bund, zur Intervention verpflichtet, wurde von Wilhelm von Oranien vergeblich darum ersucht. In seiner Ohnmacht war er obendrein gezwungen, auf den wallonischen Teil Luxemburgs zu verzichten; er fiel dem revolutionären Belgien anheim. Damit wurde erstmals ein sprachnationaler Gesichtspunkt auf Kosten des monarchischen Prinzips wirksam, der, konsequent durchgeführt, fast alle Grenzen Europas verschieben mußte. Nicht zuletzt hierin lag die Weiterwirkung der Julirevolution beschlossen. Die Konstitutionalisierung der norddeutschen Mittelstaaten war noch ein deutlicher Erfolg des liberalen Bürgertums gewesen, aber dahinter meldete sich — in einer zweiten Welle — die nationaldemokratische Bewegung, die mit ihrem unitarischen Programm die gesamte Bundesverfassung in Frage stellte. Jede Forderung nach einer deutschen Einheit aber verrückte potentiell die bestehenden Grenzen.
Ihren Ausgang nahm diese Bewegung vom Rhein-Main-Gebiet und von der Pfalz, in der noch die Erinnerung an die französische Zeit und eine vergleichsweise milde Schwurgerichtspraxis gegen politische Vergehen gepflegt wurden. Aber die nationaldemokratische Bewegung blieb vorerst erfolglos, weil die bäuerlich-handwerkliche Unzufriedenheit, die oft noch in altständischen Traditionen befangen war, mit der revolutionären Intelligenz keine Aktionseinheit bildete. Das Schicksal Büchners, der 1834 fliehen mußte, zeugt davon.
Die erste Generation der radikalen Studenten, deren Burschenschaft 1819 verboten worden war, war inzwischen ins Berufsleben getreten. Aus diesen Kreisen rekrutierten sich jene Privatdozenten, die zusammen mit Studenten 1831 die Universitätsstadt Göttingen vorübergehend besetzten. Und aus eben diesen Kreisen stammten die Begründer des *Preß- und Vaterlandsvereins*, der sich über Süd- und Mitteldeutschland erstreckte und der enge Kontakte unterhielt zur revolutionären Geheimverbindung der *Germania* an den Universitäten. Diese Kräfte organisierten 1832 das Hambacher Fest,

Abb. 26: Eine Darstellung der Unruhen, wie sie sich 1830 in Leipzig und Dresden abspielten

das in Schweizer Umgebung hingereicht hätte, eine Kantonalverfassung zu demokratisieren. Die Parole ›Vaterland, Volkshoheit, Völkerbund‹ wurde ausgerufen, Tausende von Menschen jubelten den Volksrednern zu, die zum Teil – wie Börne – aus Frankreich herbeigeeilt waren. Das Programm der ›Wiedervereinigung‹ Deutschlands stand – im Hinblick auf die Ostmächte – bereits unter dem Fragezeichen, ob man ›Einheit ohne Freiheit‹ oder ›Freiheit ohne Einheit‹ vorziehen solle.

Im folgenden Jahre, 1833, wurde erstmals der Versuch unternommen, eine Revolution zu ›machen‹, statt sie auf sich zukommen zu lassen. In Frankfurt wurde die Hauptwache gestürmt, polnische Emigranten suchten die elsässische Grenze zu überschreiten, um dem erhofften Volksaufstand Sukkurs zu leisten. Taktisch gesehen war die Revolution schlecht vorbereitet, sie brach unter tragischkomischen Umständen an Ort und Stelle zusammen; sozialgeschichtlich gesehen reichte die Unzufriedenheit der breiten Bevölkerung nicht hin, aus der Studentenrevolte eine Massenbewegung zu initiieren. Rochau, von dem später der Begriff der ›Realpolitik‹ geprägt wurde, machte als Teilnehmer hier seine erste politische Erfahrung. Frankfurt war, neben Wien und Berlin, in der Tat keine Hauptstadt, an der irgendwelche Schalthebel der Macht wirksam hätten umgelegt werden können. Aber die Folgen des Revolutionsversuches waren durchschlagend, denn seitdem setzte eine Reaktionswelle ein, die jene der zwanziger Jahre bei weitem in den Schatten stellte.

1832 und 1834 wurde durch Bundesbeschlüsse eine Kette von Maßnahmen und Gesetzen erlassen: die Vereinigungsfreiheit wurde beseitigt, die Reste der Pressefreiheit wurden vernichtet, eine neue Untersuchungskommission gegen Flüchtlinge und Aufrührer eingesetzt, die Zusammenarbeit der Geheimpolizeien reguliert, die Universitäten wurden rigoros überwacht – die Zahl der Studenten ging damals etwa um ein Drittel zurück –, die landständischen Rechte der Einzelstaaten wurden zugunsten der Bundesgewalt beschnitten. Obendrein wurde ein Teil dieser Gesetze nicht publiziert, sondern nur insgeheim in Kraft gesetzt. Mit einem Satz, die Bundesverfassung wurde staatsstreichartig von oben durchlöchert, die Bundesgewalt dafür im Namen der Reaktion entschieden gestärkt. Diese Lage ermöglichte es Ernst August von Hannover, 1837 die konstitutionelle Verfassung aufzuheben, wogegen die bekannte Minderheit von sieben Göttinger Professoren Widerstand leistete – ein Verhalten, das sie das Amt kostete. Es waren also analoge Maßnahmen, die im Westen die Revolution ausgelöst, dafür im Deutschen Bund die Reaktion etabliert hatten. Eine Flut von Emigranten zog nach Westen, und England wie Frankreich protestierten im Namen der Wiener Schlußakte gegen derlei Bundesmaßnahmen, wodurch das West-Ost-Gefälle international akzentuiert wurde.

Aber bald darauf zeigte sich, wie sehr sich nationale Gesamthaltungen entwickelt hatten, die sich quer zu den Verfassungsdifferenzen als homogene Größen und genuine Faktoren der Außenpolitik erwiesen. Im Jahre 1840 spitzte sich der langsame Verfall des Osmanischen Reiches zu einer internationalen Orientkrise zu. Strategische Interessen – wer die Dardanellen beherrsche – und Handelsinteressen – wer sich die Wege nach Asien erschließe – überkreuzten sich, und es entstand vorübergehend eine Situation, in der sich Frankreich unter Thiers plötzlich von den übrigen Großmächten isoliert sah. Frankreich hatte im osmanischen Bürgerkrieg zugunsten Mehmed Alis, des nahezu souveränen Paschas von Ägypten, Partei ergriffen, während die übrigen Mächte die Pforte in je eigenem Interesse stützten. Frankreich mußte dem Druck der Großmächte nachgeben und suchte ihn spontan auf die

Abb. 27: Die Zensurbehörde vor der Achtundvierziger Revolution in einer Karikatur aus dem Jahre 1847

Rheingrenze abzuleiten. Da schossen in Deutschland allen konstitutionellen Sympathien zum Trotz die nationalen Gefühle hoch (damals entstand das Deutschlandlied Hoffmanns von Fallersleben) – es waren Stimmungen, die, außenpolitisch entfacht, innenpolitisch zunehmend auf eine gesamtdeutsche Verfassung mit Volksbeteiligung drängten. Insofern war 1840 ein Wendejahr. Denn damit wurde das unter den vorgegebenen Bedingungen unlösbare Problem virulent, wie die beiden ostdeutschen Vormächte, Preußen und Österreich, mit ihren Besitzungen außerhalb des Bundes eine Verfassungsrevision ertragen könnten, die auf ein einiges Deutschland zielte.

In dieser Lage kam *Preußen* insofern eine besondere Bedeutung zu, als sein Schwerpunkt weit mehr in Deutschland lag als der des Kaiserreichs Österreich. Vor allem aber hatte es 1834 mit der Schöpfung des Deutschen Zollvereins einen Bund im Bunde geschaffen, der es zum hegemonialen Sprecher der Interessen des deutschen Wirtschaftsbürgertums machte. Nachdem Preußen 1818 die inneren Zollgrenzen beseitigt, darauf sukzessive mehrere Enklaven zollpolitisch vereinnahmt hatte, vermochte es 1829 durch den Bund mit Hessen, seine östlichen und westlichen Gebiete wirtschaftspolitisch zu vereinigen. Dann gelang es in harter diplomatischer Arbeit der preußischen Verwaltung, sowohl den süddeutschen wie auch den mitteldeutschen Zollverein mit seinem eigenen zu fusionieren, so daß – mit Ausnahme des Nordwestens – von Luxemburg bis Memel und von Stettin bis München ein geschlossener Wirtschaftsraum mit einheitlichen Zollsätzen entstand, der

24 Millionen Menschen umfaßte. Er war die letzte große Leistung des Reformbeamtentums, das unter Motz insgeheim das Ziel anstrebte, über die wirtschaftliche Einigung auch zu einer politischen vorzustoßen. Unter kühnem Verzicht auf unmittelbaren Gewinn — Preußen verlor 25 % seiner Zolleinnahmen durch den Vertragsschluß, während Bayern sie im gleichen Jahr verdoppeln konnte — handelte sich Preußen einen langfristigen Vorsprung ein, den Österreich, das an seinem Prohibitivsystem festhielt, nicht mehr einzuholen vermochte. Metternich erblickte daher nicht zu Unrecht im Zollverein den ersten Schritt zu einer kommenden Revolution, die sich nun stillschweigend anbahnte.

Die Folgen der Julirevolution förderten den Zollverband insofern, als einmal durchbrochene Zollschranken nur mehr schwer zu schließen waren und weil die neuen konstitutionellen Regierungen den wirtschaftlichen Einigungstendenzen bereitwilliger entgegenkamen.

Innerhalb des Deutschen Bundes entwickelte seitdem der Zollverein seine eigenen staatenbündischen Institutionen (vgl. E. R. Huber), die genau jenen Sektor erfaßten, der 1815 ausgespart worden war. Der Zollverein zog wirtschaftliche Hoheitsrechte an sich: er verfügte über einen Stab von Beamten und konnte verbindliche Normen erlassen. Eine an wechselnden Orten tagende Generalkonferenz konnte nur einstimmig beschließen, wodurch die Souveränität der Gliedstaaten scheinbar gewahrt, die Hegemonie Preußens unaufdringlich blieb. Aber Preußen war federführend für die Handelsverträge nach außen und beherbergte auch das Büro (in Berlin). Die einfachen und liberalen Grundsätze der preußischen Handelspolitik, nur Gewichte, nicht aber Werte zu verzollen, obendrein Rohstoffe frei ein- und ausgehen zu lassen, umschlossen seitdem trotz aller Differenzen jenen Raum, der das spätere kleindeutsche Reich vorbereiten sollte.

Abb. 28: Karikatur auf Zensurmaßnahmen des Festungskommandanten von Mainz; aus den ›Leuchtkugeln‹, München 1848

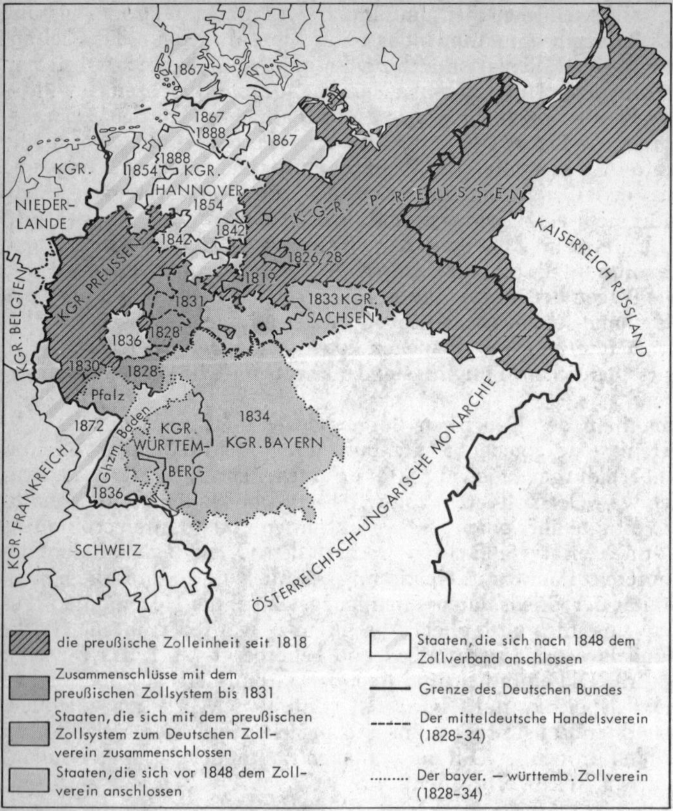

Abb. 29: Die deutsche Zolleinigung

Es war die Paradoxie Preußens, die Gegner und Anhänger gleicherweise irritierte, daß dasselbe Land, das mit zäher Energie einen liberalen Wirtschaftsraum stiftete, politisch konservativ und im Schlepptau von Metternich verblieb. Seit 1840 nun veränderte sich auch innenpolitisch die Lage. Die gleichen Bürger, denen Preußen in der Städteverfassung die Selbstverwaltung aufgenötigt hatte und denen es die liberale Konkurrenz rigoros zumutete, blieben von jeder politischen Entscheidung – auch in der Zollpolitik – ausgeschlossen. Je mehr sich der Streit zwischen den Schutzzöllnern und Freihändlern in den vierziger Jahren zuspitzte, desto mehr drängten die Wirtschaftsbürger auf eine Mitbestimmung, suchten sie ihre gewonnene ökonomische Macht in politischen Einfluß umzumünzen. Daher sammelten sich jene bürgerlichen Kräfte, die sich die Administration selbst herangezogen hatte, während sie ihnen, um aktionsfähig zu bleiben, eine Repräsentativverfassung vorenthalten hatte. Der Verwaltungsstaat, der 1830 – von einigen Arbeiterunruhen in Aachen, Berlin und Breslau abgesehen – seine Probe bestanden zu haben schien, verlor zunehmend an Kredit. Seit 1840, nachdem Friedrich Wilhelm IV. die Regierung übernommen hatte, häuften sich die Ministerwechsel; scheinbare Nachgiebigkeit und überhastete Schroffheit in den Maßnahmen waren beide gleicherweise geeignet, den Forderungen nach einer konstitutionellen Verfassung Nachdruck zu geben. Aber schon im gleichen Jahrzehnt drängten die radikaldemokratischen, zum Teil auch sozialistischen Kräfte nach – damals übernahm Marx die *Rheinische Zeitung* – und drückten auf den Liberalismus. Es entstanden politische Gruppierungen, an deren überkreuzten Fronten später der Erfolg der Achtundvierziger Revolution scheitern sollte. Denn weder die republikanische oder die liberal-konstitutionelle noch die kleindeutsche oder großdeutsche Lösung ließen sich im vorgegebenen Kräfteparallelogramm wirkungsvoll kombinieren. Vor 1848 freilich erhielt das liberale Großbürgertum durch die soziale Not der Unterschicht eine politische Schubkraft, die es zunächst an die Macht bringen sollte. Die ersten führenden Wirtschaftsbürger, die Camphausen, Hansemann, Mevissen, von der Heydt, entstammten zumeist einer protestantischen Minderheit im Rheinland, wo sie das Beispiel des liberal-konstitutionellen und zugleich katholischen Belgien vor Augen hatten. Aber selbst wenn sie eine Konstitutionalisierung Preußens erzwingen konnten, eine Lösung der gesamtdeutschen Frage war im preußisch-österreichischen Spannungsfeld noch nicht möglich. Der gleichwohl erfolgreiche Zollverband zeigte vielmehr, daß die reinen Wirtschaftsinteressen keine unmittelbare Priorität vor den politischen Fragen gewinnen und keinen nationalstaatlichen Raum umgrenzen konnten.

Im Gegensatz zum Deutschen Bund, der eine nationalstaatliche Lösung ausschloß, war es möglich, den lockeren *Schweizer Staatenbund* in einen Bundesstaat zu überführen, weil die Grenzen als solche unumstritten waren. Wie in Belgien war die Mehrsprachigkeit kein Hindernis für die Bildung einer sich selbst bewußt werdenden Nation. Auch hier wirkten die gemeinsamen geschichtlichen Erfahrungen als Schubkraft der Unifikation. Freilich vollzog sich die Entstehung der modernen Schweiz – die sogenannte Regeneration – nur in schweren Auseinandersetzungen, die sich über die ganze Zeit zwischen den beiden Revolutionen erstreckten. Dabei ist in der Schweiz die Krise wie in keinem anderen Land durch das Wechselspiel von Innen- und Außenpolitik geprägt worden.

Innenpolitisch brachte die kantonal verschieden durchgesetzte

Abb. 30: König Friedrich Wilhelm von Preußen im Jahre 1847

Demokratisierung eine Abstufung von altständischen zu liberalen Kantonen mit sich. Aber die einmal erreichte Beteiligung des Volkes an den Verfassungseinrichtungen konnte sich auch gegen die liberalen Neuerungen wenden. So führte die Berufung von D. F. Strauß, der *Das Leben Jesu* seiner Göttlichkeit und Historizität entkleidet hatte, an die neugegründete Universität Zürich 1839 zu einem gewaltsamen Regierungssturz. Während sich hier die altväterlich-protestantische Tradition durchsetzte, obsiegte in Luzern die katholische Partei, was die Rückberufung der

Jesuiten zur Folge hatte. Damit lebten quer zu den verfassungspolitischen Fronten auch noch die konfessionellen Spannungen wieder auf. In der Folgezeit sammelten sich Freischaren, die in dem einen oder anderen Kanton die Regierungen oder gar die Institutionen stürzten, innerkantonale Bürgerkriege flackerten auf, so daß sich schließlich zum gegenseitigen Schutz zwischenkantonale Sonderbündnisse formierten. Allmählich klärten sich die Fronten regional. 1843/1845 schloß Luzern mit sechs weiteren katholischen Kantonen einen konservativen Sonderbund. Auf der anderen Seite erzwangen die radikalen Demokraten Verfassungsänderungen in Bern und vor allem in Genf 1846 – Metternich nannte es den »ersten vollständigen Sieg des Proletariats über die anderen Gesellschaftsklassen« –, so daß sich 1847 auf der Tagsatzung, dem Bundesorgan, eine liberal-demokratische Mehrheit von 12 Stimmen ergab, die eine Bundesexekution gegen den katholischen Sonderbund beschließen konnte. Der Sieg wurde schnell erfochten; die Zahl von nur 128 Toten dieses kurzen Bürgerkrieges zeugt davon, daß die katholisch-konservative Partei ihre Niederlage fast kampflos akzeptiert hatte. Darauf konnte der Staatenbund föderierter souveräner Kantone in einen strafferen Bundesstaat verwandelt werden – wie die amerikanische Verfassung ein Vorbild für die deutsche Bewegung von 1848.

Die Schweizer Krise war zugleich ein Indikator der gesamteuropäischen Lage. Die Großmächte, England ausgenommen, insistierten darauf, daß die Neutralitätsgarantie auch die Verfassung von 1815 schütze, sie erstrecke sich ebenso auf die lokkere Föderativstruktur wie auf die Grenzen. Dahinter stand die gemeinsame Furcht vor den revolutionären Gruppen, die in der Schweiz Asyl erhalten hatten: Deutsche, Italiener, Polen riefen aus dem neutralen Land zur Revolution auf, sie erblickten in der Neutralität nur Feigheit, während die etablierten Großmächte die Neutralität an den Verfassungsstandard von 1815 zurückbanden. Frankreich fürchtete das bonapartistische Lager – Louis Napoleon hatte von der Schweiz aus 1836 in Straßburg einen Staatsstreich zu unternehmen versucht –, so daß sich die Eidgenossen von West und Ost immer neuen Pressionen ausgesetzt sahen. Schließlich unterstützten Guizot und Metternich offen den Sonderbund mit Geld oder Waffen. So führten die innerschweizer Wirren zu einem Bürgerkrieg, der zugleich die Fronten des »sozialen Religionskrieges« (Mazzini) in Europa aufdeckte. Ein ehemaliger Freischärler – Ochsenbein – hielt auf der Tagsatzung 1847 die »Thronrede der Revolution an das versammelte alte Europa« (G. J. Baumgartner), und Palmerston unterstützte ihn indirekt dabei: Österreich und Frankreich wurden mit ihren Einmischungsversuchen von England überspielt. Mit der neuen Bundesverfassung entstand eine einheitliche Nationalverfassung, die im Kampfe gegen die Kirchen und die konservativen Großmächte

Abb. 31: Die Schweizer Sonderbundskrise

durchgesetzt worden war. So hatten der feste internationale Ring um die Schweiz und der Bürgerkrieg die Einheit der Nation doppelt provoziert: seitdem gewann der Begriff der Neutralität in erster Linie den Bezug zur nationalen Autonomie, er entzog sich dem Konformitätsdruck der alten Mächte. Bevor diese nämlich eingreifen konnten, stürzten sie selbst in der Revolution von 1848. So haftet der Schweizer Sonderentwicklung von der Juli- zur Februarrevolution etwas Exemplarisches für Gesamteuropa an. Der Abbau der patrizisch-ständischen Verfassungen, der Durchbruch des liberalen und industriellen Bürgertums, die Gleichberechtigung von Stadt und Land, die Ausdehnung des Wahlrechts nach unten, der Gewinn nationaler Einheit gegen alle Interventionsversuche im Namen übernationaler Legitimitätstitel: all dies vollzog sich im Verlauf des Vormärz. Die Schweiz beschritt damit einen Weg, den in verkürzter Zeit zurückzulegen Programm der Revolutionäre von 1848 werden sollte.

Wie in der Schweiz mündete auch in *Italien* die Bewegung seit 1830 unmittelbar in die Revolution von 1848. Die Aufstände in den italienischen Mittelstaaten, in Modena, Parma, Bologna, in der Romagna, die 1831 ausbrachen, waren getragen von einer bürgerlichen Honoratiorenschicht, die mit liberalen Adligen im Bunde stand. Advokaten, Kaufleute, Offiziere, Industrielle, sie alle suchten aus ihren Geheimorganisationen zu einer Repräsentativverfassung vorzustoßen. Aber ihr Erfolg blieb von kurzer Dauer, denn weder gelang es, die ›Vereinigten Provinzen‹ Mittelitaliens zu einer Aktionseinheit umzuschmelzen, noch sprang der Aufstand über auf die Länder, in denen die Revolution bereits 1820 gescheitert war. So hatte Habsburg leichtes Spiel, seine Secundogenitur-Linien wieder einzusetzen und die Reaktion im Kirchenstaat abzusichern. Aber die Italiener machten zwei große Erfahrungen, daß nämlich weder die herrschenden Dynastien es fertigbrachten, von sich aus die revolutionäre Erhebung zu verhindern, noch die eigenen Anstrengungen ausreichten, eine Revolution zwischen dem Argwohn der Großmächte und der Indolenz des Volkes hindurch zum Erfolg zu führen. So wurde das Scheitern zum Signal für vielfache Bestrebungen, die seitdem das politische Klima in Italien langsam, aber entschieden veränderten.

Die Herausforderung für die italienische Freiheitsbewegung bestand in zwei sich überschneidenden Problemlagen: einmal mußte die Fremdherrschaft der Deutschen abgeschüttelt werden, wollte man zur Einheit gelangen; zugleich aber mußte die Frage gelöst werden, wie die Vielfalt der bestehenden italienischen Fürstentümer verfassungsmäßig zusammengefaßt werden könne. Mazzini münzte als gefangener *Carbonaro* die Erfahrung der gescheiterten Aufstände in ein entschiedenes Programm um, das unitarisch und republikanisch war. Dies Programm wurde zur Satzung der Vereinigung *Junges Italien*. Nicht mehr durch sektenhafte Geheimniskrämerei der *Carbonari* und ihresgleichen sollte der Kampf vorbereitet werden, sondern durch eine klare politische Organisation, die, im Ausland offen, im Inland geheim, das ganze Volk zu erfassen habe. Erziehung zum Aufstand und Erziehung durch Aufstand waren die Mittel, die zur Revolution führen sollten; für die Übergangszeit wurde satzungsgemäß eine befristete Diktatur vorgesehen. Die weitere Zukunft sollte der Spontaneität des Volkes vorbehalten bleiben. Dieses Aktionsprogramm war eingebettet in eine Geschichtsphilosophie. Sie wies dem *Jungen Italien* die Aufgabe zu, den führenden Part in der Geschichte der Menschheit zu übernehmen. Die Zeit des Individualismus sei zu Ende, die der Kollektive angebrochen. So war das republikanische Programm Ausdruck einer säkularen Religion, die allen Menschen die Pflicht auferlegte, sich in Nationen zu formieren, um die gesamte Menschheit als Föderation von Republiken zu reorganisieren. Wie es in seiner Satzung hieß, war das *Junge Italien* »keine Sekte und keine Partei, sondern ein Glaube und eine Verkündigung«. Die Anwendung dieses Prinzips führte in der Schweiz zur Stiftung des *Jungen Europa*, in dem die Allianz der drei verschiedenkonfessionellen Monarchen nunmehr durch die Brüderlichkeit dreier repräsentativer Nationen – der romanischen Italiener, der germanischen Deutschen und der slawischen Polen – zu ersetzen sei. Der praktische Versuch, 1834 in Savoyen einzubrechen, um unter Beteiligung emigrierter Revolutionäre aus Polen und Deutschland von hier aus die Revolution in Italien zu entfesseln, scheiterte freilich kläglich. Auch in der

Abb. 32: Giuseppe Mazzini

Folgezeit brachen alle Insurrektionsversuche zusammen. Aber kein Mißerfolg konnte das Anschwellen der Bewegung hindern; vor allem unzufriedene Jugend und städtische Handwerker beteiligten sich an ihr. Die Kette der direkten Aktionen ohne Rücksicht auf Erfolg oder Diplomatie führte nun zu einem so nicht beabsichtigten Ergebnis: das politische Bewußtsein, vorzüglich der Gemäßigten, wurde allgemein induziert.

Die Schriftsteller vollzogen im Namen einer gegenwartsbezogenen Romantik seit 1830 eine ausgesprochen antiklassische Wendung hin zur *littérature engagée*; sie verstanden die Poesie mit Byron als »das Bewußtsein einer zukünftigen Welt« und sich selbst als Erzieher des Volkes zu nationaler Bewußtheit, ihr Ziel war das *Risorgimento*, die Wiedergeburt Italiens. In diesem Klima gediehen nun weitere politische Strömungen. Als Gegenkraft zum unitarischen Republikanismus, dessen Verwirklichung unabsehbar schien, gruppierten sich die verschiedensten Föderalisten, die sich scheinbar realistischer an die Vorgegebenheit der vielen italienischen Staaten hielten. So war Cattaneo ein föderalistischer Republikaner, so setzte der Historiker Balbo seine Hoffnung auf eine Hegemonie Piemonts; am einflußreichsten aber war Gioberti. Er schrieb im Brüsseler Exil 1843 *Vom sittlichen und bürgerlichen Primat der Italiener*; um ihn sammelten sich die Neuguelfen, er appellierte an das Bürgertum, an die Fürsten, und vor allem forderte er die Schirmherrschaft des Papstes. Mit dem Papsttum glaubte er die römische Tradition der Vergangenheit auch in die Zukunft transponieren zu können.

Eine besondere Schwierigkeit lag nun aber für Italien darin, daß der gemeinsame katholische Glaube zwar das Land zusammenschloß, nicht aber wie in Polen oder Irland oder Belgien mit einer nationalen Politik zur Deckung kommen konnte. Die Katholizität durchkreuzte vielmehr das nationale Postulat: denn das Papsttum war zugleich Exponent einer regionalen weltlichen Herrschaft, ohne sich, als religiöse Institution, völlig mit dem italienischen Mutterboden identifizieren zu dürfen.

Mit Pius IX. bestieg 1846 ein Papst den Heiligen Stuhl, der den liberalen Wünschen entgegenzukommen schien und der aufgrund der geistigen Vorbereitung nunmehr vom ganzen italienischen Volk spontan als kommender Retter aus nationaler Not empfunden wurde. Einige Reformen im Kirchenstaat – es waren die ersten seit 1815 – griffen, stimuliert von britischen Diplomaten, auch auf andere Staaten über: Beteiligung von Laien an der Regierung des Kirchenstaates, Errichtung von Staatsräten und Bürgergarden, Milderung der Zensur, in Rom auch die Zulassung der Gasbeleuchtung und ähnliche Maßnahmen, die nirgends mehr hintangehalten werden konnten. Während bisher alle Aufstandsversuche – in Turin 1833, 1837 in Kalabrien, 1841 und 1844 in Sizilien und wiederum in Kalabrien, und noch 1845 in Rimini – im Keime erstickt worden waren, war seit 1846 der Fortschritt nicht mehr aufzuhalten. Exilierte Dichter durften zurückkehren und gewannen Einfluß an den Höfen; d'Azeglio etwa wurde in Turin und in Rom empfangen. 1847 wurde nach deutschem Vorbild ein Zollverband zwischen dem Kirchenstaat, Toscana und Piemont gestiftet. Die österreichische Besetzung von Ferrara und der Ringtausch einiger kleinerer Fürstentümer entfachten überall die nationalen Emotionen. Im Januar 1848 erhoben sich die Sizilianer gegen die zentralistische Bevormundung durch Neapel: jetzt glückte die Revolution wie geplant und offen angekündigt, sie war der erste Erfolg, der alle Weiterungen in Europa nach sich zog. In Neapel mußte eine Konstitution konzediert werden; es folgten Piemont und bald, noch vor der Februarrevolution in Paris, die anderen italienischen Länder. Die Verfassungsstiftungen in den Einzelländern galten als Vorspiel kommender Einheit, über deren Realisierbarkeit freilich noch keinerlei klare Vorstellung bestand. Karl Albert von Piemont hoffte jetzt sein Scheitern von 1820 wettmachen zu können, er suchte sich gegen die bourbonische Konkurrenz aus Neapel an die Spitze der Einigungsbewegung zu setzen. Aber die Einigung scheiterte für ein weiteres Jahrzehnt: die nationalen Gefühle reichten nicht aus, das Spannungsfeld zwischen den Großmächten, zwischen Hegemonialbestrebungen zweier Königreiche, zwischen weltlicher und kirchlicher Herrschaft, zwischen Republikanismus und Föderalismus aufzulösen.

Polen, das andere Land, dessen Aufstände sowohl 1830 wie 1846 bis 1848 scheiterten, zeigte manches mit Italien Vergleichbare: es hatte ebenfalls eine große historische Tradition, die politisch abgekappt worden war, es lebte ebenfalls unter Fremdherrschaft. In beiden Völkern entwickelte sich eine nationalistische Religion, die dem einzelnen stellvertretende Opfer für das eigene Volk abforderte, Opfer, die zugleich als Leiden für die ganze Menschheit verstanden wurden, wie etwa kopfschüttelnd ein preußischer Regierungsrat feststellte, als er nach Posen eingeschmuggelte Gedichte von Mickiewicz durchlas. Daher war in beiden Ländern die Romantik zugleich eine Freiheitsbewegung. Selbst ergebnislose Aufstände gewannen ihren Sinn: sie schufen Märtyrer und damit neue Traditionen, die ein Unterpfand für die kommende Wiedergeburt darstellten.

Die Geschichte des polnischen Aufstandes ist nicht ohne Tragik, weil die Chance einer Verständigung mit den Russen im November 1830 noch nicht verspielt schien – erst im Januar 1831 wurde das Haus Romanow abgesetzt; und weil die sozialen Spannungen in der Führungsschicht trotz verschiedener Diktaturen (des Generals Chlobicki, später des Generals Krukowiecki) unaufhebbar waren. Der Aufstand war von einer niederen Militärverschwörung entfacht worden (Leutnant Wysocki), doch die politische Leitung spaltete sich in zwei Lager, unter dem Fürsten Czartoryski als Vertreter des Hochadels und unter Professor Lelewel als dem Exponenten der liberaldemokratischen Bürger. Der entscheidende Punkt, ob auch die Bauernschaft für den Aufstand begeistert werden könne, wurde spätestens verfehlt, als sich der revolutionäre Reichstag im März 1831 nicht entschließen konnte, Land an die Bauern zu verteilen und die drückenden Lasten aufzuheben. So war die an die Adelsherrschaft gekettete Sozialstruktur das Dauerhindernis einer Massenaktion, das durch kein Heldentum der kämpfenden Truppen wettgemacht werden konnte. In der Endphase des Aufstandes kam es in Warschau sogar noch zu jakobinischen Aufwallungen und Terrorakten, die freilich die Katastrophe nur noch besiegeln halfen.

Die Niederlage hatte verheerende Wirkungen. Die relative Auto-

Abb. 33: Adam Mickiewicz

nomie von Kongreßpolen wurde fast restlos beseitigt. Die polnische Armee und der Reichstag wurden aufgehoben, die Universitäten Warschau und Wilna geschlossen, die griechisch-unierte Kirche der orthodoxen Kirche einverleibt, die Verwaltung russifiziert. Mit den flüchtenden Truppen emigrierte ein Großteil der führenden Intelligenz in den Westen. Ferner hatten die russischen Strafmaßnahmen eine Verschiebung im gesamten Sozialgefüge der polyethnischen polnischen Adelsnation zur Folge. In Kongreßpolen verloren rund 10 % der Großgrundbesitzer ihr Land, vor allem aber wurden die führenden Adelsschichten aus den ehemals polnischen Gebieten der Ukraine und Litauens rigoros vertrieben, 45 000 Kleinadelsfamilien nach Sibirien zwangsumgesiedelt. Auch das polnische Bürgertum in den östlichen Städten wurde administrativ niedergehalten. Der an die Adelsherrschaft gekoppelte polnische Nationalbegriff, wie er sich etwa in den epischen Dichtungen von Mickiewicz niederschlug, verlor sein soziales Substrat; im Gegenzug dazu wurde ein volkspolnisches Nationalbewußtsein freigesetzt, das sich gegen jede adelsständische Vorherrschaft richten mußte und das später, 1863, bereits die Aktionen kennzeichnete. Die daraus sich ergebenden Spannungen zerrissen auch die polnische Emigration: die Flüchtlingsvereine spalteten sich in zwei große Lager, das aristokratische, wiederum unter dem Fürsten Czartoryski (Hotel Lambert, Paris), und in das demokratische Lager, auch hier mit dem Historiker Lelewel (Brüssel) als seinem führenden Kopf. Der Gegensatz zwischen den Weißen und den Roten war nicht der einzige, die Demokratenvereine in England, Belgien und Frankreich splitterten sich noch mehrfach auf, je nachdem, wie stark die sozialen Forderungen betont wurden. Jede weitere Aufstandsplanung, und auf die wurde nie verzichtet, war daher auf Hilfen verwiesen, die die Parteien aus sozialen Gründen sich gegenseitig zu leisten nicht geneigt waren.

Wie verhängnisvoll der soziale Gegensatz war, der letztlich die nationalen Einigungsversuche mediatisierte, zeigte sich 1846, als der nächste Anlauf unternommen wurde, Polen der Vorherrschaft seiner drei Teilungsmächte zu entziehen. Nach dem Scheitern in Russisch-Polen verlegten die Geheimverbindungen mit dem Zentrum in Versailles ihre Agententätigkeit mehr nach Posen, wo die polnische Bevölkerung seit 1840 eine größere Freiheit genoß, nachdem die unter dem Oberpräsidenten Flottwell (1830–1840) strikt verfolgte Politik versagt hatte, die Polen an das Preußentum heranzuziehen. Das andere Zentrum des Aufstandes von 1846 war die Republik Krakau, die 1815 aus der Verteilungsmasse ausgespart worden war. Von hier aus wirkten die geheimen Verbindungen nach Galizien hinein: aber der Aufstand, der in Posen schon vor Ausbruch verraten wurde, scheiterte in Galizien, weil sich die polnische und ruthenische Unterschicht – nicht ohne Nachhilfe der österreichischen Administration – in rasenden Exzessen gegen die Gutsherrschaften wandten (Bochnia, Tarnow), statt mit ihnen zusammen für die nationale Freiheit zu kämpfen. Die Jacquerie konnte sich nur entfesseln, weil die in Österreichisch-Galizien hintangehaltene Bauernbefreiung – im Gegensatz zu Preußen – elementare Haßgefühle aufgestaut hatte. So verwandelte sich die geplante nationale Erhebung schlagartig in eine soziale Insurrektion, ohne daß freilich die Wiener Regierung legislativ zugunsten der Unterschicht nachgezogen hätte. Vielmehr verleibte sie Krakau dem österreichischen Kaiserreich ein, damit selbst die Wiener Verträge brechend, was den Bankrott der Restauration am Vorabend der Achtundvierziger Revolution endgültig bestätigte. – Der Polenprozeß in Berlin gegen mehr als 100 Verschwörer führte dagegen erstmals zu einer öffentlichen Gerichtsverhandlung, die paradoxerweise den Trend zur Liberalisierung staatlich sanktionierte. So steht auch hier der Polenaufstand am Ende einer Epoche. Der Anführer der Posener Erhebung, Mieroslawski, wurde mit anderen zum Tode verurteilt, die Vollstreckung aber von der Revolution überholt. 1848 schließlich gelang es den Polen in Anbetracht des rigorosen russischen Regiments nicht, neuerliche Versuche der Insurrektion in den drei Teilungsgebieten zu koordinieren.

Daß aber das Scheitern der polnischen Unabhängigkeitsbewegungen gleichwohl sozialstrukturelle Verschiebungen auf Kosten der alten Adelsnation herbeiführte, macht uns einen säkularen Trend sichtbar, der sowohl durch die revolutionären Erhebungen wie durch die reaktionären Maßnahmen hindurchgriff: es war die Entstehung nationaler Aktionseinheiten, die sich nicht mehr auf die alten Adelsherrschaften stützten, sondern mit antiständischen Ideologien variable Instrumentarien politischer Willensbildung entwickelten. In der Konsequenz waren sie allemal demokratisch, weil sie den traditionellen Sinngehalt einer Adelsnation aushöhlten. Die ›Nation‹ wurde zu einem politischen Integrationsbegriff. Diese Bewegung war in allen ihren Brechungen gesamteuropäisch. Die konstitutionellen Forderungen des Bürgertums erhielten durch die diversen Nationalismen enorme Durchschlagskraft, gerade bevor das Bürgertum Teilhabe an der politischen Führung gewann. Erst später, in den bürgerlichen Verfassungsstaaten, wurden die nationalen Ansprüche imperialistisch ausgedehnt, wodurch sie sich gegenseitig überschnitten, damit unerfüllbar machten und proportional dazu übersteigerten.

III. GRUNDZÜGE DER JUNGEN NATIONALBEWEGUNGEN

Neben den bisher geschilderten nationalrevolutionären Verfassungsversuchen seit 1830, die in einem historischen Raum alter kultureller oder politischer Einheiten stattfanden (Frankreich Belgien, Deutschland, Schweiz, Italien, Polen), entfalteten sich auch in den ›Zwischenzonen‹ Europas ›autonome‹ nationale Bewegungen. Es waren vorzüglich die Völker des europäischen Südostens, die mit dem Programm nationaler Wiedergeburt oder ihrer Volkwerdung im 19. Jahrhundert manche Entwicklungen nachzuholen suchten, die sich im Westen oder Norden Europas bereits seit der Aufklärung abgespielt hatten. Dabei zeichnen sich mehrere strukturelle Gemeinsamkeiten ab.

Immer wieder zeigt sich eine Dialektik im Medium der Sprachen, soweit nämlich in Gebieten gemischter oder sozial sich überlagernder Bevölkerungsgruppen anderssprechende Gebildete die Sprachen der Unterschicht wiederentdeckten und grammatikalisch, lexikalisch oder historisch auf das Schriftniveau emporhoben. Wie Herder schon aus dem deutsch-slawischen Grenzraum stammte, so daß er die Größe der »einen slawischen Nation«, wie er sie nannte, entdecken konnte, so waren es die Schweden Porthan und Snellmann, die die finnische Sprache wieder in die Literatur einbrachten; so waren es deutschsprechende Böhmen wie Dobrowsky und Jungmann, die das Tschechische durch ihre Zeitschriften,

Grammatiken und Wörterbücher literaturfähig machten; so war es der Siebenbürger Klein (Micu, wie er sich rumänisch umbenannte), der eine rumänische Grammatik und Lexika verfaßte, so waren es Dänen und Norweger, die sich gegenseitig ihre Eigensprachlichkeit bewußt machten; ähnlich waren es zunächst Engländer, die als Vorkämpfer der irischen Freiheit auftraten; es waren Polen, die nicht nur (wie Lelewel oder Mickiewicz) im litauisch-polnischen Grenzgebiet ihr eigenes Nationalbewußtsein stilisierten, sondern ebenso das Ukrainische, Litauische oder Weißrussische als eigene Nationalsprachen entdecken halfen. Auch die neuen muttersprachlichen Zeitschriften erschienen oft noch im Ausland, wie für Griechenland oder Serbien 1790/1791 in Wien. Immer wieder fußte der erste Schritt, autogene Literatursprachen zu entwickeln, auf Übersetzungen, Wörterbüchern, Grammatiken, Zeitschriften. Dazu gehörten ferner feste Institutionen wie Druckereien (die erste bulgarische Druckerei entstand z. B. erst 1830), wissenschaftliche oder patriotische Gesellschaften, schließlich Theatergründungen, wie 1834 in Prag oder 1837 in Pest, die den Boden für Vorführungen in der Heimatsprache schufen. Österreich sorgte schließlich aus verwaltungstechnischen Gründen dafür, daß an den Universitäten auch Lehrstühle für einheimische Sprachen geschaffen wurden, wie 1826 in Lemberg für das Polnische, 1775 in Wien oder 1791 in Prag für das Tschechische. So entstanden nationalgesellschaftliche Einrichtungen, wie sie im übrigen Europa seit dem Barock oder der Aufklärung bereits zum Alltag gehörten. Dem Einfluß der Aufklärung und mehr noch der deutschen Romantik war es zu verdanken, daß sich über die genannten Männer hinaus viele weitere der großen Arbeit unterzogen, die jeweiligen Sprachen literaturfähig zu machen oder zu erhalten, wie Coray für die Griechen, Samuel Linde für die Polen, Štur für die Slowaken, Kopitar und Gaj für die Slowenen und Kroaten, Karadžić für die Serben, um nur einige wichtige zu nennen. Erst langsam trat — Voraussetzung ihrer politischen Willensbildung — die dialektische Vielfalt der slawischen Völkerfamilie an die Öffentlichkeit.

Dazu kamen alte religiöse Gegensätze, die sich — wie in Belgien — nunmehr national artikulierten. In Irland z. B., vor allem in Polen und auch in Böhmen war die katholische Kirche ein Rückhalt nationaler Unterschichten. Und nachdem im türkischen Herrschaftsbereich alle Ungläubigen als ›Griechen‹ betrachtet wurden — wegen ihrer gemeinsamen orthodoxen Religion —, entwickelten jetzt Rumänen, Bulgaren und Serben ein nationales Selbstbewußtsein, indem sie sich wie gegen die Türken auch gegen die Vorherrschaft der griechischen Bildungs-, Kaufmanns- und Priesterschicht zur Wehr setzten. Auch protestantische Minderheiten, etwa in der Slowakei oder in Siebenbürgen, konnten sich als nationale Katalysatoren erweisen.

Die Entdeckung oder Wiedererweckung der Sprachnationen vollzog sich aber nicht nur, was schon Herders Erfahrung geprägt hatte, in religiösen und linguistischen Mischzonen; dahinter bündelte sich langsam eine soziale Stoßkraft, die sich, zumeist in der folgenden Generation, gegen eine ständische Vorherrschaft andersprechender Schichten richtete. Insofern lag in jeder sprachvölkischen Wiedergeburt ein demokratisches Ferment verborgen — eine politische Konsequenz, die sich seit den vierziger Jahren zunehmend artikulierte. Es waren also auch altständische Vorrechte, an denen sich das nationale Selbstbewußtsein entfachte: so in Siebenbürgen, wo sich die unterprivilegierten Rumänen gegen Ungarn, Szekler und Deutsche sammelten; ähnlich die Unterschichten in Galizien und in der Slowakei; so im Baltikum, wo sich Letten und Esten gerade infolge der Bauernbefreiung gegenüber deutschen Rittern und Stadtbürgern ihrer selbst bewußt wurden. Havliček beschwor in der *Prager Zeitung* den Kampf der Iren gegen die englischen Großgrundbesitzer, um unter Umgehung der Zensur die Tschechen gegen die Deutschen aufzurütteln. Die langsame Trennung der Böhmen in Tschechen und Deutsche forcierte das Auseinanderbrechen der ständischen Gliederung, weil das Sozialgefälle von der deutschsprachigen Adels- und oberen Bürgerschicht nach unten zugleich ein Sprachgefälle zum tschechischen Kleinbürger, Bauern und Gesinde war. Im Kampf gegen die Ständeordnung arrivierte ein tschechisches Bürgertum, das sich intellektuell langsam von den Deutschen differenzierte, wie die Tschechisierung der Zeitschrift des *Böhmischen Museums* im Laufe des Vormärz zeigt.

Abb. 34: Ludwig Kossuth

Weit schärfer spitzten sich die Gegensätze bereits in Ungarn zu. Hier wehrte sich zunächst eine alte Adelsnation gegen die administrative Überfremdung durch Österreich (Graf Széchenyi); aber die nationale Bewußtwerdung griff auf das Volk über, sie war getragen von einer politischen Literatur (Eötvös, Petöfi) und fand in Kossuth, einem verarmten Adligen, ihren demokratischen Anführer, der sich bereits gegen die einheimische Adelsvorherrschaft richtete. Es waren solche radikalen Kreise, die zwar im ungarischen Reichstag die sozialen Vorrechte nicht beseitigen konnten, dafür aber die sprachliche Magyarisierung rigoros auf die untertänigen Völker der Slowaken und Kroaten auszudehnen suchten. 1844 gelang es, das Lateinische als die alteuropäische, übernationale Verhandlungssprache des ungarischen Reichstags zu beseitigen und das Ungarische den Slowaken, vor allem aber den Kroaten aufzuzwingen. Kein Wunder, daß nationale Gegenbewegungen provoziert wurden, die bald zu Gewaltsamkeiten führten. Der Kampf um die Amts- und die Schulsprache wurde bereits vor 1848 eröffnet. Fast überall war es ein Kampf sozialer Unterschichten, die verhindern wollten, daß sich altständische Herrschaftsrechte unversehens in Hebel nationaler Unterdrückung verwandelten. Die demokratische Quersumme der Bewegungen, die zunächst meist von wohlmeinenden oder deklassierten Adligen, von ausgetretenen oder fanatischen Priestern, von aufgeklärten Lehrern oder romantischen Gelehrten getragen wurden, war zunächst diese: Immer wieder wurde auf einen Typus der Sprachnation zurückgegriffen, der über die Volkssprache (oft über neugeschaffene Bildungs- oder Volkssprachen) einen antiständischen Volksbegriff freisetzte und damit bürgerliche Interessen artikulierte. Auf diese Weise ordneten sich diese einzelnen Bewegungen in die gesamteuropäische Bewegung ein; wie Mazzini 1830 das Emanzipationsprogramm formulierte: Die Französische Revolution habe erst begonnen.

Der je eigene nationale Sendungsglaube war international, so wie die Emigration den Umschlag des Gedankengutes erleichterte. Es gibt erstaunliche Ähnlichkeiten zwischen Gioberti oder Mazzini in Italien, Arndt oder Fichte in Deutschland, Mickiewicz oder Lelewel in Polen, Michelet oder Quinet in Frankreich, Palacky in Böhmen oder Kossuth in Ungarn. Im Bewußtsein, zugleich rein, jung und unverdorben zu sein, wie auch ursprünglich, alt und echt, vermischte sich ein religiöser Erwartungshorizont mit historischen Rückblicken, was sich überall – bis hin zu Fälschungen (Hankas frühmittelalterliche Heldenlieder) – in ideologischen Nationalgeschichten niederschlug. Zwar wurde die Humanität immer als gemeinsames Ziel apostrophiert, das Vehikel der Erfüllung aber sollte das jeweils eigene Volk sein. Der Nationalismus war noch von der Taufrische jugendlicher Unschuld und gelehrter Naivität getragen, bevor er sich zu einer machtpolitischen Ideologie emporsteigerte, die die damaligen Nationalisten mit Entrüstung zurückgewiesen hätten.

In ihrer geschichtsphilosophischen Ähnlichkeit und infolge des gemeinsamen antiständischen Effektes zeigen die jungen Nationalismen noch eine weitere, neue Funktion, die sich aus dem bisher geschilderten West-Ost-Gefälle ergab. Sie richteten sich zwangsläufig gegen die polyethnischen Großreiche, deren

Herrschaftsorganisation an Kirche, Adel und Verwaltung gebunden war, somit einen engeren, aber integralen Nationalbegriff ausschloß. Die Türkei, Rußland sowie Österreich und Ungarn wurden damit — auf die Dauer — in ihrer traditionellen Legitimität untergraben. Dahinter freilich kündigt sich bereits ein weiteres Novum an: nämlich der Aufstieg der *gesamten* slawischen Welt, der heute noch nicht abgeschlossen ist. Wie Herder zunächst sagte: »Die Slawen nehmen auf der Erde einen größeren Raum ein als in der Geschichte«; und wie der Slowake Kollár provokativ folgerte: »Alle Völker haben ausgeredet, jetzt ist es an den Slawen, das Wort zu ergreifen.«

Freilich gehörte zur Verwirklichung einer modernen Nation ein weiteres Element, das sich vor 1848 entlang dem Entwicklungsgefälle im östlichen Europa noch kaum abzeichnete: die Ausbildung einer modernen Industriegesellschaft, deren optimaler Organisationsraum eine hinreichend große Staatsnation schien — weshalb Marx 1848 den Tschechen »Krieg bis zum Tod, Ausrottung ohne Rücksicht« ankündigte, weil sie als Minorität der industriellen und politischen Revolution und damit der Emanzipation nur hinderlich seien. Diese geschichtsphilosophische Arroganz und Brutalität ist nur verständlich, wenn man mit Marx davon ausgeht, daß jede Nationalgeschichte nur ein Epiphänomen der modernen industriellen Entwicklung darstelle. Dem Promotor dieser Welt, dem Bürgertum, wenden wir uns nunmehr abschließend zu.

10. Aufstieg und Strukturen der bürgerlichen Welt

Jede Epocheneinteilung ist eine Frage der Perspektive. So läßt sich der Aufstieg der modernen bürgerlichen Welt bis zur Reformation und italienischen Renaissance und darüber hinaus zurückverfolgen; er fand im Hinblick auf seine politische und kommerzielle Organisation in England und Holland früher als auf dem übrigen Kontinent statt. Erst seit der Französischen Revolution ist die staatliche Formation einer Bourgeoisie zur gemeinsamen Herausforderung für die europäischen Monarchien geworden. Gleichwohl läßt sich ein naturales Substrat zeigen, an dem gemessen erst seit der Julirevolution die bürgerliche Gesellschaft ihre geschichtliche Autonomie gewann: 1830 trat eine neue politische Generation in die Arena, die das alte Europa nicht mehr gekannt hat.

I. UMRISSE UND ERFAHRUNGEN DER NEUEN GENERATION

Der Wiener Friede war noch von einer Generation geschlossen worden, die die Erfahrungen des *ancien régime* und der Revolution in ihre Planung eingebracht hatte: Hardenberg lebte von 1750 bis 1822, Talleyrand von 1754 bis 1838, Castlereagh von 1769 bis 1822, Metternich von 1773 bis 1856, Alexander I. von 1777 bis 1825. Zur gleichen politischen Generation gehörten die Traditionalisten und ihre liberalen oder sozialistischen Kontrahenten in Frankreich: De Maistre wurde 1753 geboren, De Bonald 1754, St.-Simon 1760, Constant 1767, Chateaubriand 1768, Fourier 1772. Die Zeit nach 1830 wurde von einer neuen Generation profiliert, die ihre Kindheit vielleicht noch in der Französischen Revolution verbracht hatte, deren Jugend jedenfalls von Napoleon und seinem Sturz geprägt war. Guizot und Karadžić wurden 1787 geboren, Heine und Thiers zehn Jahre später, 1793 Kollár. Michelet, Mickiewicz, Palacky, Hoffmann von Fallersleben, Comte gehören alle zum gleichen Jahrgang 1798; im folgenden Jahr wurde Balzac geboren, die Gebrüder Pereire 1800 und 1806; 1802 Victor Hugo, Kossuth und Arnold Ruge, 1805 folgen Tocqueville und Mazzini; diese und alle Nachgeborenen gehören als politische Generation bereits zur Restaurationsepoche: Garibaldi (1807), Napoleon III. (1808), Proudhon (1809), Cavour (1810), Bismarck (1815), Marx (1818) – Männer, die erst im Vormärz auf die politische Bühne traten. Es ist das gemeinsame Kennzeichen dieser Männer, daß die große Revolution für sie bereits zur Geschichte gehörte, deren ›Vollstreckung‹ oder ›Lenkung‹ sie als ihre Mission

betrachteten. Seit 1830 griff das Schlagwort der Emanzipation um sich, der Mündigwerdung, eine zunächst naturale und juristische Wendung, mit der die neue Generation die ›dreiunddreißig Jahre‹ von 1815 bis 1848 geschichtsphilosophisch programmierte.
Außerdem bilden die Jahre um 1830 einen Einschnitt, der – vor allem in Deutschland – von dem Absterben einer schon zu Lebzeiten ihrer Vertreter klassisch gewordenen Epoche zeugt: 1827 starb Beethoven, 1828 Schubert, 1830 Constant und Motz; 1831 Hegel, Stein und Gneisenau, alles Männer der preußischen Reform; 1832 Goethe und Walter Scott, 1834 Lafayette, 1835 Wilhelm von Humboldt. Nicht die individuellen Daten sind hier von Belang; alle zusammen indizieren sie aber das Ende eines Zeitalters, dessen Spannungen die Einheit von Aufklärung, Romantik und Revolution ausmachten. Die nachrückende Generation lebte im Zwiespalt einer stets sich überholenden Modernität, wie sie das literarische *Jeune France* oder Jungdeutschland oder die Junghegelianer artikulierten, und von dem Gefühl des Überholtseins, wie es mit seinen *Epigonen* (1836) Immermann zum Ausdruck brachte – um einen deutschen Vertreter zu nennen, zu dem sich Entsprechungen ebenso in Frankreich (Nerval, Musset), Italien (Leopardi) oder Polen (Slowacki) finden. Auch die Variationen zu dem Thema der schleichenden Langeweile (Chateaubriand, Stendhal) bezeugen die Brüche im gesellschaftlichen Bewußtsein.
In den Jahren nach 1830 führte noch ein anderes naturales Ereignis zu einer tiefen historischen Zäsur. Damals begann, von Indien über Rußland einbrechend, die letzte große Epidemie, die noch einmal alle europäischen Völker einem naturhaften Massensterben aussetzte: die Cholera, gegen die die damalige Medizin noch machtlos war (erst 1883 entdeckte Robert Koch den Erreger). Die Cholerafurcht überstieg alle Standesschranken und Klassengrenzen; in den agrarischen Rückstandszonen stimulierte sie die Bauernunruhen. So wucherten auch in ihrem Gefolge revolutionäre Ängste und Hoffnungen, während zugleich die allgemein um sich greifende Polenbegeisterung die neue Welt zu einen schien.
Mit der neuen Generation wandelte sich das gesamte politisch-soziale Klima. Dies sei an einigen, der Moderne eigentümlichen Bereichen gezeigt.
Die literarische Produktion wie die schönen Künste waren nicht mehr Ausdrucksweisen standesspezifischer Ordnungslagen und der ihnen innewohnenden Konflikte. Sie wurden, wie die Künstler selber, insgesamt in die soziale und politische Krise verwickelt, die seit der Revolution um sich griff. Die Literatur suchte zwangsläufig Orientierungshilfen, eine Antwort auf die Krise. Da ist selbstverständlich die politische Lyrik zu nennen, die von Béranger über Hoffmann von Fallersleben oder Herwegh bis zu Petöfi auf eine Veränderung der Bewußtseinslagen, der Zustände überhaupt zielte. Mit Heines Schreibart gewinnt das politische Engagement

eine stilistische Form, die in den herkömmlichen Gattungen nicht mehr aufgeht. Sei es, daß mit Heine die Modernität sich von der deutschen Romantik ablöst, oder sei es, daß mit Stendhal die Romantik selber als Ausdruck der jeweiligen Modernität verstanden wird: in jedem Falle wird eine stets sich überholende Modernität das ›Interessante‹, an dem zu arbeiten Aufgabe der Schriftstellerei ist.

Hierhin gehört der Roman, der mit soziologischer und psychologischer Technik die Gegenwartsproblematik zu erfassen trachtete. So dienten die rund zweitausend Charaktere der *Menschlichen Komödie* von Balzac insgesamt dazu, die Pathologie der Gesellschaft zu enthüllen. Oder: Im Maße, als etwa der Julien Sorel Stendhals kein Held mehr werden kann, weil er in seinen sozialen Vorgegebenheiten zu kurz angelegt ist, wird er zu einer tragischen Figur – aber nur im sozialen Sinne. Was ihm am Helden fehlt, wird zur Sozialkritik. Hierin wurzeln auch die sozialen Utopien, die damals aus dem Boden schießen. Es handelt sich um geschichtsphilosophische Zukunftsentwürfe, die Konsequenzen aus der Gegenwartsdiagnose ziehen: *Savoir pour prévoir* (St.-Simon). Der Schritt vom Wissen zum Handeln, von der Philosophie zur Tat wird reflektiert und zum Teil auch versucht. Dabei tauchen Berufe auf, die sich gerade ausbildeten, der Beruf des Ingenieurs oder Technikers bis hin zu den Sozialtechnikern, als welche sich manche Autoren mit dem Erlösungsanspruch von Sektenführern verstanden.

Per negationem ist diesen soziologischen Zukunftsentwürfen die historische Schule zuzuordnen, weil sie ebenfalls aus dem Bewußtsein eines unheilbaren Bruches lebte, der die bisherige Geschichte von der Gegenwart abgetrennt zu haben schien. Die Historie verzichtet zunehmend darauf, aus der Vergangenheit Lehren für die Zukunft abzuleiten, da sich alles Kommende so modern wie unbekannt zeigt. Dafür aber trachtet sie die Vergangenheit wissenschaftlich zu rekonstruieren, um zur wahren Erkenntnis des eigenen Zustandes zu gelangen (Savigny). Soziologisch gesehen rükken selbst die Historie und der historische Roman eng zusammen. Scott, Ranke, Tocqueville, Lorenz Stein oder Comte – ihnen gemeinsam ist die epochale Aufgabe, die Vergangenheit derartig im Bewußtsein aufzubereiten, daß eine neue Einstellung zur Zukunft freigesetzt wird, so unterschiedlich die politischen Tendenzen jeweils sein mögen. Dabei wird die Wende von der Betrachtung zur Aktion besonders bei den französischen Historiographen deutlich: Guizot, Thiers, Lamartine, Tocqueville sind Exponenten für den Wechsel von historischer Schriftstellerei zur Politik, vor dem Ranke immer wieder zurückgeschreckt war. Das historische Bewußtsein, das von der perspektivischen Erfahrung der französischen Revolutionsetappen zehrte, und die Herausbildung einer soziologisch-planerischen Dimension lebten aus der gleichen Erfahrung und gehören zusammen. Beide Male setzt sich der Mensch

mit einer gebrochenen Wirklichkeit geschichts- und gesellschaftskritisch auseinander.
Es wurden also neue Formen der Literatur geschaffen, und ihnen entsprach ein ebenso einschneidender Wandel im Lesepublikum, der bürgerlichen Öffentlichkeit. Während im vorhergehenden Jahrhundert die literarischen Werke noch im Spannungsfeld zwischen Hof und gebildetem Bürgertum entstanden waren — die Weimarer Klassik war der letzte Ausdruck einer gelungenen Verbindung —, erfaßten sie jetzt immer mehr Schichten der Bevölkerung. Die Enzyklopädien und Wörterbücher richteten sich nach dem Vorbild der großen französischen Enzyklopädie nicht mehr an die Gelehrten, aber auch nicht mehr nur an die Gebildeten, sondern an die Bürger schlechthin. Die Wissensstreuung und die Wissenssteuerung wurden ein Politikum. Die Absatzquoten stiegen enorm, so daß ständig neue Auflagen der Wörterbücher und Zeitschriften erforderlich wurden. Mit der Demokratisierung des Empfängerkreises ging eine Kommerzialisierung einher, die die freie Meinungsbildung so sehr verstärkte wie beschränkte. Die englische *Penny-press* erfaßte bereits die Unterschicht, die Auflagenhöhe der Chartistenblätter überschritt die 50000-Grenze, und schließlich konnte Girardin, indem er das Annoncengeschäft in die Presse einbrachte, die Auflagen sowohl erhöhen wie verbilligen. Damit freilich leitete er eine zunehmende Abhängigkeit der Massenpresse von den wirtschaftlich Starken ein; auch die Autoren gerieten in dialektische Abhängigkeit von einem derartig erfaßten Publikum. Zum neuen Rotationsverfahren gehörte der Typ des Fortsetzungsromans, den Sue oder Balzac gegen Stargehälter entwickelten. Damit gewannen die französischen Schriftsteller — wie die englischen bereits im 18. Jahrhundert — eine ökonomische Unabhängigkeit, die freilich vom Geschmack des Leserpublikums allenthalben beeinflußt wurde. Deutschland hinkte in dieser Hinsicht weiter hinter den westlichen Nachbarn her, seine Dichter lebten oft noch als Pfarrer, Beamte oder Hauslehrer. Dementsprechend war die öffentliche Meinung, diese sogenannte vierte Gewalt, in den europäischen Ländern verschieden stark entwickelt.
Die wachsende Macht der Öffentlichkeit war an der zunehmenden Ineffektivität der Zensur abzulesen. Die französischen Zensurmaßnahmen suchten eine bereits voll entwickelte Publizität zu steuern; die damaligen Zeitschriften hatten ein sehr hohes Niveau erreicht. Die Zensur wurde vor wie nach 1830 durch gerichtliche Verfahrenstechniken und vor allem durch Kautionen ausgeübt, die, am Zensuswahlrecht sich orientierend, die Herstellungskosten steigerten und damit den Empfängerkreis nach seiner Kapitalkraft abzustufen suchten: einer der entscheidenden Gründe für den Ausbruch der Achtundvierziger Revolution. In den übrigen europäischen Ländern trachtete die Regierung die Öffentlichkeit

ständisch abzustufen. Während die rein akademische Schriftstellerei und ebenso die teuren Bücher im ganzen unzensiert blieben, wurde der Rest aller Publikationen einer Vorzensur unterworfen, die die Entfaltung eines öffentlichen Lebens abzuschnüren trachtete. Die Folge war, daß die politischen Kategorien, in denen das nichtfranzösische Europa dachte, um so mehr aus Frankreich oder Belgien stammten, als eigene zu entwickeln den preußischen, österreichischen, italienischen oder spanischen Untertanen öffentlich verwehrt wurde. Freilich bröckelte das Repressionssystem, das in den dreißiger Jahren seinen Höhepunkt erreicht hatte, seit 1840 allen Polizeimaßnahmen zum Trotz rapide ab. Karikaturen, die durch den billigen Steindruck (seit 1799) mit seinem einfachen Reproduktionsverfahren (Daumier) auf den Markt geworfen wurden, boten das aufreizende Begleitstück der politischen Lyrik, die die herrschenden Regierungen lächerlich machte. Damals auch (1837) entstand das Verfahren der Daguerreotypie, das mit seinen eindringlichen Bildnissen noch im Vorhof der Manipulierbarkeit stand. Die Photographie führte dann zu jenem technischen Realismus, der einerseits die Chancen ubiquitärer Propaganda freisetzte, zugleich aber die Wege der bildenden Künste in die Esoterik öffnete.

Der geheime oder öffentliche Meinungsbildungsprozeß, der sich mehrheitlich gegen die Regierungen zu richten pflegte, rief ein weiteres Phänomen hervor: das der Parteiungen. Die Presse und ihre Hersteller wurden in unserem Zeitraum häufig zu Zentren politischer Willensausrichtung, ohne schon strenge Organisationen zur Voraussetzung oder zur Folge zu haben. Dem Begriff einer Partei wohnte damals immer noch eine überwiegend negative Bedeutung inne. Daß eine politische Wahrheit nur partiell sein könne, war für die herkömmliche Lehre vom Gemeinwohl unvorstellbar; gerade die Französische Revolution hatte den Begriff einer Partei und den einer Fraktion einander angenähert, beide Ausdrücke wurden von allen Parteien zugleich diskriminiert. Nur langsam wirkte das englische Vorbild nach Frankreich hinein; aber selbst das parlamentarische System kannte in Westeuropa Parteiungen nur als Richtungskämpfe, die die Abgeordneten zusammenführten, ohne daß sie sich institutionalisierten. Die Abgeordneten galten wirklich noch als Repräsentanten der ganzen Nation. Nur während der Wahlperioden bildeten sich lockere Vereinigungen der Honoratioren, ohne später auf die Kammersitzungen dauernd Einfluß zu nehmen. Die Rückbindung der Gewählten an die Wähler erfolgte allenthalben über den Wunsch zur Wiederwahl. Die Abstimmungen waren im ganzen noch nicht vorformiert, man lebte noch von der Vorstellung einer Wahrheitsfindung durch parlamentarische Diskussion, die freilich nicht selten, gerade bei den beamteten Abgeordneten, durch Bestechungen oder Pressionen gesteuert werden konnte. In den mehr ständisch gewählten Versammlungen des übrigen Europa waren die wirtschaftlich artikulierten Interessen sehr viel strenger umgrenzt. Aber auch hier vollzog sich seit 1840 ein schneller und deutlicher Wandel vom Stand zur Partei, ohne daß freilich die Partei oder gar die Opposition in der politischen Theorie einen festen Ort gefunden hätte. Aber in der ständischen Praxis gerieten die gewählten Körperschaften seit 1840 sowohl in Dänemark wie in Preußen wie in den österreichischen Erblanden und auch in Ungarn in Bewegung, überschritten die politischen Fragestellungen, die ständischen Interessen, und die Forderungen der Bürger nach einer besseren und größeren Vertretung wurden unüberhörbar. Seit der gleichen Zeit differenzierten sich die liberal-großbürgerlichen und die demokratisch-republikanischen Richtungen, aber im Gegensatz zu Frankreich und Belgien kämpften im ganzen übrigen Europa beide Gruppen immer noch über den gemeinsamen Nenner einer Opposition vereint gegen die Regierung. Sie wußten sich als Repräsentanten aller Untertanen, und daher war auch für diese Richtungen der Begriff einer Partei ambivalent; eindeutig war nur, daß sie sich als Partei der Zukunft verstanden, damit aber auch schon den Anspruch künftiger Totalität erhoben, an der gemessen alles Bestehende und seine Verteidiger zu einer Partei der Vergangenheit zusammenschmelzen sollten. Auch hier handelte es sich um Parteien, die eigentlich keine sein wollten.

Ihr organisatorischer Rückhalt lag — neben der Presse — in den geselligen Vereinigungsformen, die ebenfalls ein Indikator der sich auflösenden ständischen Gesellschaft waren. Die Schützenvereine, die Gesangvereine, die Turnvereine, die wissenschaftlichen Gesellschaften, schließlich die in die Illegalität abgedrängten Handwerkerbünde und die ihnen korrespondierenden Gewerbevereine des Bürgertums — sie alle waren die Transmissionsriemen einer gleitenden Umwandlung der ständischen Gesellschaft in eine nach neuen Klasseninteressen sich ausrichtende Bürgergesellschaft.

Zu den politischen Richtungen, die sich teilweise noch aus den herkömmlichen Verfassungsmodellen einer Republik, einer Aristokratie oder einer Monarchie ableiteten, trat nunmehr eine neue in Konkurrenz, die als spezifisches Produkt der allgemeinen Übergangszeit angesehen werden muß: der Bonapartismus. Er fand seine emotionalen Anhänger nicht nur bei den auf halben Sold gesetzten alten Veteranen in Frankreich, sondern in allen europäischen Ländern, in denen Napoleon nicht nur als Heros, sondern auch als Typus eines großen Mannes gefeiert wurde (Heine), der die alten Schranken zugunsten freier Aufstiegsmöglichkeiten für den Tüchtigen niedergerissen habe. Der Bonapartismus gehörte zu jenen sozialen Erlösungsmythen und politischen Rettungsideologien, die den Zerfall des Herkommens nicht nur voraussetzten, sondern auch vorantreiben sollten.

Wenn die Parteien als widersprüchlich zum Optimum gesellschaftlicher Organisation empfunden wurden (nur wenige, wie Niebuhr oder Balbo, machten hier eine Ausnahme), so war dies auch ein Säkularisat, Ausdruck einer Weltanschauung oder sozialer Religiosität. Durch diese Konkurrenz wurde indirekt auch das Christentum in Frage gestellt. Während die Reformation nur die Einheit der Kirche zerstört hatte, verlor nun im Gefolge der Französischen Revolution das Christentum überhaupt seine integrierende Funktion für die bürgerliche Gesellschaft. Das Christentum wurde mit anderen Worten selber parteibedürftig und auch parteifähig. Das Bündnis von Thron und Altar in der Restauration setzt bereits den Zerfall einer in sich christlichen Gesellschaft voraus. Aber langsam paßte sich die katholische Kirche der Demokratisierung an; während vor der Julirevolution fast alle Bischöfe noch adliger Herkunft waren, vollzog sich danach eine schnelle Umwandlung im Einzugsgebiet der kirchlichen Hierarchie, die sich zunehmend aus Unterschichten rekrutieren mußte. Die protestantische Kirche blieb in Deutschland durch das Bündnis von Bildung und Staat viel enger den jeweiligen Regierungen verhaftet. Gleichwohl suchten Vertreter aller Konfessionen (wie Wichern, Baader, Ozanam, Buchez) nach religiösen Auskunftsmitteln für die neuen sozialen Konfliktlagen. Bereits vor 1830 entstand, in Frankreich früher als in Deutschland, jener christliche Sozialismus, der zwangsläufig eine Parteigruppierung bleiben mußte. Ähnliche Konsequenzen ergaben sich dort, wo die katholische Kirche in die Opposition zum Staat getrieben wurde: Kirchenkämpfe flackerten allenthalben auf, so in Irland, in den Niederlanden der zwanziger Jahre, in Preußen seit 1836, aber auch in Ungarn oder in Frankreich nach 1830. Was immer ihre Anlässe waren, die Lehrfragen, die Schulfragen, die Mischehenprobleme, die kirchlichen Steuererhebungen, immer war die katholische Kirche genötigt – aber sie wußte aus dieser Not eine Tugend zu machen –, durch Publizität und Öffentlichkeitsarbeit in den Gemeinden auf das politische Leben einzuwirken. So gerieten alle Kirchen wider Willen in den Sog zur Parteibildung, was innerhalb ihrer selbst zur Differenzierung zwischen Modernisten und Traditionalisten führte.

Ein weiteres Vehikel zur politischen Emanzipation der durch Zensuswahl oder Standesgrenzen in ihren Wirkungsmöglichkeiten beschränkten Bürger waren die Stadtverfassungen. Die Munizipalreformen in England, in Belgien und in Frankreich während der dreißiger Jahre holten das auf, was die Preußen bereits seit dem Freiherrn vom Stein kennengelernt hatten: eine relativ autonome Gemeindeverwaltung. Die Mischung von kommunaler Verantwortung und sozialen Machtkämpfen schulte die taktischen Fähigkeiten und das politische Bewußtsein jenes Bürgertums, das in der Revolution von 1848 zur Regierung drängte.

Aus all diesen Bereichen – dem der Literatur, der Pressekämpfe, der kirchlichen, der gesellschaftlichen und der politischen Vereinigungsformen, der weltanschaulichen Parteikämpfe, schließlich auch der Selbstverwaltung – entstammten jene Impulse, die in Frankreich den Republikanismus und, gemäß der Phasenverschiebung, im übrigen Europa die antiständischen Bewegungen vorantrieben.

Was ist nun der gemeinsame Nenner, unter dem sich die Erfahrungen der neuen Generation subsumieren lassen? Allen gemeinsam war die Erfahrung der Beschleunigung. Politisch lebte diese von dem gehäuften Regimewechsel, vorzüglich in Frankreich, so daß Lamartine 1849 sagen konnte, es sei nicht mehr möglich, Geschichte zu schreiben, weil die Geschwindigkeit der Zeit jegliche Distanz verzehre. Dazu gehörte auch der Bevölkerungszuwachs, über den wir oben sprachen. Er führte zu einem Raumschwund, der sich in der Spanne einer Generationserfahrung als Beschleunigung ausdrückte. (Die Bevölkerung pro Quadratkilometer vermehrte sich zwischen 1820 und 1840 in Deutschland von 49 auf 61 Einwohner, in Frankreich von 57 auf 63, in England von 80 auf 105, in Italien von 65 auf 81 Einwohner.) Ähnlich hatte auf dem Gebiet des Rechts die Ablösung alter Rechte von ihrem Legitimitätstitel der Dauer eine Verzeitlichung zur Folge, die durch einander überholende Gesetze und Verordnungen ebenfalls als Beschleunigung erfahren wurde. Schließlich wurde die aus all dem gespeiste Unruhe von der technischen Entwicklung entschieden vorangetrieben. Mit der Eisenbahn trat jenes Vehikel in die Wirklichkeit, das sich aufgrund seines Materials und seiner Geschwindigkeit allen bisherigen naturalen Vorgegebenheiten entzog. »Durch die Eisenbahn wird der Raum getötet, und es bleibt uns nur noch die Zeit übrig«, wie Heine sagte. Mehr noch, die Eisenbahn wurde zum Symbol des Fortschritts, der von der Denaturalisierung der Zeit seine Evidenz bezog: mit der Eisenbahn schien der Mensch endlich Herr über die Naturgewalten zu werden, an sie knüpften sich jene utopischen Hoffnungen, die mit zunehmender Geschwindigkeit das vermeintliche Ziel der Geschichte, den ewigen Frieden, zu erreichen trachteten. Zugleich lag in der Eisenbahn trotz ihrer vier Klassen für die Reisenden ein Moment der Demokratisierung, weil zum Entsetzen alter Herrschaften jetzt jeder mit gleicher Post gleich schnell fahren konnte. Die Bürger stellten exakte Berechnungen an, wie sehr sich durch die wachsende Geschwindigkeit die Arbeitszeit verkürzen müsse und der Raum zusammenschrumpfe. So war wie im politischen und im sozialen Bereich durch die Technik jener Erfahrungskern im Alltag hergestellt worden, der in der Tat ein neues Zeitalter anzeigte.

Schließlich gehören zur Signatur des neuen Zeitalters jene ökonomischen Bedingungen, die bereits zu starken Verzerrungen im überkommenen Sozialgefüge geführt hatten. Freilich hat erst die

Revolution von 1848 den Anstoß gegeben zu der rapide wachsenden Produktionssteigerung, die seitdem die Sozialstrukturen andauernd und irreversibel veränderte.

II. WIRTSCHAFTLICHE ENTWICKLUNGSGEFÄLLE

Das politische und soziale Spannungsmoment Gesamteuropas lag in dem bisher geschilderten Gegensatz zwischen den westlichen Verfassungsstaaten und den übrigen Verwaltungsstaaten bzw. absolutistischen Standesstaaten sowie ihren Mischformen enthalten. Rein wirtschaftlich gesehen aber befand sich das ganze Festland im Sog der britischen Industrialisierung, die auf- und einzuholen ein Gebot der Selbsterhaltung war. Freilich haben die einzelnen Staaten sehr verschieden auf die britische Herausforderung reagiert; dementsprechend fiel die Rolle des Bürgertums dabei sehr unterschiedlich ins Gewicht. Den Vorsprung der Briten auf dem Wege zur Technifizierung der Arbeitswelt und damit zu ihrer arbeitsteiligen Organisation wettzumachen, war der Zwang, unter den alle wirtschaftlichen Anstrengungen auf dem Kontinent zunehmend gerieten. Gemessen an dem englischen Vorsprung waren sämtliche Staaten des Kontinents nachhinkende Entwicklungsländer.

Gleich nach den Pariser Friedensschlüssen hatte sich der europäische Markt geöffnet. Die aus Britannien einströmenden Waren führten zu einer Fülle von Konkursen, weil die Firmen des Schutzes der napoleonischen Kontinentalsperre entraten mußten. Die unmittelbare Reaktion auf die Krise von 1816 war, wie in England selbst, daß sich die Staaten hinter ihren neuen Grenzen zollpolitisch einigelten. Alte merkantilistisch-fiskalische Maximen lebten wieder auf, die Zollsätze überstiegen oft die 150 %-Grenze, wie etwa in Piemont; in Österreich waren in 654 Zolltarifen 80 völlige Verbote enthalten; Frankreich ging wieder zur Praxis der Ausfuhrprämien über, und seine neuen Zollgrenzen wirkten sich verheerend auf die bisher dem großen französischen Markt zugehörigen Gebiete aus. Preußen machte hier eine einzigartige Ausnahme. Aus praktischen Gründen — angesichts seiner überdehnten Zollinie war es unmöglich, dem Schmuggel zu wehren —, aber mehr noch infolge einer wirtschaftspolitischen Entscheidung stellte sich Preußen auf die freie Konkurrenz ein: seine Zollsätze überstiegen im Schnitt nicht die 10 %-Grenze, die Smith-Schule beherrschte die preußischen Universitäten und die daraus hervorgehende Bürokratie. Lobend verwiesen die Londoner Kaufleute 1820 vor dem Unterhaus auf das preußische Beispiel, um dem Freihandel internationale Anerkennung zu verschaffen.

Nun kam der Freihandel, wie üblich, dem wirtschaftlich Stärkeren zugute, so daß der erzieherische Effekt für die preußische Industrie, wenn überhaupt, jedenfalls erst 20 Jahre später eintrat —

als der Zollverein langsam zu Schutzzöllen überging. In den anderen Ländern dagegen, vor allem in Frankreich, spielte sich jener *circulus vitiosus* der Schutzzollpolitik ein, der die Voraussetzung des Schutzes – eine konkurrenzschwache Industrie – immer wieder erneuert und damit neue Schutzmaßnahmen erheischt. Dieser Rückkoppelungseffekt hatte sich in Frankreich auch über die Julirevolution hinweg erhalten. Was List für Deutschland vergeblich forderte: Prohibitivzölle, um die Industrie auf den englischen Standard zu heben, hat jedenfalls auf die Länge die französische Entwicklung gebremst.
Da die Barrieren auch unter gleich starken Partnern bestehenblieben, war der internationale Markt in Europa nur sehr schwach entwickelt. Dazu kam eine Fülle von Binnenzöllen, selbst in Frankreich oder Preußen, das an den Stadttoren Mehl und Fleisch versteuerte. Erst 1826 hob Österreich seine Binnenzölle auf, aber Kossuth gelang es aus nationalistischen Impulsen 1844 sogar, die österreichischen Waren in Ungarn boykottieren zu lassen. Die Schweiz kannte bis zu ihrer bundesstaatlichen Einigung 400 Binnenzölle, wie auch Italien: allein am Po befanden sich achtzig Zollstationen. So blieben sogar Sizilien von Neapel und im Norden Schweden von Norwegen zollpolitisch getrennt.
In Anbetracht dieser fiskalischen Handelspolitik kam es in ganz Europa darauf an, inwieweit es gelingen würde, hinter den Zollmauern mit den englischen Erfindungen auch die daraus folgenden Innovationen in den eigenen Wirtschaftsprozeß einzubringen. Dies wurde nur sehr mühsam erreicht. Dabei war die Hilfe englischer Fachleute vonnöten, die aber auf der Insel – wie der Export von Maschinen – unter schwerer Strafe stand. So beschritt man illegale Wege, schmuggelte Maschinen über den Kanal und heuerte englische Experten an – es waren »Fremdenlegionäre der Industrialisierung« (Köllmann), von denen in Frankreich mehrere Tausend arbeiteten. Der preußische Staat betrieb systematisch Industriespionage, entsandte auf Staatskosten Techniker nach England oder den USA, um sie Produktionstechniken erlernen zu lassen, und stellte den Unternehmern kostenlos britische Modellmaschinen zur Verfügung. Unter den englischen Emigranten gab es wirtschaftliche Spitzenkräfte, die als Pioniére der Innovation tätig waren. So modernisierte Jackson in Frankreich die Stahlproduktion, so betrieben Cockerill und seine Söhne in Belgien, im Rheinland und in der Lausitz den Maschinenbau und mechanisierten die Spinnerei. Aber solche Beispiele blieben ohne unmittelbare Breitenwirkung; keinem der Kontinentalstaaten gelang es, den Anschluß an die englische Produktionssteigerung zu finden. Nirgends konnten die Erfindungen schnell in Produktion umgesetzt werden; nicht nur ihre Einführung hinkte um Jahrzehnte nach – so wurde das 1784 in England entwickelte Puddelverfahren erst 1802 in Oberschlesien eingeführt, 1817 in Frankreich (Dufant) und erst

Mitte der zwanziger Jahre im Ruhrgebiet (Harkort) –, auch ihre Anwendung stieß auf langfristige Hindernisse. Demzufolge war z. B. der Eisenpreis Mitte der zwanziger Jahre in Frankreich immer noch doppelt so hoch wie in England. Ein Vergleich der – ausschlaggebenden – Rohstoffproduktion zeigt, wie trotz aller Steigerung der Kontinent hinter der englischen Entwicklung zurückblieb und nach wie vor auf Importe aus England angewiesen war.

Kohlenproduktion (in 1000 t)

	England	Frankreich	Deutschland (Zollverein)
1800	10 100	800	300
1820	12 500	1 100	1 500
1840	30 000	3 000	3 400

Roheisenproduktion (in 1000 t)

	England	Frankreich	Deutschland (Zollverein)
1800	190	60	40
1820	370	140	90
1840	1 390	400	190
1850	2 500	420	240

So bemerkenswert der Anlauf der beiden Kontinentalmächte ist, in der Roheisenproduktion ist selbst die Zuwachsrate auf den Britischen Inseln noch höher als in Deutschland und Frankreich. Die relativ flache Kurve der französischen Kohlenproduktion zeugt freilich von standortbedingten Nachteilen; die Vorteile lagen dafür in Belgien, das allein mehr Kohle als Frankreich förderte; Frankreich ging aber auch nur sehr langsam von der Holz- zur Koksfeuerung der Hochöfen über, es nutzte traditionell Waldungen seiner an der Produktion beteiligten Großgrundbesitzer, was zusätzlich den Fortschritt bremste. Die Vorteile von Belgien sind auch im Hinblick auf den Zollverein eindeutig: es produzierte noch in den vierziger Jahren mehr Eisen als ganz Deutschland zusammen. Die belgische Sonderstellung, die derjenigen Englands am nächsten kam, führt auf eine weitere Voraussetzung der Industrialisierung, das Kreditgebaren.

Die Kreditschöpfung gehörte zu den wirtschaftlichen Problemen, die vor der Jahrhundertmitte fast nirgends hinreichend gelöst wurden. Dadurch blieb der Kontinent gegenüber England, wo sich seit den dreißiger Jahren ansehnliche Privatbanken im ganzen Lande ausbreiteten, zusätzlich im Hintertreffen. Die Staatsbanken auf dem Kontinent nutzten ihr Monopol kaum, Handel und Gewerbe mit langfristigen Krediten zu versehen. Erst 1835 ging die

Banque de France — darin den übrigen europäischen Staaten voraus — dazu über, Filialen in den Provinzen zu errichten. Und erst nach jahrzehntelangen vergeblichen Bemühungen gelang es Lafitte, 1837 die *Caisse Générale de Commerce et de l'Industrie* zu gründen, die ihre Gelder vorzüglich im Gewerbe investierte. Für Belgien wurde mit der oranischen Bank *Société Générale pour favoriser l'Industrie Nationale* ein Weg eröffnet, der nach der Revolution durch Rothschilds Beteiligungen eine Menge industrielle Gründungen ermöglichte. Auch das 1835 ins Leben gerufene Konkurrenzunternehmen, die *Banque de Belgique*, leitete ihre Gelder in die Industrie über, so daß sie besonders aus Frankreich einen breiten Kapitalstrom in das eigene Land locken konnte: ein weiterer Grund, warum Belgien dem liberalen Europa als vorbildlich galt.

Die in vielen Ländern damals aufkommenden Sparkassen hatten dagegen ihren Einzugsbereich im unteren und mittleren Bürgertum, ohne ihre Anlagemöglichkeiten in größeren oder riskanten Projekten zu suchen. — Bei dem Mangel an Aktienbanken kam auf dem Kontinent den Privatbankiers immer noch eine führende Stellung zu, von denen die Gebrüder Rothschild mit ihren Sitzen in London, Paris, Frankfurt, Wien und Neapel das damals wichtigste Geschäft der Staatsanleihen und damit auch die Börse praktisch beherrschten. Quer durch alle Systeme arbeiteten sie mit den Regierungen zusammen und dienten dem *status quo*.

Wenn der Geldmarkt zu knapp und zu schlecht organisiert war, um industrielle Wachstumsimpulse auszulösen, so stellte sich in allen Ländern die Frage, welche Industriezweige sich durch Eigenfinanzierung aufwärtsentwickeln könnten. Auch hier blieb der Kontinent im Schatten Englands, denn den Hauptanteil an der Produktionsausweitung trugen die von der englischen Konkurrenz bedrohten Textilindustriellen. Sie stellten in Frankreich wie im Zollverein rund 50 % des gesamten Exportes. Gerade sie aber standen im In- wie im Ausland unter dem Konkurrenzdruck der einzigartig emporschnellenden britischen Baumwollfabrikation. Diese lastete zunehmend auf der kontinentalen, noch weithin handwerklich betriebenen Leinen-, Seiden- und Wollproduktion, so daß sich auf die Dauer nur Spitzenfabrikate (wie die Lyoner Seide oder fabrikmäßige Baumwollfabrikate aus dem Elsaß) halten konnten. Dabei kam es infolge der verschieden rhythmisierten Maschinisierung zu schweren Verzerrungen auf dem Arbeitsmarkt. Die Spinnerei konnte vorrangig mechanisiert werden, während die zugehörigen Webereien noch lange — auf dem Kontinent bis über die Achtundvierziger Revolution hinaus — in Handarbeit und im Verlagssystem betrieben wurden. Allein in Preußen verdoppelte sich in unserem Zeitraum die Zahl der Handweber, die ihre Arbeit in Haupt- oder Nebentätigkeit verrichteten, auf über eine halbe Million. Das Anwachsen der Produktion mit vorindu-

striellen Mitteln vorzüglich in der Woll- und Leinenindustrie war auf die Länge zum Scheitern verurteilt; die Katastrophe erfaßte in den vierziger Jahren ganze Provinzen, sobald die Krise der Landwirtschaft hinzutrat: sie breitete sich aus in Flandern, in Westfalen, in Schlesien, in Böhmen, in der Schweiz. Die Krise der Tuchindustrien aller Sorten war eine Krise der traditionellen Produktionsweisen, die noch nicht durch mechanisierte Fabriken ersetzt worden waren. Diesem Sachverhalt entspricht, daß die konjunkturell bedingten Krisen in England 1816, 1825, 1836 und 1846 sich international nur wenig auswirkten. Sie reichten sporadisch nach Belgien hinein oder drückten auf die Kurse, aber Frankreich konnte England in Krisenjahren sogar mit Krediten unter die Arme greifen; kontinentaler Handel wie Gewerbe blieben im ganzen unberührt. Erst 1846 trafen die Konjunkturkrise Englands und die europäische Agrarkrise, die durch die sinkende Kaufkraft die Textilindustrie mit sich zog, zusammen — mit einem akkumulativen Effekt für die Revolution von 1848. Die Antwort, die auf dem Kontinent gesucht wurde, war zunächst politisch; erst nach der Revolution setzten die Industrialisierung und die Kreditschöpfung durch neue Banken auf breiter Front ein.
Welches waren nun die sozialstrukturellen Verschiebungen, die sich als Voraussetzung und Folge der langsam anlaufenden Industrialisierung zeigten?

III. SOZIALSTRUKTURELLE VERÄNDERUNGEN UND NEUE ORGANISATIONSFORMEN

Alle sozialen Umschichtungen und neuen Organisationsformen ergaben sich aus dem Zusammenwirken dreier Faktoren. Erstens wurden sie durch den technisch-industriellen Prozeß herausgefordert. Zweitens reagierten darauf mit eigener Initiative Individuen oder Gruppen, die ihrer ständischen Bindungen verlustig gegangen waren oder gerade dabei waren, sie zu verlieren. Drittens spielt eine gar nicht zu unterschätzende Rolle der Staat, der gerade im Zeitalter des Wirtschaftsliberalismus auf die Höhe seiner Macht kam und mehr als je zuvor genötigt war, durch Gesetzgebung und Verwaltungsakte sozial und ökonomisch neues Recht zu stiften. Eine der unabdingbaren Voraussetzungen für rationales Planen und Handeln der Wirtschaftsbürger war der generelle Rahmen, den Napoleon durch seine Codices gestiftet hatte und den in Preußen und Österreich das *Landrecht* (1791) beziehungsweise das *Allgemeine Bürgerliche Gesetzbuch* (1811) vorbereiteten. Es waren Gesetzeswerke, die den Verwaltungsspielraum nicht etwa minderten, sondern erst vollends freigaben. Niemals zuvor sind so viele Verordnungen erlassen worden wie gerade im Zeitalter frei werdender wirtschaftlicher Bewegung, was schon ein Blick auf die Fülle der damaligen *Parliamentary Acts* in England zeigt.

Je nach der Beteiligung der modernen Wirtschaftsbürger an der Gesetzesmaschine gewinnen die Staaten ihr eigenes Profil, obwohl überall die Ähnlichkeit der von der Ökonomie her gestellten Probleme analoge Antworten heraufbeschwor. Ein Vergleich der beiden wichtigsten Industrienationen, Frankreich und Preußen, soll dies verdeutlichen.

a) Die bürgerlichen Eliten und der Staat

In Frankreich blieb der vertikale bürokratische Verwaltungsapparat streng an die ministeriellen Spitzen gebunden, das Wirtschaftsbürgertum mußte seinen Einfluß über die Kammern in Paris entfalten; erst seit 1830 war es über die Hochfinanz und ihre Vertrauten zugleich unmittelbar Träger der politischen Macht. In Preußen wurde entgegen dem strikt bürokratischen System die kollegiale Behördenorganisation beibehalten, was die Verwaltung verlangsamen mochte, aber auch auf unteren Ebenen einen konsultativen Ausgleich zwischenständischer Differenzen ermöglichte. Der Staatsrat stellte (soweit es darum geht, nicht die Institutionen, sondern ihre Funktionen zu vergleichen) eine Art Beamtenparlament dar, das auf die Legislative in den Händen der Ministerialbürokratie einen wirksamen Einfluß ausübte. Beide Typen, der parlamentarische Verfassungsstaat der Bourgeoisie mit hierarchischer Verwaltung und der Verwaltungsstaat, in dem die Behörden den organisatorischen Kern der Verfassung bildeten, von dem die Wirtschaftsbürger fast ganz ausgeschlossen blieben, sahen sich nun vor Probleme der entstehenden Industriegesellschaft gestellt, die, weil sie ungelöst blieben, gleicherweise zur Revolution von 1848 führten.
Sosehr der kontinentale Staat im Gegensatz zu England als Erzieher und Steuerverteiler, als Produzent und als Konsument die Industrialisierung unmittelbar vorantrieb, eine ihrer unabdingbaren Voraussetzungen war die legislative Freigabe eines Spielraumes, in dem sich die neue Schicht von Erfindern und Unternehmern, Technikern und Kapitalisten entfalten und in wechselnder Zusammenarbeit das Wagnis der Neuerungen eingehen konnte: Männer, für die Arbeit zur Religion wurde und die ihr Glück mehr im Vollzug der Arbeit als im Genuß ihrer Früchte sahen und deren Unersetzlichkeit St.-Simon in seiner berühmten Parabel geschildert hatte. Ein Staat könne auf Königsfamilie, Hof und Blutsadel verzichten, nicht aber auf seine wissenschaftliche und wirtschaftliche Elite. Preußen förderte nun diese Wirtschaftsbürger, grob gesprochen, um sie von der Politik abzuhalten. In der Julimonarchie wurden sie gefördert, soweit sie selbst an der politischen Macht teilhatten, aber damit wurde in Frankreich bereits ein Klassengegensatz legalisiert, der in Preußen noch ständisch versteckt blieb. Gleichwohl war auch in Preußen wie in den anderen Ländern die

Abb. 35: Die Maschinenfabrik von Borsig in Berlin (1847)

Herkunftszone der industriellen Pioniere zwischenständisch. In Deutschland zum Beispiel stammten 1840 61 % von ihnen aus Arbeiter- und kleinbürgerlichen Handwerkerkreisen (wie der Zimmermannssohn Borsig oder der Webersohn Dierig), 28 % gingen aus dem Mittelstand hervor (wie Hansemann oder Mevissen) und 11 % aus dem Adel und Beamtentum (wie die oberschlesischen Magnaten oder von Unruh). Dabei kam es zu vielen Kombinationen der Zusammenarbeit, etwa zwischen Erfindern und Kaufleuten, zwischen Bankiers und Fabrikanten, die sich häufig – wie in Frankreich die Mallets und Oberkampf oder die Vernes, Périers oder Berckeims – durch Eheschlüsse zusammenbanden. In Frankreich stand dabei die Pariser Hochfinanz gesellschaftlich an der Spitze, was sich wegen der schüchternen Kreditpolitik der von ihr beherrschten *Banque de France* einer zügigen Industrialisierung nicht gerade als förderlich erwies. Analoge Hindernisse entstanden in Preußen durch die Fusion von Adel und Bildungsbürgertum in den Verwaltungskollegien.

Die vorherrschende Organisationsform der aufkommenden Fabrikbetriebe, die sich oft erst aus dem Handwerk entwickelten oder die das überkommene Verlagssystem im Zuge der Maschinisierung nur langsam rationalisierten, war im allgemeinen – besonders bei der Textilindustrie – der Privatbetrieb. Dabei korrespondierten eiserne Sparsamkeit der Besitzer und niedrige Löhne der Arbeiter, und nicht selten mußten Verwandte einspringen, um (wie bei Krupp) die knappe Finanzdecke zu strecken. Vertikale Konzernbildungen wie ansatzweise bei Harkort oder bei De Wendel oder Talabot gehörten noch zu den Seltenheiten.

Die für die Ausweitung der Kapitalbasis entscheidende Voraussetzung wurde nur sehr schüchtern vom Staate zugelassen. Frankreich ging hierin voran mit den beiden Formen der *Société Anonyme* und der Kommanditgesellschaft, deren Teilhaber nur mit ihren Einlagen hafteten und somit die Risikofreudigkeit der eigentlichen Unternehmer steigern halfen. Unter der Julimonarchie blühte diese Gesellschaftsform auf und legte den Grund für den anfänglichen Vorsprung Frankreichs – und auch Belgiens – in der Maschinisierung der Textilindustrie (1848 gab es in Frankreich rund 5000 Dampfmaschinen gegenüber nur 1444 in Preußen). Die preußische Bürokratie zögerte sehr – im Gegensatz auch zu Sachsen –, die als egoistisch und unzuverlässig betrachteten Aktiengesellschaften über den Rahmen der landrechtlichen Korporationsrechte hinaus zuzulassen. Erst 1843 wurde die Gründung von Aktiengesellschaften erleichtert, denen bis dahin der Charakter einer juristischen Person gefehlt hatte, aber sie blieb wie in England immer noch von spezieller Regierungsgenehmigung abhängig, wobei zuvor der Nachweis der Gemeinnützigkeit von seiten der Aktiengesellschaft erbracht werden mußte. In Frankreich wurde dagegen schon 1832 die freie Übertragbarkeit von Kommanditbeteiligungen zugelassen, was zu einem sprunghaften Anstieg dieser Gesellschaftsform führte. Allein 1838 hatten sich 301 Kommanditgesellschaften mit einem Gesamtkapital von 800 Millionen Francs in Paris registrieren lassen. In Preußen dagegen wurden Genehmigungen immer noch versagt, wenn die Ministerialbürokratie der Ansicht war, daß ein Einzelunternehmer die Aufgaben einer Gesellschaft allein erfüllen könne.

Jenseits der reinen Geschäftsgesellschaften bildeten sich nun unter staatlicher Nachhilfe eine Fülle von Assoziationen, die die Wissenschaften und ihre Erfindungen, die neuen Gewerbearten und ihre Techniken propagierten. Die Zahl dieser Gesellschaften ist Legion, ihr Vorbild die napoleonische *Société d'Encouragement pour l'Industrie Nationale*, die Beuth in Berlin zur Gründung des *Vereins zur Gewerbeförderung* anreizte. In derartigen Vereinen war die Bürokratie besonders stark vertreten, so daß sie als ein Umschlagplatz staatlicher und gesellschaftlicher Interessenbildung verstanden werden können. So zählte zum Beispiel der *Innerösterreichische Gewerbeverein*, Vorkämpfer einer außerständischen bürgerlichen Gesellschaft, im Vormärz rund 2700 Mitglieder. Während derartige Organisationen anfangs zur gegenseitigen Förderung gegründet wurden, verwandelten sie sich seit den vierziger Jahren auf dem ganzen Kontinent zunehmend in politisch-wirtschaftliche *pressure groups*. So bildeten sich in Frankreich wie in Deutschland überregionale Zusammenschlüsse der Freihändler und der Schutzzöllner oder etwa der Zuckerrübenfabrikanten oder der Eisenbahngesellschaften, deren Ziel es war, direkt auf die Politik einzuwirken, sei es über das Parlament, sei es über die Ministerialbürokratie.

Zeichnet sich hinter solchen Assoziationen bereits ein Gegensatz zwischen Staat und Gesellschaft ab, so schützte der kontinentale Staat gleichwohl seine Unternehmer auch auf institutionelle Weise. Die Handelskammern waren in Frankreich eine Domäne des Großbürgertums, halb staatliche, halb gesellschaftliche Institute, die über das Rheinland in den vierziger Jahren auch nach Preußen hinein ausgedehnt wurden. Ihren Gutachten fiel ein wachsender Einfluß auf die Regierungsentscheidungen zu. Auch in den Sonderministerien, die über die klassischen Ressorts hinaus gestiftet wurden, ging der französische Staat voran: 1836 wurde ein Handels- und Ackerbauministerium gegründet, was die preußischen Bürger bis zur Revolution immer wieder vergeblich gefordert hatten, um endlich den fiskalischen Interessen des Finanzministeriums Widerpart bieten zu können. 1831 schon errichtete die Julimonarchie ein Ministerium für öffentliche Arbeiten. Dieses Ministerium war zusammen mit der in ganz Europa vorbildlichen *Schule für den Straßen- und Brückenbau* dafür verantwortlich, das französische Straßen- und Kanalnetz zu erweitern: 34000 km Staatsstraßen wurden bis 1848 so gut befestigt, daß sich die Geschwindigkeit der Postkutschen von 4,3 auf 9,5 km/h erhöhte. Die Julimonarchie schuf die Voraussetzungen, die autarken Agrarregionen langsam an die großen Industriezentren heranzuziehen. Dabei riskierte der Staat bewußt eine steigende Verschuldung, die nicht zuletzt zur Finanzkrise von 1847 führte. Trotz seiner entgegengesetzten Finanzpolitik, nämlich den Schuldenberg aus der napoleonischen Zeit systematisch abzutragen, blieb der preußische Staat weit mehr als der französische für den Ausbau der Infrastruktur unmittelbar zuständig. In der Verwissenschaftlichung der Technik folgte Preußen dem französischen Vorbild der *Ecole Polytechnique,* wie auch Österreich durch die Gründung der Technischen Hochschulen in Prag, Wien und Graz. Beuth gründete in Berlin das *Technische Gewerbe-Institut,* dehnte aber das technische Erziehungssystem auf die Provinzebene hin aus, von wo die Begabtesten als Stipendiaten in die Hauptstadt geholt wurden.
Auch den wichtigsten Sektor der Energiequellen, den Bergbau, behielt der preußische Staat völlig in seiner Hand. Trotz aller Widerstände der Gewerke sorgte der Staat dafür, daß die technische Rationalität nicht durch Gewinnspekulationen überwuchert wurde; und auch der Bergarbeiterstand blieb im Schutz der staatlichen Knappschaften weiterhin privilegiert. Von gar nicht zu überschätzender Bedeutung war die preußische *Seehandlung,* ursprünglich eine halbstaatliche Handelsgesellschaft, die unter Rother in eine Zentrale für Entwicklungshilfe verwandelt wurde, somit die Funktionen des französischen Arbeitsministeriums bei weitem überbietend. Die *Seehandlung* war das größte Unternehmen im ganzen preußischen Staat, sie entwickelte Musterbetriebe, für deren Unkosten aufzukommen das Bürgertum noch zu schwach war. Sie

leistete Finanzhilfen an erfolgversprechende Entwicklungsprojekte in der Privatindustrie, sie konnte es sich leisten, auch mit Defizit zu arbeiten, wenn es darauf ankam, soziale Mißstände zu dämpfen oder rückständige Techniken zu verbessern. Mit einem Satz, die *Seehandlung* baute planwirtschaftliche Stützpunkte in die freie Wirtschaft ein, um den technischen Fortschritt zu stimulieren. Viele Tausende von Arbeitern beschäftigte die Seehandlung, um die Länge des preußischen Chausseenetzes in kurzer Zeit zu verdreifachen. Demzufolge konnte sich der jährliche Personenverkehr binnen zehn Jahren verzehnfachen (er stieg von 60 000 auf 600 000).

Dank den staatlichen Erziehungs- und Hilfsmaßnahmen war das preußische Wirtschaftsbürgertum in den vierziger Jahren so weit erstarkt, daß sich die Kritik an der staatlichen Bevormundung in politische Machtansprüche umsetzte. 1848 wurde die *Seehandlung* genötigt, ihre Betriebe zu privatisieren, wobei es vorkam, daß Zöglinge der staatlichen Gewerbeschule — wie Borsig — Maschinenfabriken der *Seehandlung* kaufen konnten. So paradox es klingt: der Aufstieg des preußischen Wirtschaftsbürgertums, das 1848 an die Macht drängte, war auch eine Folge der staatlichen Wirtschaftspolitik, die eine eigentümliche Mischung von Liberalität und Bevormundung darstellte. Aufs Ganze gesehen waren also die staatlichen Vorleistungen für die Freisetzung eines Wirtschaftsbürgertums in Preußen um so viel größer, als es sozialstrukturell gegenüber Frankreich mehr in die Tradition eingelassen blieb. Während in Frankreich über 18 Jahre hinweg die Großbourgeoisie die politische Macht in der Hand hielt, blieb in Preußen das gebildete Beamtentum im Bunde mit dem Adel immer noch der erste Stand des Staates. Die Bürokratie galt als ein Stand der Intelligenz, dessen Ziel es war, einen rechtlich homogenen Wirtschaftsraum zu schaffen, sie bildete, wie der junge Marx sagte, den »Staat, der sich wirklich zur bürgerlichen Gesellschaft gemacht hat«. Ihr untergeordnet waren die rund viertausend führenden Kaufleute, zu denen steuerrechtlich auch die Fabrikanten zählten. Insgesamt gehörten sie zum Stand der Stadtbürger, der durch die Steinsche Städtereform zwar verstaatlicht worden, nicht aber als ein eigener Stand beseitigt worden war. Wenn nun die französische Wirtschaftsbourgeoisie sich selber steuerlich schonte, so der preußische Staat nicht minder die seine. Die Gewerbesteuern waren gering. Sie erfaßten nur die Art der Gewerbe, nicht ihr Wachstum, so daß die Kapitalbildung staatlicherseits gefördert wurde. Daher wird es verständlich, daß der wirtschaftliche Aufschwung, der in beiden Ländern seit Mitte der dreißiger Jahre rapide zunahm, quer zu allen Differenzen in der Sozialverfassung parallele Züge aufwies. Dabei konnten die verschiedenen politischen Positionen wirtschaftlich sehr unterschiedliche Folgen zeitigen. Es war in Frankreich gerade die Hochfinanz, deren jeweiliges

Hausinteresse den technischen Fortschritt dort bremste, wo ihn der Agrarkapitalismus der ostelbischen Gebiete und die ihm zugeordnete Beamtenrationalität freisetzte. Das zeigt sich zuletzt in der *Eisenbahnpolitik*, in welcher Preußen sein reiches Nachbarland im Westen bereits vor der Achtundvierziger Revolution überholte. Mit Abstand führend war auf dem Kontinent auch hier der belgische Staat, der von vornherein den Eisenbahnbau in eigene Regie nahm und das bei weitem dichteste Netz aufzubauen imstande war. Frankreich dagegen geriet in Verzug, weil die Bürokratie unbeweglich blieb und weil die großen Finanzhäuser sich gegenseitig die Konzessionen streitig machten oder über die Kammern verschleppten. Erst aufgrund eines Gesetzes von 1842 gelang es, einen breiten Strom englischen Kapitals und englischer Techniker ins Land zu holen, so daß ein zentrales Netz entstand, das der französische Staat und die Privatgesellschaften arbeitsteilig aufbauten (der Staat besorgte die Planung und den Unterbau, die Bahngesellschaften — als Profitierende — den beweglichen Überbau und den Betrieb). Der preußische Staat zögerte nicht minder, weil er aus verfassungspolitischen Gründen die notwendigen Anleihen aufzunehmen sich scheute: dann nämlich hätte er, aufgrund der Hardenbergschen Staatsschuldenklausel von 1820, einen Reichstag einberufen und somit die Großbürger an der Macht beteiligen müssen. Gleichwohl erließ er schon 1839 ein Eisenbahngesetz, das es ihm gegen staatliche Zinsgarantien ermöglichte, Überschüsse auf finanzschwache Strecken umzulegen, so daß ein gewisser gemeinnütziger Aspekt traditioneller Wirtschaft in die Planung einging. Ebenso dämpfte der Staat 1842 durch ein Zusatzgesetz die Konjunktur, um Spekulationen und Bankrotte, wie sie in den westlichen Ländern um sich griffen, zu verhindern. Gleichwohl floß ein breiter Strom ersparten Kapitals aus dem Bürgertum in die Wirtschaft, wo es wachstumsfördernd investiert wurde und zugleich, durch die Beschäftigung Zehntausender aus dem Proletariat, die soziale Not auffangen half. Um die Jahrhundertmitte besaß Deutschland bereits 6044 km Eisenbahnstrecken gegenüber 10 653 km in England und nur 3083 km in Frankreich. Das preußische Bürgertum hatte mit einer Einzahlung von 23 Millionen Talern im Jahresdurchschnitt ein Kapital aufgebracht, das etwa dem vierten Teil der jährlichen Staatseinnahmen entsprach. Mit anderen Worten, die preußische Aktien- und Eisenbahngesetzgebung kam trotz aller Hindernisse so rechtzeitig, daß bei dem entscheidenden Einsatz für die industrielle Phase anhaltenden Wachstums Frankreich bereits eingeholt wurde. Damit vergrößerte sich der ökonomische Abstand auch zu allen übrigen europäischen Staaten, deren Eisenbahnnetze — von Belgien abgesehen — noch vergleichsweise unentwickelt waren. Die Initialzündung, die über den Eisenbahnbau die Kapitalinvestitionen und die Schwerindustrie zusammenführte und damit die Entstehung einer modernen

Abb. 36: Eröffnung eines Eisenbahntunnels (Stich um 1850)

Industriegesellschaft anbahnte, wurde bereits im Vormärz gelegt. – Die innenpolitische Auswirkung war die Adjustierung der preußischen Verfassung an das Wirtschaftsbürgertum durch das Dreiklassenwahlrecht der Achtundvierziger Revolution. Die außenpolitische Wirkung zeigte sich fünfzehn Jahre später – ein Indiz dafür, daß im Horizont des Wirtschaftsgefälles, das von England ausgegangen war, der Grad der Beschleunigung und Phasenverkürzung in der ökonomischen Entwicklung die gesamte politische Geographie veränderte. Wie List herausfordernd prophezeit hatte: Nur wer schneller vorankommt, überlebt, wer langsamer ist, geht unter.

b) Stände und Klassen der breiten Bevölkerungsschichten

Es gehört zur Entstehung jeder modernen Industriegesellschaft, daß die durch Reichtum oder Stand vorgegebenen Bedürfnisse entgrenzt werden. Auch die Luxusproduktion kann zum Bedürfnis werden, sei es durch internationale Konkurrenz, sei es, daß sie im Kreislauf einer gesamten Nationalwirtschaft ein so unentbehrliches Glied wird wie jedes niedere Bedarfsdeckungsgewerbe. Die Grenze zwischen Bedürfnis und Luxus wird damit auch sozial gesehen gleitend, was eine allgemeine Bedürfnissteigerung zur Folge hat.

Gemessen an dieser seit dem 18. Jahrhundert formulierten Erfahrung ist es schwer, die so oft geschilderte Not der Unterklassen eindeutig zu klassifizieren: sie schwankt, je nachdem ob subjektive Wünsche oder objektive Maßstäbe das Urteil begründen. Aber in beiden Fällen darf gesagt werden, daß das Elend der breiten Unterschichten auf dem Wege vom Kleinbürgertum und unterständischen ›Pöbel‹ zum außerständischen Proletariat in unserer Jahrhunderthälfte insgesamt gestiegen ist.

Das breite handwerkende Bürgertum geriet in den Sog wachsender Betriebe, es mußte sich in Konkurrenz zu größeren Firmen — über Magazine, Läden, Reklame und Basare — darauf umstellen, mit der Warenproduktion die Bedürfnisse mitzuproduzieren, anstatt wie herkömmlich nur auf speziellen Auftrag hin zu arbeiten. Aber das gilt zunächst lediglich für die Ballungsräume großstädtischer Bevölkerung; die dort herrschenden Produktionsbedingungen griffen nur langsam auf das Land und die Kleinstädte aus. Die einmal freigegebene Wirtschaft entfesselte eine soziale Bewegung, die sich im Laufe unserer Zeit, besonders seit Mitte der dreißiger Jahre, beschleunigte, in dem Maße, wie sich die Großfabrikation ausdehnte. Rein statistisch gesehen war die Bewegung — trotz hoher Beschleunigung in einigen Sektoren — noch relativ langsam. Es gab in Frankreich zum Beispiel gegen Ende der Julimonarchie bei rund 5 Millionen nicht landwirtschaftlich Tätigen nur etwa 1,3 Millionen Fabrikarbeiter, die dem Handwerk entwachsen und von etwa 124 000 Unternehmern abhängig waren. So kamen im Schnitt auf einen Unternehmer rund zehn Arbeiter. Natürlich schwankten die Zahlen nach oben und unten; sie bezeugen aber zusammengenommen eine nur sehr sporadische Massierung der Fabrikarbeiterschaft. Das gleiche gilt für unser Vergleichsland Preußen, wo sich die Fabrikarbeiter zwar im Laufe von 30 Jahren bis 1846 um rund 300 % vermehrten, aber sie erreichten nur die Zahl von rund 600 000, was bei einer Bevölkerung, die (mit 17 Millionen) nur halb so stark war wie diejenige Frankreichs, den französischen Verhältnissen entsprach. Obendrein waren von diesen als Fabrikarbeiter klassifizierten Lohnarbeitern über die Hälfte im Heim- und Verlagsgewerbe der Textilindustrie tätig. Die Schicht der Handwerker verdoppelte sich im gleichen Zeitraum nur, und zwar auf rund 800 000. Viele Gesellen verselbständigten sich nach der Freigabe der Gewerbe, aber die Variationsbreite blieb für die Menge handwerklicher Arbeit beschränkt, jede weitere Zunahme drückte auf das Verhältnis der Gesellen zu den Meistern und beider zugleich zu den Fabrikanten. Während die handwerkliche Tradition insgesamt erhalten blieb, sowohl in Frankreich wie in Preußen und besonders in Süddeutschland und Österreich, wo die Zünfte weiterlebten, akkumulierten sich gleichwohl die Notlagen regional und berufsspezifisch.

Es traten Verschiebungen auf, die völlig neue Probleme mit sich brachten. Im Maße, als die Zunftbindungen und damit der soziale Schutz ständischer Organisationen entfielen, kamen die Kleinbetriebe und ihre Gesellen in Not und blieben ohne jede Hilfe, sobald das Handwerk überbesetzt war oder unter den Konkurrenzdruck größerer Firmen oder in Dauerkrisen geriet wie das dominierende Textilgewerbe. Die unmittelbare Reaktion war der Versuch, sich genossenschaftlich zu organisieren, was in Frankreich besonders früh einsetzte. In Paris gab es 1823 schon 160 Hilfsvereine mit 11 000 Mitgliedern; selbst in Italien, wo seit der Französischen Revolution die Zünfte beseitigt blieben, lassen sich vor 1848 38 derartige Hilfsorganisationen nachweisen. In Preußen bildeten sich neue Innungen erst seit der Gewerbenovelle von 1845. Der Übergang in neue Organisationsformen war gleitend, weil die Zünfte nicht aufgehoben, sondern nur ihres Zwangscharakters entkleidet worden waren, was die Anpassung an die freie Konkurrenz erleichtern sollte.

Solche neuen Vereinigungsformen der Handwerker bildeten den Nährboden sozialistischer Utopien, die damals ins Kraut schossen, längst bevor sich ein Klassenbewußtsein der industriellen Fabrikarbeiterschaft entfalten konnte, was im ganzen erst nach der Revolution von 1848 der Fall war. Buchez, ein christlicher Sozialist, brachte 1831 das Schlagwort der ›Assoziation‹ in Umlauf, das im Gefolge St.-Simonistischer und Fourieristischer Erlösungsideologien zu einem Hoffnungsbegriff wurde, der bis tief nach Deutschland hinein auf allgemeine Resonanz stieß. Dabei umschrieb der Begriff der Assoziation, auch für das Bürgertum, ein spontanes Bedürfnis, das in der dekorporierten Gesellschaft überhaupt aufbrach. Die *Organisation der Arbeit* (popularisiert von Louis Blanc 1839) war das große Desiderat, das von den Mißständen der freien Konkurrenz hervorgetrieben wurde: Wie könnte die Gesellschaft nach ihren Bedürfnissen und Fähigkeiten so organisiert werden, daß die Ausbeutung der ›Arbeiter‹ durch die ›Müßiggänger‹ ein Ende nähme, das war die Frage der frühen Sozialisten, die sie durch verschiedene Zukunftsentwürfe zu beantworten suchten. Die Sekten der St.-Simonisten und der Fourieristen und ihr gewaltiger Einfluß noch lange nach ihrem Zerfall zielten auf einen neuen — oft mehr erwünschten als analysierten — Zukunftsraum, der in der Tat langsam von der technischen Leistungswelt ausgefüllt wurde. Hinter diesen Sozialismen stand die Erfahrung, daß die politische Revolution durch die Revolutionierung der sozialen Beziehungen dauernd vorangetrieben werde und daß es die Aufgabe der neuen Wissenschaft, der Soziologie, sei, die Dauerkrise durch ein funktionierendes Sozialsystem zu beenden.

Freilich wurden die neuen Organisationsformen, wo sie mit dem Strafgesetz aus sittlichen oder aus politischen Gründen in Konflikt gerieten, und vor allem wo sie die handwerklichen Unterschichten politisch handlungsfähig machten, vom Staate schnell unterdrückt: sie waren der Rückhalt der Seidenarbeiter in Lyon und der Handarbeiter in Paris, die 1831 und 1834 soziale Reformen erzwingen wollten. Die rigorosen Verbotsgesetze von 1834 kappten in Frankreich die politischen Wirkungen dieser blutigen sozialen Aufstände vorerst ab. Die Verfolgung, die die deutschen Regierungen ihren wandernden Handwerkern und deren Geheimverbänden auch in der Schweiz und in Frankreich angedeihen ließen, ordnet sich in das Gesamtbild ein. Der Staat ergriff, allen Aufrufen zur sozialen Hilfe zum Trotz, überall Partei auf seiten der Unternehmer: sei es, daß er den freien Arbeitsvertrag als Voraussetzung allen wirtschaftlichen Fortschritts im Spiel sich selbst regulierender Kräfte legalisierte — so in Preußen wie in Frankreich; sei es, daß er durch die Fabrikengerichte den Unternehmern einen legalen Machthebel in die Hand drückte — in Frankreich weit unsozialer und rigoroser, als es in Preußen der Staat in seiner sozialständischen Tradition zuließ.

Die Durststrecke der langsam anlaufenden Frühindustrialisierung hatte verheerende Folgen für die breite Masse, besonders in der zum Absterben verurteilten manuellen Textilindustrie. Zwölf bis vierzehn Stunden Arbeit am Tage waren die Regel, wobei die zunehmende Frauen- und Kinderarbeit gleichzeitig auf die Löhne drückte. Kein Lohn reichte mehr hin, eine Familie zu ernähren, so daß sich ein fataler *circulus vitiosus* einspielte, der die Frauen und Kinder immer wieder von neuem auf die Mitarbeit verwies und damit die Hungerlöhne drückte. Dazu kam das System der Arbeitsbücher in Frankreich, der Wanderbücher im Deutschen Bund und der Warenentlohnung in beiden Ländern, das die hilflosen Arbeiter an ihre Arbeitgeber fesselte.

Die Arbeiterschutzgesetzgebung, die in England langsam anlief, besonders seit 1833, wurde auf dem Kontinent nur sehr vorsichtig und zunächst ergebnislos nachgeahmt. Zwar hatte Hardenberg, angeregt durch Owen, schon 1817 die Gesetzesinitiative ergriffen, aber erst 1839 kam in Preußen das Regulativ zustande, das alle Kinderarbeit vor dem neunten Lebensjahr untersagte, einen dreijährigen Schulbesuch zur Voraussetzung machte und die Kinderarbeitszeit auf 10 Stunden begrenzte. Zwei Jahre später folgte ein französisches Gesetz, dessen Bestimmungen noch weniger Schutz boten. In beiden Fällen fehlte die staatliche Aufsicht, die das Gesetz hätte durchdrücken können. Die Antriebe für dieses Gesetzgebungswerk kamen nun weder aus der Arbeiterklasse noch von seiten der rigorosen liberalen Unternehmer. Es waren Gebildete wie Dr. Villermé auf der Plattform der französischen Akademie, es waren *Pairs* wie Dupin, es waren Unternehmer pietistischer oder freimaurerischer Tradition, von der die *Société Industrielle* in Mülhausen oder der philanthropische Fabrikant Schuchard im rheinischen Landtag geprägt waren, schließlich waren es Monita

der Schul- und Heeresverwaltung, die in Preußen auf den Schutz der Arbeiterkinder drängte, die zugleich Kinderarbeiter waren. Aber insgesamt war der Gegenhalt, den die staatlichen Institutionen der freien Wirtschaftsgesellschaft bieten wollten, zu schwach. Die Aufstände, Streiks und Unruhen griffen seit den vierziger Jahren um sich. Paris erlebte 1839 den vergeblichen Aufstand einer sozialistischen Geheimgesellschaft (Blanqui), 1840 einen ersten Generalstreik, Arbeitsniederlegungen häuften sich, schon 1842 kam es in Barcelona dazu, 1845 in Berlin und schließlich überall entlang den Strecken, auf denen Tausende von Arbeitern die Eisenbahnlinien verlegten. In industriellen Ballungszentren, wie in Lille oder Berlin, war jeder vierte unterstützungsbedürftig, so daß mit dem Ausbruch der Agrarkrise und rapide steigenden Brotpreisen Millionen von Menschen in den europäischen Städten unter das Existenzminimum gedrückt wurden. Die Krise auf dem Land und die Krise in der Stadt schossen zusammen und verschärften die revolutionäre Situation.
Seit 1840 war Europa in Bewegung geraten. Es war das Jahr der außenpolitischen Krise, die hart am Kriege vorbeigeführt und die die Nationalismen entfacht hatte. Langfristig drückte die wachsende Übervölkerung auf die Sozialordnung, wenn auch nicht in allen Ländern gleich stark. Der wirtschaftliche Aufschwung nach der Konjunkturkrise von 1836—1839 trug das neue Bürgertum hoch und verlieh seinen Forderungen in den bürokratischen Ständestaaten entschiedenen Nachdruck. Auch die Unterschichten begannen sich, vorzüglich im nördlichen Frankreich und in den deutschen Handwerkerkreisen, wieder insgeheim zu organisieren, so daß die republikanische Welle ebenfalls anwuchs, die sich bereits gegen die liberal-konstitutionellen Systeme richtete. Gleichzeitig leitete der Eisenbahnbau die Kapitalinvestitionen vom Agrarsektor und vom stationären Versicherungswesen sowie aus den reinen Handelsgesellschaften mehr und mehr über in die Schwerindustrie, womit ein akkumulierender Effekt erzielt wurde: der neue Zyklus im Sinne von Kondratjeff begann um 1840 mit seiner aufsteigenden Linie, die in die zweite Jahrhunderthälfte hineinreichen sollte. Daran schließt sich an jene zunehmende Zahl sozialistischer Utopien, legitime Kinder des Liberalismus und seiner oft zermürbenden individualistischen Rechtsregeln.
So erfaßte die Krise alle Bereiche des sozialen, geistigen, wirtschaftlichen und politischen Lebens; es war eine Krise, die das Ende natürlicher Kreisläufe darstellte und zum erstenmal einen geschichtlichen Fortschritt freisetzte, dessen Ende heute noch nicht abzusehen ist.

Französischer Revolutionskalender

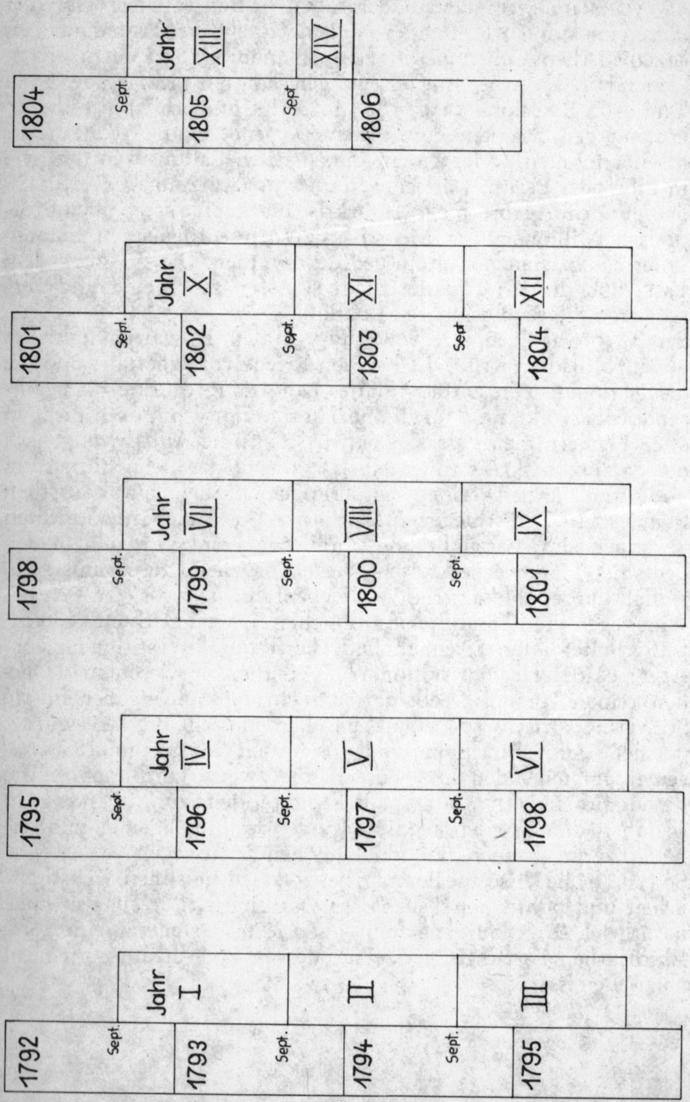

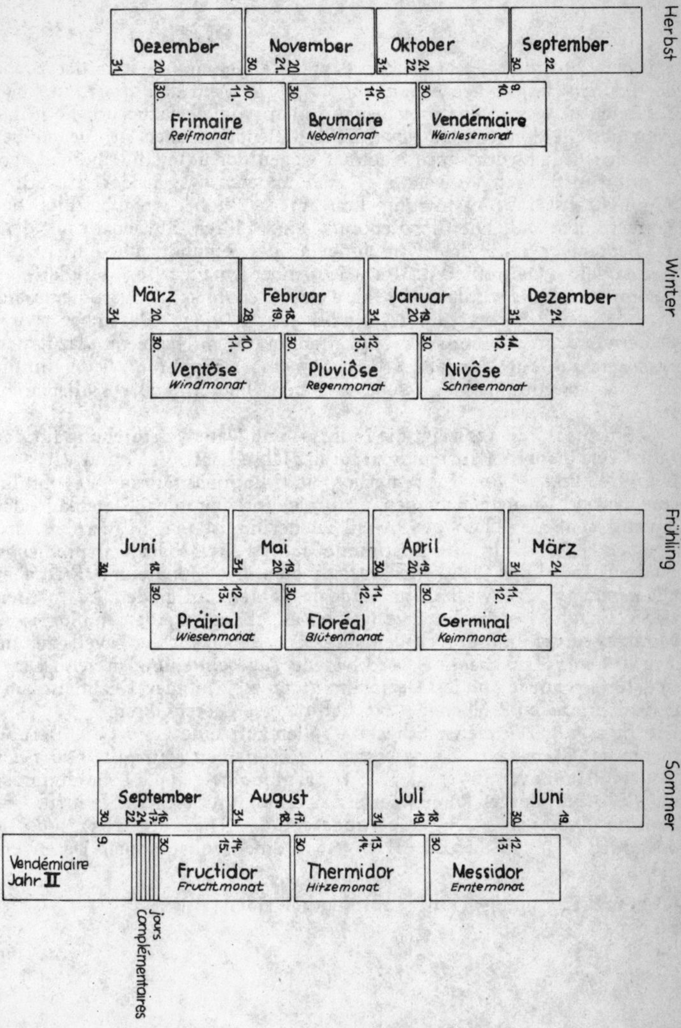

Siehe dazu den Text auf Seite 322

Seit dem 14. Juli 1789 hatte man – zum Teil spontan – nach dem ›Jahr der Freiheit‹ zu rechnen begonnen, ohne jedoch auf den gregorianischen Kalender zu verzichten. 1792 begann man parallel dazu auch noch das ›Jahr der Gleichheit‹ anzugeben. Beide Kalender setzten sich gegenüber dem christlichen nicht durch: einmal wegen der unterschiedlichen, Verwirrung stiftenden Anwendung, zum anderen wegen der schwachen administrativen Unterstützung. Erst am 5. Oktober 1793 beschloß der Konvent, den ›Kalender der Republik‹ einzuführen, ihn jedoch mit dem 22. September 1792, dem Gründungstag der Republik und Eintritt der Herbstgleiche (Mitternacht 21./22. September 1792, Pariser Meridian), zu beginnen. Fortan wurde nach ›Jahren der Republik‹ (s. das Schema auf S. 320) gezählt – bis zum 10. Nivôse Jahr XIV (31. Dezember 1805). Dauernde Umrechnungsschwierigkeiten brachten Napoleon dazu, den Senat am 22. Fructidor Jahr XIII (9. September 1805) die Wiedereinführung des gregorianischen Kalenders zum 1. Januar 1806 beschließen zu lassen.
Das Schema auf S. 321 zeigt die Monats- und Datenverschiebung für das Jahr I der Republik (trifft auch zu für die Jahre II, III, V, VI und VII).
Die Brechungen von Naturmythos und Rationalität der Revolution spiegeln sich in dem Bemühen, naturale Vorgänge dem Datenkalender einzupassen, sie jedoch gleichwohl zu dezimalisieren. So wurden Monatsnamen gewählt, die bestimmte Jahreszeiten oder entsprechende landwirtschaftliche Tätigkeiten bezeichneten. Die Monate umfaßten aber alle genau 30 Tage, weshalb am Ende des Jahres fünf, in den Schaltjahren III, VII und XI sechs Ergänzungstage angehängt werden mußten; die Monate wurden in drei Dekaden aufgeteilt, dabei war der jeweils zehnte Tag Ruhetag. Die ebenfalls beschlossene Tageseinteilung in zehn Dezimalstunden mit je hundert Dezimalminuten zu je hundert Dezimalsekunden scheiterte am Problem der Beschaffung geeigneter Uhren.
Die hier aufgezeichneten Schemata sollen nur eine erste Orientierung bieten. H. GROTEFEND, *Zeitrechnung des Deutschen Mittelalters und der Neuzeit*, Hannover 1891, Bd. I, S. 165 f. gibt eine genaue Umrechnungstabelle. Auf weniger komplizierte Art ermöglicht W. WACHSMUTH, *Geschichte Frankreichs im Revolutionszeitalter*, Hamburg 1842, Bd. II, S. 247 ff., S. 765 ff. und Bd. III, S. 726 ff. einen vollständigen Datenvergleich.

(Text und Zeichnung: Franz-Josef Keuck, Heidelberg)

Zeittafel

1772	Erste Teilung Polens
1776	A. Smith: The Wealth of Nations
	Unabhängigkeitserklärung der USA
1779	Cromptons Mule-Spinnmaschine
1783	Friede zu Versailles und Paris, USA unabhängig
1785	Cartwrights Mechanischer Webstuhl
1786	Englisch-Französischer Handelsvertrag
1787	Februar Notabelnversammlung
	September Englisch-Preußische Intervention in Holland
1787/1788	Wirtschaftskrise
1789	Mai Zusammentreten der Generalstände
	17. Juni Nationalversammlung (bis 1791)
	14. Juli Bastillesturm
	26. August Erklärung der Menschen- und Bürgerrechte
	6. Oktober Einholung des Königs von Versailles nach Paris
	Dezember Gesellschaft der Verfassungsfreunde im Jakobinerkloster
1790	Juli Zivilverfassung des französischen Klerus
	November Burke: Reflections on the Revolution in France
1791	3. Mai Polnische Konstitution
	14. Juni Lex Le Chapelier gegen Assoziationen
	21. Juni Flucht des Königs in Varennes mißglückt
	17. Juli Gemetzel auf dem Marsfeld Klub der Feuillants
	27. August Vertrag zu Pillnitz
	14. September Verfassungsstiftung in Paris Negeraufstand zu St. Domingo
	Oktober Gesetzgebende Versammlung
	Mozart: Zauberflöte
	Leblanc, Sodafabrikation
1792	20. April Beginn des Ersten Koalitionskrieges (bis 1797)
	10. August Sturm der Tuilerien, Aufstand in Paris
	20. September Kanonade von Valmy, Rückzug der Preußen
	20./21. September Konvent beseitigt französisches Königtum
	6. November Französischer Sieg bei Jemmapes, Besetzung Belgiens
1793	21. Januar Hinrichtung Ludwigs XVI.
	März Beginn des Aufstandes in der Vendée; Revolutionstribunal
	April Einrichtung des Wohlfahrtsausschusses
	2. Juni Sturz der Girondisten
	Juli Zweite Teilung Polens
1794	24. März Hinrichtung der Hébertisten

1794	8. Juni Fest des Höchsten Wesens
	27. Juli (9. Thermidor) Sturz Robespierres
	November Schließung des Jakobinerklubs
	Gründung der École polytechnique
	Erlaß des Allgemeinen Landrechts in Preußen
1795	Januar Dritte Teilung Polens
	5. April Friede zu Basel zwischen Frankreich und Preußen
	Im Schutz der norddeutschen Neutralität: Weimarer Klassik
	August Verfassung des Jahres III; zwei Drittel der Konventsmitglieder gehören der neuen Legislative an
	November Direktorialregierung (bis 1799)
1796	Mai Aufdeckung der Babeufschen Verschwörung
1797	4. September (18. Fructidor) Staatsstreich von Barras gegen die Konstitutionalisten
	17. Oktober Friede zu Campo Formio zwischen Frankreich und Österreich: linkes Rheinufer an Frankreich;
	Rastatter Kongreß (bis 1799)
1798	Expedition Napoleons nach Ägypten (bis Oktober 1799)
	Malthus: Essay on Population
1799	März Zweiter Koalitionskrieg (bis 1802)
	9. November (18. Brumaire) Staatsstreich Napoleons, Konsularregierung (bis 1804)
1800	Gründung der Bank von Frankreich,
	Einführung des Präfektorialsystems
1801	Friede zu Lunéville zwischen Frankreich und Österreich
1802	Friede zu Amiens zwischen Frankreich und England
	Konkordat
	Chateaubriand: Le Génie du Christianisme
1803	Reichsdeputationshauptschluß zu Regensburg
1804	März Code Civil
	Mai Napoleon Kaiser
1805	Dritter Koalitionskrieg: Sieg Nelsons bei Trafalgar,
	Napoleons bei Austerlitz, Friede zu Preßburg
1806	Ende des Heiligen Römischen Reiches deutscher Nation;
	Stiftung des Rheinbundes; Goethe beendet Faust I. Teil
	Vierter Koalitionskrieg: Jena und Auerstädt,
	Kontinentalsperre gegen England
1807	Friede zu Tilsit zwischen Frankreich, Rußland und Preußen
	Oktoberedikt leitet in Preußen die Bauernbefreiung ein
	Hegel: Phänomenologie des Geistes
1808	Beginn des spanischen Aufstandes,
	Krieg in Iberien (bis 1814)
	Gefangennahme des Papstes
	Beginn städtischer Selbstverwaltung in Preußen
1809	Fünfter Koalitionskrieg; Friede zu Schönbrunn zwischen Frankreich und Österreich
	de Lamarcks Abstammungslehre
1811	Verkündigung des Allgemeinen Bürgerlichen Gesetzbuches in Österreich
1812	Napoleons Feldzug gegen Rußland scheitert in Moskau (September)

1813/1814	Befreiungskriege, 16.–19. Oktober Völkerschlacht bei Leipzig Owen: A New View of Society
1814	30. Mai Erster Pariser Friede Stephensons Lokomotive; Gasbeleuchtung in London
1814/1815	Wiener Kongreß, 9. Juni Schlußakte
1815	März bis Juni Napoleons Rückkehr für 100 Tage, 18. Juni Waterloo 26. September Heilige Allianz 20. November Zweiter Pariser Friede
1817	Wartburgfest Ricardo: The Principles of Political Economy and Taxation
1819	Erstes Dampfschiff von New York nach Liverpool Karlsbader Beschlüsse Peterloo-Gemetzel, Six Acts in England
1820	Februar Ermordung des bourbonischen Thronfolgers, Duc de Berry
1820/1821	Revolution in Spanien, Portugal, Neapel und Piemont
1821–1829	Griechischer Unabhängigkeitskrieg (S… Navarino 1827, Friede zu Adriano…
1822	Französische Intervention in Spani…
1823	Monroe-Doktrin Beethoven: Neunte Symphonie
1824	Legalisierung der britischen Trade-… Delacroix: Massaker auf Chios
1825	Dekabristenaufstand in St. Petersbu… Erste Eisenbahn Stockton–Darlingto…
1829	Katholikenemanzipation in England
1830	Eisenbahn Liverpool–Manchester Frankreich besetzt Algerien, Unterwe… Stendhal: Le Rouge et le Noir 28.–30. Juli Pariser Julirevolution: Ver… Bourbonen
1830/1831	Revolution in Belgien, Mitteldeutschla… italien Die Cholera bricht von Osten nach Euro…
1832	Wahlrechtsreform in England Hambacher Fest
1833	Schutzgesetz für jugendliche Fabrikarbeit… (1839 in Preußen, 1841 in Frankreich) Pellico: Meine Gefängnisse
1834	Stiftung des ›Jungen Europa‹ (Mazzini) Bundesbeschlüsse zur Demagogenverfolgu… Gründung des Deutschen Zollvereins Arbeiteraufstände in Lyon und Paris
1834–1839	Bürgerkrieg in Spanien; Verfassung 1845
1837	Königin Victoria in England (bis 1901)
1838/1839	Höhepunkt der Chartistenbewegung Erfindung der Daguerreotypie
1839	Louis Blanc: Organisation der Arbeit Londoner Protokoll regelt die niederländisch-belgisch-luxemburgische Frage

1840	Orientkrise greift auf Europa aus
	Proudhon: Was ist Eigentum?
1841	L. Feuerbach: Das Wesen des Christentums
1844	Weberaufstand in Schlesien
1845	F. Engels: Die Lage der arbeitenden Klasse in England
1846	Wirtschaftskrise, Hungerkatastrophe in Irland
	Beseitigung der agrarischen Schutzzölle in England
	Aufstand in Krakau und Galizien
1847	Zehn-Stunden-Arbeitstag für Jugendliche in England eingeführt
	Schweizer Sonderbundskrieg
	Berufung des Vereinigten Landtags in Preußen
	Erscheinen der Zeitschrift ›Il Risorgimento‹ in Turin
	Erste Verwendung der Chloroformnarkose durch Simpson

Literaturverzeichnis

Die folgende Auswahl berücksichtigt – ohne Anspruch auf Vollständigkeit – Standardwerke, wichtige Neuerscheinungen und solche Spezialuntersuchungen, besonders Aufsätze, auf die sich die Autoren gestützt haben. Für weitere Titel sei verwiesen auf J. ROACH, *A Bibliography of Modern History*, Cambridge 1968. Als kartographische Hilfsmittel seien genannt: *Großer Historischer Weltatlas*, III. Teil, Neuzeit, hrsg. v. J. ENGEL, München 1957 und *Atlas historique de la France contemporaine 1800–1965*, hrsg. v. R. RÉMOND, Paris 1966.

1. *Allgemeine Darstellungen*

BELOFF, M., RENOUVIN, P., SCHNABEL, F., VALSECCHI, F. (Hrsg.), L'Europe du XIXe et du XXe siècle. Bd. I (1815–1870). Mailand 1959

CRAWLEY, C. W. und BURY, J. P. T. (Hrsg.), The New Cambridge Modern History. Bde. IX u. X. Cambridge 1960, 1965

CROCE, B., Geschichte Europas im neunzehnten Jahrhundert. 2. Aufl. Frankfurt 1968 (aus dem Italienischen)

CROUZET, M. (Hrsg.), Histoire générale des civilisations. Bde. 5 u. 6. Paris 1953, 1955

DROZ, J., GENET, L., VIDALENC, J., L'Epoque Contemporaine – Restaurations et Révolutions (1815–1871). Paris 1963

FREYER, H., Theorie des gegenwärtigen Zeitalters. 2. Aufl. Stuttgart 1958

HEER, F., Europa – Mutter der Revolutionen. Stuttgart 1964

HOBSBAWM, E. J., Europäische Revolutionen. Zürich 1962 (aus dem Engl.)

MORAZÉ, CH., Das Gesicht des 19. Jahrhunderts. Düsseldorf – Köln 1959 (aus dem Französischen)

NÄF, W., Die Epochen der neueren Geschichte. 2 Bde. Aarau 1945. 2. Aufl. Aarau 1959/1960

PALMER, R. R., The Age of Democratic Revolution. 2 Bde. Princeton 1959

VON SRBIK, H., Metternich. 3 Bde. München 1925, 1954

STEIN, L., Die Verwaltungslehre. 7 Bde. 1. Aufl. Stuttgart 1865–1868

STERN, A., Geschichte Europas seit den Verträgen von 1815 bis zum Frankfurter Frieden von 1871. Bd. 1–6. Berlin – Stuttgart 1899–1911

TROELTSCH, E., 19. Jahrhundert. In: Gesammelte Schriften. Bd. 4, S. 614 bis 649. Tübingen 1925

2. *Bevölkerungs-, Sozial- und Wirtschaftsgeschichte*

ABEL, W., Agrarkrisen und Agrarkonjunktur in Mitteleuropa vom 13. bis zum 19. Jahrhundert. 2. Aufl. Hamburg – Berlin 1966

CAMERON, R. E., France and the Economic Development of Europe 1800 to 1914. Princeton 1961

CIPOLLA, C. M., The Economic History of World Population. Middlesex, Baltimore, Victoria 1962 (Penguin Books)
CHALONER, W. H. und MUSSON, A. E., Industry and Technology. London 1963
CLAPHAM, J. H., The economic development of France and Germany 1815—1914. 5. Aufl. Cambridge 1948
CLOW, A. und CLOW, N. L., The Chemical Revolution. A contribution to social technology. London 1952
CONZE, W., Die Wirkungen der liberalen Agrarformen auf die Volksordnung in Mitteleuropa im 19. Jahrhundert, in: Vierteljahresschrift für Sozial- und Wirtschaftsgeschichte 37/38 (1944/1951), Heft 1, S. 2—43
HAUFE, H., Die Bevölkerung Europas. Stadt und Land im 19. und 20. Jahrhundert. Berlin 1936 (Neue deutsche Forschungen Abt. II, Bd. 7)
HENDERSON, W. O., Britain and Industrial Europe 1750—1870. Liverpool 1954
HOBSBAWM, E. J., Sozial-Rebellen. Archaische Sozialbewegung im 19. und 20. Jahrhundert. Neuwied 1962 (aus dem Engl.)
KUCZYNSKI, J., Die Geschichte der Lage der Arbeiter unter dem Kapitalismus. Berlin 1961 ff. Bde. 1, 8, 9—11, 18, 23, 24, 32
KULISCHER, J., Allgemeine Wirtschaftsgeschichte des Mittelalters und der Neuzeit. 2 Bde. Berlin 1954
LESOURD, J. A. und GERARD, C., Histoire Economique — XIXe et XXe siècles. Bd. I. 3. Aufl. Paris 1963
LEVY-LEBOYER, M., Les Banques européennes et l'industrialisation dans la première moitié du XIXe siècle. Paris 1964
MACKENROTH, G., Bevölkerungslehre. Theorie, Soziologie und Statistik der Bevölkerung. Berlin — Göttingen — Heidelberg 1953
NOILHAN, H., Histoire de l'Agriculture à l'Ere Industrielle. Paris 1965
PROBLEME der deutschen und französischen Sozialpolitik im 19. Jahrhundert. Deutsch-franz. Kolloquium in Bochum 1.—3. Mai 1965, veranstaltet vom Deutschen Historischen Institut in Paris. Redaktion Dr. Hermann Weber. Manuskript
VON REDEN, F. W., Deutschland und das übrige Europa (Handbuch der Boden-, Bevölkerungs-, Erwerbs- und Verkehrs-Statistik). 2 Bde. Wiesbaden 1854
REINHARD, M., ARMENGAUD, A., DUPAQUIER, J., Histoire générale de la population mondiale. 2. Aufl. Paris 1968
ROSTOW, W. W., Stadien wirtschaftlichen Wachstums. 2. Aufl. Göttingen 1967 (aus dem Amerik.)
SCHUMPETER, J. A., Konjunkturzyklen. Bd. 1. Göttingen 1961
VON STEIN, L., Geschichte der sozialen Bewegung in Frankreich von 1789 bis auf unsere Tage. 3 Bde. Kiel 1850. Nachdruck Darmstadt 1959
TREUE, W., Wirtschaftsgeschichte der Neuzeit. Stuttgart 1962
SARTORIUS VON WALTERSHAUSEN, A., Die Entstehung der Weltwirtschaft. Jena 1931
WEBER, A. F., The Growth of Cities in the 19th Century. New York 1899

3. Politische Geschichte

a) Verfassungen, Institutionen und Nationalfragen

FRIEDRICH, C.-J., Der Verfassungsstaat der Neuzeit. Berlin – Göttingen – Heidelberg 1953

KOHN, H., Die Idee des Nationalismus. Heidelberg 1950

LEMBERG, E., Nationalismus. 2 Bde. Reinbek b. Hamburg 1964 (Rowohlts Deutsche Enzyklopädie)

RITTER, G., Staatskunst und Kriegshandwerk. Bd. I. München 1954

SCHIEDER, TH., Das Problem der Revolution im 19. Jahrhundert, in: Historische Zeitschrift 170, 1950, S. 233–271

SCHIEDER, TH., Der Nationalstaat in Europa als historisches Phänomen. Veröffentlichungen der Arbeitsgemeinschaft für Forschung des Landes Nordrhein-Westfalen (Geisteswissenschaften), Heft 119. Köln – Opladen 1964

SCHMITT, C., Verfassungslehre. 3. Aufl. 1957

WIEACKER, F., Privatrechtsgeschichte der Neuzeit. 2. Aufl. Göttingen 1967

WRIGHT, Q., A study of war. 2 Bde. Chikago 1947

b) Außenpolitische Geschichte

BONJOUR, E., Geschichte der schweizerischen Neutralität. Bd. I. 2. Aufl. Basel 1965

BOURQUIN, M., Histoire de la Sainte Alliance. Genf 1954

FUGIER, A., Histoire des relations internationales (t. IV: La Révolution française et l'empire napoléonien). Paris 1954

GRIEWANK, K., Der Wiener Kongreß und die europäische Restauration 1814/1815. 2. Aufl. Leipzig 1954

HAMMER, K., Die französische Diplomatie der Restauration und Deutschland 1814–1830. Stuttgart 1963

KOSSOK, M., Im Schatten der Heiligen Allianz. Deutschland und Lateinamerika 1815–1830. Zur Politik der deutschen Staaten gegenüber der Unabhängigkeitsbewegung Mittel- und Südamerikas. Berlin 1964

PIRENNE, J.-H., La Sainte-Alliance. 2 Bde. Neuchâtel 1949

RENOUVIN, P., Histoire des relations internationales. Vol. 5: Le XIXe siècle, I. 1815–1871. Paris 1954

SCHAEDER, H., Autokratie und Heilige Allianz. 2. Aufl. Darmstadt 1963

4. Politische Ideengeschichte und Kulturgeschichte

BLUMENBERG, W., Karl Marx in Selbstzeugnissen und Bilddokumenten. Reinbek b. Hamburg 1962 (Rowohlts Monographien)

BOWLE, J., Politics and opinion in the nineteenth century. London 1954

COLE, G. D.-H., Socialist Thought. The forerunners 1789–1850. New York 1955

DIEZ DEL CORRAL, L., Doktrinärer Liberalismus. Neuwied – Berlin 1964

GALL, L., Benjamin Constant. Seine politische Ideenwelt und der deutsche Vormärz. Wiesbaden 1963

GROH, D., Rußland und das Selbstverständnis Europas. Neuwied 1961

HABERMAS, J., Strukturwandel der Öffentlichkeit. Neuwied 1962

HAUSER, A., Sozialgeschichte der Kunst und Literatur. 2. Bd. München 1953
LANKHEIT, K., Revolution und Restauration (= Kunst der Welt, ihre geschichtlichen, soziologischen und religiösen Grundlagen). Baden-Baden 1965
MAYER, G., Friedrich Engels. 2 Bde. 2. Aufl. Den Haag 1934
FISCHEL, O. und BOEHN, M. v., Die Mode 1818–1842. München 1924
LE FORESTIER, R., Les Illuminés de Bavière et la franc-maçonnerie allemande. Paris 1914
FUCHS, E., Die Karikatur der europäischen Völker. Berlin 1901
GOOCH, G. P., History and Historians in the 19th Century. Neudruck der 2. Aufl. London 1958. Neuaufl. in deutscher Übers. Frankfurt 1964
MELLON, ST., The Political Uses of History. Stanford 1958
DE RUGGIERO, G., Geschichte des Liberalismus in Europa. 1930 (aus dem Ital.)
SPAEMANN, R., Der Ursprung der Soziologie aus dem Geist der Restauration. München 1959
STERN, F. (Hrsg.), Geschichte und Geschichtsschreibung. München 1966
TALMON, J. L., Political Messianism. The romantic phase. London 1960
VIATTE, A., Les sources occultes du romantisme. 2 Bde. Paris 1928

5. Kirchen- und Religionsgeschichte

DUROSELLE, J.-B., Les débuts du catholicisme social en France (1822 bis 1870). Paris 1951
FEINE, H. E., Kirchliche Rechtsgeschichte. Bd. I. 4. Aufl. Köln – Graz 1964
HIRSCH, E., Geschichte der neueren evangelischen Theologie. 5 Bde. Gütersloh 1949–1954. 2. Aufl. 1960
LATOURETTE, K. S., Christianity in a revolutionary age. 5 Bde. New York 1959–1963
MAIER, H., Revolution und Kirche – Studien zur Frühgeschichte der christlichen Demokratie. Freiburg 1965
SCHMIDLIN, J., Papstgeschichte der neuesten Zeit. Bd. 1 u. 2. München 1933 ff.

6. Frankreich und Europa im Zeitalter der Französischen Revolution und Napoleons

Nützlicher Literaturbericht bei:
GODECHOT, J., Les Révolutions (1770–1799). Nouvelle Clio. Paris 1963

a) Allgemeine Revolutionsdarstellungen

AULARD, A., Histoire Politique de la Révolution française, origine et développement de la démocratie et de la République. Paris 1901. Neuaufl. Paris 1926. Deutsch: Politische Geschichte der französischen Revolution. 2 Bde. München 1924
FURET, F. und RICHET, D., La Révolution. 2 Bde. Paris 1965/1966 (Reihe: Les Grandes Heures de l'Histoire de France). Dt. Ausgabe Frankfurt am Main 1968

GAXOTTE, P., La Révolution française. Paris 1928. Neuaufl. Paris 1962
JAURÈS, J., Histoire socialiste de la Révolution Française. Neuaufl., hrsg. v. A. SOBOUL. Paris 1969
LEFEBVRE, G., La Révolution française (Peuples et Civilisations Bd. 13). Bearbeitete Neuaufl. Paris 1951 und 1957
—, Etudes sur la Révolution française. Paris 1954 (vervollständigt das vorgenannte Werk)
MATHIEZ, A., La Révolution française. 3 Bde. Paris 1922–1924. Neuaufl. in 1 Bd. Paris 1959
MATHIEZ, A. und LEFEBVRE, G., Die Französische Revolution. 3 Bde. (Bd. 1 u. 2 von A. Mathiez, Bd. 3 von G. Lefebvre). Hamburg 1950
MOUSNIER, R., LABROUSSE, E., BOULOISEAU, M., Le XVIIIe siècle (Histoire générale des Civilisations Bd. 5). Paris 1953
SOBOUL, A., Précis d'histoire de la Révolution française. Paris 1962
DE TOCQUEVILLE, A., L'Ancien Régime et la Révolution, in: Oeuvres, hrsg. v. A. Jardin. Paris 1953. Deutsch: Der alte Staat und die Revolution. Hrsg. v. J. P. Mayer. Bremen 1959

b) Wirtschaft und Gesellschaft in Frankreich

BOIS, P., Les paysans de l'Ouest. Le Mans 1960
DUPAQUIER, J., Sur la population française au XVIIe et XVIIIe siècles, in: Revue Historique, Jan.-März 1968
FORD, F. L., Robe and sword. The regrouping of the French aristocracy after Louis XIV. Cambridge (Mass.) 1953
FORSTER, R., The nobility of Toulouse in the Eighteenth Century. Baltimore 1960
LABROUSSE, E., Esquisse du mouvement des prix et des revenus en France au XVIIIe siècle. Paris 1933
—, La crise de l'économie française à la fin de l'ancien régime et au début de la Révolution. Paris 1944
LEFEBVRE, G., Les paysans du Nord pendant la Révolution française. Lille 1924. Neuausg. Bari 1959
—, Etudes Orléanaises (Commission d'histoire économique et sociale de la Révolution. Mémoires et documents 15). 2 Bde. Bd. I: Contribution à l'étude des structures sociales à la fin du XVIIIe siècle. Bd. II: Subsistances et maximum (1789–An IV). Paris 1962/1963
LUTHY, T. H., La banque protestante en France de l'Edit de Nantes à la Révolution. 2 Bde. Paris 1959–1961 (Reihe: Affaires et gens d'affaires). Das Buch enthält wichtige Analysen zum Verhalten der französischen Eliten im 18. Jahrhundert
MEYER, J., La noblesse bretonne au XVIIIe siècle. 2 Bde. Paris 1966
REINHARD, M., Elite et noblesse dans la seconde moitié du XVIIIe siècle, in: Revue d'Histoire Moderne et Contemporaine, 1956, S. 5–37
DE SAINT-JACOB, P., Les paysans de la Bourgogne du Nord au XVIIIe siècle. Paris 1961
TAYLOR, G. V., Noncapitalist wealth and the origins of the french Revolution, in: The American Historical Review, Jan. 1967

c) Die politische Krise der Revolution

BURGUIÈRE, A., Reims: Diffusion des lumières et Cahiers des Etats généraux, in: Annales E. S. C., März 1967

DUPRONT, A., Forme de la culture des masses: De la doléance politique au pèlerinage panique (XVIIIe–XXe siècles), in: Niveaux de cultures et groupes sociaux. Paris 1967
EGRET, J., La prérévolution française 1787–1789. Paris 1962
–, La révolution des notables. Mounier et les monarchiens, 1789. Paris 1950
HYSLOP, B., French nationalism in 1789 according to the general cahiers. New York 1934
LEFEBVRE, G., Quatre-vingt-neuf. Paris 1939
–, La Grande Peur de 1789. Paris 1932. Neuausg. Turin 1953
THOMPSON, E., Popular Sovereignty and the French constituant Assembly (1789–1791). Manchester 1952

d) Die geistige und religiöse Welt

DÉRATHÉ, R., Jean-Jacques Rousseau et la science politique de son temps. Paris 1950
GROETHUYSEN, B., Origines de l'esprit bourgeois en France. I. L'Eglise et la bourgeoisie. Paris 1927. 5. Aufl. 1956 (Reihe: Bibliothèque des Idées). Deutsch: Die Entstehung der bürgerlichen Welt- und Lebensanschauung in Frankreich. Bd. 1: Das Bürgertum und die kath. Weltanschauung. Bd. 2: Die Soziallehren der kath. Kirche und das Bürgertum. Halle/S. 1927 und 1930
–, La philosophie de la Révolution française. Paris 1956
LATREILLE, A., L'Eglise catholique et la Révolution française. 2 Bde. Paris 1946–1950
MATHIEZ, A., La Révolution et l'Eglise. Paris 1910
–, Rome et le clergé français sous la Constituante. Paris 1911
MORNET, D., Les origines intellectuelles de la Révolution. Paris 1933

e) Frankreich in den Revolutionskriegen

GODECHOT, J., Les institutions de la France sous la Révolution et l'Empire. Paris 1951. 1. Neuaufl. 1968
–, La Grande Nation, L'expansion révolutionnaire de la France dans le monde. 1789–1799. 2 Bde. Paris 1956
–, La Contre-révolution, doctrine et action. 1789–1804. Paris 1961
LEFEBVRE, G., Les Thermidoriens. Paris 1937
–, Le Directoire. Paris 1946
MATHIEZ, A., Le Directoire. Paris 1934
REINHARD, M., Le Grand Carnot. Paris 1950–1952
SOREL, A., L'Europe et la Révolution française. Paris 1922

f) Einzeluntersuchungen

BRAESCH, F., La Commune du 10 Août 1792. Paris 1911
COBB, R. C., Les armées révolutionnaires. 2 Bde. Paris 1961–1963
FAUCHEUX, M., L'insurrection vendéenne de 1793: aspects économiques et sociaux. Paris 1964
GREER, D., The Incidence of the Terror. Cambridge (Mass.) 1935
GUÉRIN, D., Les luttes de classe sous la première République, bourgeois et »bras-nus« (1793–1797). 2 Bde. Paris 1946

GUILLEMIN, H., Benjamin Constant muscadin. Paris 1958

MATHIEZ, A., Autour de Robespierre. Paris 1925

MAZAURIC, C., Babeuf et la conspiration pour l'Egalité. Paris 1962

RUDÉ, G. und SOBOUL, A., Le maximum des salaires parisiens et la Révolution française, in: Annales historiques de la Révolution française (A. H. R. F.) 1954

SOBOUL, A., La société fraternelle du Panthéon français, in: A. H. R. F., 1957, S. 50–55

–, Les sans-culottes parisiens en l'an II. Mouvement populaire et Gouvernement révolutionnaire, 2 Juin 1793 – 9 Thérmidor an II. Paris 1958

–, Robespierre et les sociétés populaires, in: A. H. R. F., 1958, Nr. 3, S. 50–64

–, Les soldats de l'an II. Paris 1959 (Reihe: Portraits de l'histoire)

TILLY, CH., The Vendée. Cambridge (Mass.) 1964

TÖNNESSON, K. D., La défaite des sans-culottes: mouvement populaire et réaction bourgeoise en l'an II. Oslo 1959

VANDAL, A., L'avènement de Napoléon Bonaparte. 2 Bde. Bd. I: La genèse du Consulat. Brumaire. La constitution de l'an VIII. Paris 1902. Bd. II: La République Consulaire, 1800. 4. Aufl. Paris 1907

g) Europa zur Zeit der Französischen Revolution

AYRAULT, R., La genèse du romantisme allemand. 2 Bde. Paris 1961

BOUCHER, M., Le sentiment national en Allemagne. Paris 1947

–, La Révolution de 1789 vue par les écrivains allemands ses contemporains. Paris 1954

BUHR, M., Revolution und Philosophie. Die ursprüngliche Philosophie Johann Gottlieb Fichtes und die französische Revolution. Berlin 1965

COBBAN, A., Edmund Burke and the Revolt against the XVIIIth Century. London 1961

DARQUENNE, R., Histoire économique du département de Jemappes. Mons 1965

DEVLEESHOUWER, R., L'arrondissement du Brabant sous l'occupation française, 1794–1795. Publications de l'Université libre de Bruxelles. Brüssel 1964

DROZ, J., L'Allemagne et la Révolution française. Paris 1949

DE FELICE, R., Italia giacobina. Neapel 1965

FRIEDENTHAL, R., Goethe, sein Leben und seine Zeit. München 1963

GHISALBERTI, C., Le costituzione »giacobine«, 1796–1799. Mailand 1957

GODECHOT, J., La Grande Nation, l'expansion révolutionnaire de la France dans le monde, 1789–1799. Paris 1956

GUINET, L., De la franc-maçonnerie mystique au sacerdoce, ou la vie romantique de Zacharias Werner, 1768–1823. Caen 1964

HARSIN, P., La Révolution liègeoise de 1789. Brüssel 1954

HAZARD, P., La Révolution française et les lettres italiennes. Paris 1910

LEŠNODORSKI, B., Les Jacobins polonais. Paris 1965

LUKÁCS, G., Goethe und seine Zeit. Bern 1947

MITCHELL, H., The Underground War against Revolutionary France. Oxford 1965

OCCUPANTS ET OCCUPÉS, colloque international à l'Université libre de Bruxelles 1968, publication de l'Institut Solvay. (Erscheint demnächst)

RAUMER, K. v., Deutschland um 1800, Krise und Neugestaltung 1789 bis 1815 (Handb. d. dt. Gesch. Bd. 3). Konstanz 1957

SCHEEL, H., Süddeutsche Jakobiner. Berlin 1962

STRANGE, M. N., La société russe et la Révolution française. Moskau 1961

SURATTEAU, J., Le département du Mont-Terrible sous le régime du Directoire. Paris 1964

TASSIER, S., La Belgique sous la première occupation française. Brüssel 1937

VALJAVEC, F., Die Entstehung der politischen Strömungen in Deutschland, 1770–1815. München 1951

VANDEBEECK, TH. und GRAUWELS, J., De Boerenkrijg in het department van de Nedermaas. Löwen 1961

WANGERMANN, E., From Joseph II to the Jacobin Trials, Government Policy and Public Opinion in the Habsburg Dominions in the Period of the French Revolution. Oxford 1959

h) Das napoleonische Frankreich und Europa

ARTOLA, M., Los Afrancesados. Madrid 1953

DE BERTIER DE SAUVIGNY, G., Metternich et son temps. Paris 1959

BRACHIN, P., Le cercle de Munster et la pensée religieuse de F. L. Stolberg. Lyon 1951

XIIe CONGRÈS INTERNATIONAL DES SCIENCES HISTORIQUES. Wien 1965. Berichte. I.: Grands Thèmes. Bilan du Monde en 1815, par Marcel Reinhard, Ernest Labrousse, Jacques Godechot, Albert Soboul, Louis Trénard

CROUZET, F., L'économie britannique et le blocus continental. 2 Bde. Paris 1958

DROZ, J., Le romantisme allemand et l'Etat. Résistance et collaboration dans l'Allemagne napoléonienne. Paris 1966

DUFRAISSE, R., Régime douanier, blocus, système continental: essai de mise au point. Revue d'Histoire économique et sociale, 1966, Nr. 4

FUGIER, A., Napoléon et l'Espagne. 2 Bde. Paris 1930

—, Napoléon et l'Italie. Paris 1947

L'HUILLIER, F., Etude sur le blocus continental; la mise en vigueur des décrets de Trianon et de Fontainebleau dans le grand-duché de Bade. o. O. 1951

KRAEHE, E. B., Metternich's German Policy. Bd. I: The contest with Napoleon 1799–1814. Princeton 1963

LEFEBVRE, G., Napoléon. 5. Aufl. Paris 1965

MARKHAM, F., Napoleon. London 1963

MARKOW, W. und DONATH, FR., Kampf um Freiheit. Dokumente zur Zeit der Nationalen Erhebung, 1789–1815. Berlin 1954

RAACK, R. C., The Fall of Stein. Cambridge (Mass.) 1965

RAEFF, M., Michael Speransky, Statesman of Imperial Russia, 1772–1839. London 1957

—, Plans for political reform in Imperial Russia, 1730–1905. Den Haag 1966

RÖSSLER, H., Graf Johann Philipp Stadion, Napoleons deutscher Gegenspieler. 2 Bde. Wien – München 1966

TARLÉ, E., Napoléon. Moskau 1966

WOHLFEIL, R., Spanien und die deutsche Erhebung (1808–1814). Wiesbaden 1965

7. Frankreich 1815–1848

VON ALBERTINI, R., Parteiorganisation und Parteibegriff in Frankreich 1789–1940, in: Historische Zeitschrift 193 (1961), S. 529–600
BECARUD, J., La Noblesse dans les Chambres (1815–1848), in: Revue internationale d'Histoire politique et constitutionelle, Juli–Dez. 1953
CHEVALIER, L., Classes laborieuses et classes dangereuses à Paris pendant la première moitié du XIXe siècle. Paris 1958
DUNHAM, A. L. La Révolution industrielle en France (1815–1848). Paris 1953 (aus dem Amerikanischen)
DUPEUX, G., La société française 1789–1960. 2. Aufl. Paris 1964
GILLE, B., La Banque et le Crédit en France de 1815 à 1848. Paris 1959
GIRARDET, R., La société militaire dans la France contemporaine 1815 à 1939. Paris 1953
KELLER, P., Louis Blanc und die Revolution von 1848. Zürich 1926
LEDRÉ, CH., La presse à l'assaut de la Monarchie 1815–1848. Paris 1960
LEROY, M., Histoire des Idées sociales en France. 3 Bde. Paris 1954
LHOMME, J., La grande Bourgeoisie au Pouvoir 1830–1880. Paris 1960
PONTEIL, F., Les Institutions de la France de 1814 à 1870. Paris 1966
REMOND, R., La vie politique en France depuis 1789. Bd. I.: 1789–1848. Paris 1965
SÉE, H., Französische Wirtschaftsgeschichte. 2. Bd. Jena 1936 (aus dem Französischen)
STADLER, P., Geschichtsschreibung und historisches Denken in Frankreich 1789–1871. Zürich 1958
TUDESQ, A.-J., Les Pairs de France au temps de Guizot, in: Revue d'Histoire moderne et contemporaine, Okt.–Dez. 1956, S. 262–283
–, Les conseillers généraux du département des Landes sous la Monarchie de Juillet, in: Annales du Midi, Bd. 76, Nr. 68–69 (1964), S. 563–579
–, Les Grands Notables en France (1840–1849). 2 Bde. Paris 1964
VIGIER, PH., La Monarchie de Juillet. Paris 1962

8. England und der Beginn der Industriellen Revolution

Die historische Erforschung dieses Gegenstandes wird ständig vertieft und erneuert durch die Untersuchungen, die seit etwa zwanzig Jahren in den großen englischsprachigen Fachzeitschriften erscheinen. Das sind: die *Economic History Review* (EHR), das *Journal of Economic History* (JEH) und die *Economica* (EC).

Kritisch zusammenfassende Literaturberichte:

BORCHARDT, K., Probleme der ersten Phase der Industriellen Revolution in England, in: Vierteljahresschrift für Sozial- und Wirtschaftsgeschichte 55 (1968), S. 1–62
und
THOMAS, P. D. G., La vie politique en Grande-Bretagne vers la fin du XVIIIe siècle, in: Revue Historique, April–Juni 1967, S. 415–432

ASHBY, M. K., The Life of Joseph Ashby of Tysoe. Cambridge 1961
ASHTON, T. S., The Industrial Revolution 1760–1830. London 1948 (Überblick)
–, Le développement de l'industrie et du commerce anglais au XVIIIe

siècle. Internationaler Kongreß für Geschichtswissenschaften Rom 1955. Relazioni, 2. Bd., S. 275–284
Borill, E. W., English Country Life 1780–1830. Oxford 1962
Briggs, A., The Age of Improvement. London – New York – Toronto 1959
Chaloner, W. H. und Henderson, W. O., Introduction to: Engels, The condition of the working class in England. London 1958
Chambers, J. D., Enclosure and Labour Supply in the Industrial Revolution, in: EHR 1953, S. 317–343
–, Industrialization as a factor in economic growth in England, 1700 to 1900. Erste Internationale Konferenz für Wirtschaftsgeschichte, Stockholm 1960, S. 205–215
–, The Workshop of the World. British Economic History from 1820 to 1880. London 1961
–, The Rural Domestic Industries during the Period of Transition to the Factory System. Zweite Internationale Konferenz für Wirtschaftsgeschichte 1962, 2. Bd. S. 429–455
Chambers, J. D. und Mingay, G. E., The agricultural revolution 1750 to 1880. London 1966
Clark, G. K., The Making of Victorian England. London 1962
Cole, G. D. H., A Short History of the British working class movement. New York 1960/1961 (grundlegend für die sozialen Kämpfe)
Connell, K. H., Peasant Marriage in Ireland after the Great Famine, in: Past and Present, 12, 1957, S. 76–91
Crouzet, F., L'économie britannique et le Blocus Continental. 2 Bde. Paris 1955
–, La formation du capital en Grande Bretagne pendant la Révolution Industrielle. Zweite Internationale Konferenz für Wirtschaftsgeschichte, Aix-en-Provence 1962, Bd. 2, S. 589–642
–, Angleterre et France au XVIIIe siècle. Essai d'analyse comparée de deux croissances économiques, in: Annales E. S. C., März/April 1966, S. 254–291
–, Bilan de l'économie britannique pendant les guerres de la Révolution et de l'Empire, in: Revue Historique Juli/Sept. 1965, S. 71–110
Deane, Ph. und Cole, W. A., British Economic Growth, 1688–1959. New York – Cambridge 1962
Eversley, D. E. C., Population and economic growth in England before »take-off«. Erste Internationale Konferenz für Wirtschaftsgeschichte, Stockholm 1960, S. 454–474
–, Mortality in Britain in the XVIIIth Century, in: Actes du Colloque international de démographie historique de Liège, 1963, S. 351–367
Gash, N., Politics in the Age of Peel. London 1955
Gayer, A. D., Rostow, W. W., Jacobson Schwartz, A. und Frank, I., The Growth and Fluctuations of the British Economy, 1790–1850. 2 Bde. Oxford 1953
Gill, C. und Briggs, A., A History of Birmingham. London – New York – Toronto 1952
Goodwin, A., The landed aristocracy as a governing class in the XIXth century Britain. XII. Internationaler Kongreß für Geschichtswissenschaften, Wien 1965, 1. Bd., S. 368–374
Gray, D., Spencer Perceval. The Evangelical Prime Minister, 1762–1812. Manchester University Press 1963

Habakkuk, H. J., The Economic History of Modern Britain, in: JEH 1958, S. 486–501
–, American and British Technology in the XIXth Century. Cambridge University Press 1962
–, La disparition du paysan anglais, in: Annales E. S. C., Juli/August 1965, S. 649–663
Halévy, E., Histoire du peuple anglais au XIXe siècle. 3 Bde. Paris 1913 bis 1923 (engl. Ausg. London 1924–1927) (immer noch ausgezeichneter Überblick)
Hobsbawm, E., Studi sulla rivoluzione industriale, in: Studi Storici 1961, Nr. 3/4
–, Les soulèvements de la campagne anglaise, 1795–1850, in: Annales E. S. C., Jan/Febr. 1968, S. 9–30
Hoffmann, W. G., British Industry, 1700–1950. London 1955 (statistisch grundlegend)
John, A. H., The industrial development of South Wales. Cardiff 1950
–, Aspects of English Economic Growth in the first half of the XVIIIth century, in: EC 1961, S. 176–190
Landes, D. S., The Industrial Revolution and after, in: Cambridge Economic History of Europe. Bd. 6. Cambridge 1965 (jüngste Darstellung)
Letwin, W., The Origins of Scientific Economics, in: English Economic Thought 1660–1776. London 1963
Lilly, S., in: Studi Storici 1961, Nr. 3/4
Maccoby, S., English Radicalism. Bd. I: 1832–1852. London 1955
Mantoux, P., La Révolution industrielle au XVIIIe siècle. Avec un supplément bibliographique préparé par A. J. Bourde. Paris 1959 (Standardwerk)
Mitchell, B. R., The Coming of the Railway and the United Kingdom Economic Growth, in: JEH 1964, Nr. 3, S. 315–333
Mori, G., Rivoluzione industriale. Storia e significato di un concetto, in: Studi Storici 1964, Nr. 2, S. 215–240
Morton, A. L. und Tate, G., Die Britische Arbeiterbewegung 1770–1920. Berlin (Ost) 1960. Zuerst engl. London 1956
Musson, A. E. und Robinson, E., Science and Industry in the Late Eighteenth Century, in: EHR 1960, Dez. S. 222–244
Nowlan, N. B., The Great Famine, in: Studies in Irish History 1957 (Kap. III)
Pollard, S., Fixed Capital in the Industrial Revolution in Britain, in: JEH 1964, S. 299–314
–, Factory Discipline in the Industrial Revolution, in: EHR 1963, S. 254 bis 271
Raistrick, A., Dynasty of Ironfounders. The Darbys and Coalbrookdale. London 1953
Rudé, G., I tumulti di Gordon, in: Movimento Operaio 1955, S. 833–853
–, Wilkes and Liberty. Oxford 1962
Thomson, E. P., The Making of the English Working Class. London 1963
Tucker, G. S. L., Progress and Profits in British Economic Thought 1650–1850. Cambridge 1960
–, English Pre-Industrial Population Trends, in: EHR Dez. 1963, S. 205 bis 218

9. Skandinavien

ANDERSSON, I., Schwedische Geschichte. München 1950
GERHARDT, M. Norwegische Geschichte. Überarb. v. W. Hubatsch. Bonn 1963
HOVDE, B. J., The Scandinavian countries 1720–1865: 2 Bde. Ithaca (New York) 1948
JUTIKKALA, E., Geschichte Finnlands. Stuttgart 1964
KRABBE, L., Histoire du Danemark des origines jusqu'à nos jours. Kopenhagen 1950
LARSEN, K., A history of Norway. Princeton 1948
LAURING, P., A history of the kingdom of Denmark. Kopenhagen 1960 (aus dem Dänischen)
MIDGAARD, J., Eine kurze Geschichte Norwegens. Oslo 1963

10. Niederlande, Belgien

BRAURE, M., Histoire des Pays-Bas. Paris 1951
BRUGMANS, I. J., Sociaal-economische Geschiedenis van Nederland 1795 bis 1840. Den Haag 1961
CHLEPNER, B. S., Cent ans d'Histoire Sociale en Belgique. 2. Aufl. Brüssel 1958
CONZE, W., (Hrsg.), Beiträge zur deutschen und belgischen Verfassungsgeschichte im 19. Jahrhundert. Stuttgart 1967
DEMOULIN, R., La Révolution de 1830. Bruxelles 1950
DESCHAMPS, H. TH., La Belgique devant la France de Juillet. L'opinion et l'attitude françaises de 1839 à 1848. Paris 1956
VAN GELDER, E., Histoire des Pays-Bas du XVIe siècle à nos jours. Paris 1936
GILISSEN, J., Le Régime représentatif avant 1790 en Belgique. Brüssel 1952
JÜRGENSEN, K., Lamennais und die Gestaltung des belgischen Staates. Wiesbaden 1963

11. Schweiz

BODMER, W., Schweizerische Industriegeschichte. Die Entwicklung der schweizerischen Textilwirtschaft im Rahmen der übrigen Industrien und Wirtschaftszweige. Zürich 1960
BONJOUR, E., Die Gründung des Schweizer Bundesstaates. Basel 1948
BONJOUR, E., OFFLER, H. S., POTTER, G. R., A short history of Switzerland. Oxford 1955
BRAUN, R., Sozialer und kultureller Wandel in einem ländlichen Industriegebiet (Zürcher Oberland) unter Einwirkung des Maschinen- und Fabrikwesens im 19. und 20. Jahrhundert. Erlenbach/Zürich – Stuttgart 1965
DIERAUER, J., Geschichte der Schweizerischen Eidgenossenschaft. Bd. 5. 2. Aufl. Gotha 1922
RUFFIEUX, R., Essai sur le régime radical fribourgeois (1847–1856). Fribourg 1957

12. *Deutscher Bund und Preußen*

ABEL, W., Geschichte der deutschen Landwirtschaft vom frühen Mittelalter bis zum 19. Jahrhundert. Stuttgart 1962

BAUMANN, K. (Hrsg.), Das Hambacher Fest. Speyer 1957

BERTIER DE SAUVIGNY, G., Metternich et son temps. Paris 1959

BÖSSELMANN, K., Die Entwicklung des deutschen Aktienwesens im 19. Jahrhundert. Berlin 1939

BUHR, M., Der Übergang von Fichte zu Hegel. Dt. Akad. d. Wiss. zu Berlin, Vorträge u. Schriften, H. 98. Berlin 1965

CONZE, W. (Hrsg.), Staat und Gesellschaft im deutschen Vormärz. Stuttgart 1962

DROZ, J., Le Libéralisme rhénan 1815–1848. Paris 1944

FISCHER, W., The German Zollverein, in: Kyklos Bd. XIII (1960), Fasc. 1, S. 65–89

–, Das Verhältnis von Staat und Wirtschaft in Deutschland am Beginn der Industrialisierung, in: Kyklos Bd. XIV (1961), Fasc. 3, S. 337–363

–, Der Staat und die Anfänge der Industrialisierung in Baden 1800 bis 1830. Bd. I. Berlin 1962

GOLLWITZER, H., Die Standesherren. Stuttgart 1957. 2. Aufl. Göttingen 1964

HAMEROW, TH. S., Restoration, Revolution, Reaction – Economics and Politics in Germany 1815–1871. Princeton 1958

HAUPT, H., Quellen und Darstellungen zur Geschichte der Burschenschaft und der deutschen Einheitsbewegung. Heidelberg 1910 ff.

HEFFTER, H., Die deutsche Selbstverwaltung im 19. Jahrhundert. Stuttgart 1950

HENDERSON, W. O., The State and the Industrial Revolution in Prussia 1740–1870. Liverpool 1958

HUBER, E. R., Deutsche Verfassungsgeschichte seit 1789. 3 Bde. Stuttgart 1957–1963

–, Dokumente zur deutschen Verfassungsgeschichte. Bd. I. Stuttgart 1961

IPSEN, G., Die preußische Bauernbefreiung und Landesausbau, in: Zeitschr. f. Agrargesch. u. Agrarsoz. Jg. 2/1 (1954)

KÖLLMANN, W., Rheinland und Westfalen an der Schwelle des Industriezeitalters, in: Wirtschaft und Geschichte – 25 Jahre Westfälisches Wirtschaftsarchiv Dortmund. Dortmund 1966, S. 11–38

KOSELLECK, R., Preußen zwischen Reform und Revolution. Stuttgart 1967

KRAEHE, E. E., Metternich's German Policy. Princeton 1963

MOTTEK, H., BLUMBERG, H., WUTZMER, H., BECKER, W., Studien zur Geschichte der industriellen Revolution in Deutschland. Berlin (Ost) 1960

VON PETERSDORFF, H., Friedrich von Motz. Berlin 1913

PUPPKE, L., Sozialpolitik und soziale Anschauungen frühindustrieller Unternehmer in Rheinland-Westfalen. Köln 1966

SCHIEDER, TH., Staat und Gesellschaft im Wandel unserer Zeit. München 1958

–, Vom Deutschen Bund zum Deutschen Reich, in: B. GEBHARDT, Handbuch der deutschen Geschichte. Bd. 3. 8. Aufl. Stuttgart 1960, S. 95 ff.

SCHIEDER, W., Anfänge der deutschen Arbeiterbewegung – Die Auslandsvereine im Jahrzehnt nach der Julirevolution von 1830. Stuttgart 1963

SCHNABEL, F., Deutsche Geschichte im 19. Jahrhundert. 4 Bde. Freiburg 1929–1937 (Neuauflagen 1948–1951, 1964 ff.)
SOMBART, W., Die deutsche Volkswirtschaft im 19. Jahrhundert. 1913. 6. Aufl. Berlin 1923
VON SRBIK, H., Deutsche Einheit. Bd. I. München 1935
STUKE, H., Die Philosophie der Tat. Stuttgart 1963
TILLY, R., Financial Institutions and Industrialization in the Rhineland 1815–1870. Madison (Milwaukee) – London 1966
WEIS, E., Histoire de Bavière. Bd. 3
ZORN, W., Typen und Entwicklungskräfte deutschen Unternehmertums im 19. Jahrhundert, in: Vierteljahresschrift für Sozial- und Wirtschaftsgeschichte 1957, Bd. 44
–, Kleine Wirtschafts- und Sozialgeschichte Bayerns 1806–1933. München 1962

13. Österreich und Ungarn

BRUNNER, O., Adeliges Landleben und europäischer Geist. Salzburg 1949
ENGEL-JANOSI, F., Über die Entwicklung der sozialen und staatswirtschaftlichen Verhältnisse im deutschen Österreich 1815–1848, in: Vierteljahresschrift für Sozial- und Wirtschaftsgeschichte XVII (1924), S. 95–108
FRANZ, G., Liberalismus. München 1955
–, Kulturkampf. München o. J.
HOFFMANN, A., Wirtschaftsgeschichte des Landes Oberösterreich. Bd. I. Salzburg 1952
KANN, R. A., Das Nationalitätenproblem der Habsburgermonarchie. 2 Bde. 2. Aufl. Graz – Köln 1964
MARX, J., Die Wirtschaftslage im deutschen Österreich vor Ausbruch der Revolution 1848, in: Vierteljahresschrift für Sozial- und Wirtschaftsgeschichte XXXI (1938), S. 242–282
–, Die wirtschaftlichen Ursachen der Revolution von 1848 in Österreich. Graz – Köln 1965
MAYER, F. M., KAINDL, R. F., PIRCHEGGE, H., Geschichte und Kulturleben Österreichs von 1792 bis zum Staatsvertrag von 1955. Bd. III. 5. Aufl. bearb. v. A. A. Klein. Wien 1965
MOLNAR, E., Das Problem des Zusammenhanges zwischen nationaler Unabhängigkeit und geschichtlichem Fortschritt, in: Studien zur Geschichte der österreichisch-ungarischen Monarchie. Budapest 1961
MOMMSEN, H., Zur Beurteilung der altösterreichischen Nationalitätenfrage, in: Studien zur Geschichtsschreibung im 19. und 20. Jahrhundert. Hrsg. v. P. PHILIPPI. Köln – Graz 1967
MÜNCH, H., Böhmische Tragödie. Braunschweig – Berlin – Hamburg 1949
TURNBULL, P. E., Oesterreichs soziale und politische Zustaende. Leipzig 1840
VARGA, J., Typen und Probleme des bäuerlichen Grundbesitzes in Ungarn 1767–1849. Budapest 1965
WALTER, F., Die österreichische Zentralverwaltung 1749–1848. 5 Bde. Wien 1938–1956
WEBER, J., Eötvös und die Ungarische Nationalitätenfrage. München 1966

WINTER, E., Der Josefinismus und seine Geschichte. Brünn – München – Wien 1943

14. Polen

KALISCH, J., Schlachta, Bourgeoisie und Bauernschaft in der polnischen nationalen Befreiungsbewegung von 1799–1863, in: Forschungen zur mittelalterlichen Geschichte. Bd. I. Berlin 1956

KOHN, H. (Hrsg.), Die Welt der Slawen. Bd. I. Die West- und Südslawen. Frankfurt/M. 1960 (Fischer Bücherei Nr. 340)

LESLIE, R. F., Politics and Economics in Congress Poland, 1815–1864, in: Past and Present. 8. Nov. 1955. S. 43–63

REDDAWAY, W. F., PENSON, J. H., HALECKI, O., DYBOSKI, R., The Cambridge History of Poland from August II to Pilsudski (1697–1935). Cambridge 1951

RHODE, G., Kleine Geschichte Polens. Darmstadt 1965

ROOS, H., Polnische Nationalgesellschaft und Staatsgewalt der Teilungsmächte, in: Jahresbücher für die Geschichte Osteuropas. 1967

15. Italien

BURCKHARDT, L., Reise ins Risorgimento. Köln – Berlin 1959

CATALANO, F., MOSCATI, R., VALSECCHI, F., Storia d'Italia. Bd. VIII: L'Italia nel Risorgimento dal 1789 al 1870. Mailand 1964

GREENFIELD, K. R., Economics and Liberalism in the Risorgimento: a study of Nationalism in Lombardy (1814–1848). Baltimore 1934

MONTANARI, M., Die geistigen Grundlagen des Risorgimento, in: Veröffentlichungen der Arbeitsgemeinschaft für Forschung des Landes Nordrhein-Westfalen (Geisteswissenschaften), Bd. 19, Heft 112

NEUFELD, M. F., Italy – School for Awakening Countries. New York 1961

OMODEO, A., Die Erneuerung Italiens und die Geschichte Europas 1700 bis 1920. Zürich 1951 (aus dem Ital.)

SCHIEDER, TH. (Hrsg.), Zur italienischen Geistesgeschichte des 19. Jahrhunderts. Köln – Graz 1961

SPELLANZON, C., Storia del Risorgimento e dell' unità d'Italia. 5 Bde. Mailand 1936–1950

VALERI, N. (Hrsg.), Storia d'Italia. Bd. 3. Turin 1965

16. Iberien

ARTOLA, M., Los origines de la España contemporánea. 2 Bde. Madrid 1959

BADIA, J. F., Die spanische Verfassung von 1812 und Europa, in: Der Staat 2/1963

BRUGUERA, F. G., Histoire contemporaine d'Espagne 1789–1950. Paris 1953

CARR, R., Spain 1808–1939. Oxford 1966

GMELIN, H., Studien zur spanischen Verfassungsgeschichte des 19. Jahrhunderts. Stuttgart 1905

GOLLWITZER, H., Der erste Karlistenkrieg und das Problem der internationalen Parteigängerschaft, in: Hist. Zeitschrift 176 (1953), S. 479 ff.
KONETZKE, R., Geschichte des spanischen und portugiesischen Volkes. Leipzig 1939 (Die Große Weltgeschichte Bd. 8)
LIVERMORE, H. V., A new history of Portugal. Cambridge 1966
DE MADARIAGA, S., Spanien. 2. Aufl. Stuttgart 1955 (aus dem Engl.)
MAISKI, J. M., Neuere Geschichte Spaniens 1808—1917. Berlin 1961 (aus dem Russischen)
TREND, J. B., The origins of Modern Spain. Cambridge 1934
VICENS VIVES, J., Historia social y económica de España y America. Bde. 3 u. 4. Barcelona 1957
VICENS VIVES, J. und LLORENS, M., Industrials i politics del segle XIX. Barcelona 1958
VILAR, P., Histoire de l'Espagne. Paris 1958 (Reihe »Que sais-je?«)

17. Griechenland

CAMBELL, J., SHERRARD, Ph., Modern Greece. London 1968
CONTIADES, Ion, Griechenland, in: Die Wahl der Parlamente. Hrsg. v. D. Sternberger und B. Vogel. Berlin 1969. Bd. 1. S. 555—603
PFEFFER, K. H., SCHAAFHAUSEN, I., Griechenland. Grenzen wirtschaftlicher Hilfe für den Entwicklungserfolg. Schriften des Hamburgischen Welt-Wirtschaftsarchivs 9. Hamburg 1959.
TSAKONAS, D., Geist und Gesellschaft in Griechenland. Bonn 1965
WOODHOUSE, C. M., The story of modern Greece. London 1968

Verzeichnis und Nachweis der Abbildungen

20 *Kaiser Franz I. von Österreich im österreichischen Kaiserornat. Gemälde von Friedrich von Amerling, 1832*: Foto Kunsthistorisches Museum, Wien
21 *Der Deutsche Bund*: nach einer Vorlage von Reinhart Koselleck
22 *Klemens Fürst Metternich*: Foto Archiv Gerstenberg, Frankfurt am Main
23 *Die Heilige Allianz; Gemälde von Heinrich Olivier*: Foto Staatliche Galerie Dessau, Schloß Georgium
24 *Konstitutionelle Revolutionen und nationale Erhebungen 1815–1847*: nach einer Vorlage von Reinhart Koselleck
25 *»Der Angeklagte hat das Wort« – Karikatur von Honoré Daumier*: Foto Archiv Gerstenberg, Frankfurt am Main
26 *Eine Darstellung der Unruhen, wie sie sich 1830 in Leipzig und Dresden abspielten*: Foto Archiv Gerstenberg, Frankfurt am Main
27 *Die Zensurbehörde vor der Achtundvierziger Revolution in einer Karikatur aus dem Jahre 1847*: Foto Archiv Gerstenberg, Frankfurt am Main
28 *Karikatur auf Zensurmaßnahmen des Festungskommandanten von Mainz; aus den ›Leuchtkugeln‹, München 1848*: Foto Archiv Gerstenberg, Frankfurt am Main
29 *Die deutsche Zolleinigung*: nach einer Vorlage von Reinhart Koselleck
30 *König Friedrich Wilhelm IV. von Preußen im Jahre 1847*: aus H. Th. Bossert und H. Guttmann, Aus der Frühzeit der Photographie, Societätsverlag, Frankfurt am Main, 1930
31 *Die Schweizer Sonderbundskrise*: nach Angaben der Autoren
32 *Giuseppe Mazzini*: Foto Archiv Gerstenberg, Frankfurt am Main
33 *Adam Mickiewicz*: Foto Archiv Gerstenberg, Frankfurt am Main
34 *Ludwig Kossuth*: Foto Archiv Gerstenberg, Frankfurt am Main
35 *Die Maschinenfabrik von Borsig in Berlin (1847)*: Foto Archiv Gerstenberg, Frankfurt am Main
36 *Eröffnung eines Eisenbahntunnels (Stich um 1850)*: Foto Archiv Gerstenberg, Frankfurt am Main

Register

Die Bearbeitung des Registers erfolgte durch die Redaktion der Fischer Weltgeschichte.

FISCHER WELTGESCHICHTE

FISCHER WELTGESCHICHTE

17 **Indien**
Geschichte des Subkontinents von der Induskultur bis zum Beginn der englischen Herrschaft
18 **Südostasien** vor der Kolonialzeit
19 **Das Chinesische Kaiserreich**
20 **Das Japanische Kaiserreich**
21 **Altamerikanische Kulturen**
22 **Süd- und Mittelamerika I**
Die Indianerkulturen Altamerikas und die spanisch-portugiesische Kolonialherrschaft
23 **Süd- und Mittelamerika II**
Von der Unabhängigkeit bis zur Krise der Gegenwart
*24 **Das Zeitalter der Glaubenskämpfe**
1550–1648
*25 **Das Zeitalter der Aufklärung und des Absolutismus**
1648–1770
26 **Das Zeitalter der europäischen Revolution** 1780–1848
27 **Das bürgerliche Zeitalter**
28 **Das Zeitalter des Imperialismus**
29 **Die Kolonialreiche seit dem 18. Jahrhundert**
30 **Die Vereinigten Staaten von Amerika**
31 **Rußland**
32 **Afrika**
Von der Vorgeschichte bis zu den Staaten der Gegenwart
33 **Das moderne Asien**
34 **Das Zwanzigste Jahrhundert I**
1918–1945

* in Vorbereitung